● 二十一世纪"双一流"建设系列精品教材
● 本书原版获评四川省"十二五"普通高等教育本科规划教材

社会救助概论

（2024年新编版）

胡务　编著

西南财经大学出版社

中国·成都

图书在版编目(CIP)数据

社会救助概论／胡务编著.—成都:西南财经大学出版社,2024.3
ISBN 978-7-5504-6056-0

Ⅰ.①社…　Ⅱ.①胡…　Ⅲ.①社会救济—高等学校—教材
Ⅳ.①C913.7

中国国家版本馆 CIP 数据核字(2024)第 024603 号

社会救助概论

SHEHUI JIUZHU GAILUN

胡务　编著

策划编辑:陈何真璐
责任编辑:王甜甜
责任校对:李建蓉
封面设计:墨创文化
责任印制:朱曼丽

出版发行	西南财经大学出版社(四川省成都市光华村街55号)
网　　址	http://cbs.swufe.edu.cn
电子邮件	bookcj@swufe.edu.cn
邮政编码	610074
电　　话	028-87353785
照　　排	四川胜翔数码印务设计有限公司
印　　刷	四川五洲彩印有限责任公司
成品尺寸	185mm×260mm
印　　张	18.875
字　　数	510 千字
版　　次	2024 年 3 月第 1 版
印　　次	2024 年 3 月第 1 次印刷
印　　数	1— 2000 册
书　　号	ISBN 978-7-5504-6056-0
定　　价	48.00 元

前言

作为一项恒久而弥新的事业，现代社会救助源于英国。如果以 1834 年英国《济贫法修正案》（Relief Law Amendment）即社会救助发展史上著名的"新济贫法"为标志算起，现代社会救助已经建立接近 200 年了。尽管政府救济活动在我国可以追溯到几千年前的封建朝代甚至更早，然而现代社会救助在我国的发展却始于 20 世纪 90 年代。上海市于 1993 年在我国最早引入最低生活保障制度，从此现代社会救助在我国落地并迅速开花结果，系统发展日臻完善。作为国家和社会的责任与义务，政府和社会各界对社会救助在社会保障中兜底和社会安全网的定位已达成共识。如今，现代社会救助在我国已经走过了三十年的历程，无论是救助范围还是救助力度、管理方式等，都面临新的形势与任务。

中国共产党第二十次全国代表大会提出，我国已经建成世界上规模最大的教育体系、社会保障体系、医疗卫生体系，人民群众获得感、幸福感、安全感更加充实、更有保障、更可持续，共同富裕取得新成效。在今后的工作中要扎实推进共同富裕。健全覆盖全民、统筹城乡、公平统一、安全规范、可持续的多层次社会保障体系，完善社会救助制度，对不同救助群体实行分层分类救助。

本教材一方面补充了社会救助相关的最新的政策、文件和数据材料，另一方面，在每章思考题后增加了交互式习题及参考答案，同时在每章适当位置添加"拓展阅读"，以二维码的形式将我国社会救助领域重要的法律、政策文件（原文及起草背景、内容解读、重要意义及影响）、救助制度最新的进展、社会救助的案例等加入本教材，读者可以扫码阅读正文之外的重要内容。

本教材共分为 13 章，全面而系统地论述了社会救助的主要内容，特点鲜明，注重理论与实践相结合，具体体现在以下几个方面：

一、从社会救助体系建设出发，系统性强。本教材既有对生活、医疗、住房、教育四个基本专项救助的介绍，又包含近年逐渐发展起来的灾害、就业、法律、农村反贫困等专项救助的内容；既有对物质救助的介绍，同时亦对新出现的伦理救助、心理救助有所涉猎；既有对救助内容的阐述，又有对救助管理及救助理论的探讨。

二、视角开阔，纵横比较。作者站在世界的高度考察社会救助的发展，为我国社会救助建设提供经验；同时作者又从历史发展的视野看待问题，从社会救助的过去、现在通向未来。故此研究结论具有坚实的根基。

三、跟踪社会救助的前沿问题，前瞻性强。作者对近年来刚刚萌发而鲜有学者论及的领域如特殊群体的救助、意外救助与心理援助等内容，作者均单列章节，分别论述，创该重要领域研究的先河。

四、重视对社会救助基金的关注。本教材除在社会互助一章中对捐赠、慈善和国际互助等社会救助筹资进行专门介绍外，在其他各项专项救助中，均对各级政府筹资水平与状况加以分析，凸显基金管理在社会救助中的重要地位。

五、问题论述深刻，语言深入浅出。本教材不囿于对社会救助一般现象的描述，更对现象背后的机理与规律进行深刻剖析，阐释问题入木三分，以便读者更加全面而透彻地了解社会救助。

六、材料鲜活，时代性强。本教材不仅取材于著作、论文、报纸、杂志等，又有作者调研的第一手材料为支撑，故本教材决不仅限于"纸上谈兵"，更注重新颖、现实与实用。

本教材于 2009 年在北京大学出版社首次出版，如今在西南财经大学出版社重新出版。本人负责全书的总体设计与统稿，并撰写了第一章、第五章、第六章、第十三章；郭洪亮、税益中撰写了第二章、第十章；高鹏撰写了第三章、第九章；刘芳撰写了第十一章、第十二章；陈欢撰写了第四章；叶博撰写了第七章；王彬撰写了第八章。修订工作主要由本人完成，韩志豪参与了部分修订工作。本教材的编辑和出版得到四川省残疾人福利基金会的支持，基金会理事长税益中还直接参与本教材的编写工作，在此谨致以衷心的感谢！

该书不仅是高校社会保障、社会工作、社会学和公共管理等专业本科生和研究生社会救助课程的绝佳经典教材，同时亦可供政府机构、非政府组织、非营利组织成员和民政、乡村振兴、社区建设及其他社会管理等行业的工作人员参考。

虽然本教材的编写倾注了团队大量心血与时间，但问题和遗漏在所难免，期待您的批评指正。我国社会救助事业的完善同样离不开您的参与。

胡务
2023 年岁末于蓉城书斋

目录 CONTENTS

第一章
社会救助： 历史、 现状与未来

第一节　社会救助概述

一、社会救助的定义

社会救助是现代社会福利制度的重要内容。1965 年美国出版的《社会工作百科全书》写道："社会救助是社会保险制度的补充，当个人或家庭生计断绝急需救助时，给予生活上的扶助，是在整个社会保障制度体系中，最富有弹性而不受拘束的一种计划。"

社会救助体系（social assistance），是指通过一定的管理体制、运行机制和保障体制的实施，为保障弱势群体（social vulnerable group）的基本生活以及解决他们生活中遇到的特殊困难而建立的各项救助制度的总和。现代社会救助至少有三层含义：从制度安排看，是指社会救助制度门类齐全、项目完备，即建立起适合城乡经济发展水平，以基本生活保障为重点，涵盖医疗、教育、住房、就业、司法、灾害、意外等各个方面，完善的、不同层次的和可持续发展的社会救助制度体系；从覆盖人群看，是指社会救助制度覆盖全体国民，即各项社会救助制度分别惠及全体社会成员而没有遗漏，能够有效地帮助不同境遇的最低收入国民、低收入公民以及遭遇突发急难事故的国民抵御各种风险；从统筹城乡协调发展看，是指城乡社会救助制度均衡发展，即结合城市和农村特点建立起城乡一体、标准有别的社会救助制度体系，让全体农民能够与城市居民平等地分享改革发展的成果。社会救助亦称公共救助，它包括社会救济（或称政府救助）和社会互济。

社会救助的目标是社会照顾、社会规制（即通过提供社会救助强化社会主流的行为规范与价值观念，敦促救助对象乃至全体社会成员遵从社会的主流行为规范，认同主流的价值观念)、助人自助、维护社会公正、促进社会融合等。

二、社会救助的演变

社会救助是与国家相伴出现的。西方具有社会保障萌芽意识的社会救助制度的前身源于 19 世纪的济贫制度。现代社会救助制度产生于 20 世纪 30 年代，当时欧美各国爆发了严重的经济危机，导致了大量贫困现象的产生。在传统的济贫手段和社会保险都不足以解决问题的情况下，各国政府不得不尝试建立社会救助制度，以弥补社会保险制度的不足。美国最早于 1935 年通过了包括十项不同但相关的社会保障法案，开始实施社会救助。但较为具体的社会救助制度应以贝弗里奇 1943 年提出的著名的《社会保险和相关服务》(Social Insurance and Allied Services) 报告为标志，该报告详细拟定了一套社会安全制度，尤其拟订了一个社会救助（公共救助）方案，对社会保险未能完全保护的人给予各项救助。英国国会参照该报告通过了各种有关法案，其中国民救助法是在1946 年通过，并于同年 8 月开始实施的，英国废除了实施三百年的救贫法，建立了正式的社会救助制度。此后，各国的社会救助政策大多由慈善恩惠的观念，变为国民权利与政府责任的观念，由教会、私人或地方政府办理的事务，转变为各级政府的重要职能。

三、社会救助的分类

按照不同的依据和标准，可对社会救助进行不同种类的划分。

按照救助的实际内容，社会救助可分为生活救助、住房救助、医疗救助、教育救助、生产救助、法律援助、就业援助、意外救助等。

按照救助手段，社会救助可分为资金救助、实物救助和服务救助等。以此标准划分，国外最新的理论是将社会救助分为物质救助和伦理救助。政策性的物质救助主要是通过某种制度安排，从物质、经济方面对弱势群体进行救助，是一种带有政府行为性质的、刚性的救助，具有临时、慈善、偶发、不确定的色彩，是一种外在的、消极的被动救助。伦理救助（或称道德救助）是指运用伦理的手段和方式对社会弱势群体给予心理与生理、物质与精神方面的道德关怀和帮助，并积极开发救助对象自身的道德资源，提高其自主、自立能力，培养其自尊、自强的伦理精神，最终使弱势群体摆脱弱势地位的一种社会救助。伦理救助包括两个层面：一是救助手段和方式的伦理化，二是救助内容的伦理化。

按照贫困持续时间的长短，社会救助可分为针对长期性贫困的定期救助（如孤寡病残救助）、针对暂时性贫困的临时救济（如多数情况下的失业救助、自然灾害救助等）和针对周期性贫困的扶贫（如贫困户救助）。

按照覆盖群体的多少，社会救助可分为补救型和普救型两种类型。从发达国家的经验来看，普救型救助模式具有"易放难收"的特点，必然造成财政压力过大、抑制就业增加等问题，而且救助水平提高也并不一定意味着救助领受者生活状况的改善。一般而言，补救型社会救助必须经过家计调查，而普救型则不然。

四、社会救助与社会保险和社会福利的关系

作为社会保障体系的子系统，社会救助与社会保险和社会福利两个子系统之间具有十分密切的关系。社会救助在社会保障体系中处于最低层次，旨在保障最低生活，资金来源以国家为主，同时社会和个人共同参与；社会保险是社会保障的主体，其目标是保障基本生活，它强制在职工作者和鼓励具有经济能力者加入，其资金来源主要是被保险人及其所在单位缴纳的保险费；而社会福利旨在提高国民的生活质量，保障主体是国家和单位。

如果不发展社会保险，劳动者面临的疾病、工伤、老龄等各种风险就无法化解，很容易沦为社会脆弱群体，到时进入社会救助的社会成员越来越多，社会救助迟早会不堪重负，难以实现可持续发展。在发展社会救助的过程中，应该注意社会救助与社会保险的相互协调。比如在农村，低保对象可以由政府代为缴费，将其纳入新型农村合作医疗的范畴，这样既可以解决低保对象的医疗保障问题，又能够促进新型农村合作医疗的发展。在城市，要注意低保制度与失业保险制度的协调。目前城市低保对象中超过一半是有劳动能力的，将数量如此庞大的有劳动能力的人置于社会救助的庇护下显然不是国家政策的最终目的。政府应该通过与失业保险的协调，对有劳动能力的低保对象开展培训、职业指导与介绍等工作，促使其重拾信心返回劳动力市场，这样不仅有利于失业保险促进就业功能的充分发挥，有利于失业保险制度的完善，也有利于受助者走向自立，社会救助制度走上可持续发展的道路。近年发展起来的城镇居民医疗保险直接资助城镇社会救助对象进入社会医疗保险，一些城市还将补充社会医疗保险部分节余基金用于城市医疗救助。

如果社会福利覆盖面窄、水平低，不继续发展，全体国民的生活质量就难以提高，而残疾人、老年人、儿童和妇女等抗风险能力弱的群体的生活质量甚至会下降，不得不依赖社会救助，使社会救助负担加大。若社会福利比较完善、健全，一方面，可以提高全体国民的生活质量，降低抗风险能力弱的群体落入贫困的可能，进而减轻社会救助的压力；另一方面，对正在接受社会救助的家庭而言，家庭中的老人、儿童等通过享受相应的社会福利，可以减轻家庭的负担，有助于受救助家庭摆脱贫困。因此，我们必须摒弃只重视社会救助而忽视社会福利的观点，发展社会救助的过程中要注重与社会福利的协调。比如低保制度应该积极地与残疾人福利相协调，享受低保的残疾人也应能获得相应的康复治疗并参加一些文体娱乐活动，低保对象中有一定劳动能力的残疾人，政府应该为其安排适当的工作岗位或通过残疾人福利事业的发展扩展就业，并优先考虑安排低保对象中的残疾人，这样既可以促进残疾人福利事业的发展，也有利于社会救助的可持续发展。

五、社会救助的作用

市场经济的发展打破了以往的普遍保障模式，新的混合型保障模式正在确立。社会

救助摆脱了以往只面向无劳动能力者的传统,转而面向全体公民。最低生活保障和各种专项救助可以为贫困群体提供保障,应对贫困与灾害。社会救助还是典型国民收入再分配的手段之一,它具有调节贫富差距的作用。社会救助所发挥的作用在不断增强,其地位也在不断上升。

第一,由于社会救助在社会保障体系中处于基础地位,其面对的是社会脆弱群体并为其提供一定的支持,因此社会救助必须发挥社会保障体系中第一道防线的作用,以缩小社会成员在竞争起点上的差距,并让脆弱社会成员分享到经济社会的发展成果,进而间接发挥其促进社会公正与和谐的作用。

第二,由于其基础地位,社会救助不会再像处于边缘地位时那样只发挥保障无劳动能力者最基本生活的作用,而是要发挥保障所有困难社会成员最基本生活的作用。

第三,在社会保障体系中居于基础地位的社会救助与社会保险和社会福利相互协调与配合,共同发挥促进社会保障体系综合效能不断提高和促进经济社会健康发展的作用。

第四,积极的社会救助政策是缩小贫富差距的和解剂。2021 年,我国人均 GDP 突破 8 万元,超过世界人均 GDP 水平。但是,城市居民间收入差距明显拉大,全国城乡居民家庭人均收入的基尼系数已达 0.473,突破了 0.4 的国际公认的警戒线。一方面,高收入者的收入大幅度增长,在一些地区,高收入群体和低收入群体的收入差距相当突出;另一方面,相对贫困人口在不断增加。据国家民政部门调查,截至 2021 年年底,全国共认定低保边缘人口 431 万人。解决社会分配不公、贫富差距太大的问题成为社会主义现代化建设中不可回避的一个方面。缩小城市居民收入差距的关键不在于劫富,而在于济困。

第五,社会救助制度促进了我国社会主义市场经济体制的建立和完善。伴随 20 世纪 80 年代我国经济体制改革拉开序幕,企业破产和停产、半停产,工人下岗和失业,贫富差距拉大等经济问题和社会矛盾不可避免。社会救助制度为正在深化的企业改革和产业结构调整、为市场经济的建立和完善排除了后顾之忧。

第六,社会救助制度不仅有助于实现收入再分配中的公平,而且还有助于提高经济发展中的效率。新福利经济学认为,由于价值规律的作用及资源的稀缺性,在市场经济发展进程中及社会转型变革时期产生了收入分配不公、贫富两极分化等社会现象,并且市场在资源配置上强调物质资源的配置,而忽视了人力资源的配置。社会救助作为一种补救模式与手段是对帕累托最优状态的一种改进,可以弥补市场分配的缺陷,提供安全稳定的保障机制,对摆脱贫穷进行帮助,同时对提高经济效率起到独特的作用,是从人力资本数量和质量两个方面来保障经济发展必要的要素投入,是从更宏观的意义上促进人力资源的有效配置。

凯恩斯的消费者理论认为,边际消费倾向是递减的,收入越高,用于消费的部分占收入的比例就越小。我国的现实情况是,占人口比例较小的富裕阶层拥有相当多的银行储蓄存款,而广大的中低收入阶层消费能力较弱,国内需求严重不足,影响了国民经济健康稳定发展。如果能够适当地增加低收入阶层的收入用于保障基本的生活需求,保证生活水平有所提高，就可以形成极大的购物意愿和购买力，从而对我国经济起到根本的拉动作用。由此可见社会救助可以拉动内需，促进经济健康发展。

第七，社会救助制度促进了社会的发展和进步。世界银行发布的《1997年世界发展指数》报告中提出了一个新的观点，即世界发展指数不再单纯以国内生产总值或国民生产总值衡量国家的贫富，而是把人和减轻贫困放在第一位，并置于发展议程的中心位置。社会救助制度的发展水平和完善程度成为衡量一个国家或地区文明进步的标准。

当然，社会救助政策设计不合理，也会带来一些副作用，如"奖懒罚勤""漏出量"（组织实施社会救助而耗费的社会资源，包括行政管理成本、对工作积极性以及储蓄和投资等的负面影响）、贫困陷阱和失业陷阱等。

六、社会救助的原则

公民待遇原则。社会救助制度的基本理念是以人为本、人权平等以及尊重人格，不把贫穷当成是罪恶，不歧视贫困群体，也不把贫穷的主要原因归咎为个人和特定的家庭，原则上它对那些需要救助的对象提供经济援助，并且在其他方面提供可能的帮助。凡无力生活者，均可依法律规定享受救助，属于法律赋予的一种权利。

国家责任原则。国家承担确保贫困人口基本生活的义务，只要人民有生活上的困难，政府就有责任给予救助。因此，社会救助的责任主体是国家，并依此社会政策来维护社会公平。同时倡导民间参与，弥补政府财力的不足，以便更好地解决贫困人口在生活和其他方面的问题。企业、社区和各种社团的救助行动，是政府救助的辅助和必要补充。

对象特定性原则。社会救助的实施对象是已经处于生活困境中的社会成员，获得救助需要经过严格的资格认定程序，特别是要经过家庭经济状况调查，以便核实申请者是否具备受救助的条件。

实施非义务性原则。国家和社会对特定对象实施社会救助，帮助他们克服生活困难，摆脱生活困境，是无条件的。凡是属于救助范围内的社会成员，国家和社会都应该对其实施帮助，并且不能有附加条件，也就是说救助对象在接受救助时，无须作出履行某种特定义务的承诺。因为在整个社会保障体系中，社会救助是一种最低水平的保障，是社会安全的最后屏障，如果将社会救助给予的物质帮助附加一定的条件，会造成相当一批社会成员得不到救助。例如，强制要求所有低保人员参加义务劳动就未必合理。

保障兜底性原则。社会救助不是为了提高社会成员的生活质量，而在于对已经陷入生活困境的社会成员给予帮助和支持，以满足其最低或基本生活需求。就当前中国的国情而言，社会救助制度的目标必须是也只能是着眼于保底。它要对付的是现实存在的贫困现象，使已经陷入贫困的那一部分社会成员能够休养生息，继而摆脱贫困。但是，这种保底功能也导致依赖思想和不劳而获思想的滋生和蔓延。

有效性原则。有效性原则要求政府对需要救助群体的救助必须达到一定的水平，以确保公民的生存权利；否则社会救助制度就如同虚设，成为国民经济的负担而没有起到实质功效。

公平性原则。全社会除去个人之间的差异之外，有一条共同认可的生活水平基准线，这条线以下的部分是每一个公民的生活和发展中共同具有的部分，也是必备的部分。一个公民如果缺少了这一部分，那就保证不了谋生必需的基本条件，因而需要社会和政府来提供这种保障。公平性原则所包含的制度性内容主要指最低生活保障、公共卫生和大病医疗救助、公共基础教育这三项。在社会保障体系中与之相近的选择就是社会救助，社会救助作为国家与社会向由贫困人口与不幸者组成的社会弱势群体提供款物接济和扶助的一种生活保障政策，通常被视为政府的道义责任或义务，目标是帮助社会弱势群体摆脱生存危机，以维护社会秩序的稳定。公平性原则要求政府在实施社会救助时对所有需要救助的人群实施统一的标准，不论是城镇居民还是农村居民都应当获得同等的救助。这就必须改革当前的城乡二元、城市优于农村的局面。

政策统一，标准有别原则。中国地域广阔，情况复杂，社会、经济发展极不平衡，社会救助制度实行全国统一的标准是不切实际的。因此，应该发挥地方政府的积极性，在救助政策统一的大前提下，各地根据自己的实际情况制定标准。

充分发挥人的潜能原则。每个人在生理、心理及智力方面都有很大的差异。通过社会救助体系，发动各种力量共同帮助贫困人口，使他们有机会发挥潜能，摆脱困境，是社会救助所应遵循的基本原则之一。

鼓励自立原则。救助对象是否愿意退出社会救助，取决于救助对象对退出社会救助前后所能得到福利的比较。如果救助对象就业后并不能增加其福利或只能增加很少的福利，就会大大挫伤他们参加工作的积极性。因而社会救助制度的设计应防止受助者形成长期福利依赖的思想，鼓励受助者自立。

依法救助原则。上述各点最终应以制定《社会救助法》的方式加以确认。只有进行社会救助立法，才能从根本上保证社会救助制度的权威性和连续性。

第二节　国外社会救助的渊源、特点与走势

一、现代社会救助的萌芽

英国是世界上最早通过立法建立社会救助的国家。作为现代意义上的社会保障制度中的一套重要的、经常性的制度，社会救助是在 16 世纪、17 世纪的英国逐渐形成的。英国社会救助制度从 1601 年英国女王伊丽莎白颁布《济贫法》，即旧济贫法开始。1834年，英国制定了《济贫法修正案》，主要是确认社会救济属于公民应该享受的权利，确立社会救济是国家应尽的义务，从此世界上社会救助开始由"恩惠""慈善"式的制度向"公民权利"型的制度过渡。现代社会救助在英国的萌芽具有以下深刻的历史背景：

1. 解决严重的流民和贫困问题

随着新航路的开辟，欧洲经济贸易最繁荣的地区从地中海沿岸转移到大西洋沿岸，英国利用其得天独厚的地理环境逐渐发展起来，它较早结束了四分五裂的中世纪封建制

度,形成了统一的民族国家和中央集权的君主政体,这就在客观上为近代经济贸易的发展创造了有利条件。商业和贸易的迅速发展,特别是毛纺织业的高额利润促使新兴资产阶级和新贵族掀起了规模巨大、影响深远的圈地运动,将农民从土地上赶走,用土地来养羊。当时由于圈地而发展起来的纺织业和其他工业又不足以吸收这么多失去土地的劳动力,于是就不可避免地产生了大量的流民。除了圈地运动这一最主要的原因外,价格革命造成的雇佣劳动者贫困化、人口膨胀、解散修道院、取消封建家臣和遣返退伍士兵等因素也加剧了流民问题。

大量的流民大大增加了社会的不稳定因素,流民问题亟待解决。英国政府对待流民的态度经历了一个较长的变化过程,在初期以惩罚为主,救济为辅,且惩罚极为严酷,流浪者常常被处死。后来,单纯的严刑峻法不仅不能减少流浪者的规模,而且还引发了越来越多的反抗,甚至暴动;同时,有识之士也逐渐意识到,贫穷和流浪不能仅仅归咎于当事人的懒惰,他们无法左右的社会经济环境也是重要的原因。于是,英国政府转变对流民的态度,对流民和贫困者的救济力度不断加大,制度化程度也不断提高。在长达几十年的讨论和在此期间的数部关于济贫的法律法规的基础上,《伊丽莎白济贫法》在1601年获得通过,此后又经过了不断的修改和完善。

2. 君主专制政体同新兴资产阶级作斗争的需要

由于资本主义经济的发展,新兴资产阶级的力量迅速壮大,便要求获得更多的政治权力,进而与当时的君主专制政体产生矛盾。随着矛盾的不断发展,统治者为了维护自身统治,便不得不关注济贫问题。一方面,解决流民问题有助于稳定其统治秩序;另一方面,流民大多是由于新兴资产阶级和资产阶级化的新贵族不择手段谋取经济利益而产生的,确立济贫制度,可以安抚和笼络下层人民,利用他们同资产阶级和新贵族较量。另外,济贫制度本身(特别是济贫税)也有助于在一定程度上限制资产阶级的力量,遏制资产阶级的上升势头。

3. 英国雄厚的经济实力和先进的经济发展水平为社会救助制度的确立提供了基础和前提

英国的经济在16、17世纪飞速发展,无论是经济发展水平还是经济实力都处于世界前列,并在不久之后成为领头羊,这便具备了产生社会救助制度的物质基础。

4. 强有力的国家政权是建立该制度的后盾

都铎王朝和斯图亚特王朝都实行君主专制和中央集权,这为济贫制度的制定和实施提供了强有力的保障,因为具有普适性和统一性的法律法规都必须依赖国家权力来制定和实施,济贫税的征缴、济贫院的大规模建设如果离开了强有力的、统一的国家政权,是不可能实现的。

5. 社会救助的传统

中世纪末期,各类社会救助组织在英国就已颇具规模,社会救助行为也普遍存在。伴随着圈地运动的进行,它们更是获得了长足的发展和完善,这些资源为社会救助制度的建立提供了重要的基础。

中世纪时期基督教的慈善施舍和同业行会的互助互济是英国社会救助制度萌芽的基

础。英国的贫困问题主要是通过行会内部互助互济与基督教的慈善施舍两种方式解决的。英王亨利八世于 1536 年制定了济贫法令，规定地方团体负责办理济贫事务，年老、失业及贫困病患者可申请救济，这是济贫的起源，该法令于 1563 年、1572 年和 1576 年经过三次修正补充，使济贫制度最终建立起来。

二、国外部分国家社会救助的特点

第二次世界大战后，各国工人运动四起，为了缓和阶级矛盾，发展经济，各国政府都高度重视社会救助，设立了专门的社会救助行政管理机构，逐步完善社会救助政策。社会救助成为除社会保险和社会福利之外社会保障体系的重要组成部分，成为社会安全网的最后一道防线。社会救助的救助对象，除贫困人口外，还包括老年人、未成年人、失学者、难民等特殊群体，家庭补助是西方发达国家社会救助的重要内容。社会救助的经费主要来自政府，辅之以社会团体、民间组织和个人的捐赠。救助标准尽量与经济发展水平相适应，同时不断改进技术手段，实行信息化管理，并高度重视社会救助的法制建设，一般都在社会保险和社会福利立法前首先对社会救助立法。英国救助立法历史悠久，德国现代意义上的社会救助制度确立于 1961 年。1961 年的《联邦社会救助法案》明确了社会救助体系的基本任务和组织结构。瑞典政府于 1957 年通过了《社会福利和社会救助法》，废除了传统的济贫法，建立了新的社会救助制度。各国社会救助具有不同的特点，如美国救助制度丰富完善，韩国救助倾向于生活保护，德国救助侧重于特殊困难家庭等。

三、国外社会救助的发展趋势

尽管世界各国的社会救助制度千差万别，但在进入 21 世纪后其发展呈现出以下共同趋势：

1. 采取中央集权和地方分权不同的社会救助管理模式

社会救助的分配绩效和社会救助管理模式的中央集权化程度存在显著的关系。由于各国实际情况不同，国际上采取了中央集权（如英国、爱尔兰、澳大利亚、新西兰）和地方分权不同的社会救助管理模式。

在瑞典，社会救助的资格条件由中央政府决定，但不仅管理是在地方层面上进行，绝大多数的社会救助支出资金也来自地方当局，其解释权和社会救助金的发放也由地方当局进行。社会救助标准虽然是由国家建议的，但实际的救助标准在不同的地区存在很大差异。在奥地利，社会救助单纯为地方的责任，各地的社会救助资格条件和救助水平多有不同，总体而言，没有统一的程序，而地方政府对社会救助申请者的救助也是高度自行决定的。在德国，社会救助的资金来源中75%来自地方当局，另外的25%则来自中央政府，政策制定的权责在于联邦政府，地方当局负责执行。在芬兰，社会救助是在中央政府制定的关于社会救助对象资格条件的一般政策方针内由地方当局进行管理。自20 世纪 90 年代以来，日益增长的失业压力导致许多社会救助的模式化和标准化的规章被取消，同时，地方政府在社会救助上有更大的自行决定权，社会救助待遇也呈现多样化，而社会救助的水平也在全国范围内根据生活成本的不同设定了不同地理区域的社会救助政策。

欧洲的学者在研究欧洲多国社会救助不同管理模式后得出结论，认为单纯的中央集权制的社会救助和单纯的地方分权制的社会救助管理模式都有碍于社会救助分配效率的实现；相反，中度的地方分权制的社会救助管理模式优于高度的中央集权制和高度的地方分权制的社会救助管理模式。瑞典社会救助的改革就经历了这样的历程。20世纪90年代以前，瑞典中央政府对地方政府提供社会救助财政资助的主要特点是，按照社会救助的不同项目实行分项目提供财政资助，这种资助方式使得瑞典中央政府在社会救助工作方面具有决定性影响，而不利于地方政府在社会救助中发挥作用。结果导致中央政府在社会救助方面的财政支出不断增长，地方政府在实施和管理社会救助方面的积极性不断下降，各种社会救助资源的利用率也不太理想。针对这一问题，1993年瑞典政府实施了一项新法令，规定以后瑞典中央政府在对地方政府提供社会救助财政资助方面，不再按照不同项目分类提供财政资助，而是实行综合性财政资助原则，即中央政府根据各郡人口结构、税收情况等提供不同数量的社会救助方面的财政资助，中央政府提供的财政资助如何使用，由地方政府根据各地实际情况自行决定。这项社会救助制度的地方化改革，分清了中央政府与地方政府在社会救助方面的不同职责，明确了地方政府的权利与责任，有利于地方政府根据自己所管辖地区的实际情况，制定与实施更加有效的社会救助措施。这不仅提高了社会救助的效率，也促进了瑞典各地社会经济与社会保障事业的协调发展。

2. 失业率上升、家庭结构变化和移民增加成为加重许多西方国家社会救助成本、促使其改革的重要原因

以德国为例，经济的持续低迷导致不少人失业，1980年生存救助受益者中，10.3%是失业者，到1990年该指标上升到13%。与此同时，多子女家庭和不完整家庭日益增多，使社会救助体系面临日益严重的"贫困的婴儿化"（infantilisation of poverty）。其表现为：一方面，多子女家庭面临着日益上升的小孩养育成本，增加了家庭贫困的可能性；另一方面，单亲家庭是申请社会救助的主要家庭类型。1961年的《社会救助法》明确规定：带有3岁以下小孩的单身母亲可以不参加工作而接受社会救助。移民增加也是影响联邦德国社会救助的重要因素。自1970年以来，尽管联邦德国逐年减少招募外籍工人，但大量移民以探亲、政治避难、难民为理由涌入德国。这些移民进入德国之后面临着严重的生存问题，部分人按照法律规定不能工作赚钱，部分人存在着语言障碍，其后代也在教育机会和劳动市场上面临困难。据统计，德国2001年的社会救助受益人数占德国全部人口的比例为3.5%，外籍社会救助受益人数占全部移民的比例为9.1%，外籍社会救助受益者占全部社会救助受益者的比例为25%。

3. 注重社会救助的实施与实行积极的劳动力市场政策相结合

国际上在设计社会救助的制度安排上，各国都注重实现社会救助政策与其他的经济社会政策特别是劳动力市场政策的契合，以保证社会救助制度的效率，保持社会救助对象的流动性，以更好地发挥社会救助的救助功能。如瑞典一贯强调对劳动力市场的培

训，培训的对象集中在 25 岁以下的成年人和没有劳动能力的人。德国社会救助的关注点主要集中在社会救助金的水平上，尤其是对那些有几个孩子的家庭，社会救助可能使他们失去工作的积极性。因而对于社会救助的申领者，除了健康、年龄等原因，其他申领者都被要求接受工作；对于有劳动能力的社会救助申领者而言，如果他们不接受所提供的工作或者不努力寻找工作，社会救助金至少可能被削减 25%。德国社会救助制度改革讨论的核心问题就是社会救助制度与基于收入调查型的失业保险的结合问题，这项改革已得到批准且正在开展当中。2000 年起美国政府要求接受援助的单亲父母两年内每周工作至少 30 小时，核心家庭每周至少工作 35 小时。联邦政府还制定了社会救助受益家庭的就业目标，社会救助受益家庭就业率从 1997 年的至少实现 25% 提高到 2002 年的 50% 以上，核心家庭的标准则由 75% 提高到 90%。

尽管如此，欧洲仍然有长期依赖社会救助的情况，降低了社会救助的流动性和救助效率。以瑞典为例，其社会救助对象领取社会救助的时间与其他欧盟国家相比是短的。虽然对于获得社会救助者而言，一直领取社会救助很多年的情况并不具有典型性，但是，持续多年依靠社会救助生活的情况并不罕见。德国和日本亦存在类似的情况。

4. 家庭财产调查和目标定位在社会救助管理中居于重要地位

家庭财产调查，又称家计调查或家庭经济状况调查，是在社会救助制度中被用来考察救助申请者家庭收入等方面状况的一种做法，是鉴定申请者是否符合获得某项津贴或服务的资格的必要环节，是社会救助制度的一种手段，具体包括个人申请、机构受理、立案调查、单位（社区）证明、政府批准。申请者能否得到社会救助的关键是申请者个人收入或家庭成员的人均收入是否低于政府事先确定的最低生活标准线（贫困线）。关于家庭收入调查型的社会救助模式中的测量方法论和技术问题，如何科学地设定社会救助对象的资格和审查程序是家庭收入调查型的社会救助（means-tested social assistance）实施的关键环节。但是在社会救助实施的过程中，某些原因的存在使得社会救助审查和实施方法遇到很多的障碍而难以付诸实践。处于社会转型的俄罗斯的社会救助就面临这样的问题，影响社会救助的效率，使社会救助在操作和执行中遇到障碍。

目标定位（targeting）式的救助，是指通过群体甄别，将那些最需要帮助的人，如穷人、老人、失业者、病患、残疾、妇女或儿童等挑选出来，通过家计调查或条件限定的方式来确定最需要或最贫困的人，仅对他们发放社会福利。

家计调查与目标定位是不可分割的，比如，"全体 65 岁以上老人都发放的津贴"属于全民性或普遍性福利，而"只以低收入老人为限"则属于兼具家计调查和目标定位性质的选择性福利给付，它既以家庭财产调查为依据（低于贫困线），又属于专为老年人提供的目标定位式津贴。目标定位与家计调查一样，性质上都属于选择性福利的政策工具，都有利于增强社会保障受益群体的针对性、政策目标的有效性，提高资金使用的效率。目标定位具有的优点在于，如果选定的指标是显而易见的（比如一个家庭里有多少个孩子），那么所需要的管理就少多了。因而在目标定位中，可更少关注个体的情况，更多使用较为统一的标准。

以英国为例，早在 1922 年英国《失业保险法》中就以失业救助的形式提出了家庭财产调查的必经程序。家计调查虽然会带来耻辱感、津贴水平低下、因重复受益产生福利依赖问题，以及贫困陷阱、诚实陷阱、储蓄陷阱等，但家计调查型津贴在英国社会保障制度中居于重要地位。英国家计调查更加突出对求职经历和就业状况的审查，对不该重复（重叠）受益的现象加以规范，杜绝欺诈，并与目标群体定位结合得日益密切。英国政府通过提供多层次、分群体、多类型的保障措施，通过分层施保、分类施保缓解了低收入群体的生活压力。近年来，英国政府在家计调查方面不断改进，以避免民众过多的指责。改革措施包括简化家计调查、收入评估更改为年度体系（将每年或更长时间进行一次评估）、简化申领手续（如可以通过互联网填写表格）等。

5. 防止社会排斥，强调伦理救助和社会整合的作用

1918年瑞典政府再次颁布济贫法。新的济贫法制度所提供的救济较之前更加容易获得，但是受益者必须以丧失一些公民权利为代价，其中包括丧失选举权。传统的济贫法也发挥着社会保险制度补充措施的作用，但其在实施过程中所体现出来的对贫困者的施舍性、歧视性、惩罚性和侮辱性越来越受到人们的批评，人们希望建立充分体现人道主义和公民权利的社会救助制度。

以欧盟为例，自20世纪70年代以来欧共体社会救助政策随社会救助理念的转变发生了三次转向：20世纪70年代到80年代，欧共体社会救助政策偏重责任，主要解决物质贫困问题；20世纪90年代偏重权利；进入21世纪，重点致力于社会整合。2000年3月，欧盟委员会决定在2010年消除贫困并同意采取行动，同时达成一致意见，即各成员国在反贫困和消除社会排斥方面应该采取协调一致的政策，并于2001年起制订实施著名的国内行动计划。其目标包括增强参与就业的积极性以及资源、权利、物质和服务的可获得性，防止社会排斥的风险，帮助弱势群体，动员所有相关组织参与行动。同时欧盟建立衡量社会融合指标体系。社会排斥概念在五个方面超越了传统的贫困和劣势概念：由财务劣势转变到多层面劣势，由静态分析转为动态分析，由个人或家庭扩大到地方邻里，从聚焦分配转向聚焦关系，由侧重社会关系的连续性转向灾难性中断。贫困概念内涵外延的扩大意味着在贫困问题分析中，研究者既应关注物质贫困与社会劣势本身，还要关注导致物质贫困和社会劣势的社会关系根源；更为重要的是，贫困概念内涵外延的扩大意味着由狭义的贫困救济转变为广义的社会救助。救助的手段和方式要充满伦理精神，充分尊重救助对象的人格尊严，不能使救助对象边缘化、耻辱化、对象化，不能实际维持（或制造）一个最低收入阶层，而是要使救助者享有必要的尊严，即救助手段和方式的伦理化。

针对2010年以后，为躲避战火和失控的安全局面，突尼斯、利比亚、叙利亚、阿富汗、伊拉克、厄立特里亚等国数以百万计的难民通过各种方式进入欧洲，形成了难民潮，在德国的推动下，2015年欧盟委员会通过方案，要求各成员国按照配额收留16万难民。根据欧盟《都柏林公约》的相关规定，难民事务首先应由难民的第一入境国负责，完成救援、接待、注册等一系列工作，必要时需负责遣返难民。德国是目前为止接受难民最多的欧洲国家，截至2020年9月底，德国政府通过促进融合和语言课程接受了110万难民。

6. "下游救助"向"上游救助"转变，社会救助向社会保护转变

世界银行的社会风险管理理论认为，所有的个人、家庭和社区都会面对来自不同方面的风险，这些风险既包括自然的也包括人为的。贫困人群不仅更容易遭遇风险，风险对他们的负面影响也会更为严重，因为他们应对风险的工具非常有限。由于贫困人群没有能力或者不愿意选择高风险、高回报的经济活动，他们不仅难以脱贫，其贫困程度甚至会进一步加深。因而世界银行的风险管理框架更关注贫困的成因，而不是贫困的症状，更重视贫困的预防而不是对贫困的补偿。这与经合组织国家的积极的社会政策是完全一致的。在经济全球化的环境下，消除贫困不仅代价高昂，也是很难实现的事情，因而只有预防贫困才能达到消除贫困的目的。预防贫困是世界银行风险管理框架最重视的内容。这一框架要求对贫困和高风险人群提供事前的收入支持以鼓励其选择高风险、高回报的经济活动，从而使他们逐步摆脱贫困，而干预的措施应该根据风险的类型选择不同的工具。同样，积极的社会政策也主张社会政策要致力于消除或减少那些会使人们陷入不幸或困境的因素，而不是在风险成为事实后再向他们提供生活保障。相应的，社会政策不再只是针对现实的贫困者或不幸者的帮助，而是一种增进全体社会成员经济和社会能力的社会资源配置。有效的反贫困政策是不同社会系统包括政府、市场、非营利组织和家庭等共同作用的结果，因此世界银行的社会风险管理干预工具非常宽泛，包括了宏观经济政策、治理和善治、提高基础教育和医疗卫生的可及性等。

第三节　我国社会救助的历史、特点及展望

一、我国社会救助的发展与改革历程

我国的社会救助历史悠久，源远流长。古代社会弱势人群的生存状态常常引起明智的统治者的关注，采取一定措施来救助社会弱势群体成为许多朝代政府的恤政和民间的善举。从常态下的养老、慈幼育婴、恤嫠、助残、仓储到临灾时的应急救济，均是救助弱势人群的具体措施。

《周礼》就以儒家的"仁""孝"等信条对老者及鳏寡孤独的救助作出了指导性的规定。汉代以后，从存问制度的设立到对年老、鳏寡、废疾及贫困之人的定期或不定期的物质赏赐，国家对这些人的救助更加系统化。南北朝时期，国家设立了六疾馆和孤独园等专门的收养机构，对鳏寡孤独、贫病无依者给予集中救助。从此以后，历代王朝开始由国家出面设立专门的救济机构，如唐代的悲田养病坊，目的是"矜孤恤穷，敬老养病"，宋代的福田院、居养院和安济坊则分别以收养安置鳏寡孤独和废疾贫困之人为主。此外，宋代各种名目不同的救济机构（如广惠院、实济院、安养院、利济院、安乐坊、安济坊、安乐庐、安乐寮、举子仓、婴儿局、慈幼局、合剂局、太平惠民局、施药局等）遍布全国，将国家救济事业推向了高潮。元、明、清以后各代也设立了官办的养济

院、惠民药局、普济堂、栖流所、育婴堂等救济机构。除了国家救济以外，以宗族、宗教机构等为主要组织的民间的社会救助也很发达。尤其是在社会群体面临大规模危机（如灾荒、战乱）时，这些救济机构的作用十分明显。

近代以来，由于天灾不断，战祸频发，弱势人群有增无减，地方士绅商人和宗教机构等创办的民间慈善机构及西方传教士经办的慈善事业作用凸显；相反，国家兴办的救济机构则由于国势的式微受到了限制。另外，带有西方色彩的红十字会、华洋义赈会等慈善机构的活动及其运作受西方影响很大，在灾荒与战乱频发的近代中国，在救助灾民和战争难民中作用突出。

1943 年国民政府公布实施了《社会救济法》，这是中国历史上第一部国家济贫大法。同时，政府还公布了一系列法规，逐渐形成了一整套与济贫相关的法律法规体系。

中华人民共和国成立后，我国的社会救助工作大致经历了三个阶段，每个阶段社会救助在社会保障体系中的地位与作用都有所不同：

一是中华人民共和国成立之初国民经济恢复与社会主义改造的阶段（1949—1956年），社会救助内容丰富，包括灾害救济、贫困救济、生产自救、群众互助等，而我国在 1951 年才开始探索劳动保险，社会福利当时也几乎没有。这个阶段的社会保障模式基本属于救助保障模式，即社会救助在整个社会保障体系中居于绝对主体地位，社会保险与社会福利很不发达。

二是计划经济体制下全面建设社会主义的阶段（1957—1978 年）。从整个社会保障制度体系来看，城市的国家与单位保障和农村的集体保障已保障了绝大部分人口。当时的社保体系虽城乡分割，但却覆盖了几乎所有社会成员，各种劳动保险和单位（集体）福利众多，因此当时的社会保障制度体系可以算作一种普遍保障的模式。这种模式下的社会救助只针对极少数缺少劳动能力的或有其他特殊困难的边缘群体，其重要性无从谈起，在整个社保体系中处于边缘地位。

三是改革开放后的阶段。1978 年以后，我国进入了向市场经济转型的时期。在城市，企业成为经营实体，原有的单位保障解体。农村由于家庭联产承包责任制的实施，原有的集体保障也逐渐瓦解。中国计划经济体制下的普遍保障模式被彻底颠覆。在此背景下，社会救助的重要性逐渐提升，尤其是 20 世纪 90 年代中期以后，随着城乡最低生活保障制度的逐步建设，以及相关住房、医疗和教育救助等专项救助的探索实践，我国的社会救助开始向新型社会救助制度过渡。这个阶段由于社会保障体系的普遍保障模式被打破，社会救助已摆脱了边缘性地位，其重要性在逐步上升。中华人民共和国成立到20 世纪末，我国的社会救济主要分为三类：自然灾害救济、孤寡病残救济、城乡贫困户救济。社会救济制度一直都没有形成一个比较系统的体系，而是非常分散的，应急性规定比较多。伴随着经济体制的改革、新的社会保障体系的建立，社会救助从 20 世纪90 年代开始迅速发展。

1987 年 6 月 3 日，经党中央、国务院批准，中国社会福利有奖募捐委员会在北京成立。这一事件打破了近四十年来社会福利事业由国家包办的局面，开辟了向社会筹集资金、社会福利社会办的新渠道。

1988 年 9 月，国务院发布的《基金会管理办法》，对基金会的设立条件、基金的使用和管理等作出原则规定。

1989 年 10 月，在对 1950 年政务院《社会团体登记暂行办法》修改补充的基础上，国务院发布了《社会团体登记管理条例》，内容包括总则、管辖、成立登记、变更登记、注销登记、监督管理。它在明确国家保护社会团体依照其登记的章程进行活动，其他任何组织和个人不得非法干涉的同时，也强调了社会团体必须遵守宪法和法律、法规，维护国家的统一和民族的团结，不得损害国家的、社会的、集体的利益和其他公民的合法的自由和权利。

1991 年 5 月 15 日起施行《中华人民共和国残疾人保障法》。

1993 年 6 月 1 日，上海市率先建立城市居民最低生活保障线制度。市政府规定，凡是上海市城市居民，家庭人均收入低于市政府规定的最低生活保障线的，都有权向政府有关部门申请领取最低生活保障金。其后全国许多城市都借鉴上海市的经验，探索建立本地的城市居民救助制度。1997 年，国务院在总结全国各地经验的基础上，发布了《关于在全国建立城市居民最低生活保障制度的通知》，要求在 20 世纪末，全国所有的城市都要建立城市居民最低生活保障制度，1999 年 9 月，国务院颁布了《城市居民最低生活保障条例》，在全国范围内建立了城市居民最低生活保障制度。

1994 年，国务院颁布了《农村五保供养工作条例》，对五保供养的对象、内容、形式及五保户的财产处理、监督管理进行了规定。

1994 年，在特定的社会基础和法制背景下，司法部提出建立和实施法律援助制度，反映了我国经济的发展及法律制度和社会保障制度的逐步完善。其间我国的律师体制经历了一次最重大的改革。其主要内容是，不再使用传统的以生产资料所有制模式和行政管理模式来界定律师和律师事务所的性质，在有条件的地方，允许律师不受国家编制限制，不依赖国家财力，寻找一条外延发展的道路，通过每年一次的公开律师资格考试，扩大律师队伍，改善律师的知识构成，提高律师素质，以满足社会主义市场经济深入发展对律师法律服务日益增长的需求；通过实行自愿组合、自负盈亏、自我约束、自我发展的机制，将律师的个人收入与所提供的服务数量、质量挂起钩来，从内涵上调动律师的积极性，以拓展律师的服务领域，提高法律服务质量。法律援助制度的建立，解决了部分弱势群体因经济困难"请不起律师、打不起官司"的问题。

1994 年民政部决定在农村逐步建立起与经济发展水平相适应的，层次不同、标准有别的最低生活保障制度。

1996 年，民政部印发了《关于加快农村社会保障体系建设的意见》，把建立农村最低生活保障制度确立为农村社会保障体系建设的重点。

1997 年 12 月 29 日，第八届全国人民代表大会常务委员会第二十九次会议通过《中华人民共和国防震减灾法》，自 1998 年 3 月 1 日起施行。

1998 年 10 月 25 日，国务院发布并实施新的《社会团体登记管理条例》，加强新形势下对民间组织的管理。

1999 年，国务院颁布《城市居民最低生活保障条例》，表明了城市居民最低生活保障线作为社会保障体系的最后一道防线由政府来兜底承担，体现了宪法赋予每一个公民最基本的生存权利。

1999 年，建设部制定了《城镇廉租住房管理办法》，启动了城镇廉租住房建设工作。

1999 年 9 月 1 日施行的《中华人民共和国公益事业捐赠法》旨在鼓励捐赠、规范捐赠和受赠行为，保护捐赠人、受赠人和受益人的合法权益，促进公益事业的发展。

2001 年，《国务院关于基础教育改革与发展的决定》（国发〔2001〕21 号）明确提出从当年开始，对贫困地区家庭经济困难的中小学生进行免费提供教科书制度的试点，在农村地区推广使用经济适用型教材。采取减免书本费、寄宿费等办法减轻家庭经济困难学生的负担，从此开始了"两免一补"的进程。

2001 年，国务院公布《中国农村扶贫开发纲要（2001—2010 年）》，确定了 21 世纪头十年我国农村扶贫工作的基本内容、实现途径、政策保障及组织领导。

2003 年，国务院颁布了《城市生活无着的流浪乞讨人员救助管理办法》，同时废止了 1982 年国务院发布的《城市流浪乞讨人员收容遣送办法》，标志着我国城市生活无着的流浪乞讨人员救助管理制度正式建立。这是一项针对城市流动人口而设立的社会救助制度。将强制性收容遣送改为关爱性救助管理，建立以自愿受助、无偿救助为原则的新型社会救助制度，是我国社会救助制度的重大改革。

2003 年 2 月，由民政部、卫生部（现为国家卫生健康委员会）和财政部共同实施建立的农村大病医疗救助制度，拉开了农村医疗救助制度建设的序幕。农村医疗救助制度是政府拨款和社会各界自愿捐助等多渠道筹资，对患大病的农村五保户和贫困农民家庭实行医疗救助的制度。

2003 年 7 月，《中华人民共和国法律援助条例》正式颁布。

2004 年 6 月 1 日起，我国废止了原有的《基金会管理办法》，施行《基金会管理条例》，对基金会的设立、变更和注销，基金会的组织机构、财产管理和使用、监督管理及法律责任作出了明确规定。

2004 年 5 月 13 日，我国开始实施《经济适用住房管理办法》。《经济适用住房管理办法》改变了 1998 年《国务院关于进一步深化城镇住房制度改革加快住房建设的通知》中要求重点发展经济适用住房，以经济适用住房来解决大多数人住房的政策导向，确保为中低收入群众造福。

2005 年 3 月我国正式启动城市医疗救助试点工作。

2006 年 1 月 11 日，国务院第 121 次常务会议通过了《农村五保供养工作条例》。该条例的颁布，实现了农村"五保"从农民集体互助共济向财政供养为主的转变，五保供养制度成为真正意义上的社会保障制度。

2006 年 1 月，国家出台了《国家自然灾害救助应急预案》，明确了救灾工作的四级响应规程。按照救灾工作分级负责、救灾资金分级负担、以地方为主的原则，救灾资金每年由中央安排特大自然灾害救济补助金，地方配合投入资金，保障灾民灾后有饭吃、有水喝、有衣穿、有病能医、有房可住。

2006 年，社会救助法已被全国人大常委会法工委列入立法计划，8 月份《中华人民共和国社会救助法（草案）》被提交国务院法制办进行论证，并于 2007 年提请全国人大审议。

2007 年 7 月 11 日，国务院下发了《关于在全国建立农村最低生活保障制度的通知》，农村最低生活保障制度将成为一种制度性安排，由试点地区逐渐扩大到全国农村。农村低保制度的目标是通过在全国范围内建立农村最低生活保障制度将符合条件的农村贫困人口全部纳入保障范围，稳定、持久、有效地解决全国农村人口的温饱问题。它克服了 20 世纪 50 年代初以来传统农村社会救助存在的救济面窄、救济标准低、制度建设落后等缺陷。

2007 年 5 月，国务院发布《关于建立健全普通本科高校高等职业学校和中等职业学校家庭经济困难学生资助政策体系的意见》，开始在中等职业学校和高校建立全新的资助体系。

2007 年 6 月，民政部下发了《关于进一步建立健全临时救助制度的通知》（民发〔2007〕92 号），对临时救助的对象、标准、程序等进行了规范。

2007 年 8 月底通过、2008 年 1 月 1 日施行的《中华人民共和国就业促进法》规定，各级人民政府建立健全就业援助制度，采取税费减免、贷款贴息、社会保险补贴、岗位补贴等办法，通过公益性岗位安置等途径，对就业困难人员实行优先扶持和重点帮助。

为彻底解决城市低收入家庭住房困难，国务院于 2007 年 8 月发布《关于解决城市低收入家庭住房困难的若干意见》，将住房救助的范围扩大到城市低收入家庭，将住房救助的形式由单纯的实物配租扩大到发放租赁补贴与实物配租相结合。

2008 年 10 月，民政部等部委联合发布《城市低收入家庭认定办法》（民发〔2008〕156 号），为住房救助的实施奠定基础。

2009 年 5 月，住房和城乡建设部、国家发展改革委、财政部印发《2009—2011 年廉租住房保障规划》，提出争取用 3 年时间基本解决 747 万户现有城市低收入住房困难家庭的住房问题，3 年内再新增廉租住房 518 万套、新增发放租赁补贴 191 万户。

2014 年 2 月，国务院颁布《社会救助暂行办法》（以下简称《办法》），并于当年 5 月 1 日起实施。《办法》第一次以行政法规的形式综合构建了社会救助体系，明确社会救助主要包括最低生活保障、特困人员供养、受灾人员救助、医疗救助、教育救助、住房救助、就业救助、临时救助八项制度以及社会力量参与，成为我国社会救助事业发展的重要里程碑①。

《社会救助暂行办法》

2016 年国务院颁布了《关于进一步健全特困人员救助供养制度的意见》（国发〔2016〕14 号），以解决城乡发展不平衡、相关政策不衔接、工作机制不健全、资金渠道不通畅、管理服务不规范等问题。

2017 年 1 月，国务院办公厅印发《关于加强困难群众基本生活保障有关工作的通

---

① 潘华. 改革开放 40 年来我国社会救助事业发展成就、历程与经验［J］. 市场论坛，2018（12）：1-5，8.

知》，要求全国各县（市、区）都要建立健全由政府负责人牵头、民政部门负责、有关部门和单位参加的困难群众基本生活保障工作协调机制，定期研究解决本地区困难群众基本生活保障问题。

2019 年，在北京召开的新时代社会救助发展与立法研讨会上，民政部社会救助司司长刘喜堂表示，2019 年民政部社会救助司的工作之一，即围绕社会救助立法开展。《社会救助法》被纳入议事日程。

2020 年中共中央办公厅、国务院办公厅印发了《关于改革完善社会救助制度的意见》，要求各地各部门用 2 年左右时间，健全分层分类、城乡统筹的中国特色社会救助体系，在制度更加成熟、更加定型上取得明显成效。社会救助法制健全完备，体制机制高效顺畅，服务管理便民惠民，兜底保障功能有效发挥，城乡困难群众都能得到及时救助。到 2035 年，实现社会救助事业高质量发展，改革发展成果更多更公平惠及困难群众，民生兜底保障安全网密实牢靠，总体适应基本实现社会主义现代化的宏伟目标。

《关于改革完善
社会救助
制度的意见》

二、我国社会救助发展的特点

近年来我国社会救助的发展具有明显的特点。

一是救助范围不断扩大，从特殊保障向适度普及方向发展。社会救助在区域上覆盖城市和农村，城乡统筹、协调发展，在救助对象上面向城市低保、"三无"人员、农村五保户、特困户、灾民、流浪乞讨、孤残儿童等城乡各类困难居民，应救尽救。

二是救助内容增多，从单项救助向系列化救助发展。社会救助不仅要帮助困难群众解决吃、穿、住等基本生活困难问题，还要帮助解决医疗、教育、就业、法律等方面的特殊困难，从不同方面提供多种救助服务，增强社会救助功能。

三是涉及部门更广，从民政单个部门行为向多部门（如教育、卫生、劳动、建设、司法、扶贫、财政、发展改革等相关部门和众多公益性社会组织）协作发展。

四是工作要求提高，从临时性、粗放型向规范化、制度化发展。无论是救助对象的申请、审核、审批程序，还是救助政策、救助对象、救助标准；无论是救助资金的发放，还是救助信息、档案资料管理，都要做到规范有序，尽量公开透明。

五是救助功效加大，从多头救助、分散救助向有机衔接、整体推进发展。随着各项救助制度逐步建立健全，需要在更大、更新的制度框架内统筹考虑社会救助工作的协调发展。社会救助需要将各种救助对象、救助内容、救助资源、救助制度有机整合，上下联动，为社会救助工作提供强大的支持和动力，不断提高救助工作的整体水平和综合效益。

六是监督管理加强，从部门监督向社会监督发展。随着救助工作的社会关注度提高，救助对象的维权意识增强，社会救助工作的监督管理力度不断加大。不仅要接受审计监督、纪检监督，各级人大、政协也把社会救助工作作为监督检查的重点，将救助工作置于救助对象、新闻媒体和人民群众的广泛监督之下，确保社会救助工作健康、顺利开展。

三、目前我国社会救助中存在的问题

1. 救助措施设计不科学，救助资源配置欠缺公平，出现救助叠加问题

各项救助措施的设计应该针对确需救助的困难群体，每一项救助措施一般都有特定的受助对象。一般而言，生活水平越低，该群体对各项救助措施的需求就越大，如低保家庭除了基本生活救助外，还可能需要在医疗、就学、住房等方面得到救助。但这并不意味着低保以外的困难家庭不需要专项救助，对生活水平略高于低保对象的困难家庭而言，其自身能力仅仅是保证基本生活，当遇到基本生活以外的困难时，依靠自身能力往往难以解决，需要政府和外界力量的帮助；反之，生活水平最低的低保家庭除了基本生活救助外，未必同时需要其他各项社会救助措施的救助。

以辽宁省盘锦市为例，最低生活保障制度刚开始比较稳定，但国家后来实施的一些分类救助，例如临时救助、医疗救助、取暖救助、就学救助等，由于待遇较高，也引起了人们的普遍关注，许多人纷纷要求加入，造成低保户比边缘户富裕，出现新的不公。政府可以采取的对策是将低保以外的其他救助的范围扩大，但是又会有新的边缘户面临着不公平待遇，其影响一直会由社会底层向上蔓延。目前，在一些城市对低保家庭实行了一些现金补贴和优惠政策之后，低保制度的含金量大增，甚至有的申请者要求，可以不要低保金，就要那些补贴和优惠政策。对很多并不富裕的人来说，即使不考虑医疗救助和廉租住房，就现在这些配套措施的诱惑力也是难以抵御的。大连市也出现一些收入略高于低保标准的低收入家庭在遇到大病等突发困难时难以得到有效救助的情况，促使一部分低保边缘户千方百计要求进入低保行列。

2. 资格确认难度较大，而现行的家庭财产调查在实施过程中不可避免带有随意性和盲目性

一些被救助对象不能正确理解社会救助政策，主要采用隐报、瞒报等手段掩盖实际家庭收入，抵制基层民政部门和社区救助工作者的定期随访和家庭收入审核工作，严重影响了社会救助工作的正常开展。民政部门在具体审查标准上进行了一定程度的变通，将"视同收入""实际生活水平""拥有高档消费的情况""日常生活状态"等都作为审核资格的变通标准；将能否按照规定参加义务劳动、制定申请者合法持有财产的限制性规定也作为判断是否有资格享受待遇的标准之一，这导致地方政府变通标准或自由裁量无法完全避免。

3. 资金投入不足，筹集机制不合理，基层政府负担过大或供给主体间救助事权与支出责任不平衡

社会救助资金是由政府主导、主要用于帮助解决民生困苦的财力资源。社会救助资金主要来自国家财政拨款和社会筹集，此外还有信贷扶持和国际援助。它包括城市和农村最低生活保障金、救灾资金、贫困群众医疗救助资金、社会福利基金、福星工程和五保供养资金、抚恤金、残疾人事业资金等。资金来源主要是本级财政预算安排、上级财政资金补助、社会捐赠和福利彩票收益分成等。

目前我国社会救助资金缺乏筹措机制，无法形成整体效应，救助资金主要源于政

府，资金匮乏仍然是当前社会救助的突出问题。从政府对救助的投入来看，财政社保支出比例近年来增长迅猛，财政资金扮演着主力军的作用。从社会筹资来看，一是慈善公益机构发展起步晚，动员社会资源的能力弱，掌握的资金总额少，没有足够的社会公信力；二是筹资渠道不畅，目前除发行福利彩票和在重大灾害发生后及每年元旦、春节前开展的临时募捐活动外，缺乏经常性的规范的筹资渠道和方式；三是公民慈善观念落后，个人主动性慈善捐赠参与率较低。

社会救助是财产再分配体系的重要一环，社会救助行政供给主体具体职责的实现需要明确的财政给付作为保障，但是我国一方面分配给地方政府，特别是县乡级政府沉重的社会救助职责，另一方面又未通过收入分配或有效的政府间转移支付系统支持地方政府实施这些职责时所需之支出①。

目前由于市及区（县）财力有限，预算支出结构不尽合理。在中央财政出钱的情况下，低保金支出主要依靠中央财政，省、地级政府财政支出所占比例过小，财政状况最差的区（县）政府负担较重。除低保基金外，其他社会救助（如医疗救助、教育救助和住房救助等）如何分担各级财政的责任仍是一个重要而棘手的问题。此外，社会救助资金被挤占挪用的现象依然普遍存在。

4. 政府部门之间信息不能完全共享

我国目前还未形成统一的社会救助管理部门。社会救助由民政部门主管，但社会的行政管理、资金管理和救助对象管理分属政府多个行政部门，各级社会救助基金组织处于无序状态。一些专项救助如教育救助、医疗救助、住房救助以及司法援助等，分属不同的部门主管；灾害救助、最低生活保障、流浪乞讨人员救助虽然都归民政部门管理，但是在民政部门内部却又分属不同的部门。部门分割导致社会救助缺乏联动机制，难以有效地满足救助对象的各种救助需求。例如，有营业执照的人申请低保，民政部如果很快能得到工商局的信息，就可以去核实家庭收入的人工费；民政部如果可以掌握领取失业金的人的信息，就可以避免他们重复领取低保。反之，如果信息不畅通，资源不能共享，许多人就可以钻空子，领到双份或更多的保障金。

由此引发两个方面的明显弊端：一是管理机构政出多门，标准不一，各个救助主体之间互不衔接，不能形成合力，使政府在救助工作中的主体地位不明显，综合救助能力减弱；二是由于没有明确的责任主体，救助工作相互交叉，有限的救助力量和资源出现浪费。如每年的春节慰问中，民政部门慰问低保户、工会部门慰问困难职工、残联慰问残疾家庭，结果出现重复慰问，甚至出现一户同时得到四个部门的慰问。又如高考后对部分困难家庭的大学生实行资助过程中，参与资助的有民政、工会、妇联、共青团、文明办等部门，结果出现有的家庭得到多部门救助，资金上万元，而有的家庭却得不到及时救助。

管理的部门分割，加之信息管理技术的落后，使得我国社会救助的发展亟待信息网络的发展。例如，目前全国还没有形成一个流浪儿童的统一信息网络，查询流浪儿童家

① 詹国旗. 我国社会救助资金供给法制的完善：基于财政政策的视角 [J]. 法学，2018（10）：153-164.

庭和流出地的工作没有全国性合作，致使工作效率低，许多儿童长期滞留在救助中心。又如，由于我国目前中职学生的注册系统和资助管理系统无法对接，技工学校的注册系统和职业学校的注册系统不能通用，因此一些地方不少中职学生重复注册，骗取国家助学金，给国家助学政策的贯彻带来阻力。

5. 社会救助工作人员不足，工作量大，工作经费未落实，有的管理人员人身安全受到威胁

以城市低保为例，从制度上看，社会救助工作人员需要对申请者进行家庭收入状况调查，以确定是否符合法定的受助条件。同时社会救助工作人员要对救助者进行追踪调查，及时了解救助者家庭收入变化情况，定期复核家庭是否继续符合救助条件。以上法定工作均需要大量的人力。为此，在城市低保制度的实施过程中，政府将城市低保的日常管理、服务工作委托给居民委员会承担。这样，最基础、最大量的入户调查、收入核查工作就交给了社区居委会来管理，政府在节省了大量人工费的同时，使"城市低保机器"工作起来。

在实施低保的人员编制和工作经费方面，从中央到地方，各级政府都没有一个明确的态度。在人员编制上，较之劳动与社会保障部门近年来为实施社会保险大量增加事业编制和人员，民政部门在低保管理方面的人手实在少得可怜，在工作经费上问题更大，习惯的做法是上一级往下一级压，到基层实际上什么都没有，区、街道、居委会甚至只能自己贴钱，甚至是基层干部个人贴钱来办事。只给基层增加任务，而不能给基层增加相应的人力和财力，这种做法往往会因小失大。

不仅如此，由于不给不符合标准的居民办理城市低保，低保工作人员时常被恐吓，家庭房屋的玻璃被砸、电线被剪等现象也时有发生，甚至还被殴打致伤。有的工作人员为困难患病群众服务，却连自身的健康权也得不到保障。目前，社区低保工作人员在工作、健康、人身安全等方面的权利，还没有明确的法规进行规范。

6. 社会救助导致某种程度的"福利依赖"

由于救助标准偏低，不能让救助对象积累必要的资产以应对就业所带来的成本和风险，加之现行的工资标准偏低，不能形成有效的就业激励，同时就业指导、就业培训和社会参与指导等还不够细致、个性化，不能根据救助对象的实际情况为其制定就业和参与社会竞争的个性化策略，因此享受社会救助者最终自主摆脱贫困的人非常少。很多人实际上是在长期享受社会救助，且其就业动机日益弱化，在很大程度上不自觉地满足于其低水平的生活状况，形成所谓的"福利依赖"。

7. 社会救助的社会融合效果不突出

一方面，社会救助的对象对主流社会存在着疏离感，在一些地区和一些人身上，这种感觉甚至相当强烈和持久，来自主流社会的救助并不能使他们融入主流社会；另一方面，政府的社会救助实践并没有迅速地唤起全社会的互助理念，唤起富裕社会成员的慈悲之心，其最重要的表现就是我们的民间慈善事业还很不发达，民间社会互助的力量还非常薄弱。在一个缺乏社会互助支持的社会，单纯的政府救助，其效果也必然是有限的。

8. 不少管理细节有待改进

社会救助中的许多慰问主要集中在年关岁底或重要节日，届时各部门抽排一些特困对象重点走访，登门发放慰问品、慰问金，这成为社会救助的常规实践和常规动作，而平时较多的贫困对象只是门前冷清、求助乏力，这种突击式的救助对救助对象而言，只能解一时之急，得到一时的关心和帮助，很大程度上会影响救助工作的实际效果。

9. 法治和社会道德文化价值观念落后

国内外社会救助制度的实践表明，社会救助深深植根于法治和包括道德、社会价值观等在内的社会文化之中。例如，联邦德国的社会救助制度建立在德国社会的文化传统基础上，强调社会成员互相帮助和家庭重要性的天主教传统，主张政府怀有父爱主义情结、保守而温和的国家父爱主义（conservative state-paternalism）思想是其社会基础。中国社会救助制度建立和发展过程中出现的很多障碍更加显示了法治和诚信的社会环境的重要性。当前在社会救助中出现的诸如"人情保""骗保""低保富翁"，有的地方每年轮换确定低保对象，不是按照低保标准而是根据资金情况发放保障金，一些符合条件的对象未纳入低保范围等问题的根源在于法治和道德文化观念落后。部分社会救助对象把自己看成是特殊的社会群体，认为社会救助是一种应得的福利，或者把能挤入社会救助体系这一安全网看作是幸事，而不觉得自己是被贴上了社会救助对象或者贫困者之类的社会标签，造成社会救助制度的发展面临很大的文化道德障碍，提高了中国社会救助的运行成本。

四、完善我国社会救助制度的思路与对策建议

我国社会救助制度的完善意义重大，任重道远。

1. 完善现行的分类救助和差异救助，增加一些新的单项救助项目如意外事故救助等，借鉴国外分类救助的先进理念

低保制度将从救助标准单一逐渐向分类分层救助方向发展，即从低保家庭和低保对象本人的困难情况出发，按照困难程度的不同提供差异化的保障待遇，做到突出重点、兼顾一般、分类施保。低保制度对不同的人口设立不同的津贴项目，规定不同的资格标准和准入门槛，提供不同标准的救助；同时对于下岗、失业人口应加强培训经历、求职经历和再就业状况的要求和审查，对有就业能力、容易就业和再就业，以及无就业能力、不容易就业和再就业的申请人需要分清情况区别对待。

从现行的单项救助制度看，因交通事故、安全生产事故等意外事件造成生活困难的群众仍难以纳入救助体系。在欧洲，有一项社会照顾制度，主要就是针对因意外突发事件而受到困扰的人。参照国外的经验做法，实行意外事故救助制度，可以对现行救助体系起到"拾遗补阙"的重要作用。这方面，需要有关部门作进一步的深入研究。例如，应探索环境污染（如水资源污染）受害者社会救助的机制。

国外近年兴起的有条件现金援助值得我国加以研究。有条件现金援助（conditional cash transfer，CCT）项目是一种新的社会救助形式，它致力于对年轻人的培养，以使得人力资本获得积累，并以此来打破贫困代际传递。CCT提供现金资助给贫困家庭，但必

须以投资人力资本为基础，比如送孩子去学校或健康中心。这种约束性使得 CCT 不仅是一种短期社会救助的手段，更成为一种长期的人力资本投资。CCT 是一种刚萌芽的社会项目，它通过教育券、补贴式医疗保险计划等形式直接资助需方。CCT 针对提高儿童的人力资本已在许多国家实施，尤其在拉美和加勒比海地区。最受欢迎的一类 CCT 包含健康、教育、营养三重目标，比如墨西哥的教育健康食品计划、哥伦比亚的家庭行动计划、洪都拉斯的家庭安置项目、牙买加的健康教育发展计划、尼加拉瓜的社会保障网络。

2. 扶持弱势群体自我生存和发展能力

新福利经济学家阿马蒂亚·森认为，社会参与能力的下降实际构成了社会排斥，并有可能陷入长久的恶性循环。现金收入再分配只能维持现状，而不能打破贫穷的循环，因而十分有必要区别收入贫困与能力贫困的差异，将社会救助的目标从克服收入贫困提升到消除能力贫困，救助与发展相结合，提升救助对象的社会参与能力，协助他们自立、自强，最终消除社会排斥，实现社会整合。

目前我国教育培训严重不足，知识技能严重缺乏，加之劳动力严重过剩，劳动力就业形势严峻。因此，对于弱势群体的教育培训是提高弱势群体竞争力、帮助其摆脱弱势的治本之策。如对下岗职工而言，技能培训、再就业信息、社保资金、各类优惠政策都是其应拥有的社会资源，是其摆脱弱势地位的基础条件。政府应做出调整逐步改变目前我国社会救助发展中生存性救助多、发展性救助少，输血型救助多、造血型救助少的现状。

3. 建立合理的财政分担机制和统管统支的经费保障机制

社会救助是政府的责任，各级政府义不容辞，中央、省、市、县四级财政应建立合理的分担机制。中央政府应该帮助"老、少、边、穷"地区的城市，这些城市往往财政越困难，救助对象也越多，只有通过中央财政转移支付才能使这些城市的救助对象实现"应保尽保"。中央政府和省级政府还应该帮助中央部委所属和省属企业多的城市，因为这些企业的利润大多以利税形式上缴给中央财政和省级财政，上级财政应该为它们提供救助资金。

与此同时，政府应加强救助资金的筹措、使用与管理。第一，应积极争取政府重视和财政部门支持，利用民政部门从事社会捐助管理的职能优势，广辟资金渠道，多方募集救助资金，同时鼓励社会力量参与社会救助活动。第二，应建立社会救助资金统筹统管统支的经费保障机制。在当前财政支出为主的情况下，政府考虑将原先各部门自行筹措、分散使用的救助资金纳入社会救助资金总盘子，统筹安排，即采取"救助对象统一管理，资金共同分担，统一使用"的救助制度。比如可以以低保资金预算作参照，按照一定的比例增加安排医疗救助资金、教育救助资金、住房救助资金等，使社会救助资金的总盘子由民政部门统一管理、统一支出。在此基础上以低保标准为参照，统一制定各项救助标准，对住房困难的给予住房补助、就学困难的给予教育补助、就医困难的给予医疗补助。这样做，一方面使有限的救助资金发挥最大的救助效能，避免出现重复救助现象，另一方面可以有效地整合救助资源形成统一的社会救助平台和"一口上下"的运行机制，切实解决弱势群体的各种困难。第三，应严格资金管理，实行专户储存、专项管理、专款专用，合理利用资金，确保社会救助资金的安全运行。

4. 动态管理机制

救助人员做到社区每月、街道每季度、区县每半年对重点低保对象走访一次，随时掌握救助对象的家庭情况，确保救助渠道畅通。政府甚至可以考虑借鉴国际经验，设立专门的家计调查机构，改变以社区干部为主进行家计调查的现状，改由专业的社会工作者来完成，提高家庭财产调查的专业化水平。

5. 加强社会救助工作的组织领导和机构建设

我国要有效地开展社会救助工作，充分发挥社会救助在稳定社会、促进经济发展中的重要作用，应健全由政府分管领导任组长，民政、财政、教育、劳动保障、卫生、审计、监察等部门组成的新型社会救助工作领导小组制度，统一管理、组织、协调以低保为基础的新型社会救助工作。政府要把以低保为基础的新型社会救助体系建设纳入经济社会发展规划，摆在各级政府重要议事日程上，不断增加社会救助资金投入，建立与经济社会发展水平相适应的社会救助资金筹措和稳定增长机制，合理确定城乡帮扶救助对象、帮扶救助项目和帮扶救助标准，完善帮扶救助政策，整合社会救助资源。要明确市、区（县）、街道（乡镇）、居委会（村委会）的社会救助职责，各尽其职，相互配合，尽快形成政府主导、部门配合、社会联动的新型社会救助组织管理体制，使社会救助工作逐步走上规范化、制度化、法治化轨道，不断提高社会救助管理和服务水平。

政府通过增设编制或招聘方式来解决基层救助工作人员偏少的问题，并且实行工资经费由财政全额拨款；同时要解决社会救助工作必需的办公经费，促进社会救助工作实现更好的效果。

6. 建立救助信息数据库，形成纵向贯通、横向互联的社会救助信息共享机制

各级各部门要摸清城乡各类困难群众的底数，逐人建档立卡，按照内容完整、条目清楚、上下统一、管理规范、简明实用、方便查询的原则，逐步建立城乡各类困难群众基本信息数据库，形成省、市、区（县）、街道（乡镇）、社区（村委会）五级纵向贯通、部门横向互联的救助信息共享机制，为政府决策、数据查询和动态管理提供依据。政府要加强部门协作，有关部门要及时将救助情况和救助信息报同级城乡社会救助协调（领导）小组办公室。各级社会救助办要加强对各部门社会救助信息、救助数据的收集汇总和对外发布工作。有效提高对特殊困难群众的救助能力和水平，实现"一口上下、不重不漏"的管理目标。

7. 加强对弱势群体的伦理救助

当前我国社会救助中伦理救助缺失，应从构建伦理制度、规范救助行为、加强教育支持、强化思想道德教育四个方面加强弱势群体的伦理救助。在现阶段，首先应加强心理救助在社会救助各领域的推广和运用。

8. 加强社会救助管理部门间的协调一致、相关制度间的衔接配套

社会救助体系是整个社会保障体系的重要组成部分，其本身又由多个单项制度构成，社会救助制度与社会保险、社会福利及劳动就业、户籍管理、教育卫生等制度间以

及社会救助各子系统间的衔接配套很重要。一方面，社会救助管理部门要做好救助制度与社保制度和其他社会政策的衔接，如医疗救助与新型农村合作医疗之间要坚持互联互补、互不代替。在筹资上，对困难群众参加合作医疗的，要予以积极资助；有条件的地方，要全额资助。在报销上，对困难群众经合作医疗报销后要实行适当补差；有条件的地方，要探索实行困难群众大病、重病预先垫付医药费。医疗救助与城镇居民医疗保险存在相同问题，需要注意，医疗救助与城市社区卫生服务也应衔接得当。另一方面，要做好各项救助制度之间的衔接。从目前实施情况看，各项救助制度虽然类别不同，但在救助对象上存在一定的重复交叉，这容易造成救助对象之间的不平衡问题，要坚持统筹兼顾、适当整合，既要根据困难程度和类别向重点对象倾斜，又要把握好救助尺度，避免过于集中，特别要关注处在现行制度边缘的困难群众，确保广大困难群众都能得到应有的救助。

9. 加强非政府组织在我国社会救助中的作用

政府是社会救助的第一责任主体，而非政府力量和社会成员之间开展的社会救助已成为政府救助的必要补充，作为我国社会救助体系中一支不可替代的主体力量发挥了积极的作用。实际上，政府救助和非政府救助完全可以相互补充，二者之间可以建立起很好的合作关系。面对我国仍拥有数千万贫困人口、贫困问题突出而政府救助能力不足、反贫困的任务依然艰巨的国情，我们应该在完善、健全政府救助的同时，创造条件开发社会救助资源，推进非政府力量和社会成员之间的社会互助，形成以政府为主导、以非政府力量为补充、立体交叉、纵横交错来面对社会各类弱势群体的社会救助系统。承认并确立社会救助的多元主体，营造非政府社会救助良性发展的社会环境，是完善我国社会救助体系的必然选择。我国应借鉴市场经济国家和地区的有效经验，营造有利于社会救助的思想理念，大力培育慈善组织。

10. 加强社会救助工作的监管

社会救助要切实保障社会救助资金的合理使用，实现动态管理下的应保尽保、应退尽退，基层民政部门和街道（乡镇）、居委会（村委会）在实施社会救助工作中必须坚持政策公开、金额公开、保障对象公开的原则。社区救助工作人员要强化责任意识，克服各种困难，排除各种干扰，定期随访被救助对象，认真复核他们的家庭收入。要定期张榜公布本辖区内保障对象名单、家庭收入状况、保障标准、补差金额、发放时间、享受优惠待遇等内容，接受群众监督。各级民政部门要经常检查社会救助资金的使用情况，定期做好清理、对账工作，并积极配合财政、审计等部门对保障资金的使用情况进行监督、检查，对那些徇私舞弊、弄虚作假、开具假证明为本单位或亲朋好友骗取保障待遇的企业和个人，有关部门应通过法律手段严加惩处，确保社会救助工作健康有序开展，不断开创社会救助工作的新局面。同时，需要完整和细化编制民政事业预算，加强对救助基金的审计监督和其他监督。

11. 加强农村社会救助体系建设，建立城乡统筹的社会救助制度

改革开放以来，部分地区和部分人在党的富民政策的引导下走上了富裕道路，并有上亿贫困人口摆脱了贫困，脱贫攻坚成果举世瞩目，但持续巩固脱贫攻坚成果、防止返

贫和新增贫困，促进全体人民共同富裕道路上的持续减贫，还需社会救助制度的建设和完善。当前农村社会救助体系建设任务繁重而紧迫，大力推进农村社会救助体系建设，对于统筹城乡协调发展，维护公民权益，保持社会稳定，实现乡村振兴战略目标具有重要意义。政府应尽快推广农村低保制度并适当提高低保标准，建立与低保相配套的社会专项救助体系，加大在衣、食、住房、医疗、子女就学、法律援助等方面的救助力度。在农村自然灾害救助方面，政府应继续建立和完善救灾工作分级管理、救灾资金分级负担、救灾经费专户管理的工作体制，并规范和完善救灾款物发放制度，保证发放程序的公正性和发放过程的透明度；尽快形成和完善灾害的监测评估、综合协调、社会参与和具有较强能力的灾民紧急救助体系；逐步建立比较完备的救灾减灾的法规体系，加快减灾立法进程。在完善农村贫困群众基本生活救助的同时，向帮助贫困群众再就业方面延伸，形成一种促进救助对象积极上进和反哺社会的机制。

新型社会救助体系在救助对象的识别和界定上要打破城乡和地域限制，坚持无差别平等保护原则，即家庭收入低于当地救助标准（或符合专项救助条件）的公民，均有权向国家申请社会救助。国家不在制度设计上强调城乡户籍、地域差别、致贫原因、年龄、性别、有无违背道德行为和违纪行为，以及其他的身份限制或者按区域、按人口设定救助比例等，进而剥夺公民的社会救助权。

12. 社会救助制度要由政策指导向法制保障转变

经过近几年的实践，当前的社会救助制度和规定，对推进社会救助、维护社会稳定、促进经济发展起到了积极的作用，但是这种分散实施的单项救助方式，在社会救助的实施主体、对象、标准、范围、期限、条件、监督、责任、义务等方面缺乏法律的有效规范，制约着社会救助体系的建设。有关部门应抓紧出台具有统一管理的政府规章，明确在政府领导下，民政、劳动、卫生、教育、建设、财政、审计、房管、工商、税务等部门和各级工、青、妇、残联等社会团体的职责，把软性的建议变成刚性的法规政策条款，全面建立起保障有力、运转协调、服务高效的救助体系。

13. 注重宏观政策的配套

弱势群体的扩大是个社会问题，通过完善社会救助体系以期解决弱势群体所带来的问题只是就社会保障提出的思路。要想从根本上解决弱势群体的扩大及其所带来的问题，还需要从国家根本政策、经济的发展和整体的经济结构调整等方面寻求解决之道。在完善社会救助中促进社会建设，在推动社会建设中完善社会救助。

以改革现行的初次分配制度为例，政府高度重视完善初次分配的市场机制，维护市场竞争的公平和公正，以便更好地发挥市场机制的初次分配功能，使市场经济朝着好的方向发展，使在市场竞争中跌入社会救助范围的人最少化。在发展社会主义市场经济的过程中，政府应当把维护公平放到更加突出的位置，综合运用多种手段，逐步建立起以权利公平、机会公平、规则公平和分配公平为主要内容的社会公平保障体系，努力使全体人民共享经济发展的成果，并朝着共同富裕的方向稳步前进。

14. 应加快社会救助理论研究

社会救助理论研究是社会救助体系发展和完善的先导，只有建立完善的社会救助理论研究体系，才能制定符合我国国情的社会救助理论，正确指导我国社会救助制度实践的推进，真正实现社会救助的目标。

　　加强社会救助理论研究，就要积极组织和利用现有的研究机构、学校或社会专门研究人员对当前社会救助制度实施中遇到的问题或认识模糊的方面进行深入探讨，形成有一定深度和高度的社会救助理论体系，推动社会救助制度的开展；加强社会救助研究不能闭门造车，应不断吸取国外的成功经验，结合本国情况推进社会救助体系建设；同时还要深入研究社会救助制度与其他社会保障制度的关系，形成社会救助的各类社会与经济发展指标，切实完善社会救助理论体系。

思考题

1. 试述社会救助在社会保障、社会工作和公共管理中的定位。
2. 国外社会救助为我国社会救助建设提供了哪些方面的经验与借鉴？
3. 从宏观的视角阐述我国社会救助的发展方向。

▶ **自测习题及参考答案**

第二章
灾害救助

第一节　灾害救助概述

一、灾害救助的基本概念

人类自诞生以来，为了生存，与自然灾害进行了艰苦卓绝的斗争。某种程度上可以说，人类改造客观世界的过程，就是同自然灾害作斗争的过程。据统计，我国是世界上自然灾害损失最严重的国家之一。我国自然灾害呈现出灾害种类多而且频发的特点，灾害造成的损失也在逐年加大。

灾害分为自然灾害和人为灾害，通常意义上的灾害多指自然灾害。自然灾害是指由于自然异常变化造成的人员伤亡、财产损失、社会失稳、资源破坏等现象或一系列事件。自然灾害是自然异常和人类相互作用的产物，大概可以分为以下几类：①地质灾害，如地震、地陷、火山爆发等；②地貌灾害，如山体滑坡、泥石流、雪崩等；③气象灾害，如旱灾、风灾、雪灾、台风、严寒、酷热等；④水文灾害，如海啸、洪涝灾害、风暴潮水等；⑤生物灾害，如鼠疫、蝗灾等。

需要指出的是，自然灾害和人为灾害并没有绝对的界限，某些灾害的起因可以是人为的，也可以是自然的，或者二者同时存在。比如森林大火，有可能是自然原因造成的，也有可能是人为造成的；再比如地震谣言造成的恐慌，引发的外逃、停工停学等社会秩序的紊乱，以及我们现在熟悉的酸雨、光化学烟雾等。

灾害作为一种过程，同时也是一种现象，具有自己的特性。灾害大致有以下几方面的特性：①灾害具有普遍性和恒久性。在某一特定的时间段内，灾害时时处处存在。因此，有人说中华民族五千年的历史也就是一部与灾害作斗争的历史。②灾害具有随机性。灾害的发生与否以及发生的时间、地点、强度、范围似乎是不能确定的，这取决于人类的认知程度，就现今的认知水平而言，灾害对于人类来说具有随机性。③灾害具有群发性和伴生性。很多自然灾害，尤其是特大自然灾害发生之后往往伴随着次生灾害的发生。④灾害具有多样性和差异性。灾害产生的原因、产生的过程、造成的后果及其影响等有很大差异，正是这些差异造成了灾害的复杂性与模糊性。⑤灾害具有突发性和迟缓性。灾害的发生有两种表现形式：突然爆发和缓慢形成，突发性的灾害有地震、台风、火灾等，缓慢形成的灾害有水土流失、环境污染、干旱等。

与灾害相关的一个重要活动就是救灾，救灾是指灾害发生中和发生以后，对灾区和灾民的救助。主要包括对灾民进行紧急救援、转移、安置、创造生存条件、恢复正常生活、生产和社会秩序以及重建家园等行动。

了解灾害救助的内容首先要分析灾害救助的内涵。分析灾害救助，首先要明确区分灾害救援、灾害救济和灾害救助之间的差异。一般说来，灾害救援主要指在灾害发生时或发生后，紧急抢救、转移和安置灾民，妥善解决灾民临时的吃、住、穿、医等基本生存问题。灾害救援是灾害救助的一个内容，涉及的是一个灾中即时救助的问题。灾害救济主要指政府及其所属职能部门对灾民的实物或现金赈济，它不仅具有较强的恩赐性、被动性和随意性，而且往往是一个灾后救助的概念，这是对灾害救助的传统理解和说法。灾害救助，则比较全面准确地概括了灾中与灾后即时与持续救助的内容，还表明这种社会保障制度基于灾害与贫困相伴的基本事实，在切实解决灾民的基本生活的前提下，也要帮助、扶持灾民贫困户生产自救，脱贫致富，提高抵御自然灾害的能力。

总之，灾害救助是一个内涵和外延都比较广泛的范畴，是指国家和社会依法向因遭受自然灾害袭击而造成生活贫困以及生存危机的社会成员提供一定的衣、食、住、医等基本生活资料，以保证其维持最低生活水平，帮助灾民确立生存能力的一种社会救助项目，是一项重要的社会保障制度。

二、灾害救助的分类

灾害救助是一个内涵和外延都非常广泛的范畴，主要是指国家和社会依法向因遭受自然灾害袭击而造成生活贫困的社会成员提供一定的物质帮助或服务帮助，以保证其维持最低生活水平，帮助灾民确立自行生存能力的一种社会救助项目，是一项重要的社会保障制度。

如果从灾害发生的紧急性和政府采取的援救措施来划分，灾害救助可分为灾民紧急救助和荒情救助。其中灾民紧急救助是一种突发性强的、具有特殊性的救助制度，也称为紧急救援，是指国家用救灾款物无偿帮助处在危难情况下的灾区群众临时解决生活困难的应急性救济，适用于发生地震、台风、干旱、泥石流滑坡、洪涝以及其他自然灾害的地区。这种紧急救助的目的在于紧急转移灾民，解决灾民临时性的吃、住问题，提供必要的衣被，以及伤病灾民的紧急医疗等，以避免和减少灾民的非正常死亡。

目前，我国灾民紧急救助制度发展的方向是要建立救灾工作分级管理、救灾经费分级负担、救灾经费专户管理的救灾工作管理体制；努力形成以科学的监测评估、有力的综合协调、广泛的社会参与以及较强的救助能力为主要内容的灾民紧急救助工作体系；同时，还要逐步建立起比较完备的减灾救灾法律法规体系。

荒情则是灾情的延续，一般是指灾后社会成员出现的生活困难和饥饿现象。根据荒情发生的时间，可以分为春季荒情、夏季荒情和冬令荒情。荒情发生时，农作物"青黄不接""颗粒无收"，很容易发生冻死人、饿死人的现象，这时大量灾民流离失所，逃荒要饭，也容易造成社会的动荡不安。对荒情发生地的灾民实行春季荒情救助、夏季荒情救助以及冬令荒情救助（简称春救、夏救和冬救），为他们提供基本的生活资料，并帮助其增强抵抗灾荒的能力，是灾害救助的重要功能之一。

如果从灾害救助的时间和政府所采取的措施来看，还可以区分为灾前预防和灾后救助。灾前预防作为救助方式之一，体现为各种资源（如经济资源、管理资源以及信息资源）的储备，具体表现为预案制度的出现、各种减灾方案的出台及实施等，其目的是通过积极主动的各种防范措施，努力降低各种自然灾害的危害性，尽力帮助人类避免自然灾害威胁，提高抵御自然灾害的能力。而灾后救助则主要体现为各种补偿措施及行动，如帮助灾民抢建过冬住房，区别不同情况、采用不同方式解决灾民的吃粮问题，对灾民进行心理安抚、慰问，以帮助灾民尽快重建家园，恢复正常而有秩序的生活状态。

此外，根据灾情发生程度的不同和政府由此所采取的不同措施，还可以把灾害救助区分为特大灾害救助、大灾救助、中灾救助和小灾救助等。一般可以综合灾害成因、受灾人口、倒塌房屋、死亡人口等指标，把灾害划分为特大灾害、大灾害、中等灾害和小灾害。也可以参照当地前几年的灾害情况，以倒损房数、紧急转移安置人数、农作物成灾绝收面积、死伤人数、农业直接经济损失等灾情指标为基本参数，再参考当地的经济发展水平、自救能力，划分出灾害等级。科学而精确地划分灾害等级有利于灾害救助分级管理体制的施行，以达到最充分、有效地救助灾民的目的。

三、灾害救助的特点和目标

1. 灾害救助的特点

自然灾害的严重性主要体现在其发生迅疾、蔓延范围广泛，因此对灾民的基本生活和灾区社会的发展造成严重的威胁，灾害救助同其他社会救助相比有明显不同，主要体现在以下几点：

灾害救助实施的紧急性。自然灾害大多都发生得比较突然，而且危害性比较大，遭受灾害的社会成员会在极短的时间内陷入生活的困境中，因而，对灾民的救助就显得尤为紧迫，稍有不慎就会造成更大范围的伤亡和财产损失，这就要求灾害救助的实施必须迅速及时，从而满足灾民的基本需求。

灾害救助内容的广泛性。灾害救助的内容是相应广泛的，既包括对人的救护，也包括对物的转移和保护；既包括对具体个人的救助，又包括对由人所组成的社会的救助；既包括对灾民身体的保护，还包括营造灾民生活所需的正常的心理世界。从灾害救助的具体内容上来看，这种广泛性更明显。

灾害救助手段的多样性。救灾手段主要指救灾措施，是将救助主体与受体联系起来的中介，是保证灾害救助目标实现的客观条件和可靠保证。灾害救助手段是多种多样的，概括起来主要是物质手段、精神手段和组织手段三种。这些手段直接决定着灾害救助是否成功以及成功的程度。构成灾害救助手段多样化特点的因素除了灾害救助手段很多之外，还包括每一具体救灾手段的内容也是多种多样的。

灾害救助对象的复杂性。从宏观上分析，灾害救助的对象是灾区的灾民和社会。灾民是复杂的，因为在灾害的冲击下灾民平时的追求、乐趣、目标、心理、行为等都被打破或中断了，所以无论是心态，还是行为，都表现出异常复杂的特点。社会是关系的产物，在灾害情景下正常的关系受到冲击和影响，社会机体整合受阻，可能出现紊乱状态、社会控制能力降低等复杂的社会现象。因此对社会的救助是比较复杂和困难的。

2. 灾害救助的目标

概括地讲，灾害救助的目标就是使灾区"脱灾"并转向"脱贫"。

灾害救助的"脱灾"目标就是恢复和重建被灾害破坏了的人的生存与发展所必需的物质与精神的生存条件。人的生存条件主要指维持和延续人的生命所必需的物质条件和一定的精神条件。人的生存条件可分为自然条件、社会条件和自身条件。人生存的自然条件包括土地、农田、堤坝、房屋、道路、桥梁等原生环境与人工环境所提供的各种物质。人生存的社会条件亦即社会环境，是人们在相互交往中所结成的各种社会关系及其表现形式。人生存的自身条件主要指人生存的生理条件与心理精神条件。

灾害尤其是突发性重大自然灾害就是以破坏甚至摧毁人类生存条件为特征的，因而把恢复与重建人们赖以生存的条件作为"脱灾"的根本目标，进而作为灾害救助的根本是有意义的。首先，灾害是通过破坏人们的生存条件而影响人类的。任何灾害的发生都会冲击人们的心理，影响人们的生理；同时灾害也阻碍了人们与社会的交换，破坏了人们生存所依赖的物质环境。灾害之所以为害就在于它给社会造成损伤，给构成社会的个人带来危害。由此看来，恢复与重建被灾害破坏的人们的生存条件就适应了灾害的破坏性特点。其次，保证灾民生活下去，为灾民提供可靠的生存条件的社会保障是灾民"脱灾"的基本途径。大灾过后，灾民生存条件被破坏到了极点，此时灾民的生存问题成了灾后首先要解决的问题。比如，有伤病的灾民要就医，但又面临缺医少药的局面，生存受到新的威胁；生存环境遭到破坏，人们无食、无衣、无住所，生活条件遭受重大挑战；农作物的破坏，使人们失去了生产的条件，各种次生灾害的发生又使生存条件继续恶化；等等。为灾民提供可靠的生存保障此时显得格外重要。再次，把灾害救助的"脱灾"目标规定为灾区灾民恢复与重建生存条件提供可靠的社会保障，也是符合国家经济、社会发展的整体目标的。灾害发生中和灾害发生后，灾害救助的具体目标首先在于对人的救护，包括抢救、安置灾民，发放救灾物品，医治伤病员等。它的意义在于使幸存者可以不因伤、病、饥、寒而死去，即为灾民提供最低层次的社会保障。通过这种灾害救助活动人们可以活下来，但活下来的人们并没有获得独立的生存能力并取得新的发展条件，他们仍然非常脆弱易损，再也经不起灾害的打击。脆弱和易损灾区的长期存在对整个国家经济与社会的发展带来了很大影响甚至威胁。在这种情况下，整个社会为灾区提供高层次的社会保障，即营建灾区恢复与重建其生存条件的能力是使灾民真正"脱灾"的根本目标。这一目标的实现不仅可以提高灾区恢复重建生存条件的能力，让灾区"脱灾"还有助于国家社会、经济的稳定与发展。

灾害救助作为特殊情况下即灾害情景下的一种社会保障制度，其功能或作用并不仅仅在于使灾区与灾民"脱灾"，还要为灾区和灾民在"脱灾"的基础上"脱贫"。否则，就不能看作灾害救助的社会保障功能的完全发挥。简单地恢复与重建灾区与灾民的生存条件，使灾民暂时"脱灾"只是灾害救助的内容之一。灾害救助的根本目标在于使灾区与灾民在"脱灾"的基础上"脱贫"，否则将出现严重的后果：灾区与非灾区的发展水平的差距会越拉越大，因灾区不能发展而使整个国家的社会经济受损。灾区与非灾区发展水平的差距越来越大会降低灾区今后抗御自然灾害的能力，从而灾民承受灾害的能力更为脆弱，也变得更加易损。这种恶性循环的结果又会导致整个国家的经济受损，社会发展受阻。另外，灾害，尤其是重大自然灾害的发生是以毁坏财富为其社会特征的，灾害肯定是对人、财造成危害或损失的自然、人为事件。一个富庶的地区可能因为一场灾害而成为贫困地区；一个富有的人可能会因为一场灾害而变得一无所有，灾害是造成贫穷的一个重要根源。人们越是贫困，抵御自然灾害的能力就越弱，即所谓灾荒加深贫困化。这就要求我们在考察灾害救助社会目标时，不能仅仅把"脱灾"作为灾害救助的唯一目标，而应该把灾区和灾民的"脱灾"与"脱贫"共同看作是灾害救助的目标。灾害救助的"脱灾""脱贫"目标要求我们把救灾与扶贫结合起来，救灾款在保障灾民基本生活的前提下，可用于灾民生产自救，扶持贫困户发展生产。救灾款有偿回收的部分用于建立扶贫救济基金，有灾救灾，无灾扶贫，从而尽快提高灾区与灾民的发展能力与发展速度。

第二节　灾害救助的形式、标准与款物

一、灾害救助的形式

我国现阶段灾害救助的主要形式有：

1. 国家救助

国家救助是灾害救助的主要形式。因为灾害发生紧急、破坏后果严重，需要在短时间内组织大量的人力、物力、财力施行抢救，这是其他任何群体或组织都难以胜任的，只有国家才能动员大量的资源，做到有计划、有组织地及时施以救助。国家救助灾民的方式多种多样，包括资金救助、实物救助以及服务救助等。

2. 救灾保险制度

救灾保险是指由政府出面组织，由中央救灾经费、地方财政补贴、农民自己缴纳保险费形成救灾保险基金，为灾民提供灾后生活的基本保障并维持其简单再生产的一种灾

害社会保障制度。我国从 1987 年开始，经民政部组织，救灾保险曾经在我国的 102 个县、市试点。实践表明，这一制度在筹资上采取国家、集体、个人相结合的方法，按灾害损失程度，依靠社会力量，帮助受灾户解决困难，在一定程度上拓展了救灾渠道，增强了救灾的合力。同时，引进保险机制，提高了农民的自我保险意识，并体现权利和义务对等的原则。然而，救灾保险政策不规范、管理体制不健全、技术上不充分，各部门、各界对于在农村开展社会保险的认识不统一，以及如何与现行社会救助制度相衔接等问题的存在，致使其处于自生自灭状态，但在市场经济的理念和方法指导下进行灾害救助，这种探索无疑是值得称道的。

3. 农村互助储金会、储粮会的探索

成立互助互救组织是发掘民间的互助潜力，主动应对灾害的一种积极举措。1983 年江西的救灾互助储金会组织是较早的探索。这是以民办、民管、民用为主要特征，以救灾扶贫、救危解难为主要任务的民间社会保障组织，其目的是在重大自然灾害发生之后，扩大自然灾害救助款物的来源，及时为灾民提供大量资金和物品，鼓励灾民和相关民众的互帮互助。但是，对于互助储金会管理的规范化问题和实施操作过程中可能出现的问题如何解决，以及如何才能调动起社会成员的积极性参与到这一救灾组织当中来，如何发展起具有替代作用的、更为有效的民间互助组织，尚缺乏深入的研究。特别是对于储金会在许多地区改变其宗旨，把救灾互助性行为演变为金融借贷性行为并且没有及时纠正和规范，以至于在政府整顿金融秩序中被迫停止。在救灾实践中，与储金会几乎同时产生的储粮会，在西北等地比较贫穷的省区至今仍存在，发挥着丰年储粮、灾年借出、救济灾民的作用。

4. 互济互助，生产自救

除了一般的非灾区支援灾区、城市地区支援农村灾区、工业地区支援农业灾区以及邻里、亲友等传统互助形式在发挥积极作用以外，多年来，我国还积极探索了各种新的互济互助形式，但由于人口众多，自然灾害频繁，国家财力有限，不可能所有的灾害都完全依靠国家救助。并且，在灾害救助中如果仅从生活方面给予钱物使救助对象维持基本生活水平，则只能维持其暂时的生存，必须从扶助灾民发展生产并最终摆脱贫困的思路出发才能真正增强他们抵抗灾害的能力。因此，生产自救成为国家救助的一种重要补充。

5. 救灾国际援助

国际援助的发展体现了灾害救助的开放性。它主要是指国际组织、国家、国际友人等向灾区提供的物资、技术以及资金等方面的援助。从 20 世纪 80 年代初我国打破以往谢绝外援的做法，正式向外呼吁人道主义的救灾援助，到 20 世纪 90 年代我国成功召开国际减灾战略研讨会，向国际社会介绍我国灾情以及我国的救灾方针、政策等，我国的灾害救助已不再局限于内向型的发展模式，而是朝着外向型的发展模式拓展。

此外，市场经济条件下，商业保险也不失为灾害救助的一种补充形式，在灾害频发的我国也存在着广泛的发展空间。

二、灾害救助的标准

1. 制定灾害救助标准的意义

灾害救助标准体系的建立是救灾资金实现规范化管理的重要标志。西方发达国家和一些发展中国家已制定了系统的国家灾害救助标准体系，明确了具体补助项目和补助额度。比如印度制定的国家灾害救助标准，按照具体救助项目，可细分为善后补偿、农作物损失补偿、牲畜损失补偿、手工业损失补偿、倒损房屋补偿等23个类别，形成了相对完整的国家灾害救助标准体系。

长期以来，由于我国救灾资金总量不足，救助标准普遍偏低，地方政府往往只能用有限的救灾资金保障少数重点对象的救助，总体救助水平不高。2007年8月，国务院第188次常务会议决定大幅提高国家灾害救助标准，并增加了救助项目，这些重要举措使我国救灾资金管理向规范化和制度化建设又迈进了一步，成为我国救灾工作的一个重要转折点。

2. 灾害救助标准的发展历程

我国自改革开放以来直到2001年，国家灾害救助标准一直维持在20世纪80年代所确定的救助水平：在口粮救助方面，中央财政按照每人每天0.38元给予补助；倒房补助分为两类，即洪涝灾害65元/间，地震灾害200元/间。2002年8月，民政部和财政部联合制定了《特大自然灾害救济补助费测算标准》，该标准首次规范了中央救灾资金的测算方法。

2002—2005年，国家灾害救助标准得到一定程度的细化和提高：①在紧急转移安置方面，每转移安置一人中央财政补助100元。②在民房恢复重建方面，倒塌一间民房中央财政补助300元，其中地震灾害单列为500元/间。③在荒情救济方面，春荒、冬令期间灾民基本生活保障按一斤基本口粮测算，中央财政按照每人每天0.5元进行补助。

2004年11月8日，民政部印发了《灾害应急救助工作规程》《灾区民房恢复重建管理工作规程》和《春荒、冬令灾民生活救助工作规程》，这三个规程对救灾资金的申请、拨付、使用和监督管理程序进行了明确规定，也是地方落实救灾工作的重要行动指南。

2005年5月14日，国务院正式颁布了《国家自然灾害救助应急预案》，该预案明确提出，中央和地方政府应根据财力增长、物价变动、居民生活水平实际状况等因素逐步提高救灾资金补助标准，建立救灾资金自然增长机制。

2006年，国家灾害救助标准再次提高：①在紧急转移安置方面，中央补助标准由100元/人提高到150元/人；台风灾害单列为70元/人，因台风灾害转移安置人口大部分属于临时避险转移，安置时间较短，故补助标准相对较低。②在民房恢复重建方面，倒塌民房中央补助标准由300元/间提高到600元/间。③在荒情救济方面，春荒、冬令期间灾民基本生活保障按一斤基本口粮测算，中央补助标准由每人每天0.5元提高到0.7元。

2007 年 8 月 5 日，国务院正式发布了《国家综合减灾"十一五"规划》，该规划明确提出：适当提高灾害救助标准，完善救灾补助项目。

2007 年 8 月 15 日，国务院第 188 次常务会议对全国抗旱救灾工作作出了重要部署，根据新形势下我国经济社会发展现状，大幅提高了国家灾害救助标准，并增加了新的救助项目：①提高倒房重建补助标准，将因灾倒房的中央补助标准由 600 元/间提高到 1 500 元/间，地震严重损坏房屋中央财政按 200 元/间给予补助；②提高受灾群众冬春生活困难补助标准，由每人 126 元调整为 150 元；③增加旱灾救助项目，对因旱灾造成生活困难、需要政府救济的群众给予适当补助。另外，灾害应急救助标准维持不变，即台风灾害紧急转移安置人口，中央财政按人均 70 元给予补助，其他灾害紧急转移安置人口按人均 150 元给予补助。需要特别指出的是，上述救助标准仅是中央向省级政府拨付救灾资金的测算标准，而不是实际分配到个人的救助标准。中央救灾资金拨付到地方后，地方政府将依据当地实际情况，统筹管理各级救灾资金，制订救助方案，经过民主评议、张榜公布、实地核查等工作程序，及时发放救灾款物，确保重点对象得到及时救助。

2009 年，民政部和财政部正式将地震倒房重建标准调整为户均 1 万元，其他灾害倒房重建为户均 7 000 元，地震严重损房标准由 200 元/间调整为 900 元/户。2010 年 8 月，经国务院批准，倒损住房恢复重建标准进一步提高，一般受灾地区，对因灾倒房户户均补助 1 万元，损房户户均补助 1 000 元；高寒寒冷地区，对因灾倒房户户均补助 1.4 万元，损房户户均补助 1 400 元。

2010 年 8 月，经国务院正式批准设立过渡期临时生活困难救助项目，对于启动国家自然灾害救助应急响应的，向"因灾房屋倒塌或严重损坏无房可住、无生活来源、无自救能力"的受灾人员，按照每人每天补助 10 元钱、救助期限 3 个月的标准实施过渡期生活救助，对于启动Ⅰ、Ⅱ级自然灾害救助应急响应的，在此基础上每天多加 0.5 公斤粮。2017 年 5 月标准从 10 元/（人·天）提升至 20 元/（人·天），其他政策不变。

2011 年，我国现有的六项中央级生活救助项目初步确立，包括灾害应急救助（台风灾害为 90 元/人、其他灾害 230 元/人）、遇难人员家属抚慰金（5 000 元/人）、过渡性生活救助［依据响应等级，Ⅲ、Ⅳ级响应 10 元/（人·天）共救助 3 个月；Ⅰ、Ⅱ级响应再加 0.5 公斤粮/（人·天）］、倒损房屋恢复重建救助（一般受灾地区倒房 1 万元/户、损房 1 000 元/户，高寒寒冷地区倒房 1.4 万元/户、损房 1 400 元/户）、旱灾临时生活困难救助（60 元/人）以及冬春临时生活困难救助（90 元/人）。

2017 年 5 月 3 日，国务院常务会议进一步提高了救助标准，其中：灾害应急救助提高到 300 元/人；遇难人员家属抚慰金提高到 10 000 元/人；过渡性生活救助在维持原有政策不变的基础上资金标准提高到 20 元/（人·天）；倒损房屋恢复重建救助按一般受灾地区倒房 2 万元/户、损房 2 000 元/户，高寒寒冷地区倒房 2.8 万元/户、损房 2 800 元/户执行[①]。

---

① 胡睿，叶涛，张云霞. 中央级自然灾害生活救助资金标准估算研究［J］. 灾害学，2018，33（3）：165-174.

三、灾害救助的款物

救灾款物是实施救灾的前提和保证。除了必要的减灾防灾费用外，任何国家和政府都需要在财政预算中留出必要的救灾开支以备紧急使用。由于灾害的难以避免性，越来越多的国家和地区开始设立专门的资金储备制度，以便增强应对突发灾害的能力。此外，拓展救灾资金的来源渠道，由单一财政供给向以财政为主、社会化筹集为辅的方向转变，也是现代世界各国的一个发展趋势。

大体上来说，灾害救助款物的来源主要有：

1. 财政专项救助款

我国自实行分税制改革后，救灾款物实行分级负担，地方筹集为主、中央财政补助为辅的原则。地方政府都在财政预算中列支了救灾款项支出，一些经济实力比较强的省、市大幅度增加了救灾款的预算，使得救灾能力明显提升。

2. 从中央到地方各级政府设立的救灾预备金

每年年初由同级财政划拨一笔救灾专用款给民政部门，专户存储，由民政部门掌握，根据实际情况调剂使用。一些地方政府也根据多年的实际经验数据，建立了救灾预备金。

3. 救灾款物的社会捐赠

社会捐赠通常是在发生较为严重的灾害后，由政府部门或社会团体有组织地向海内外各界募集到的款物。依据捐赠者的不同，我国的救灾捐赠可以分为：别国政府或组织提供的捐赠；国外企业、民间组织和个人的捐赠；港、澳、台同胞的捐赠；海外华侨的捐赠；国内机关、企事业单位、军队、学校等组织的捐赠；公民个人的捐赠。

4. 其他合法渠道筹集的款物

比如福利彩票等事业筹集的资金。

救灾物资的使用原则：自然灾害救助款物应当坚持专款专物使用、重点使用、无偿使用的原则，救灾款物必须按照规定的使用范围使用，必须用于灾情严重、自救能力较弱的重灾区和灾民；不得提取周转金，未经批准不得扩大使用范围。政府发放自然灾害救助款物应当公开、公平、公正，接受社会监督，不得平均分配。

救灾款物的使用范围：解决灾民无力克服的衣、食、住、医等生活困难，紧急抢救、转移和安置灾民，灾民倒、危房恢复重建，加工及储运救灾物资所产生的费用。自然灾害救助款物应当用于下列救助对象：

（1）需要紧急抢救、转移和安置的；

（2）生活困难，无力自救的；

（3）住房倒塌或者严重损坏，无力自行恢复重建的；

（4）因灾伤病，无力医治的；

（5）法律、法规规定应当救助的其他对象。

第三节 灾害救助应急管理

一、救灾物资储备制度演进

物资储备的思想很久以前就已经出现，我国夏商周时期，就建立了粮食储备制度。史载，夏代就有了仓储制度。商代武王克商时，"散鹿台之财，发巨桥之粟"（《史记·周本纪》），可见商朝建有粮仓。至周代，仓储制度就比较完备了，设立了主管救灾的官员，《周礼》载：大司徒"以荒政十有二聚万民"，其职责之一就是管理仓储。春秋战国时期仓储制度更加完善，如《礼记·王制》载："国无九年之蓄，曰不足；无六年之蓄，曰急；无三年之蓄，曰国非其国也。三年耕，必有一年之食。九年耕，必有三年之食。以三十年之通，虽有凶旱水溢，民无菜色。"说明当时已经有分级制了。

汉唐时期仓储建设达到一定的高度。在粮食丰收时，粮价往往暴跌，灾荒时粮价又暴涨，出现"谷贱伤农，谷贵伤民"的现象，针对这一问题，西汉宣帝时期，设立常平仓以储备。北魏、北周也有仓储制度。隋朝政府在各地修建了许多粮仓，其中著名的有兴洛仓、回洛仓、常平仓、黎阳仓、广通仓等，且存储粮食皆在百万石以上。1969年在洛阳发现了一座隋朝粮仓含嘉仓遗址，内探出 259 个粮窖，其中有一个粮窖留有已经炭化的谷子 50 万斤。唐贞观十三年（639 年），在北方八州（洛、相、幽、徐、齐、并、秦、蒲）置常平仓，高宗永徽六年（655 年）又在长安东西二市置常平仓，显庆二年（657 年）设置管理常平仓的机构常平署，以后在各州也设有州常平署。

宋元明清的仓储制度又有所发展。宋太宗淳化三年（992 年），初设常平仓，后来各州县都设有常平仓。宋孝宗乾道四年（1168 年），朱熹在崇宁首创社仓，立仓于社。社仓对救灾起了积极作用。元代也有义仓，丰年农民纳粟于社，由社长主管，歉年将往年所纳之粟救济灾民。元代所设粮仓遍布全国各地，在防灾救灾中发挥了很大作用。常平仓、预备仓是明朝预防灾害进行粮食储备的主要形式。清乾隆帝认为，仓储与救灾有密切关系，他指出："丰年有乐利之休，而歉年无艰食之患矣。"（《高宗实录》卷七七）常平仓中粮食的来源主要是国库调拨、按亩摊征、捐纳捐输。灾后，常平仓中的粮食主要用于赈济灾民或以微利贷给灾民。常平仓的管理是比较严格的，仓中粮食的进出，地方官要亲自验看，年底要将仓中粮食数量造册上报，如果仓中粮食霉烂，官吏要革职留任，限期赔偿。官员离任时，要将常平仓钱粮交接给新任官吏，新任官吏要在 3 个月内查核奏闻。如果仓库空虚影响了救灾，比空亏钱粮之罪还要严重。贪污仓中粮食达千石以上者，要被处以极刑，并不得赦免（嘉庆朝《大清会典事例》卷一五九、卷一六一）。清代重视社仓建设，社仓中的粮食主要来自民间捐纳，规定其粮食主要用于救灾。社仓虽属民办，但官方则对其进行监督并参与。地方官若挪用社仓中的粮食，就以扰乱国政、贻误民生治罪。

民国时期，1931 年江淮大水，经南京国民政府多年努力，各省才建立了比较完善的储粮制度，建有国立储备仓、省立储备仓、县仓、乡仓。1932 年，江苏、湖北、湖南、四川、山西、河南、河北、广东、云南、察哈尔、绥远及南京市等 12 省市，储备粮食达 391.1 万石。1942 年，储存的谷、麦、杂粮总数分别为 15 769 070.71 石、258 686.05石、303 941.16 石。这些粮食部分用于救灾（龚书铎《中国社会通史·民国卷》，第 523 页）。

民政部、财政部 1998 年开始建立中央级救灾物资储备制度。2006 年，发展改革委批准民政部编制的《中央级救灾物资储备库建设规划》，安排中央预算内投资对天津、沈阳等 11 个中央救灾物资储备库进行改扩建，并新建拉萨、格尔木等 3 个储备库。2008 年汶川地震后，渭南库纳入《汶川地震灾后恢复重建防灾减灾专项规划》，并新建成都和兰州两个储备库。2010 年，在原有 10 个代储单位的基础上，增加北京、福建等 7 个省份民政厅（局）为中央救灾物资代储单位。在储备布局上，目前在北京、天津、沈阳、哈尔滨、合肥、福州、郑州、武汉、长沙、南宁、成都、昆明、拉萨、渭南、兰州、格尔木、西宁、乌鲁木齐、喀什等地设立 19 个中央救灾物资储备库，存储中央救灾物资。

各省（区、市）、地市和多数多灾易灾县都设立了救灾物资储备库。中央应急物资储备布局逐步优化、品种不断丰富、数量大幅增加。2020 年全国中央应急物资储备库已增至 113 个，实现 31 个省（区、市）全覆盖；储备品种增至 165 种，新增采购家庭应急包、冲锋舟、隔离带挖掘机、侦察无人机等；2020 年落实 28.58 亿元中央应急物资增储，储备规模增至 44.58 亿，实现了历史性的增储。

二、灾害的预警、预报体系

顺应灾害管理的规律，我国灾害的预警、预报工作得到加强，已经形成了由地面气象站、高空探测站和新一代天气雷达组成的气象监测预报网络，工作体系初步形成。从 1976 年 8 月开始，我国着手建设了北京、上海、沈阳、兰州、成都、昆明区域地震传输台网（简称 768 台网）。此后，经过不断的扩充和改造，至"九五"计划实施前，我国大陆地区由中国地震局和省（区、市）地震局管理的国家基本地震观测台网的台站 86 个，省级区域地震观测台网的台站 302 个，区域遥测台网 25 个（含 354 个子台），共计 742 个台（点）。此外，我国还有 180 个强震观测台。地震前兆观测台网有地形变观测台站 159 个，273 个观测台项；电磁观测台站 148 个，281 个观测台项；地下流体观测台站 102 个，175 个观测台项；即共有前兆观测台项 729 个。此外，我国还有流动重力测点 1 600 个，总长 90 000 千米，流动地磁测点 140 个，总长 60 000 千米。2018 年 10 月 23 日，中国铁路总公司与中国地震局在京举行战略合作协议签约仪式。双方将通过科技合作和信息共享，共同提高高速铁路抵御大震巨灾风险能力，加快推进高速铁路地震预警系统与中国地震台网信息系统互联互通的工程实施。根据计划，于 2018 年实现速报信息接入，开展超快速报信息接入试验及应用。2019 年试验接入国家地震烈度速报与预警工程服务信息系统，完成地震烈度速报和预警信息发布配套制度制定，实现双方系统数据信息互联互通。2020 年接入国家地震烈度速报与预警工程服务信息系统，提供试运行信息服务。2021 正式提供地震烈度速报与预警信息服务①。另外，水文检测、森林防火和森林病虫害预测预报网络也已经形成并投入使用。在海洋环境和灾害监测体系建设方面，全国已经建成了以 70 多个岸基以及多种浮标、调查船、卫星、飞机等为平台的立体海洋监测网络；在地质灾害预警预报体系建设方面，也已经在地质灾害多发地普遍建立了群测群防网。上述体系建设，标志着我国已经初步建成覆盖所有灾种的预警预报体系，为我国及时准确地对自然灾害进行预警、预报提供了科学依据。

三、自然灾害的紧急救助体系

21 世纪以来，国家已开始着手建立重大灾害应急救援体系，各个行业也都制定了相应的应急预案，但是在 2007 年郑州大雪、2008 年南方大雪和"5·12"汶川特大地震中，我们的应急救援体系略显不足，主要是准备不充分、行动不及时、相互协调难度大。应急救援可以改变灾民的受灾状态，尽量将灾民的损失降到最低。为了全面提高针对各类特大自然灾害的紧急救援能力，民政部推进了全国救灾应急预案体系建设工作。2005 年，民政部编制《国家自然灾害救助应急预案》，2011 年和 2016 年两次修订该预案，对组织指挥体系、灾害预警响应、信息报告和发布、国家应急响应、灾后救助与恢复重建、保障措施等进行了规范和完善。全国救灾应急预案体系、紧急救援响应机制基本形成。

2004 年民政部出台了《民政部应对突发性自然灾害工作规程》（2008 年修订），根据灾情大小，将中央应对突发自然灾害划分为四个响应等级，并明确了各级响应的具体工作，将救灾工作纳入规范的工作流程。

灾害响应机制启动后，民政部应对灾害的工作措施主要包括：

（1）及时收集、评估和掌握灾情，及时向社会发布灾情和抗灾救灾信息；

（2）及时向有关部门通报灾害和救灾工作进展，协调落实中央对灾区的抗灾救灾支持措施；

（3）及时向灾区派出工作组，指导地方开展救灾工作，督促地方落实好灾民救助措施；

（4）及时下拨救灾应急资金，紧急向灾区调拨救灾物资；

（5）适时开展救灾捐赠，动员社会力量参与救灾；

（6）妥善安排转移安置灾民的基本生活，及时指导地方开展恢复重建工作。

上述救灾响应机制的建立，确保了一旦有灾害发生，灾害管理的应急响应随时启动。国家的应急响应主要包括：24 小时内中央救灾工作组到达灾区，四级响应由国家减灾办派出工作组，三级响应由国务院派出联合工作组，二级响应由国家减灾委副主任（民政部部长）组织协调，一级响应由国家减灾委主任统一组织、领导；24 小时内救灾

---

① 中国铁路总公司、中国地震局签署协议，预计 2021 年正式提供高铁地震预警服务［J］. 铁道通信信号，2018，54（11）：94.

物资到位，需要中央支持的救灾物资要开始调度，地方的救灾物资要立即到达灾区；24小时内要对灾民的救助到位。

第四节 灾害救助的内容与过程

一、灾害救助

1. 灾害救助的内容

灾害救助的内容有广义和狭义之分。

广义灾害救助的内容主要有：

（1）紧急抢救，即在灾害发生后的危急关头，动员和组织一切力量抢救、转移受灾人民的生命财产和国家财产，抢救受灾的农作物，抢救被灾害破坏的交通、供电、供水、通信等生命线工程，尽快恢复灾区的社会经济生活秩序。

（2）安排灾民生活，即把抢救出来的灾民安置在安全地点，使他们有吃、有穿、有住、有医，安排好在下一季农作物收获前灾民的生活，修复因灾倒塌的住房，使灾民安定生活。

（3）恢复工农业生产和基础设施，重建因灾损毁的工商企事业单位、道路、电路、医院、学校及农田水利工程等。

（4）扶持灾民恢复生产，使灾民生产活动迅速地恢复到灾前水平，甚至有所提高。

狭义的灾害救助则是指民政部门负责实施的灾害救助工作。根据我国现行政策法规，国家和社会直接救助的对象一般不包括城镇居民。只有极少数城市无业居民、个体户、盲流人口由民政部门负责灾后救济。民政部门实施的灾害救助工作的内容有八个方面：

（1）掌握灾情，即及时、准确、全面地掌握灾害发生发展变化情况、各种灾害损失的情况，因灾带来的生产、生活困难问题及解决的措施，为开展救灾工作提供依据和参考。

（2）组织并参与紧急抢救、转移和安置灾民。

（3）受理、发放和使用救灾款物，即利用国家安排的灾害救济预算及社会各界捐赠资金和物资，帮助灾民解决吃、穿、住、医方面的基本生活困难。

（4）检查、督促国家生产自救、互助互济、救济扶持、灾后恢复重建等方面方针政策的贯彻执行情况。

（5）发动、组织和指导有关救灾的社会互助互济活动；接收、分配、使用、管理国外援助和国内捐赠的救助款物。

（6）妥善解决遗属、遗孤和残疾人员的抚恤安置问题。

（7）组织指导救灾扶贫工作，扶持灾民生产自救。

（8）总结交流救灾工作经验。

2. 灾害救助的重点

灾害救助的重点有两个,即对灾民的救助和对灾区社会的救助。

对灾民的救助包括如下内容:

(1) 救助灾民生命,这是灾害救援的基本内容。灾害尤其是突发性重大自然灾害的发生是以造成人员伤亡和财产损失为特征的,因此尽最大努力最大限度地减少灾区人员伤亡是灾害救助的最直接目的和基本内容。

(2) 为灾民提供基本生存保障。大灾的发生往往使灾民的衣、食、住、医等生存条件丧失殆尽。这就要求我们在救助灾民生命的同时,解决灾民基本生存问题,为灾民提供基本的生活资料,包括发放救灾物品,帮助灾民恢复生产,搭建灾民临时住所等内容。

(3) 实施心理救助,安抚灾民情绪。大灾的发生不仅摧毁灾民的生存条件,还冲击着灾民的精神和心理,使灾民产生消极情绪和心态。需要对灾民实施心理救助,安抚灾民情绪,重构被灾害破坏了的精神世界,也是灾害救助的重要内容。

(4) 帮助灾民确立自力更生的能力。灾民自力更生的能力指灾民在大规模救灾活动停止后,依靠自己的力量,进行正常的物质和精神生活的能力。帮助灾民恢复或确立自力更生的能力既是灾害救助的重要内容,也是灾害救助的根本目的。

对灾区社会的救助是对灾民救助顺利进行的前提和保障。没有对灾区社会的救助也不可能全面实现灾害救助的目标。对灾区的社会救助就是借助一切手段,整合社会组织、恢复社会功能、实现社会生活的全面正常化。灾区社会救助的主要内容是社会功能的恢复、社会组织的重构、社会机制的整合、公共设施的恢复、社会控制力量的加强、社会生活的有序化等。没有对灾区社会的这种救助活动,社会得不到整合,社会关系得不到恢复,人们生存的社会环境不能恢复正常,对灾民的救助会受到限制。因此,灾害救助任务的全面完成,必须将对灾区灾民的救助与对灾区社会的救助正确地结合起来。

3. 重大灾害救助的特点

一是对灾民的救助与对灾区社会的救助相结合。对灾区社会的救助是对灾民救助顺利进行的前提和保障。其主要内容有:社会功能的恢复、社会组织的重构、社会机制的整合、公共设施的恢复、社会控制力量的加强和社会生活的有序化等。

二是物质救助与心理救助相结合。灾害在给人们造成物质损失和躯体伤害的同时,也会给人们造成巨大的心理伤害。由于灾难的不可预知性、不可抗拒性及其所造成的毁灭性后果,当遇到这种突然的、强烈的刺激时,个体的心理防御会显得苍白无力,就会出现心理失衡、心灵创伤等问题,这种心理的伤害不仅是构成灾害破坏的重要内容,而且还会给以后的灾害救援工作带来巨大障碍。因此,现代意义上的救援工作,不仅要救助物质受损和躯体受伤的灾民,也要救助心理受伤的灾民。与财产和生命的救助相比,心理救助在对人们心理平衡的重建和应激行为的疏导上发挥着难以估量的作用。及时的心理救助,有利于促进人们灾后的适应和心理康复,避免精神痛苦的长期化和复杂化,更有利于激励人们战胜灾害。

二、灾害救助的过程

随着社会发展进程的加快，人们愈加认识到社会可持续发展的重要性。因此，把灾害救助作为一项系统而复杂的社会工程来建构，而不是一个简单地为灾民发放救济款物的程序，逐步增强灾害救助系统的协调性与科学性，是发展灾害救助制度的关键。灾害救助过程具体可以分为以下几个环节：

1. 灾前准备

灾前准备也称备灾。备灾是灾害救助过程的"先行官"，只有备灾充分，才能保证后续救灾的顺利实施。备灾，首先指各种资源储备，如物质、人力、信息等资源的储备。其次，备灾还包括灾害预测会商，通过遍布全国的灾害预警网络传来的信息，组织专家会商分析，对重大自然灾害的发生、发展做出预测，指导地方建立灾害紧急预案，建立灾害来临时转移避险和临时生活保障的方案，储备救灾物资，建立辐射全国的储备点，储备灾害救助必备的物资，建立快速灾情信息网络，等等。

2. 临灾抢救

即时行动体现了灾害救助的时效性。如果超过了救灾时限，不仅灾民的生命财产会遭受重大损失，而且会使灾民对政府乃至社会各界失去信任，从而加大社会救助整体工作的广度和难度。

即时行动包括：①紧急转移灾民，可能或已受到灾害威胁的群众都要被即时转移脱离危险区。②安置灾民，即保证被转移安置灾民的吃、穿、住、医疗等基本生活，尽快恢复灾区儿童的教学等。③核查和评估灾情，进入灾区第一线，了解、统计灾害造成的损失并即时上报。如果备灾和即时行动成功有效，便可以使灾情危害降到最低点，使灾民生活安全且有基本保障。

3. 灾后救助

自然灾害发生的客观性使得灾后救助不可避免。灾后救助主要包括向灾区紧急调拨救灾物资、向灾区下拨救灾资金、协调有关部门向灾区提供支持以及发动和管理救灾捐赠并向灾区调拨捐赠款物等。

随着 2008 年《救灾捐赠管理办法》的出台，救灾捐赠行为在逐步规范。捐赠物品种类丰富，受益主体不断扩大，同时一些地区还积极发挥公益慈善组织的作用。如上海市成立了"上海慈善捐赠救助物资服务中心"（民办非企业单位），在全市设立了首个工作站，以高效地承担起经常性的捐助工作。

4. 恢复重建

恢复重建也是灾害救助过程中不可忽视的一项内容，主要包括房屋重建，即通过政府救济、社会互助、邻里帮工帮料、以工代赈、自行借贷、政策优惠等多种途径筹集建房资金，尽快使灾民住上有更高抗灾能力的新房。另外还有灾民口粮救助和生产恢复，主要通过借粮、捐粮、政府救济等方式对灾区群众予以口粮救济，使灾民渡过难关，并组织和帮助灾民使其尽快恢复正常的生产等。

综上来看，通过一系列的备灾、临灾抢救、灾后救助以及恢复重建，使灾害救助逐步实现制度化、规范化、体系化，在灾害救助实施探索的过程中不断加深人们对于灾害救助这一社会救助体系重要构成的认识与理解。

第五节　我国灾害救助制度概述

一、我国灾害救助制度的历史沿革

历史上，我国各类自然灾害频繁发生，给人民生活带来了深重的灾难。为了减轻各种自然灾害的损失，尽快恢复正常的社会秩序，早在西周时期，统治者就已制定出相当完备的荒政措施。到我国北朝时期，政府已形成了比较完善的救灾制度，这些救助措施主要有：①赈恤：赈济粮绢物品、遣医送药、通关、舍禁、平粜、和籴、掩埋尸骨；②借贷：政府借贷、政府号召民间借贷；③减免租调，徭役；④安辑流民；⑤倡导节约，禁断屠杀，禁止造酒，减缩百官俸禄、食廪；⑥劝勉农桑、组织民屯、兴修水利；⑦抵抗洪水、祭祀消灾；⑧其他措施，如皇帝自责、纳谏，整顿吏治，安抚灾民，一定程度上起到了抚慰灾民的作用。

赈恤是历朝历代政府常常采取的最直接有效的救灾措施，包括：①散利，即散发国家公有财产给受灾平民，包括谷食、绢帛、物品、医药等，使灾民能够暂时渡过难关；②舍禁，即开放或赐予平时只为统治阶级服务的有封禁的山林川泽供灾民采集渔猎或耕种，以谋生计；③采取通关、平粜、和籴等措施，通关就是允许平民通过日常看管很严、不能随便过往的关口，以助人、物流通；平粜、和籴平抑粮价，防止商人趁此囤积居奇制造粮价暴涨；④为民安葬，即国家下令地方郡县或遣使收葬野尸，稳定民心。

我国古代地方政府灾害救援中，办粥厂，放粮，政府和地方的绅士、绅商会制备中药散发防止瘟疫，组织人员收集尸体掩埋，专门设立医馆收治病人等，是我国近代常见的救灾活动。我国古代公开透明的民间义赈活动在灾后救济中也发挥了重要作用。

从殷商西周的天命主义、禳弭思想到春秋开始出现的赈济、调粟、养恤思想，直至宋明盛行的安辑、蠲缓、放贷、仓储思想，政府在灾害管理和救助体系方面不断完善。与此同时，在灾害管理的过程中，逐步产生并形成了大量积极的灾害管理政策，如兴修水利、植林垦荒、重农贵粟、扩大积储等。

中华人民共和国成立后，国家制定了各个时期的救灾工作方针、政策，把救灾工作作为保障国民经济稳定、关心群众疾苦的头等大事。20 世纪 80 年代以后，根据新时期的需要，我国最终确立了"依靠群众，依靠集体，生产自救，互助互济，辅之以国家必要的救济和扶持"的救灾工作方针，形成了以"政府统一领导，部门分工负责，上下分级管理"的救灾工作管理体制为核心的当代救灾制度。

由于社会经济的发展和生态环境的变化，灾害发生的次数越来越多，规模越来越大，破坏性也越来越强。为了应对灾害的这些特征，政府在救灾制度方面也不断作出调整和改进。1998 年，民政部、财政部发出《关于建立中央级救灾物资储备制度的通知》，中央级救灾物资储备仓库，经过后来的建设和调整，全国目前已设立了天津、沈阳、哈尔滨、合肥、郑州、武汉、长沙、南宁、成都和西安 10 个中央级救灾储备物资代储单位（即民政部救灾物资储备库），地方也相应建立了上百个救灾物资储备点。2003 年，《中央级救灾储备物资管理办法》发布，将储备物资购置、储备、管理的权限统一到民政部，中央财政只负责安排资金。2004 年，民政部救灾救济司经过机构改革，由单一的救灾处，变成救灾处、备灾处和捐赠处。民政部于 2008 年 4 月 28 日颁布了《救灾捐赠管理办法》，这是关于救灾捐赠管理的规范性文件，使救灾捐赠有了规范依据。2018 年，国务院机构改革，灾害应急救助体系建设的职能被划入新成立的应急管理部。

随着我国整体经济实力的不断增强，以及党和政府"以人为本"执政理念的日益深化，国家对救灾工作的投入力度也随之不断加大。2005 年以来，国务院相继颁布了《国家自然灾害救助应急预案》和《中华人民共和国突发事件应对法》。2007 年 8 月，国务院第 188 次常务会议对全国抗灾救灾工作作出了重要部署，根据新形势下我国经济社会发展现状，大幅提高了国家灾害救助标准，并增加了新的救助项目。国务院于 2010 年出台、2019 年修订了《自然灾害救助条例》。我国灾害救助法律法规保障体系将得到不断完善。国家灾害救助体系的不断完善将进一步推进我国社会主义和谐社会建设，使灾区困难群众更深刻地感受到我国改革开放和经济社会快速发展带来的丰硕成果。

《自然灾害
救助条例》
及其相关解读

民政部分别于 2011 年、2016 年牵头对《国家自然灾害救助应急预案》进行了两次修订。根据灾害救助工作的发展，2016 年版的《国家自然灾害救助应急预案》进一步调整了应急响应启动条件，规范了应急响应启动程序，对灾情报告、灾情发布、灾害损失评估、信息共享、社会动员等内容进行了充实和完善，横向上使得各参与部门之间的职责更清晰、协调更顺畅、保障也更加有力，纵向上国家级预案与省级预案的衔接更加有力，国家可根据地方灾情发展提前做好各项应急响应准备工作，从而使得应急响应工作更从容有条理。在地方上，省、市、县各级政府都建立了自然灾害救助应急预案，大部分乡镇和行政村（社区）制定了基层应急预案，形成纵向到底、横向到边的应急预案体系。为不断增强应急预案的针对性和可操作性，确保预案发挥实效，各级政府在"5·12"全国防灾减灾日、"10·13"国际减灾日等特定时间开展预案应急演练，确保相关人员熟悉预案内容、熟练操作流程，及时发现灾害应对存在的问题，在实践中检验改进，确保受灾人员得到及时有效救助①。

《国家自然灾害
救助应急预案》
及其修订解读

近年来，我国灾害救助工作已取得很大进展，但仍存在一些薄弱环节。党的二十大将以改善民生为重点的社会建设摆在更加重要的位置，我们需要从落实习近平总书记关

---

① 王东明，曹坤，刘剑博. 汶川地震以来我国自然灾害救助工作的发展［J］. 中国应急救援，2018（3）：9-14.

于社会救助工作的重要论述的高度出发，加强政策理论研究，完善国家灾害救助体系，进一步提高我国灾害救助工作质量和工作水平，使受灾群众的生活能够得到更好的保障。

二、完善我国灾害救助体制的思路

由于我国自然灾害复杂多样，以及受计划经济的影响，我国救灾法律制度还有许多需要完善的地方，综观我国现有的法律制度，我们还要在以下方面进行完善：

1. 完善灾害管理和救助的法律体系，健全其指挥协调机构

为了有效地整合灾害管理资源，提高行政效率，维护受灾群众的基本生活权益，实现经济社会的可持续发展，整合资源、建立统一的灾害管理机构是踏出灾害管理的第一步。从综合管理的角度看，要始终发挥政府的主导作用，构建全社会统一的灾害管理、指挥、协调机制，实现由单一减灾向综合减灾的转变，形成灾害应急管理的合力。政府需要设立防灾救灾的专门机构，专门负责防灾救灾工作。

虽然我国救灾法律制度有了很大发展，但还是没有关于灾害救助的专门立法，灾害救助活动依行政手段进行，不利于救灾活动的开展；现行法律规定往往比较抽象，不利于实际操作。应进一步加快有关灾害管理和救助的法律体制建设。①制定综合的灾害管理基本法，洪水、地震等重大灾害的灾害管理法，部分配套法规，加强地方减灾立法等，同时加强执法队伍建设；②制定国家的减灾总体规划，并将其纳入国家社会、经济发展的总体规划之中，使经济建设与减灾工作协调进行；③在国家减灾总体规划的指导下自上而下制定各有关部门、各级政府的切实可行的减灾规划，对已有的减灾规划重新审议、补充、提高、完善；④各级政府应制定重大自然灾害的应急预案，并形成统一的体系，将其用于指导政府、有关部门、厂矿企业及居民在重大灾害发生后作出紧急反应，协调行动，减轻灾害损失。

2. 明确救灾主体，规范整合资金，完善制度

明确国家财政在灾害救助中的地位，明确中央和地方财政投入的配合，这是加强财政投入基础性地位的关键。根据辖区收益论的原则，全国性的或者比较大的局部性灾害应该坚持以中央财政支出为主、地方财政支出为辅的支出结构，而对于局部性的、地方性的灾害应该坚持以地方财政为主、中央财政为辅的支出结构，中央财政与地方财政应当共同承担起灾害预防支出的责任。同时，根据市场经济原理，对于不同的公共产品采取不同的供给方式，灾害由于其突发性、连续性、群发性等特点，因此发生的起始期间处于市场失灵领域，财政投入理应承担起主要责任，这也是贯彻落实科学发展观、统筹人与自然和谐发展的要求。

制度的缺陷往往是受制于既定的制度环境的结果。制度环境是一国的基本制度规定，是一系列用于建立生产、交换与分配基础的政治、社会和法律的基础规则，它决定或影响着各类制度的安排。因此，应该不断完善现有一切关于自然灾害救助方面的法律法规并不断提升立法层次，在此基础上制定《中华人民共和国自然灾害救助法》，明确国家（包括中央和地方）财政支出的地位及在预警、防治、救助、灾后重建的投入分

工，将灾害救助的国家支出纳入法制化和规范化轨道上来，逐步建立起救灾工作分级负责、分级管理和救灾款分级负担的救灾体制。

3. 强化救灾资金监管，谨防救灾资金遭"灾"

近年来，随着我国救灾资金规模的大幅度提高，巨额的救灾资金的安全使用成了救灾过程中的一个重要环节。为此，财政、审计等部门应加强监管，创新监督方式，将救灾资金的监督从重专项、事后监督转向以专项监督与日常监督，内部监督与外部监督，事前、事中与事后监督并重，建立起与预算编制、执行、监督相结合的三位一体的监督体系。同时财政部门可通过部门预算编制、国库集中支付制度、政府收支分类改革、救灾资金管理的"集约化、精细化"，来提高救灾资金使用的安全性、规范性和有效性。政府需要建立完善的募捐及发放系统，慎重选择执行人员，对救灾中的违法行为加大惩处与制裁力度。

4. 建立以现代科技为基础的灾害信息管理系统，提高灾害的预警预报水平和灾情反应速度

增加灾害相关科研的经费投入，按照不同灾害的性质，深入开展灾害研究；加强各种灾害的监测监控，及时预报，及时防范；增强防灾意识，注意平时灾害救助的宣传和演练；在灾害多发地区，加强监管，早做准备，防止灾害的危害扩大；对建筑、供电、道路等的建设制定特别的建设标准。

普遍建立灾害信息管理系统（disaster information management system，DIMS）。灾区地方政府要保证在 24 小时以内能够将灾情和救灾工作情况及时准确地上报给民政部和中央，这就要求必须建立高效的灾情收集和信息分析系统，以及安全快捷的通信系统，便于各部门迅速作出反应，正确决策，不失时机地采取救灾应急措施。继续推进灾情信息联网到县的工作，加大救灾工作人员的培训力度，提高工作人员的素质，把文化程度高、创新意识强的高科技人才充实到救灾工作中来，利用新技术，建立和完善报灾系统。

5. 加强灾害救助评估工作

我国是自然灾害频发地区，要做好灾害救助工作，发挥其社会保障功能，做好灾害救助评估工作是保证灾害救助的科学性、针对性、时效性，合理分配救助资金和物品，最大限度地减少自然灾害给国家和人民生命财产带来的损失的重要前提。同时，加强自然灾害救助评估工作，还可以规范救助工作，提高救助能力，解决我国现阶段灾害救助水平较低的问题。

6. 提高救灾物资储备与应急装备保障水平

鉴于当前我国救灾物资品种单一、应急装备落后的现状，中央和地方应在充分考虑灾害发展趋势的前提下，结合地域特点和受灾群众的实际需求，有计划、分批次地增加救灾物资储备品种（如冲锋舟、救生衣、棉衣棉被、取暖设备、小型发电机、应急灯、净水设备等），并购置必要的应急通信装备，例如北斗定位导航系统、海事卫星电话、应急通信车等，依托《国家综合减灾"十一五"规划》列出的"国家四级灾害应急救助指挥系统建设工程"项目，全面提升我国灾害救助保障能力和工作水平。

7. 落实基层救灾工作管理经费的相关政策

我国中西部地区救灾工作管理经费不足的现状尤为突出。由于救灾工作管理经费得不到保障，一些基层民政干部常常不得不承担查灾核灾期间发生的交通费和建档费（登记造册、拍照、录像等）。在我国，救灾款犹如一条高压线，中央对救灾款的使用范围有严格的要求，专款专用是一项基本原则，在一定程度上保障了救灾资金的严格、透明和规范使用。救灾工作管理经费不足已成为一个必须面对的现实问题，需要中央和地方在政策上给予规范，明确救灾工作管理经费的出处和配套机制。相比之下，美国政府已制定了明确的政策确保救灾工作管理经费的落实，《斯塔福德灾害救助和紧急事件援助法案》（美国法典第 42 篇第 68 章）规定"州政府可以从联邦政府预拨给个人或家庭的救灾款项中提取不超过 5% 的费用，作为救灾工作的管理费用"。因此，尽快落实基层救灾工作管理经费的相关政策，将是提高我国灾害救助工作水平的一个重要举措。

思考题

1. 试述发达国家灾害救助的先进经验。
2. 总结灾害发生的特点、规律与走势。
3. 试述完善我国灾害救助体系的措施与方向。

▶ 自测习题及参考答案

第三章
最低生活保障制度

最低生活保障制度是我国特有的说法。在国际上，最低生活保障制度被称为社会救助制度。一般来讲，最低生活保障制度是按需分配的，其前提条件是：个人无论怎样努力工作都不能获得满足最起码的或者说最低生活需要的收入。国家会根据社会的实际情况设定一个贫困线，或称最低生活保障线，当一个公民的实际生活水平低于这个最低生活保障线时，就有权利获得由政府和社会提供的有明文规定的申领程序和标准的实物或现金的帮助。由最低生活保障线、法定的申领程序、补助标准等组成的综合体系被称为最低生活保障制度。

第一节　贫困标准的确定

一、贫困的定义

关于贫困，迄今没有一个令人满意的定义。因为贫困是一个历史的、地域的概念。在不同的社会经济条件下，人们对贫困的认识有所不同。国内外的专家学者对于贫困的描述也众说纷纭。

1. 国际上有代表性的观点

汤森在他的《英国的贫困：家庭财产和生活标准的测量》一书中对贫困作了如下描述："所有居民中那些缺乏获得各种食物、参加社会活动和最起码的生活和社交条件的资源的个人、家庭和群体就是所谓的贫困。"

奥本海默在《贫困的真相》一书中认为："贫困是指物质上的、社会上的和情感上的匮乏。它意味着在食物、保暖和衣着方面的开支要少于平均水平。……首先，贫困夺去了人们建立未来大厦——'你的生存机会'的工具。它悄悄夺去了人们享有生命不受疾病侵害、有体面的教育、有安全的住宅和长时间的退休生涯的机会。"

世界银行在《1990年世界发展报告》中给贫困下的定义是"缺少达到最低生活水准的能力"，并指出衡量生活水准不仅要考虑家庭的收入和人均支出，还要考虑属于社会福利的内容，如医疗卫生、预期寿命等。

欧共体委员会发布的《向贫困开战的共同体特别行动计划的中期报告》认为："贫困应该被理解为个人、家庭和人的群体的资源（物质的、文化的和社会的）如此有限以致他们被排除在他们所在的成员国的可以接受的最低限度的生活方式之外。"

诺贝尔经济学奖得主阿玛蒂亚·森认为："应把贫困从概念上定义为：能力不足而不是收入低下。因此把贫困划分为收入贫困（income poverty）、人类贫困（human poverty）和知识贫困（knowledge poverty）。所谓的收入贫困是指缺乏最低水平的、足够的收入或者支出。所谓的人类贫困是指缺乏基本的人的能力，如文盲、营养不良、缺乏卫生条件、平均寿命短等。所谓的知识贫困是指人们缺乏获取、应用知识与信息的能力，以及缺乏权利、机会与途径获得这一能力。"

2. 国内专家、学者的观点

童星和林闽钢在其发表的《我国农村贫困标准线研究》一文中指出："贫困是经济、社会、文化落后的总称，是由低收入造成的缺乏生活必需的基本物质和服务以及没有发展的机会和手段这样一种生活状况。"

国家统计局的《中国城市居民贫困问题研究》课题组和《中国农村贫困标准》课题组对贫困的看法比较一致，他们认为："贫困一般是指物质生活困难，即一个人或一个家庭的生活水平达不到一种社会可接受的最低标准。他们缺乏某些必要的生活资料和服务，生活处于困难境地。"

汪三贵认为："贫困是缺乏生活资料，缺少劳动力再生产的物质条件，或者因收入低而仅能维持相当低的生活水平。"

赵冬缓、兰徐民指出："贫困是指在一定环境（包括政治、经济、社会文化、自然等）条件下，人们在长时期内无法获得足够的劳动收入来维护一种生理上的要求的、社会文化可接受的和社会公认的基本生活水准的状态。"

康晓光在分析前人的贫困定义之后，对贫困做出了如下界定："贫困是一种生存状态，在这种生存状态中，人由于长期不能合法地获得基本的物质生活条件和参与基本的社会活动的机会，以至于不能维持一种个人生理和社会文化可以接受的生活水准。"

二、贫困的测定

确定贫困标准或贫困线是准确界定贫困人口的首要条件。目前国际上有两类测算方法。一类是相对标准测算法：①比例法，即根据目标群体调查资料将户收入分组（五等份或十等份），其中的5%最低收入户为贫困户，贫困户家庭人均生活费收入的上限即为贫困线；②收入平均数法，即以全部居民人均生活费除以2或3作为最低生活保障标准。另一类是绝对标准测算法：①基本需求法，即确定目标群体居民生活必须消费的项目及最低需求量，计算出价格之和就是最低生活保障标准。世界银行自 2011 年开始使用的每人每日 1.9 美元的极端贫困标准就是货币标准下的绝对贫困标准。这一标准是以维持人体生存的最低食物摄取量为依据，通过购买力平价测算确定的。根据国家发展程度不同，2018 年世界银行在原有标准基础上又补充了两档新标准：中等偏低收入国家贫困线为每人每日 3.2 美元，中等偏高收入国家贫困线为每人每日 5.5 美元。②恩格尔系数法，即将恩格尔的贫困值（国际上通常将恩格尔系数在 60% 以上视为绝对贫困）直接定为贫困线。

三、最低生活保障标准的确定

人们通常以消费水平为基础来测定贫困，并以此为依据来划定贫困线（最低生活保障线）。目前，国际上比较常用的确定最低生活保障线的方法有市场菜篮法、国际贫困标准法、生活形态法、恩格尔系数法四种。此外，还有一些其他方法，如收入等份定义法①、马丁法②等。在这里，我们只详细介绍较为常用的四种方法。

1. 市场菜篮法

市场菜篮法又称"标准预算法"，是一种较为古老和传统的确定贫困线的方法，并且以"绝对主义"而出名。市场菜篮法首先要求专家确定一张生活必需品的清单，内容包括维持为社会所公认的最起码的生活水准的必需品的种类和数量，然后根据市场价格来计算拥有这些生活必需品需要多少现金，以此所确定的现金金额就是贫困线，亦即最低生活保障线。

市场菜篮法的优点：

（1）直观明了，通俗易懂，可以罗列得很详细，便于公众参与；

（2）可以保证贫困者的最基本需求；

（3）可以提供一个有关家庭消费的一般数学模型，便于进行比较。

市场菜篮法的不足之处：

（1）由专家来确定"菜篮子"里的内容，有强加于人的意思；

（2）所确定的贫困线标准容易偏低；

（3）采用严格的清单式计算方法，限制了受助者的生活方式。

2. 国际贫困标准法

国际贫困标准法实际上是一种收入比例法。经济合作与发展组织在 1976 年对其成员国进行了一次大规模的调查，提出了一个贫困标准，即以一个国家或地区社会中位收入或平均收入的 50% 作为这个国家或地区的贫困线，这就是后来被广泛运用的国际贫困标准。

国际贫困标准法的优点：

---

① 首先把国民按收入分为几个等份，再辅以基尼系数进行差异比较，从而确定总人口的百分之多少为贫困人口；再根据这个百分比，利用家庭收入调查资料，求出贫困标准。

② 马丁法由在世界银行工作的经济学家马丁·雷布林先生提出。这一方法要求在确定基本食品支出的基础上，通过有关统计资料建立总支出与食品支出之间关系的数学模型，进而计算出贫困线。

（1）简单明了，容易操作；

（2）可以用作比较；

（3）可以使受助者分享经济、社会发展的成果。

国际贫穷标准法的缺点：

（1）这种方法需要对该国或该地区的收入状况进行全面比较；

（2）固定的收入比例是否可取，值得怀疑。

3. 生活形态法

这种方法首先从人们的生活方式、消费行为等生活形态入手，提出了一系列有关贫困家庭生活形态的问题，然后选出若干剥夺指标，即在某种生活形态中舍弃某种方式、行为，再根据这些剥夺指标及被调查者的实际生活状况，确定哪些人属于贫困者，再分析他们被剥夺的需求及消费和收入，由此得出贫困线，即最低生活保障线。

生活形态法的优点：

（1）生活形态法可以沟通主观（社会评价）和客观（社会状况）；

（2）生活形态法使贫困的含义扩大到社会方面；

（3）生活形态法可以有效地比较人们的生活状况。

生活形态法的不足之处：

（1）在具体的调查中，要被调查者清楚地、具体地表达其生活方式比较困难；

（2）对生活方式与收入或资源之间有没有直接的关系持怀疑态度；

（3）这种方法从理论上讲过于抽象，在实际操作中过于复杂，不易为非专业人员所掌握。

4. 恩格尔系数法

用恩格尔系数法制定贫困线是以"恩格尔定律"为基础的。19世纪末，德国的研究者恩格尔在比较了不同收入水平的家庭消费模式后，得出一个结论：收入水平比较低的家庭花在生活必需品上的钱占家庭收入的比例更大；而且随着收入的增加，人们花在生活必需品上的钱占收入的比例会不断下降。恩格尔发现的生活必需品开支与收入的增长成反比这一论断即为"恩格尔定律"（Engle's law）[1]。

我国学者童星、林闽钢指出，运用恩格尔系数法确定贫困线有两种："可以把恩格尔系数的某个值（现在国际上一般确定为60%[2]）直接定为贫困线；也可以依据恩格尔系数间接地用收入金额来表达贫困线。后者的具体办法是：按营养学知识确定一个最低饮食标准及其相应的饮食费用，然后用它除以恩格尔系数的贫困值（60%），其商就是贫困线标准。"

恩格尔系数法的优点：

（1）简便易行，便于操作；

---

[1] PETE, ALCOCK. Understanding Poverty [M]. Trans-Atlantic Pubns, 1993.

[2] 根据联合国粮农组织提出的标准，恩格尔系数在59%以上为贫困，50%~59%为温饱，40%~50%为小康，30%~40%为富裕，低于30%为最富裕。

（2）可以与社会平均生活水平挂钩。

恩格尔系数法的不足之处：

（1）恩格尔系数法从本质上讲仍然是绝对主义，因此，得出的贫困标准往往偏低；

（2）用恩格尔系数法来确定一个国家或一个地区的贫困线显得过于粗疏；

（3）用恩格尔系数法确定贫困线要依赖于社会消费指数的调查。

第二节　城市居民最低生活保障制度

一、我国城市居民最低生活保障制度的建立过程

20 世纪 90 年代以来，面对经济体制改革、伴随的社会结构分层和演变的影响，城市中下岗、失业人员迅速增加，贫富差距越来越大。按照国际经验，解决因社会经济结构调整而导致的较大规模的贫困问题，最有效的社会保障制度是社会救助。

在计划经济体制下，社会救济对象的"边缘性"决定了社会救济制度的"边缘性"。在政府工作的议事日程中，无论是中央还是地方，有关社会救济制度的议题一般是排不上号的。到了改革开放初期，计划模式的惯性仍然使不重视社会救济制度的习惯延续下去。因此，只有到了目标趋向为社会主义市场经济的经济体制改革步步深入，由此而引发的社会问题和社会矛盾渐趋激化时，政府彻底改造传统社会救济制度，使之逐渐向现代社会救助制度演化的过程才真正拉开帷幕。

然而，处于非常边缘地位的传统的城市社会救济制度难以承担此重任，也正因为如此，在中国城市贫困问题发展的初期，政府并没有考虑创建一种制度性的社会政策作为长久的应对措施，而是习惯性地采用了"搞群众运动"的临时补救措施，如在全国开展"社会帮困"活动、搞"送温暖"工程等。这些活动成本不菲，收效却甚微。要使社会救助制度真正成为与市场经济配套的最后的安全网，必须进行制度改革与创新。

1993 年 6 月 1 日，上海市政府宣布，建立城市居民最低生活保障线制度，由此拉开了中国社会救济制度改革的序幕。

不同的学者对我国城市低保制度发展历程会有不同的阶段划分，但学术界一般将我国的城市居民最低生活保障制度历程分为创立、提高和全面保障三大阶段，即 1993 年 6 月—1999 年 9 月的创立推广阶段、1999 年 10 月—2007 年的提高完善阶段、2007 年至今的全面保障阶段。

1. 城市低保制度的建立推广阶段

我国城市低保制度发展历程中的建立推广阶段，通常又被学术界分为三个小阶段，即试点阶段、推广阶段和普及阶段。

（1）试点阶段（1993 年 6 月—1995 年 5 月）

城市居民最低生活保障制度的探索实践发端于最先感受到经济体制改革压力的上

海。20 世纪 90 年代初，失业人员、下岗人员和低收入家庭成员的生活困境引起了上海市政府的重视。1993 年 6 月 1 日，上海市民政局等部门联合发布的《关于本市城镇居民最低生活保障线的通知》正式实施。

上海市建立城市最低生活保障制度的消息迅速引起了各地、各级领导的极大兴趣和密切关注。在 1994 年 5 月召开的第十次全国民政会议上，民政部充分肯定了上海的改革思路，十分明确地提出了对城市社会救济对象逐步实行按当地最低生活保障线标准进行救济的改革目标，并部署在东部沿海地区进行试点。到 1995 年上半年，已有上海、厦门、青岛、大连、福州、广州 6 个大中城市相继建立了城市居民最低生活保障线制度。在这一阶段，这项制度的创建和实施基本上是各个城市地方政府的自发行为。

（2）推广阶段（1995 年 5 月—1997 年 8 月）

1995 年 5 月中旬，民政部在厦门、青岛先后召开了各地、市民政部主管社会救济工作负责同志座谈会，总结了前一阶段的经验和做法，并号召将这项制度推向全国。据统计，到 1995 年年底，全国仅有厦门、青岛、福州、大连、广州、沈阳、本溪、抚顺、丹东、海口、无锡等 12 个城市建立了这项制度。1996 年年初召开的民政厅局长会议作出了"进一步加大推行最低生活保障线制度的力度"的决定。到 1996 年年底，建立这项制度的城市已经增加到 116 个；此后，形势发展得更快，到 1997 年 5 月底，全国已有 206 个城市建立了这项制度，约占全国建制市的 1/3。在这一阶段，制度的创建和推行已经成为中央政府的一个职能部门——民政部门的有组织行为。

总体来看，城市居民最低生活保障制度建立的步伐与各市的市场经济发展和体制改革深化进程是基本一致的，可以说，城市居民最低生活保障制度建立是改革的根本要求。

1997 年的第八届全国人民代表大会第五次会议上，李鹏在《关于国民经济和社会发展"九五"计划和 2010 年远景目标纲要的报告》中指出，要"逐步建立城市居民最低生活保障制度，帮助城市贫困人口解决生活困难"。至此，"建立城市最低生活保障制度"的思想正式写入了最高层次的政府文件中。

（3）普及阶段（1997 年 8 月—1999 年 10 月）

1997 年 9 月 2 日，国务院颁发了《国务院关于在全国建立城市居民最低生活保障制度的通知》。次日，国务院召开了电视电话会议，向各省、直辖市、自治区部署了这项工作，明确提出在 1999 年年底以前，全国所有的城市和县政府所在的镇都要建立城市居民最低生活保障制度。

到 1999 年 9 月底，全国 668 个城市和 1 638 个县政府所在地的建制镇已经全部建立起最低生活保障制度。与此同时，1999 年 9 月 28 日，《城市居民最低生活保障条例》的发布标志着我国城市居民最低生活保障工作走上了法制化的道路。在国庆 50 周年前后，各地的最低生活保障标准普遍提高了 30%。增加的开支 80% 以上出自中央财政，除北京、上海、山东、江苏、浙江、福建、广东 7 省市以外，其他省、直辖市、自治区都得到了来自中央的财政补贴，仅 1999 年 7—12 月就达 4 亿元。

2. 城市低保制度的落实完善阶段

（1）落实阶段（1999 年 10 月—2001 年 6 月）

1999 年 10 月 1 日《城市居民最低生活保障条例》（以下简称《条例》）正式实施。《条例》规定："持有非农业户口的城市居民，凡共同生活的家庭成员人均收入低于当地城市居民最低生活保障标准的，均有从当地人民政府获得基本生活物质帮助的权利。""对无生活来源、无劳动能力又无法定赡养人、扶养人或抚养人的城市居民，批准其按照当地城市居民最低生活保障标准全额享受。""对尚有一定收入的城市居民，批准其按照家庭人均收入低于当地城市居民最低生活保障标准的差额享受。"① 最低生活保障真正取得突破性的进展是在 2001 年年底，中央决定解决长期以来的低保资金瓶颈问题之后。

（2）完善阶段（2001 年 6 月—2007 年）

该阶段的划分标志是 2001 年下半年，国务院下决心要解决最低生活保障制度的资金瓶颈问题，中央财政在 2001 年年初 8 亿元预算的基础上，下半年又新增预算 15 亿元，共计 23 亿元。省级财政也在 2001 年年初 9 亿元预算的基础上，下半年又新增预算 3 亿多元，共计 12 亿元②，加上地市和区县两级筹集的资金，2001 年全年的最低生活保障支出达到了规模空前的 42 亿元。这一年，按照党中央、国务院的部署，各级民政部门下大力气狠抓城市低保制度的扩面工作，城镇居民最低生活保障工作取得了突破性进展。此后，财政预算在低保制度中的投入逐年增加，到 2002 年 7 月我国城镇已基本实现了应保尽保。

2003 年以后，在中央政府的重视和主导下，中国城镇低保制度进入规范管理和提高完善的新阶段。2003—2006 年，国家开始全面建设低保制度，承担更多的财政责任，完善相关配套实施，各地也探索制定低保制度的具体实施办法和细则。这一时期，城镇低保制度平稳运行，财政支出每年平均达 150 亿元，保障对象也保持在 2 200 万人以上。在中央政府、民政部门以及地方政府的共同努力下，进一步推动了城市低保制度的落实与完善③。

3. 城市低保制度的全面保障阶段

随着社会经济的发展，政府对社会救助工作日益重视。2007 年以后，城镇居民最低生活保障制度继续完善和发展，向制度化和法制化方向迈进。这一时期，在中央的主导下，农村也逐步完成了最低生活保障制度的试点和探索，开始全面推进低保制度。可以说，自 2007 年起，中国的最低生活保障制度进入全民保障的新阶段，制度建设取得突出的成果，极大地提高了城市贫困群体的基本生活水平。

2007 年上半年，我国的食品价格大幅上涨，造成居民的消费水平整体上升。2007 年 6 月，民政部下发《关于妥善安排好近期城镇低保家庭生活的紧急通知》，对城镇低

---

① 《城市居民最低生活保障条例》。

② 汝信，陆学艺. 2002 年：中国社会形势分析与预测 ［M］. 北京：社会科学文献出版社，2002：105.

③ 周文明，谢圣远. 中国城镇居民最低生活保障制度的发展演进及政策评估 ［J］. 广东社会科学，2016（2）：206-212.

保家庭的基本生活消费品进行动态补贴。2007年8月，民政部和财政部联合发布《关于妥善安排城市居民低保家庭生活有关问题的通知》，指出通过提高低保标准、发放临时补贴等保障低保家庭的生活水平。据统计，到2007年年底，城镇低保制度的保障人数已达2270.9万，平均保障标准为每人每月182.4元，比上年增长7.6%。可见，城镇低保的发展日益完善，很大程度上保障了城市贫困群体的基本生活。

2008年2月，民政部和财政部联合下发《关于进一步提高城乡低保补助水平妥善安排当前困难群众基本生活的通知》，要求各地进一步提高城市和农村低保制度的补助水平，消除生活消费品上涨对贫困群体的影响。此外，国家也很重视低保群体的就业问题。2008年2月《国务院关于做好促进就业工作的通知》要求积极推动城市低保人员再就业。与此同时，国家也开始从法律制度建设层面推进社会救助体系的完善。2008年8月15日，国务院公布《中华人民共和国社会救助法（征求意见稿）》，标志着我国社会救助工作进入法制化轨道，也进一步规范了城镇低保制度。这一时期的工作重点逐步由建制转向具体执行上，开始对制度的细节进行完善。2008年10月，民政部牵头，会同有关部委联合发布《城市低收入家庭认定办法》，明确城镇低收入家庭的认定标准、程序和方法等方面内容。2010年8月，民政部发布《关于进一步加强城市低保对象认定工作的通知》，在城镇低保对象的认定条件和认定方法上做出规定，有利于低保对象的识别，在一定程度上保证低保资金用到实处。2011年5月，民政部社会救助司印发《关于进一步规范城乡居民最低生活保障标准制定和调整工作的指导意见》，要各地科学确定和调整城镇低保标准，落实和改进低保工作。2011年11月底，我国城镇低保对象人数已达2275万，平均标准为每人每月278元，月人均补助210元。2012年9月，国务院下发《关于进一步加强和改进最低生活保障工作的意见》，提出六项改进措施。2012年12月，民政部印发《最低生活保障审核审批办法（试行）》，将城镇低保对象的认定进一步细化，包括家庭财产调查、申请条件等。2021年7月1日，民政部新出台的《最低生活保障审核确认办法》正式实施。2022年10月，民政部会同中央农办、财政部、国家乡村振兴局联合印发《关于进一步做好最低生活保障等社会救助兜底保障工作的通知》，从加大低保扩围增效工作力度、进一步加强急难临时救助、健全完善工作机制、优化规范办理流程、落实保障措施五个方面，对进一步做好低保等社会救助兜底保障工作提出明确要求。目前，城乡最低生活保障工作已经形成较稳定的制度安排，并且作为社会救助制度的主体，在社会保障体系中发挥越来越重要的作用。

《关于进一步规范城乡居民最低生活保障标准制定和调整工作的指导意见》及其附件

《最低生活保障审核确认办法》

城镇最低生活保障制度是我国第一个现代意义的社会救助制度，标志着我国社会保障制度不断适应市场经济的发展要求逐步成熟和完善，进入新的历史阶段。经过30多年的发展，我国的城乡城镇低保制度虽还存在一些不足之处，但很大程度上已经能够保障城镇贫困群体的基本生活，实现国家权力向公民权利的转变，为经济发展和社会稳定创造良好的环境①。

二、城市居民最低生活保障制度的基本内容

1. 城市居民最低生活保障制度的覆盖对象与保障标准

（1）城市低保对象的确定

推行低保制度，基础性的工作就是确定低保对象的规模、结构和特征。对此，《国务院关于在全国建立城市居民最低生活保障制度的通知》（以下简称《通知》）规定了保障对象为"家庭人均收入低于当地最低生活保障标准的持有非农业户口的城（镇）居民"，主要对象是以下三类人员：无生活来源、无劳动能力、无法定赡养人或抚养人的居民；领取失业救济金期间或失业救济期满仍未重新就业，家庭人均收入低于最低生活保障标准的居民；在职人员和下岗人员在领取工资、基本生活费后以及退休人员领取退休金后，其家庭人均收入仍低于最低生活保障标准的居民。

（2）城市低保标准的确定

《通知》从原则上规定低保标准的确定办法，即"城市居民最低生活保障标准由各地人民政府自行确定。各地要本着既保障基本生活、又有利于克服依赖思想的原则，按照当地基本生活必需品费用和财政承受能力，实事求是地确定保障标准。保障标准由各地民政部门会同当地财政、统计、物价等部门制定，经当地人民政府批准后向社会公布，并且随着生活必需品的价格变化和人民生活水平的提高适时调整。所定标准要与其他各项社会保障标准相衔接。"具体来讲，在制定低保标准时，首先参照当地社会人均实际生活水平，确定一组维持最低生活水平的物品清单（至少确定一组食品清单）；然后再运用多种贫困线的测算方法，测算比较后，确定初步的贫困线；再参考当地的经济发展水平和财政状况，确定低保标准；在经济稳定运行的时段，参照消费价格指数的变动，来定期调整低保标准；在经济运行波动时段，按照贫困线的测算程序，重新测定贫困线，确定低保标准。

2. 落实最低生活保障制度的行政程序

我国最低生活保障制度的行政程序包括六个层次：个人申请，基层审核，张榜公布，部门批准，发证领取和动态管理。

（1）申请与审核

《城市居民最低生活保障条例》（以下简称《条例》）第七条规定了低保申请者的申请手续：其一是要"由户主向户籍所在地的街道办事处或者市人民政府提出书面申请"，以体现"属地管理"原则；其二是要"出具有关证明材料"，体现了申请者对其家庭经济状况"首先举证"的原则；其三是要填写"城市居民最低生活保障待遇审批表"，体现了申请者"自愿申请"的原则；其四是规定"城市居民最低生活保障待遇，由其所在地的街道办事处或者市人民政府初审，并将有关材料和初审意见报送县级人民

---

① 周文明，谢圣远. 中国城镇居民最低生活保障制度的发展演进及政策评估［J］. 广东社会科学，2016（2）：206-212.

政府民政部门审批";其五是规定了"家庭经济调查"的方式。管理审批机关可以采用的调查核实方式包括"入户调查、邻里访问以及信函索证等"。申请人及有关单位、组织或者个人承担"应当接受调查,如实提供有关情况"的义务。

（2）公布与审批

《条例》第八条规定了享受低保待遇的两种具体方式,即"全额享受"与"差额享受";对经审查不符合条件的申请人,县级人民政府民政部门"应当书面通知申请人,并说明理由"。第八条还将管理审批机关行政程序的时间限制在"自接到申请人提出申请之日起30日内"。

《条例》第九条规定,对被"批准享受"低保的城市居民,要"由管理审批机关采取适当形式以户为单位予以公布,接受群众监督"。该条款确定了"任何人"对受助者的经济状况都有监督权和举报权。《通知》虽然没有规定具体的"张榜公布"的行政程序,但明确了"做到保障对象、保障资金和保障标准三公开"的要求。《条例》对"张榜公布"做了具体描述,但在执行过程中,各地的做法不尽相同。其中上海、天津等地的法规中,没有关于"张榜公布"的规定;而武汉、兰州和重庆等地的行政程序中都规定了"张榜公布"是低保行政程序的必要步骤。

（3）动态管理

《条例》的第十条规定,在受助者的收入发生变动时,受助者应该通过居委会告知管理审批机关,使管理审批机关可以采取相应的措施。同时,管理审批机关也有"定期核查"的权利。该条例体现了低保制度实行动态管理的特点。以往的社会救助制度,救助主体是丧失劳动能力的"三无"人员,他们从规模、结构和特征方面来看都处于相对静止的状态。而低保制度,无论是保障对象、保障标准还是制度操作,都处于动态发展状态,因此,实行动态管理是低保制度不同于传统城市社会救助制度的一个方面。

动态管理的要点是,街道办事处或者乡、市人民政府,定期对接受低保救助的个人或者家庭的收入情况和实际生活水平进行审核,及时调整或停止发放低保金;接受低保救助的个人或者家庭收入状况发生变化时,应当主动向街道办事处或者乡、市人民政府申报,办理变更手续。对救助对象建档立卡或实现对低保对象的计算机网络管理,是实现动态管理的主要手段。

该条例还规定,享受低保的"在就业年龄内有劳动能力但尚未就业的城市居民",应该参加"公益性社区服务劳动"。该规定是鼓励用以工代赈等方法促进劳动力供给,抑制低保制度可能带来的消极影响。

三、我国城市居民最低生活保障制度的发展现状

我国城市居民最低生活保障制度在经历了30年左右的改革与发展之后,取得了重大进展,已经建立起比较完善的体系,城市居民最低生活保障制度进入了平稳运行时期。

2022年1季度城市低保标准见表3-1。

表 3-1　2022 年 1 季度城市低保标准

地区	城市低保标准	地区	城市低保标准
	元/人·月⁻¹		元/人·月⁻¹
北京市	1 245.0	湖北省	674.2
天津市	1 010.0	湖南省	596.7
河北省	710.6	广东省	917.0
山西省	615.3	广西壮族自治区	767.4
内蒙古自治区	764.9	海南省	576.8
辽宁省	707.3	重庆市	636.0
吉林省	612.4	四川省	633.4
黑龙江省	655.2	贵州省	655.6
上海市	1 330.0	云南省	667.9
江苏省	803.9	西藏自治区	987.8
浙江省	948.5	陕西省	651.6
安徽省	686.3	甘肃省	658.4
福建省	714.6	青海省	669.0
江西省	830.7	宁夏回族自治区	647.4
山东省	898.6	新疆维吾尔自治区	586.2
河南省	618.5		

资料来源：民政部官网。

四、城市居民最低生活保障制度存在的问题

1. 家庭经济状况难以核实

目前的低保制度以家庭为单位进行救助，以家庭人均收入是否低于救助标准确定救助对象。但在制度运行过程中，人均收入核实缺乏统一标准。《条例》规定，管理审批机关可以通过入户调查、邻里访问以及信函索证等方式对申请人的家庭经济状况和实际生活水平进行调查核实。在实际操作中，主要是采取低保申请人出示收入证明、民政部门工作人员入户调查和邻居取证的方式来展开。这种方式从现实中来说比较符合中国国情，也有一定的客观性和全面性，但在制度执行过程中存在瞒报、少报个人及家庭收入的情况。由于现行低保制度采取的是补差形式，为了多享受补贴，部分人群故意少报家庭收入；也有一部分并不贫困的群体为了享受到低保政策故意隐瞒家庭财产和收入，强行挤入低保行列。

申请对象的家庭经济状况难以准确核实，一方面不能将现有的资源合理优化分配，给予真正需要救助的人以救助；另一方面让一部分人获得了与其自身实际状况不匹配的低保待遇，损伤了低保制度应有的功能，也从总体上损害了社会保障制度的公平性。

2. 缺乏有效的动态调整机制

我国现行的最低生活保障制度有一个重要原则就是动态管理原则，即当家庭收入低于当地最低生活保障线时，将其纳入低保群体，提供相应的低保待遇；当家庭收入变化时，相应的调整收入补贴额；当家庭收入高于当地最低生活保障线时，应让其退出低保群体。从实际实施情况来看，前者尚能保证，但收入增加后，不符合低保标准的对象退出低保制度却很难实现。特别是对于隐性就业者来说，由于现在的就业形式极为灵活，上班时间也很有弹性，核查其隐性收入无法获取有力证据，当低保工作人员到低保对象的工作单位查证时，某些用人单位甚至帮助其应付低保工作人员，否认低保对象的就业事实；有的低保对象在家里炒股或者进行其他投资行为。另外，对于达到退休年龄后开始领取退休金的人，由于目前低保户、劳动保障部门、民政部门之间信息不对称，只要低保户不如实上报家庭收入的变化情况，低保部门就很难掌握对方真实的收入情况。当低保工作无法有效实现动态调整的时候，整个制度的公平与效率也会大大降低。

3. 低保者的尊严和自由无法保证

现行的最低生活保障制度已经上升到法律规范层面，接受救助是社会成员在遭遇生活困境时应当享受的法定权利。因此最低生活保障制度一个重要的基本原则就是维护受助者的尊严。现行的低保制度在改善贫困者的生活境遇、缓解家庭成员的生存危机方面成效显著，但却难以维护其尊严和自由。例如，有的低保户逢年过节不串亲戚，不敢邀请别人来自己家里做客；有的低保户享受低保后就好像戴上了"紧箍咒"，感觉随时都被别人监控，人身自由受到严格限制；等等。城市最低生活保障制度的保障标准是城市居民的最低生活水平，依据国际通行的说法，这一标准应该是"最低限度的不失尊严的生活"，而不应仅仅是延续生命的最低需求。我国现行的低保制度距离这个标准还有一定的差距。

4. 低保工作人员队伍建设问题

《条例》规定，基层街道办事处和居民委员会是最低生活保障的具体审批实施和日常管理服务机构，因此，基层社区的低保工作人员工作量非常大。城市居民最低生活保障实行的是动态化管理，要进行家庭收入核查、对享受低保的人进行身份识别、定期入户走访，甚至包括低保金的发放等，基层低保工作人员工作量大，工作人员数量严重不足，大多身兼数职。另外，基层低保工作人员多数是招聘录用的，缺乏专门的工作经验和技能，整体素质较低，低保政策不易准确传达，解决矛盾的方式方法也有待调整，而且队伍极不稳定。

5. 对待城市低保边缘户的做法不一

城市低保边缘户是指家庭收入水平虽高于城市低保线，但实际生活水平却低于享受专项救助后的低保对象的群体。按照《条例》的规定，低保边缘户家庭享受不到低保补助，长期游离在低保政策之外，但他们与低保户一样面临着就业难、就医难、就学难等困境，甚至有一部分家庭的实际生活水平还低于低保户。各省份在实际操作中，对待低保边缘户的态度不一，有的省份将低保边缘户排斥在外，有的省份将低保边缘户纳入低保制度。

五、完善城市最低生活保障制度的政策建议

1. 规范以家庭经济状况调查为核心的审核制度

我国低保制度实施以来，在国家没有形成统一的收入核查实施细则的前提下，各地结合实际情况对低保对象的收入核查标准进行了很多积极探索，包括对消费形态的控制，如有的地方禁止低保户使用空调，禁止养宠物，等等。这些措施有时虽然刻板僵化，有损受助者的尊严，但对低保对象的甄别和监督还是起到了一定的积极作用。

目前，低保制度中的收入核查难以实施既有我国金融信用体系不完善的问题，也有制度本身设计的问题。具体来说，这些困难和问题表现在：一是缺乏完备的金融信用体制。迄今为止，我国与社会主义市场经济体制相适应的金融信用体制和居民个人收入申报制度仍需进一步完善，个人收入和金融资产不够公开透明，缺乏有效的收入监控手段和相关的调查统计手段，缺少低保对象甄别的社会信用基础。二是家庭财产和隐性收入难以核查。对于低保户的私有住房、有价债券或者遗产继承等财产情况难以核实，同时就业形式多样化、收入来源多样化，都给收入核查增加了不少难度。需要说明的是，对于一些从事非正规就业且获得少量劳动报酬的受保人，应当鼓励其参与劳动。三是没有建立科学测定贫困的系统指标。贫困的测定实际上包含收入和支出两个部分，在实际操作中往往侧重对收入状况的核查，忽略支出部分。对低保者的家庭财产和收入水平在目前缺少信用体制支撑的情况下，收入核查包含了更多的主观判定和非理性因素，调查缺乏客观性与准确性，最终导致家庭收入核查结果的可信度和有效性大大降低。笔者认为一个可行的思路是，是否可以优先考虑从支出入手，确定其消费形态和生活方式，对低保对象的住房、耐用消费品等支出项目进行指标设计，结合收入状况进行综合评判。

2. 建立与促进就业相关联的动态调整机制

实际上，大多数的享受低保者都是愿意积极就业的，但是由于身体原因或者年龄原因，就业机会十分渺茫，这一方面与我国整体就业难的状况有关，另一方面也揭示了我国困难群体非正规就业歧视的严重性。政府应该努力促进低保户的再就业，尤其是那些身体健康的人员，这不仅可以减少国家的低保支出，还可以促进社会财富的增长。政府应当限制企业在招收员工时的就业歧视，尤其是年龄方面，同时还要努力提供更多的公益岗位，把低保制度和社会福利安排等结合起来，如低保户可以到福利院做护理员等。同时，在促进就业方面，制度上我们也应该有一些激励措施，如一旦家庭平均收入超过标准会继续保留几个月的待遇，超过低保标准但是在一定标准以下可以保留与低保相关的配套福利措施等。

3. 强化以法制为基础的惩戒规范

我国低保制度的立法层次较低，《条例》还存在着某些法律上的漏洞。《条例》中的监督条款形同虚设，低保工作人员弄虚作假，低保对象瞒报收入，骗保后受不到应有的惩戒，不仅损害了应保对象的合法利益，也造成国家和社会资源的浪费。法律法规中惩罚要明确化、可操作化，对以各种手段欺骗社会、违规操作、造成低保金损失的居民、低保管理人员及相关单位的有关人员，其处罚手段都要做出详细而明确的规定，从

法律上杜绝此类行为的发生。另外，银行、税务、工商、劳动保障机构等部门间应有明确的配合调查的责任，对不履行责任的行为应当追究法律责任。

4. 完善以社会救助体系为目标的配套制度

现在的低保制度正在演变成一种综合性的救助制度，承载了过多救助功能。我们倾向于认为，要在低保制度之外健全配套制度，如住房救助、教育救助、医疗救助、就业促进等。最低生活保障制度的基本目标是解除贫困家庭的生活困境，不可能指望所有的社会救助问题都靠低保制度来解决，其他的问题要靠整个社会保障制度安排或其他经济政策、社会政策来解决。社会保障制度要形成真正的"安全网络"，靠单一的制度设计不仅不能实现，还会带来一些负面作用，如形成贫困陷阱，固化社会阶层，妨碍个体自由和社会流动等。

5. 完善城市低保边缘户救助制度

有关部门应尽快制定出台低保边缘户的认定办法，摸清低保边缘户的规模，然后根据各地的实际情况对低保边缘户实施梯度救助①措施。城市低保边缘户救助制度应当是对城市低保制度的延伸和重要补充，是对城市社会救助制度的进一步完善，应该使这部分困难群体享受到生活、医疗、教育、住房、取暖、司法等方面的专项救助，切实保障他们的基本生活，通过建立这种长效的救助机制，解决这部分群体的生活困难问题。

第三节　农村居民最低生活保障制度

一、我国农村居民最低生活保障制度的探索过程

我国农村居民最低生活保障制度的探索，始于 1994 年山西省民政厅在阳泉市开展的建立农村社会保障制度的试点，该市下发的实施文件中就包括了建立农村居民最低生活保障制度的初步设想。1996 年年底，民政部正式制定了《农村社会保障体系建设指导方案》并开始进行试点。但是受传统农村集体福利思维定式的束缚和农村税费改革的影响，此项制度建设一直进展缓慢。

2003 年，在城市低保制度取得重大突破后，民政部开始重新部署农村低保制度的建设工作，其中一项重要举措是，在全面摸清农村特困户底数的基础上，决定在未建立农村低保制度的地区建立农村特困户救助制度，由此在我国广大的农村地区形成了农村低保制度和农村特困户救助制度双轨并行的局面，这一创新性的制度安排，为顺利实现全民低保目标奠定了坚实的基础。

为解决农村困难群众生活问题，中央对建立农村低保制度的工作逐步强化。2004年中央一号文件提出"有条件的地方，要探索建立农村最低生活保障制度"；2005 年中

---

① 梯度救助是指按照低保边缘户的困难程度，进行逐级分类，在现有的救助政策下，允许低保边缘户享受部分优惠政策。

央一号文件进一步提出"有条件的地方，要积极探索建立农村最低生活保障制度"；中共十六届六中全会提出"逐步建立农村最低生活保障制度"，中央对农村低保制度的要求越来越高。

2007 年 7 月 11 日，国务院印发《关于在全国建立农村最低生活保障制度的通知》，要求全面开展农村最低生活保障，明确农村低保制度的目标和总体要求，在保障标准、保障对象、资金来源以及管理体制上也做出原则性规定。这一政策的出台标志着我国的最低生活保障制度进入城乡一体建设、全民应保尽保的新时期。

2016 年 9 月 17 日，国务院下发《关于做好农村最低生活保障制度与扶贫开发政策有效衔接的指导意见》，旨在通过农村低保制度与扶贫开发政策的有效衔接，形成政策合力，对符合低保标准的农村贫困人口实行政策性保障兜底，确保到 2020 年现行扶贫标准下农村贫困人口全部脱贫。

2020 年，民政部、国家统计局联合印发《关于在脱贫攻坚中切实加强农村最低生活保障家庭经济状况评估认定工作的指导意见》，明确规定农村最低生活保障家庭收入是指家庭在规定期限内获得的全部现金及实物收入，包括工资性收入、经营净收入、财产净收入、转移净收入以及其他应当计入家庭收入的项目。国家规定的优待抚恤金、计划生育奖励与扶助金、奖学金、见义勇为等奖励性补助，以及政府发放的各类社会救助款物等不计入家庭收入。中央确定的城乡居民基本养老保险基础养老金，"十三五"期间暂不计入家庭收入。

二、农村居民最低生活保障制度的基本内容

1. 对象的划定范围

各地规定的农村低保对象范围一般是低于当地绝对贫困线的农村贫困群体，从各地实施的农村低保工作的实际情况来看，大多数县市要求的保障对象是那些因疾病、年老体弱、残疾、家庭缺少劳动力、有智力障碍和生存条件恶劣等造成家庭贫困的群体。这主要是由于大部分农村地区的低保工作还处于起步阶段，限于财力、物力、人力等原因，先将农村最贫困的群体纳入低保范围。然后，将低于绝对贫困线的人员纳入进来，最终目标是应保尽保。鉴于此，农村低保工作的重点放在那些缺少劳动力的家庭等农村贫困群体，鼓励有劳动能力或者有部分劳动能力的农村贫困群体依靠自身能力解决生计问题。

2. 农村低保标准的确定

农村最低生活保障标准由县级以上地方人民政府按照能够维持当地农村居民全年基本生活所必需的吃饭、穿衣、用水、用电等费用确定，并报上一级地方人民政府备案后公布执行。农村最低生活保障标准要随着当地生活必需品价格变化和人民生活水平提高适时进行调整。在确定低保标准方面，除了少数东部发达地区外，一般都是围绕国家每年公布的绝对贫困标准。从目前农村低保的实施状况来看，各地制定的农村低保标准均达到或超过国家的贫困线标准。

3. 低保申请、收入核算和确定低保对象的方式

核定农村低保申请人家庭收入等情况，是审核审批农村低保对象的一个很关键的程序。目前各地农村根据本地实际，对于核定低保申请人的收入等情况采取了因地制宜的方法，主要可以分为两种类型：

（1）城市化水平比较高的东部经济发达地区，由于已经实现了城乡低保一体化运行，可以做到在较准确地核定低保申请人家庭收入的基础上，按照申请人家庭年人均纯收入与保障标准的差额发放。

（2）中西部农村地区，由于农村居民没有固定的收入渠道，家庭收入难以准确核算。鉴于中国农村住户的特点，通常是在初步核查申请人家庭收入的基础上，更多地依靠民主评议等办法来确定低保对象，并采取按照低保对象家庭的困难程度和类别，分档发放低保金。这样做比较适合中国农村的实际情况，同时也较为简便易行。

各地在实施农村低保制度的过程中，都对低保对象的申请、审批程序作了具体规定，并遵循公开、公正、透明等基本原则。从各地做法来看，一般都是由户主向乡（市）政府或者村民委员会提出申请；村民委员会开展调查，组织民主评议提出初步意见；经乡（市）政府审核，由县级政府民政部门审批。乡（市）政府和县级政府民政部门对申请人的家庭经济状况进行核查，了解其家庭收入、财产、劳动力状况和实际生活水平，结合村民民主评议意见，提出审核、审批意见。通常申请人需要如实提供关于本人及家庭的收入情况等信息，并积极配合审核审批部门按规定进行的调查或评议。

4. 低保资金财政投入情况以及发放形式

农村实施最低生活保障主要是体现政府的责任，那么资金也主要来自各级财政的投入。过去各地实行农村低保的资金都来源于各级地方财政。2006 年，各地财政共支出农村低保资金 41.6 亿元，加上农村特困户定期定量救助资金 13.9 亿元，一共是 55.5 亿元[①]。从 2007 年起，中央财政将对财政困难地区实施农村低保制度给予资金补助，中央对地方的补助，将成为支持地方建立和完善农村低保制度的重要资金来源，通过银行、邮局、信用社等机构实行社会化发放低保金的办法发放到农村低保户手中。

三、农村最低生活保障制度的发展现状

党的十六大以来，尤其是确定了构建社会主义和谐社会和建设社会主义新农村两大战略目标后，地方政府的积极性普遍被调动起来，农村低保制度的建设步伐明显加快。2004 年以前，全面建立农村低保制度的仅有北京、天津、上海三个直辖市和浙江、广东两省，且维持了较长的时间。2004 年以后，发展态势才有了明显变化。按照国务院部署，自 2007 年起农村最低生活保障制度由试点地区扩大到全国农村。自此，农村最低生活保障制度在全国范围内普遍建立。到 2022 年 8 月，农村最低生活保障 3 340.0 万人、1 894.6 万户、最低生活保障平均标准 6 848.5 元/（人·年）。

2022 年 1 季度农村低保标准如表 3-2 所示。

---

① 潘跃. 农村低保全面起航 ［N］. 人民日报，2007-05-28 （15）.

表 3-2　2022 年 1 季度农村低保标准

地区	农村低保标准	
	元/人·月⁻¹	元/人·年⁻¹
北京市	1 245.0	14 940.0
天津市	1 010.0	12 120.0
河北省	463.4	5 561.0
山西省	476.0	5 711.7
内蒙古自治区	556.7	6 680.7
辽宁省	505.7	6 068.5
吉林省	444.6	5 335.1
黑龙江省	441.1	5 293.8
上海市	1 330.0	15 960.0
江苏省	791.2	9 494.4
浙江省	948.5	11 381.7
安徽省	684.9	8 219.0
福建省	711.3	8 535.4
江西省	626.1	7 513.2
山东省	721.1	8 652.9
河南省	414.4	4 972.8
湖北省	504.8	6 057.6
湖南省	450.6	5 406.8
广东省	735.1	8 821.4
广西壮族自治区	449.9	5 398.4
海南省	504.0	6 048.0
重庆市	524.1	6 288.9
四川省	452.6	5 430.9
贵州省	402.0	4 824.3
云南省	411.3	4 935.8
西藏自治区	430.0	5 160.0
陕西省	446.5	5 357.7
甘肃省	415.2	4 983.0
青海省	418.8	5 025.2
宁夏回族自治区	487.6	5 851.3
新疆维吾尔自治区	456.4	5 476.5

资料来源：民政部官网。

四、农村最低生活保障制度存在的问题

1. 农村低保对象界定标准上的困难

和城市居民相比，农村居民收入有其自身特点，使得在收入界定上存在一定困难：第一，收入难以货币化。由于农村居民收入中粮食等实物收入占相当大的比重，在价值转化过程中存在较大的随机性。第二，收入的不稳定性。除农作物收成的季节性及受自然灾害的影响较大等因素外，外出务工人员的增加，也增大了收入的不稳定性。第三，由于农村养老金水平很低，那些丧失劳动能力和经济来源的老年人口，其生活、就医、子女求学等方面的困难加大。

目前，最低生活保障对象要经过村、乡、县逐级确定。首先由个人向村民委员会提出申请，经核实后提交村民委员会讨论通过，再交乡人民政府审定，最后报县级民政局批准，在实际认定和操作中存在一定的难度。目前，许多地方只是把传统的农村社会救济对象和个别贫困户作为低保对象，而对那些在农产品市场竞争中因生产经营不善陷入困境的农民，由于企业不景气乃至关闭等陷入困境的乡市企业职工，生活因超生罚款、赌博欠债或好吃懒做陷入困境的农民是否列入低保对象则存有争议。

2. 农村低保资金来源不足

资金是最低生活保障制度实施的物质基础。最低生活保障资金目前由县级市（区）、乡两级财政和村集体共同负担。但许多欠发达地区财政困难，"吃饭财政"的格局短时间内难以改变，无力为农村低保提供足够的资金支持。同时，乡村集体经济实力薄弱，难以拿出较多资金支持农村低保，并且欠发达地区农村"三无"人员和贫困人口数量众多，使得农村最低生活保障制度的资金来源更显不足。随着经济体制改革的不断深入，农村居民收入差距越来越大，最低生活保障面将会进一步扩大，保障水平将会不断提高，地方政府和村集体将面临更大的资金压力。

3. 农村低保工作缺乏法律保障

长期以来，我国实行的是城乡有别的社会保障制度，大量的社会保障资源投入城市而农村却被长期忽视。在社会保障的法律制度建设方面，农村远落后于城市。随着1999年9月《城市居民最低生活保障条例》的出台，城市居民的最低生活保障权利以立法的形式得到了保障；虽然一些经济发达地区的农村最低生活保障工作正在逐步纳入规范化、制度化的轨道，但整体上看，我国尚未从立法上来保障广大农民作为国家公民所应享有的受保障权利，同时，各省份农村低保工作大多是根据自身制定的有关政策开展的。由于缺乏有效的统一指导，各地做法千差万别，保障对象把握不准、保障水平参差不齐、保障资金分配不公的现象时有发生，因此农村低保制度难以在全国形成整体性的积极效应。

4. 农村低保制度缺乏相关的政策配套衔接

农村低保制度本身只能保障农村居民最基本的生活需求，缺乏相关配套的救助措施和优惠政策，保障对象是很难摆脱贫困的，即使个别的暂时摆脱了贫困，也会因多方面原因而重返贫困。目前，在我国已实行了农村低保制度的地区还普遍缺乏财政、劳动保

障、工商、税务、教育、卫生等部门的沟通与协调，缺乏相关配套的救助措施和优惠政策，如对低保对象和低保家庭在生产、就业、就学、就医、住房、减免义务工、从事个体经营等方面给予必要的照顾和政策扶持，全国的低保工作还没有真正形成部门齐抓共管、社会互助互济的氛围。

5. 农村低保管理工作处于粗放化状态

由于基层工作经费少，人员严重不足，很难把低保工作做细、做实。而工作程序规定不细致，基层监督机制不健全，又助长了低保工作的粗放化，由此导致了审查申请资格、确定保障对象、执行保障标准、发放保障资金等各个环节上的随意性，甚至出现优亲厚友和截留、挪用低保金等违规、违法行为。低保对象除领取保障金外，还在经营、医疗、教育、农村义务工和集资等方面享受一定的优惠，但目前有些优惠政策，诸如对保障对象减免提留款、统筹款和各种集资款，减免医疗费、子女上学的学杂费等，没有落实到位，缺乏相应的配套措施和运行机制。

五、完善农村居民最低生活保障制度的建议

1. 科学制定农民收入评估标准，改进收入调查方法

农村家庭收入核实要因地、因人、因户制宜，用收入核实与群众评议相结合的方法确定农村低保对象。一是对农村家庭主要收入项目（种植、养殖业）的评估标准设定一个浮动范围，由各乡（市）根据本地实际情况自行确定。二是在核定农村低保家庭收入时，遵循宜粗不宜细、就低不就高的原则。三是在评估标准的制定上，充分考虑弱势群体的劳动能力、田地的管理水平等因素对收成的影响。四是走群众评议的路子。同时，要尽快制定出一套既切合实际又便于操作的农村居民家庭财产评估方法，以便更准确地界定农村低保对象。

2. 中央政府应当在农村最低生活保障资金投入上发挥投资主体的作用

由于中央财政没有单列农村贫困人口救助（包括救济、特困救助和最低生活保障制度）的专项资金，而将救助责任主要由地方政府（主要是市、县和乡，部分省份由省级财政投入）承担，这是在大多数经济落后地区救助资金落实难、政策覆盖范围小、救助标准低等问题的主要原因。稳定的资金渠道是最终建立起农村最低生活保障制度、形成对农村特困群体的长效救助机制的关键因素。中央政府必须充分认识到这样一个事实，即对一个区域经济发展极不平衡的国家来说，完全依靠地方政府和集体负责筹集救助资金的结果必然是政府缺位或不到位；在地方政府的经济和财政能力甚至无法维持自身行政支出的情况下，困难群体很难从政府那里得到有效的救助。同时，在经济相对落后的地区，社会互助的资金渠道极其微弱；而从大多数特困家庭的经济和社会特征来看，依靠子女赡养和稳定土地的政策也是不能完全解决特困家庭生活问题的。事实上，从目前的情况来看，中央财政也是唯一可靠的能够保证农村社会保障制度建立的资金提供者。因此，为保证农村最低生活保障制度的建立和运行具有稳定和可靠的资金来源，中央政府必须扮演更加积极的角色，通过建立农村最低生活保障专项资金使这项制度的资金得到保障。

3. 根据我国国情，建立科学合理的同农村居民最低生活保障制度相关的法律体系

现阶段建立惠及广大农村贫困居民的最低生活保障制度，最紧迫的任务是农村居民最低生活保障制度的立法工作。"不以规矩，不能成方圆"，不建立法律规范体系，就不能使农村居民最低生活保障制度走向法律化、规范化的道路，加大了该制度的随意性、任意性，最终将损害广大农村贫困居民和国家的利益，造成社会分配不均，影响社会的稳定。

一方面，制定农村居民最低生活保障制度的上位法《中华人民共和国社会救助法》，需要对农村居民最低社会保障制度的目标、基本原则、基本制度进行规范；另一方面，由于立法周期长，现阶段可由国务院制定《农村居民最低社会保障条例》，对农村居民最低生活保障制度进行细化，增强其可操作性，条件成熟时可进一步提高立法层次。

4. 建立与农村低保制度相配套的政策

在农村低保制度实施的过程中，为了减轻政府的财政压力，建议发动全社会扶贫济困，根据各地的实际情况对社会保障对象在生产、生活、医疗、教育等方面给予适当的优惠政策。如对享受农村低保待遇的低保对象，免除其子女中小学期间的学杂费及其他费用，在指定医院就医时免收其挂号费和服务性收费，减免从事个体餐饮服务的健康体检费，减半收取接种各种疫苗的费用，劳动部门免收就业培训费和优先安排劳务输出，工商部门对申请从事个体经营的优先办理营业执照和减免工商管理费用，司法公安等免费为低保对象提供法律援助等，真正形成财政、劳动保障、工商、税务、教育、卫生等部门齐抓共管、互助互济的社会氛围。只有解决了与农村贫困人口生活困难相配套的子女就学、就医、就业等方面的实际问题，才能从根本上解决农村贫困人口的生活问题，才能从根本上改变"这边发钱，那边收钱"的尴尬局面，从根本上消除农村居民的贫困问题。

5. 整合资源配置，优化农村低保管理工作

在农村最低生活保障的体制方面，建立由政府统一协调、民政部门归口管理、相关部门联动的管理模式。首先要建立起基层管理机构和服务网络，实行贫困人口联络员制度。现在行政村还没有专项负责最低生活保障的人员，这不利于工作的开展。要做到村村有联络员负责最低生活保障制度的宣传、与民政部门的联系以及提供各种信息。在管理上坚持属地管理原则，以户口所在地作为低保救助管理的基本单元，不论贫困人员住在何地，都要纳入户口所在地的县乡统一管理。同时，政府加强检查和督促，确保低保金及时足额发放。政府对农村贫困人口实行分层分类管理，对低保对象按不同人群实行差别救助。对老弱病残者，最低保障的内容应该包括一定的医疗费用；对有年幼子女的家庭应包括一部分子女教育费用；对暂时陷入贫困的家庭，要通过提供技术、市场信息等方式，鼓励他们通过自己的努力和辛勤劳动早日摆脱贫困。

思考题

1. 试述我国现行低保计算标准的缺点及改进方向。
2. 如何防范低保发放中的道德风险？
3. 调研典型地区各级财政在低保中的责任分配。
4. 城乡统筹发展中如何协调最低生活保障？

▶ **自测习题及参考答案**

第四章
医疗救助

健康是人的基本权利之一。联合国大会 1948 年 12 月 10 日通过的《世界人权宣言》第 25 条规定："人人有权享受为维持其本人和家庭的健康和福利所需的生活水准，包括食物、衣着、住房、医疗和必要的社会服务；在遭遇失业、疾病、残废、守寡、衰老或在其他不能控制的情况下丧失谋生能力时，有权享受保障。"1978 年联合国的《阿拉木图宣言》提出了每个国家都要实现"人人享有卫生保健"的目标。然而，当公民在患病时，以经济困难为主的多种因素导致其不能有效地利用卫生服务时，其健康的基本权利就不能得到保障。我国现行的医疗保险制度（包括社会医疗保险和商业医疗保险）并不能完全覆盖全体公民，制度之外的人需要另一种制度来保障他们的健康权利。此种制度设计当不以其经济条件为取得卫生服务的前提，而是由政府主导，通过其他途径获取资金，为患病者提供基本的医疗卫生服务，这就是医疗救助制度。医疗救助制度是保障城乡居民生存权和健康权的最后一道防线，与社会医疗保险制度、补充医疗保险制度一起构成了我国的社会医疗保障体系，既属于医疗保障体系的重要部分，又是社会救助的重要组成部分。

第一节　医疗救助概述

一、医疗救助相关概念

目前国内有关医疗救助（medical assistance）的概念主要有以下几种提法。时正新（2002）认为，医疗救助是指政府和社会对贫困人口中因病而无经济能力进行治疗的人实施专项帮助和支持的行为①。王保真（2006）认为，医疗救助是政府通过提供资金、政策与技术支持或社会通过各种慈善行为，对因患病而无经济能力治疗的贫困人群，实施专项帮助和经济支持的一种医疗保障制度②。孟庆跃、姚岚（2007）认为，医疗救助是指政府和社会通过提供资金、政策和技术上的支持使贫困人口获得医疗卫生服务，以改善他们健康状况的一种运行机制③。毛正中（2007）认为，医疗救助是由政府提供资金、政策和技术支持，对因疾病生活困难和对基本医疗服务缺乏支付能力的家庭提供一定经济支持的保障制度，目的是减轻这部分家庭的疾病经济负担，防止因病致贫，促进贫困人群的卫生服务利用④。

从以上的定义中可以看出，医疗救助制度具备以下几个要素：

1. 医疗救助的责任主体是政府

医疗救助是社会救助制度的重要组成部分，在国家的整个社会保障体制中起着底线保障的作用。在市场经济条件下，医疗救助作为典型的公共品，由于其外部性很强，容易出现市场调节失灵，资源配置效率低下，此时，政府应该承担起主要责任，为贫困者提供基本医疗卫生服务，这在国外医疗救助实践中已经是被公认的准则。从国外医疗救助实践来看，不论是典型医疗保险模式下的发达国家（全民医疗体制下的英国、社会医疗保险体制下的德国、储蓄医疗保险体系下的新加坡、以商业医疗保险为主体的美国），还是发展中国家，如巴西、印度等，都将贫困人群的医疗救助视为政府的职能，由政府制定相关政策，引导社会各界和职能部门参与实施救助。我国学者在分析国外医疗救助实践时，多将政府主导作为首要的借鉴经验加以阐释。

2. 参与医疗救助的主体多样化

医疗救助是针对贫困人群的医疗保障，需要社会多方参与，各职能部门协调合作。从医疗救助筹资上讲，政府出资占救助资金的重要地位，红十字会等社会团体的医疗捐助也为医疗救助资金的筹集提供了有力保障，另外各种慈善基金、个人捐助都是医疗救助资金的有益补充。从医疗救助本身的特点来看，医疗救助的实施需要各部门的协调配合。医疗机构、劳动保障部门、民政部门、财政部门等都在医疗救助实施过程中起着重要作用，共同提供医疗救助服务。从横向来看，各地医疗救助需要多部门参与；从纵向来看，上至中央政府，下至地方民政，都在医疗救助中起着不可替代的作用。

3. 医疗救助的对象是有医疗需要的贫困人口

医疗救助作为多层次医疗保障体系中的最后一道屏障，将生活处于贫困状态的社会群体纳入医疗保障体系大框架中，当他们遭遇疾病时，为他们提供最基本的医疗服务，以防止其陷入"因病致贫，因贫返病"的恶性循环中。制度设计的初衷是如何保证贫困人群的医疗公平性问题，因此其针对的对象应该是贫困人口，且是针对其医疗需要提供救治。此时，我们有必要区分卫生服务需求和需要。卫生服务需求是指"在一定时

① 时正新. 中国的医疗救助发展及其对策［J］. 国际医药卫生导报，2002.（11）：11.
② 王保真，李琦. 医疗救助在医疗保障体系中的地位和作用［J］. 中国卫生经济，2006（1）：40-44.
③ 孟庆跃，姚岚. 中国城市医疗救助理论和实践［M］. 北京：中国劳动社会保障出版社，2007.
④ 练乐尧，毛正中. 我国城市医疗救助试点的综合评价研究［J］. 开发研究，2008（2）：58-62.

期，一定价格水平下，消费者愿意购买并且能够购买的卫生服务的数量"；而卫生服务需要是指"从消费者健康状况出发，在不考虑实际支付能力的情况下，由医学专业人员根据现有的医学知识，分析判断消费者是否应该获得卫生服务及卫生服务的数量"。因此，判断救助的标准应当是"需要"而不是"需求"。"需要"体现了医疗救助的医疗两个字，"贫困人口"则是对卫生服务需要中"需要"的阐释。

4. 医疗救助的目的是确保经济困难的患病人群获得健康保障

医疗救助的目的是确保经济困难的患病人群获得健康保障。围绕这一目标，在制度设计上，从筹资来讲，应注意发达地区和贫困地区的资金协调，政府财政政策对贫困地区的倾斜；从医疗服务救助包的设计上讲，应注意将最容易导致贫困患者因贫致病的病种纳入救助范围；从救助对象的确定上看，应从经济最困难的群体考虑，并随着筹资规模的扩大，逐步扩大救助对象的范围；从资金的给付上讲，应考虑给付方式不能给贫困患者造成支付困难，让给付水平在现有资金规模下使更多的贫困患者受益。

综上所述，我们认为，医疗救助是指为保障卫生服务对有医疗卫生服务需要的经济困难群体的可及性和公平性，由政府主导，多方协调合作，提供的包括资金、政策、技术支持、卫生服务在内的整套援助体系。

二、医疗救助的原则

1. 适应经济发展水平原则

医疗救助的保障水平应该与经济发展水平相适应。医疗救助保障的是困难居民的基本医疗服务，基本医疗服务的内容在不同的经济发展时期有不同的内涵。如果医疗救助保障水平过低，可能造成救助资金结余，需要救助的人群不能受益；保障水平过高，不利于费用控制，同时会加大财政负担。因此，医疗救助应该遵循的是"低水平，广覆盖"原则。首先，要保证救助的"低水平"能够达到满足受助对象基本卫生服务的要求，在资金允许的情况下，优先考虑扩大救助覆盖面而不是提高保障水平。

2. 先试点后推广原则

医疗救助需要通过试点总结经验，不断完善，稳步发展。随着经济社会的发展和居民收入的增加，逐步完善医疗救助制度。在我国，不管是农村医疗救助制度还是城市医疗救助制度的建立，都遵循先试点、后推广的原则。根据各地区的特殊情况，在认真调研的基础上进行制度安排，总结出了宝贵的经验，为我国医疗救助制度的建立奠定了实践基础。

3. 多方筹资，量力而行原则

医疗救助需要通过发动社会力量资助、医疗救助基金给予适当补助、医疗机构自愿减免有关费用等多种形式对救助对象给予医疗救助。实施医疗救助既要量力而行，又要尽力而为。

4. 动态性原则

医疗救助使经济困难群体的基本医疗服务得到保障。随着经济发展水平的提高，一方面，居民的经济收入也在发生变化，过去不贫困的人因多种原因可能陷入贫困，过去享受医疗救助的人也可能因子女工作等原因增加收入来源；另一方面，国家财政和各种途径对医疗救助的投入逐步增长，有能力提高救助水平，扩大救助范围。因此，医疗救助制度应遵循动态性原则。

5. 分类纳入，分类救助原则

我国在进行医疗救助制度探索的过程中，不少地区试点政策中明确提出"分类救助"的指导原则。由于疾病发生的特殊性，救助对象具有多样性，其实际的疾病经济负担有较大差异，也就决定了医疗救助需求的多样性。根据其差异制定不同的起付线或救助比例，既可以较好地保障"三无人员""五保对象"等特困对象卫生服务的利用，又可以满足各类人群对救助的不同需求，促进救助的结果公平。实践证明，"分类纳入，分类救助"的原则符合我国救助实际，也是保证救助资金有效利用的指导思想。

三、医疗救助的分类

从各地实践来看，我国医疗救助的分类主要有以下几种：

按救助病种，医疗救助可以分为以下三类：①门诊救助：主要针对一般疾病，具有救助人次多、次均补偿水平较低的特点，一般采取发放医疗救助卡或政策减免等形式进行救助。②住院救助：主要针对重大疾病，由于住院疾病病情比较复杂，病程较长，次均费用较高，住院救助对救助对象的补偿水平较门诊救助高，因此住院救助是目前医疗救助试点探索中普遍采用的形式。③综合救助：门诊救助和住院救助覆盖病种有限，单独采用都不能很好地解决贫困人群医疗可及性的问题，综合救助模式成为我国医疗救助模式的发展方向。此外，对一些重大疾病，如精神病、各类传染病（如艾滋病、血吸虫病、结核病等），政府通过建立专项救助资金实施救助，也成为综合救助模式中的重要组成部分。

按救助形式，医疗救助可以分为直接救助和间接救助。直接救助是针对受助人群，通过发放现金、派发医疗救助卡、政策减免等方式使其能享受基本医疗服务。但是其中的发放现金难以保证救助资金的使用方向，可能导致资金使用效率的低下，同时对救助对象也缺乏有效的费用约束。间接救助则是医疗救助部门通过与医疗服务机构核算，将救助资金拨付给医疗机构，由医疗机构为受助人员提供服务的形式。目前很多国家都采取政府直接向医疗机构给付救助资金，形成第三方付费模式，这种模式的给付也分为预付和后付，各国都在积极探索中。

按救助对象，我国目前主要有城市医疗救助对象和农村医疗救助对象。根据民政部、卫生部和财政部2003年联合下发的《关于实施农村医疗救助的意见》，农村医疗救助对象为农村五保户、农村贫困家庭成员和地方政府规定的其他符合条件的农村贫困农民。根据民政部、卫生部、劳动保障部和财政部2005年颁布的《关于建立城市医疗救助制度试点工作的意见》，城市医疗救助对象主要是城市居民最低生活保障对象中未参加城镇职工基本医疗保险的人员、已参加城镇职工基本医疗保险但个人负担仍然较重的人员和其他特殊困难群众。在各地的试点实践中，逐步增加了两种意见以外的其他救助对象，如低收入老年人、流动人口中的孕妇、精神病患者等。

按救助时间可分为医前救助、医中救助和医后救助。医前救助主要是指在贫困救助对象发生卫生服务需求之前给予一定补偿，以提高贫困救助对象对卫生服务的利用，属于医疗救助预付制。其具体补偿形式有定期发放医疗救助金，资助城市居民参加医疗保险，资助农村困难居民参加新型农村合作医疗等。救助部门为救助对象发放医疗救助证，救助资金直接与医院结算，救助对象在医疗服务完成后，只需缴纳自付部分，不用先垫支助费用。医前救助在资金结算上程序较其他类型简单，避免了救助对象因无法垫支医疗救助费用而不能得到医疗服务的问题，有利于增强贫困人群卫生服务的可及性，符合医疗救助制度的初衷。医中救助是指在贫困救助对象疾病诊断和享受医疗服务的过程中，根据患者疾病负担予以一定额度或比例的救助。救助形式可以是医疗救助部门（民政部）现金补偿，也可以是医疗机构对医疗服务费用的一定额度或比例予以先期垫付，民政部门再与医疗机构核算补偿。民政部门对医疗机构实施补偿属于间接救助类型，虽然其补偿时间通常在医疗服务完成之后（一般按月或按季度补偿），但是就医疗救助对象而言，是免除部分费用后直接得到医疗服务，对他们的补偿在医疗服务实施过程中就得以实现。随着我国各项医疗保险制度的不断完善，资助贫困居民参加相应医疗保险，并在保险给付过程中进行二次救助成为我国今后医疗救助制度的发展趋势。医后救助是指医疗救助部门确定的医疗救助对象在患病后接受医疗服务时自己预先垫付医疗费用，再通过向医疗救助管理机构申请，获得救助资金以补偿先期支付的费用。这是目前最为普遍的救助方式。大部分地区仍采取医后救助的方式，只有少数县（市、区）开展或适当开展了医前救助或医前救助与医后救助相结合的方式，事后救助使贫困群众看病时需要自己预先支付所有医疗费用，从而导致相当多的救助对象因没有支付能力而放弃或延误了治疗。此外，一些地区不仅实行医后救助，而且报销时间拖得过长。目前，医后救助转向医前、医中救助的趋势明显。

第二节　医疗救助的历史沿革

一、国外医疗救助制度的建立与发展

17 世纪初，英国的济贫法通常被认为是现代社会保障制度的前身或萌芽[①]。医疗救助制度的建立是随着社会保障制度的不断完善而逐步发展的。1601 年和 1834 年，英国先后颁布旧济贫法（Poor Law）和新济贫法（Poor Law Amendment Act of 1834）。这些法案中明确了对贫民中患病者的救助，医疗救助服务主要由济贫医院提供[②]。两部济贫法案构成现代医疗救助制度的雏形。

在医疗保险制度的建立过程中，许多工业化国家都采取了所谓的国家卫生服务模式

---

① 魏新武. 社会保障世纪回眸 [M]. 北京：中国社会科学出版社，2003.
② 任月，陈科. 英国、美国医疗救助制度对中国医疗救助制度的启示 [J]. 理论界，2008（7）：206-207.

（national health service，NHS）。匈牙利在 1920 年、苏联在 1935 年、英国在 1948 年开始实施这种体制①。此后，东欧国家都效仿苏联的模式，加拿大、新西兰和瑞典、挪威、芬兰、冰岛、丹麦等北欧国家则采用了与英国相似的模式。在这种国家卫生服务模式下，贫困人群的医疗保障问题被纳入整个国家医疗服务体系中。

20 世纪中期以来，发达国家纷纷建立起医疗救助制度。美国在 1965 年建立了老年医疗照顾计划（Medicare）和穷人医疗援助计划（Medicaid）。日本实行了全民皆保制度，按照 1950 年《生活保障法》对经济困难的家庭有财政预算辅助。韩国医疗救助源于 1961 年的生活保障项目，1977 年正式颁布《医疗保护法》，通过国家预算对公共救助对象进行医疗救助。新加坡的医疗救助制度则是 1993 年由政府出资建立的保健储蓄基金，为贫穷的国民提供资金帮扶。

发展中国家医疗救助制度的建立大多集中在 20 世纪中后期，并根据各国情况不断改革和完善。1975 年，泰国政府建立了"低收入者免费医疗项目"，并相继于 1983 年和 1992 年推出了农村地区"健康卡制度"和 60 岁及以上的贫困老年人以及贫困的小学和初中学生的免费医疗服务。菲律宾对穷人获得医疗卫生服务权利的保障是通过法律确定的。1995 年，菲律宾颁布了国家健康保险法案（共和国第 7875 号法案），政府负责为需要个人卫生服务的穷人提供基本服务，并通过为穷人支付保费或直接提供服务的方式来实现。印度政府采取了英国国民卫生体制，在 20 世纪 80 年代初期在全国农村逐步建立了三级医疗保健网，免费为大众提供医疗服务。

二、我国医疗救助制度的建立与发展

我国医疗救助制度起步较晚。20 世纪 80 年代，医疗救助的概念和做法仅见于农村扶贫或加强农村初级卫生保健的政府文件中。20 世纪 90 年代以来，随着我国经济体制改革的逐步深入，我国城市出现越来越多下岗职工，城市贫困问题日益凸显。为解决城市贫困人口的生活问题，一些地方开始通过政府下发专门文件和通过地方立法开展医疗救助。如 1990 年，上海市颁布《城市贫困市民急病医疗困难补助办法》，开始针对城镇特困居民实施大病补助。1996 年，大连市出台《城乡特困家庭医疗费用减免办法》，开始了对医疗救助制度的初步探索。

1997 年，国务院颁发《关于在全国建立城市居民最低生活保障的通知》，并于 1999 年正式出台《城市居民最低生活保障条例》（以下简称《条例》），开始对我国城市贫困人口实施生活救助。但是，该条例只规定："城市居民最低生活保障标准，按照当地维持城市居民基本生活所必需的衣、食、住费用，并适当考虑水电燃煤（燃气）费用，以及未成年人的义务教育费用确定。"并未包括贫困居民医疗服务费用支出的问题，因此，各地相应出台的最低生活保障措施中并没有明确将贫困人口医疗需求考虑在内。在 1998 年国务院颁布的《关于建立城镇职工基本医疗保险制度的决定》中，规定参保对象为有正式工作单位、缴纳了保险费的城镇职工。而在农村开展的新型农村合作医疗

---

① 林义. 社会保险［M］. 2 版，北京：中国金融出版社，2003：172.

（以下简称"新农合"）以自愿为原则，只有自己能够负担自付部分的缴费并且愿意参加新农合的农民才有可能进入其中。以上有关医疗保障制度建设的政策法规中，既没有包含低保对象（主要有"三无对象"①、企业失业人员和特困职工及家属），也没有包含我国农村的五保户等困难农民，更没有提及诸如农民工这样的保障边缘人群。这些贫困人群从制度上未被纳入国家医疗保障体系，无法享受相应的基本医疗保障，个人因为经济上的困难也很难独立承担高额医疗费用。因此，他们的健康权利得不到保障，很难体现医疗服务的公平性，严重影响社会的生产发展与和谐稳定。在这种背景下，我国开始探索建立城乡医疗救助制度。

在正式建立城乡医疗救助制度之前，政府的政策导向已经开始逐步向这个最低层次的医疗保障倾斜。2001年11月，国务院《关于进一步加强城市居民最低生活保障工作的通知》中指出，要认真落实最低生活保障对象在住房、医疗、子女教育、税收、水电气等方面的社会救助政策，明确了要在医疗服务需求方面对困难居民实施补助。2003年年初，国务院发布的《关于解决国有困难企业和关闭破产企业职工基本生活问题的若干意见》中指出，各地要尽快通过建立社会医疗救助制度，对暂时无力缴费、没有参加医疗保险的困难企业职工，提供必要的医疗救助。2003年3月，国务院第2次常务会议再次明确要求，城市医疗救助制度由民政部牵头，会同有关部门调研后，提出试点方案报国务院审批。同时，民政部在《关于按照国务院要求进一步健全城市低保制度的通知》中指出，以医疗救助和教育救助为重点，大力推进社会救助制度建设。党的十六届三中全会要求进一步建立健全社会医疗救助制度和多层次的医疗保障体系。2004年9月29日，时任国务院总理温家宝在国务院第65次常务会议上提出重点解决城乡特困群众看病难、子女上学难的问题，加快制订建立城市医疗救助试点方案的要求。2007年10月召开的党的十七大提出要把基本医疗制度作为加快完善社会保障体系的重点之一，把"人人享有基本医疗卫生服务"作为实现全面建设小康社会奋斗目标的新要求。

从我国医疗救助制度建立的进程看，农村医疗救助体系的建立先于城市医疗救助制度。《中共中央、国务院关于进一步加强农村卫生工作的决定》（中发〔2002〕3号）明确规定，对农村贫困家庭实行医疗救助。2003年，民政部、卫生部、财政部三部委联合下发《关于实施农村医疗救助的意见》，开始对农村地区困难群体实施医疗救助。该文件是我国农村医疗救助体系建设的一个里程碑，它将农村五保户、农村贫困户家庭成员列入重点救助对象，对农村医疗救助的目标原则、救助办法、申请审批、基金筹集和管理以及组织实施等都作出了指导性规定。2004年，财政部、民政部关于《农村医疗救助基金管理试行办法》中对农村医疗救助基金筹集、管理和给付办法都进行了进一步规定。2005年8月民政部、卫生部、财政部颁布《关于加快推进农村医疗救助工作的通知》，提出2005年年底以前，各省、自治区、直辖市所辖有农业人口的县（市、区）的农村医疗救助工作方案务必全部出台，加快了农村医疗救助制度建设的步伐。

2005年3月，国务院转发民政部、卫生部、劳动保障部、财政部《关于建立城市

---

① "三无"人员指无经济来源、无劳动能力、无法定赡养人或法定赡养人无赡养能力的人。

医疗救助制度试点工作的意见》，提出各省、自治区、直辖市选择不少于1/5的县（市、区）进行试点，重点探索城市医疗救助的管理体制、运行机制和资金筹措机制。这成为我国城市医疗救助制度建设的指导性文件，是我国探索城市医疗救助制度的开端。同年6月，《关于加强城市医疗救助资金管理的意见》对多渠道筹集城市医疗救助金，科学合理制定救助标准，严格执行城市医疗救助资金申请、审批和发放办法，加强城市医疗救助基金的管理以及加大监督力度确保资金安全等方面都作了进一步的具体安排。经过两年多的试点，城市居民医疗救助制度总结了不少经验。在此基础上，2007年10月，民政部、财政部、劳动和社会保障部（现为人力资源和社会保障部）联合下发《关于做好城镇困难居民参加城镇居民基本医疗保险有关工作的通知》，开始了城市医疗救助制度和城镇居民医疗保险制度结合的初步探索。

从医疗救助制度建立以来的实施效果看，农村医疗救助制度从2003年年底开始建立，到2006年年底，仅用3年时间就已经覆盖了所有涉农的县（市、区）；城市医疗救助从2005年开始试点，到2007年9月底，全国86%的县（市、区）都建立了城市医疗救助制度，全国19个省（自治区、直辖市）已经实现辖区内所有县（市、区）全部建制，提前两年完成目标。2007年12月2日至4日，全国城乡医疗救助工作培训班在海南省海口市举行，来自全国28个省（自治区、直辖市）的120多名城乡医疗救助工作管理人员参加了培训。我国医疗救助制度在不断的探索中逐步完善。

2008年，城市医疗救助制度从试点探索进入全面实施，农村医疗救助制度进一步规范完善，覆盖全国城乡的医疗救助制度全面建立，直接施救和资助参保相结合的救助模式基本确定。2008年，中央财政安排城乡医疗救助补助资金50.4亿元，比2007年的34亿元增长48%；地方财政投入42.5亿元，较2007年的38.5亿元增长10%。随着资金投入的增加，救助效果日渐显现。2008年1至9月，全国城乡医疗救助累计总人次达到4 315万。

2009年，国务院出台《中共中央、国务院关于深化医药卫生体制改革的意见》（中发〔2009〕6号）和《国务院关于印发医药卫生体制改革近期重点实施方案（2009—2011年）的通知》（国发〔2009〕12号），提出2009—2011年城乡医疗救助覆盖所有困难家庭，进一步完善城乡医疗救助制度，保障困难群众能够享受到基本医疗卫生服务。同年，《民政部、卫生部、财政部、人力资源和社会保障部关于进一步完善城乡医疗救助制度的意见》（民发〔2009〕81号）提出用3年左右时间，在全国基本建立起资金来源稳定，管理运行规范，救助效果明显，能够为困难群众提供方便、快捷服务的医疗救助制度。在切实将城乡低保家庭成员和五保户纳入医疗救助范围的基础上，逐步将其他经济困难家庭人员纳入医疗救助范围。其他经济困难家庭人员主要包括低收入家庭重病患者和当地政府规定的其他特殊困难人员。该制度逐步降低或取消医疗救助的起付线，合理设置封顶线，进一步提高救助对象经相关基本医疗保障制度补偿后需自付的基本医疗费用的救助比例，严格基金的管理和使用。县级财政部门要在社会保障基金财政专户中设立城市和农村医疗救助基金专账，做到基金收支基本平衡，略有结余。到2011年，各地累计结余的资金一般应不超过当年筹集基金总额的15%，且要按规定及时结转下年使用，不得挪作他用。

2011 年，我国医疗救助资金大幅增加，筹集资金 178.5 亿元，比 2008 年增长 88.1%；2011 年中央财政已投入 130 亿元，比 2008 年增长一倍多。救助对象不断扩大，从低保家庭、五保户逐步覆盖到低收入重病患者、重度残疾人和低收入家庭的老年人。医疗救助水平明显提高，兜底作用明显增强。

2012 年民政部发布《关于开展重特大疾病医疗救助试点工作的意见》，提出建立重特大疾病医疗救助，救助对象扩大到因病致贫患者。

2013 年，为解决患者"救急难"问题和免除医疗机构的后顾之忧，国务院办公厅下发《关于建立疾病应急救助制度的指导意见》，对需要急救但身份不明或者无力支付急救费用的急危重伤病患者给予救助，各地积极开展疾病应急工作。同年年底，财政部、民政部发布《城乡医疗救助基金管理办法》，规范城乡医疗救助基金的管理和使用，提高使用效益，提出城乡医疗救助基金应按照公开、公平、公正、专款专用、收支平衡的原则进行管理和使用；城乡医疗救助基金纳入社会保障基金财政专户（以下简称"社保基金专户"），实行分账核算，专项管理，专款专用等。县级财政部门将原来在社保基金专户中分设的"城市医疗救助基金专账"和"农村医疗救助基金专账"进行合并，建立"城乡医疗救助基金专账"，用于办理基金的筹集、核拨、支付等业务。

《关于开展重特大疾病医疗救助试点工作的意见》

《关于建立疾病应急救助制度的指导意见》及其解读

2014 年 2 月 21 日国务院发布、2014 年 5 月 1 日起实施了《社会救助暂行办法》，对医疗救助单列一章作出规定。2014 年，全国共实施医疗救助 1.02 亿人次，支出救助资金 254 亿元，重点救助对象年度救助限额内住院自负医疗费用救助比例普遍达到 60% 以上。

2015 年，民政部、财政部、人力资源和社会保障部、卫生计生委、保监会（现为国家金融监督管理总局）联合发布《关于进一步完善医疗救助制度全面开展重特大疾病医疗救助工作的意见》，目标任务如下：城市医疗救助制度和农村医疗救助制度于 2015 年年底前合并实施，全面开展重特大疾病医疗救助工作，进一步细化实化政策措施，实现医疗救助制度科学规范、运行有效，与相关社会救助、医疗保障政策相配套，保障城乡居民基本医疗权益。

2016 年，全国累计实施医疗救助 8 720.4 万人次，其中住院救助和门诊救助 3 099.8万人次，资助困难群众参加基本医疗保险 5 620.6 万人，支出救助资金 298.7 亿元。此外，财政部、民政部在 2016 年中央财政城乡医疗救助补助资金的通知中提出，地方各级财政和民政部门要科学测算城乡医疗救助资金需求，结合上级财政补助资金安排情况，合理安排本级财政城乡医疗救助资金；要认真贯彻落实中央文件有关要求，做好资助城乡困难居民参加城镇居民基本医疗保险和新型农村合作医疗、对城乡困难居民符合规定的医疗费用给予资助以及全面开展重特大疾病医疗救助等工作；要切实加强补助资金和救助基金管理，提高资金使用效益，确保专款专用。

2018 年国务院机构改革，医疗救助管理的职能由民政部划入新组建的医疗保障局。

同年国务院办公厅印发《医疗卫生领域中央与地方财政事权和支出责任划分改革方案》，指出医疗救助主要包括城乡医疗救助和疾病应急救助。中央财政根据救助需求、工作开展情况、地方财力状况等因素分配对地方转移支付资金。

2019年财政部、国家卫生健康委、国家医保局发布，2022年修订《中央财政医疗救助补助资金管理办法》的通知，规范和加强对中央财政通过一般公共预算和政府性基金预算（彩票公益金）安排用于补充城乡医疗救助基金、疾病应急救助基金的资金管理，提高资金使用效益。中央财政医疗救助资金采取因素法分配，其中城乡医疗救助资金主要考虑一般救助需求因素和特殊救助需求因素，并使用绩效调节系数、财力调节系数进行适当调节。特殊救助需求因素主要是对国家乡村振兴重点帮扶县和地方病防治工作任务较重的地区等给予倾斜支持。疾病应急救助资金主要考虑救助需求因素，并使用绩效调节系数、财力调节系数进行适当调节。救助需求因素主要考虑人口数和发病率等。

《中央财政医疗救助补助资金管理办法》

2021年国务院办公厅发布《关于健全重特大疾病医疗保险和救助制度的意见》，规定对低保对象、特困人员、低保边缘家庭成员和纳入监测范围的农村易返贫致贫人口，按规定给予救助。对不符合低保、特困人员救助供养或低保边缘家庭条件，但因高额医疗费用支出导致家庭基本生活出现严重困难的大病患者，根据实际给予一定救助。按救助对象家庭困难情况，分类设定年度救助起付标准。对低保对象、特困人员符合规定的医疗费用可按不低于70%的比例救助，其他救助对象救助比例原则上略低于低保对象。

《关于健全重特大疾病医疗保险和救助制度的意见》及其内容解读

总之，我国的医疗救助制度经历了从个别城市的尝试到全国性试点再到逐步铺开、一般医疗救助到专项医疗救助、覆盖群体逐步扩大、救助水平得到不断提高、管理走向规范便捷的过程。由于城乡二元结构化差异等诸多原因，城市和农村的医疗救助制度建设存在时间上的差异和内容上的不同。经过20年多的努力，目前，我国的医疗救助制度建设已经实现城乡一体化的目标。

第三节　医疗救助的制度设计

医疗救助是社会保障制度最重要的组成部分之一，它需要详细的实施办法以保证制度运行的稳健性、持续性和高效率。作为一项制度，它包含几个重要的因素：医疗救助资金由谁负担、医疗救助的对象如何确定、医疗救助服务由谁提供、救助范围怎样确定以及救助资金以何种形式给付。在本节中，我们通过对我国上述几个方面的理论和实践进行介绍，结合国外医疗救助制度设计的种种经验，对我国医疗救助制度设计的不足进行探析，为完善我国医疗救助制度提供一些建议。

一、医疗救助的资金筹集

任何制度的健康运行，资金都是最重要的物质保障。一方面，医疗救助制度要解决贫困群体看病难的问题，保障公民享受基本医疗服务的权利，就必须以资金来源持续、充足、稳定为前提，这就要求政府承担主要的筹资责任；另一方面，目前我国各地经济发展水平差异较大，卫生资源配置存在不合理性，如何规划合理的筹资结构、调剂全国范围内的资金总额、使得经济欠发达地区的贫困人群提高受助水平，也是我们考察的重点内容。

1. 医疗救助资金筹集的原则

（1）政府筹资为主，多种途径补充

政府在医疗救助体系建设中的主导作用很大程度上体现在筹资来源上。从全球来看，各国政府对医疗卫生服务均给予相当大的支持，2016 年 OECD 国家政府支出占卫生总费用的比例，英国为 79.39%、加拿大为 68.86%、丹麦为 84.12%，瑞典为 83.5%。我国"十三五"末期，政府投入占卫生总费用的比例为 27.7%，世界卫生组织的评价标准中，政府投入占卫生总费用的比例为 30%。近年来我国个人卫生支出占比逐年下降，2019 年我国个人卫生支出占卫生总费用的比例为 28.6%，大多数国家都将个人支出占比控制在 20% 以下。即使到"十四五"末期，我国财政对医疗保障投入的目标也仅仅设定为 27%，"十三五"末期个人卫生支出占卫生总费用比例高达 27.7%。这种筹资结构严重影响了贫困人口医疗服务的可及性，只有充分发挥政府在医疗救助中的主体地位，才能确保医疗救助资金来源的稳定性，使救助制度真正发挥"安全网"的功能。

（2）收支平衡，略有结余

医疗救助资金的筹集须进行测算。一般根据救助的目标人口、医疗服务需求、医疗救助服务包内容和当地政府财政支付能力合理进行资金筹集测算。一方面，资金筹集的总额应与当地经济发展水平相适应，并逐步增长，以扩大医疗救助的覆盖范围和医疗救助的偿付水平；另一方面，医疗救助资金的使用又要保证所筹集的资金使用率尽可能达到最大，在现有资金池的规模下覆盖尽可能多的贫困人群，得到最佳的救助效果。此外，在测算资金投入时，政府需要把资金筹集的一定比例作为风险储备金，以应对突发的卫生应急事件对贫困人群的卫生服务支出。

2. 医疗救助资金筹集渠道

根据《民政部 卫生部 财政部 关于实施农村医疗救助的意见》和《关于建立城市医疗救助制度试点工作的意见》，医疗救助资金主要由地方各级财政负担，中央财政给予困难地区一定补助，社会捐赠和其他资金作为补充，医疗救助基金纳入社会保障基金专户，各级财政、民政部对医疗救助资金实行专项管理，专款专用。

（1）政府筹资

政府筹资分为中央筹资和地方省、市、区（县）各级筹资。医疗救助资金主要由地方财政负担，地方各级财政每年年初根据实际需要和财力情况安排医疗救助资金，列入当年财政预算；中央财政通过专项转移支付对中西部贫困地区医疗救助给予适当支持，具体补助金额由财政部、民政部根据各地医疗救助人数和财政状况及工作成效等因素确定。从各地方财政筹集医疗救助资金的实践来看，大概分为以下三种模式[①]：第一，按每人每月当地最低生活保障标准的一定比例（如北京是 15%，郑州是 10%）安排医疗救助资金，列入区（县）财政预算。第二，按当地居民总人数或医疗救助对象每人若干元的救助标准列支医疗救助预算资金。典型城市为长沙[②]，其市级财政按全市总人口每人 1 元的标准安排医疗救助资金，各区（县）财政医疗救助资金预算安排按辖区内居民总数计算，其中芙蓉区等 6 个区（县）不低于人均 3 元，湖南省长沙市望城区等 3 个区（县）不低于人均 2 元。第三，按照医疗救助对象的医疗服务需求安排救助资金。结合上年医疗救助对象平均门诊率、住院率，预定给付水平（按比例救助或者是一次总额救助）进行测算，并结合考虑目前医疗救助范围扩大程度和救助水平上升程度安排医疗救助资金。

（2）彩票公益金

政府财政支出虽然占据医疗救助资金筹集的主体地位，但是单一的资金来源渠道并不能完全解决贫困人群的医疗救助问题，还需要一个比较稳定的资金来源渠道作为财政筹资的一个有力补充。国家发行的福利彩票公益金中安排一定比例资金作为医疗救助资金池的组成部分，可以在现有财政能力下提高救助对象的救助水平，进一步保障贫困人群享受基本医疗服务的权利。

（3）社会救助捐助等其他渠道

根据我国的制度安排，遵循"多方筹资"的原则，社会各界捐赠、医疗救助资金利息结存等多种方式都可以成为医疗救助资金的筹资来源。目前这些筹资渠道相对来说缺乏稳定性，多是针对某次重大突发公共卫生事件的应急行为（如汶川地震中的社会捐助）。要使之成为医疗救助有力的资金保障，需要建立起针对各类捐赠对医疗救助资金安排的稳定机制，实行"多口进，一口出"的资金管理模式，保证资金的有效筹集和有效利用。

3. 我国医疗救助资金筹集现状

我国城乡医疗救助工作经过试点，总结经验，资金筹集稳步增长，为医疗救助顺利实施提供了经济保障。

从医疗救助资金的收支情况来看，2011—2021 年，我国医疗救助资金的筹集和支出持续增长，但相比基本医疗保险基金庞大的筹资和支出规模，医疗救助在整个体系中的份额仍然较低。虽然医疗救助资金支出占 GDP 比重在缓慢提升，从 2011 年的 0.045% 上升到 2020 年的 0.054%，但医疗救助资金占全国卫生总费用的比例呈现下降趋势，从 2011 年的 0.96% 下降到 2020 年的 0.76%。这说明政府虽然重视医疗救助制度的发展，不断增加财政投入，强化了医疗救助力度，但相对基本医疗保险的发展仍显不足。此外，我国医疗救助资金以财政投入为主，但各级政府的资金筹集权责尚不明晰，中央专

---

① 孟庆跃，姚岚. 中国城市医疗救助理论和实践 [M]. 北京：中国劳动社会保障出版社，2007：102-103.
② 《长沙市特困家庭医疗救助制度实施办法》。

项转移支付的财政支出占比较多，其次为县级及以下，再次为省级，市级财政支出占比最小。同时，市级政府筹资增长幅度远低于省级政府和县级政府。2010—2017年，中央政府医疗救助专项转移支付占医疗救助总筹资的比重呈下降趋势，从67.1%下降到47%；省级预算比重呈现上升趋势，从13.4%上升到20.7%；市级政府投入比重上升幅度较小，从3.3%上升到4.5%；县级及以下预算呈现上升趋势，从2010年的16.2%上升到2017年的27.8%。中央政府在我国医疗救助筹资责任中承担了主要责任，地方政府筹资责任则主要落在了省级政府和县级政府。

尽管我国医疗救助资金在中央政府的转移支付导向下，各地筹资总额都在稳步增长，医疗救助范围和给付水平也逐渐提高。但是目前我国医疗救助资金仍存在投入不足、各地区筹资水平不平衡、资金结余过多等问题。

4. 国外医疗救助资金筹集情况及对我国的启示

前面已经讲过，世界各国的医疗救助筹资均以政府筹资为主，但是不同国家的具体筹资方案，规定不尽相同。

英国是实行全民健康保险制度（NHS）的国家。不论个人收入状况如何，只根据人民的需要，提供全面的免费医疗服务。政府通过税收等方式筹措医疗保险基金，以财政预算安排国民健康保险支出，包括医疗救助。

德国的医疗救助主要针对加入医疗保险有困难的人群，采用的形式是政府资助其享受医疗保险待遇，如失业者的医疗保险费由劳动局支付，养老金领取者的医疗保险费由养老保险机构承担。雇员的子女和无工作的配偶不需要交保险费，也可以享受医疗保险待遇。这样，德国的医疗救助制度就与其医疗保险制度结合起来，而不是独立的救助。

美国医疗救助制度的所有费用都由联邦政府和州政府共同承担，而联邦政府拨给各州的配套费用是以各州的人均收入为基础的，依据的公式是：$P = 100 - 45 \times S/N$（$50 \leqslant P \leqslant 83$）。其中：$P$是联邦政府的资助率；$N$和$S$分别是全国与各州的人均收入。如果一个州的人均收入等于全国的平均水平，联邦政府的配套率就是55%。在此，50%是最小的配套率，83%是最大的配套率。这就类似于我国各级地方财政负担主要医疗救助筹资，中央财政视各地医疗救助开展情况予以适当补贴。目前我国的配套资金仅针对中西部地区，并且没有制度化的调整指数进行调节，中央财政的补贴比例不稳定，加之各级地方财政实力悬殊，导致地方医疗救助实施情况差异很大，造成了地域性的不公平。

新加坡政府为帮助贫困人群支付医疗保健费用特别设立医疗基金，首次投入2亿新元，以后每年增加1亿新元扩展基金，只有这些捐赠基金的利息收入才可以用于支付贫困人群的卫生保健费用并分配到各家公立医院，那些不能支付住院费用的患者可以申请医疗救助基金，每家公立医院都设有由政府任命的医疗基金委员会，负责审批申请并发放基金。设立医疗基金可以对基金实施统筹，提高资金利用效率，我国的慈善捐助和其他社会筹资渠道筹得的资金可以参考这样的做法。

结合典型国家的医疗救助资金筹集模式以及我国资金筹集存在的不足，提出以下建议：

（1）中央财政的转移支付要以政策激励为导向，加强对地方补助办法的制度性建设。

目前，中央财政只对中西部贫困地区给予资金补贴，东部地区则完全靠地方财政的力量筹资；针对中西部贫困地区补贴的具体办法也没有政策性的规定。一方面，东部地区地方政府投资福利的积极性降低；另一方面，中西部地区政府在自身财政存在困难的情况下，可能夸大本地贫困人群的数量和医疗服务需求以求取得中央财政的更多补助。因此，中央财政的转移支付要从补贴转向政策激励的方式，即通过中央转移支付激励地方政府提供配套资金。为此，我国可以建立起中央政府转移支付与地方财政配套资金、当地医疗救助受助人数、医疗服务给付水平相关联的制度性办法，如规定具体的计算公式，使得中央转移支付既具有相对稳定性，又具有政策激励性，从而体现政府在医疗救助筹资中的主体地位，保障医疗救助资金的持续稳定的来源。

（2）多方筹措资金，建立各种医疗救助特需补助项目，实现医疗救助资金与救助形式的多样性和灵活性。

目前我国医疗救助资金筹集以政府筹集为主，福利彩票基金比例划入为辅，提倡多渠道筹集资金。从实践来看，多渠道筹集资金取得了很多成效。一些地方的工会、妇联等群众团体建立了医疗互助互济组织，经费源于工会经费、个人缴费以及社会捐助等，当贫困职工、妇女或家庭无力支付医疗费用时给予一定的资助。如上海市总工会实施的《职工保障互助会特种重病团体互助医疗保障计划》，参加互助的职工患重病的，可得到定额补偿。这样的救助形式对于经济比较发达的东南沿海城市是一个有益的借鉴。但是，除政府资金以外的其他渠道资金具有临时性和随意性，需要将其通过法律法规固定下来，形成相对稳定的资金来源。

二、医疗救助对象的确定

对于医疗救助有限的基金池，需要确定一个合理的救助对象范围，医疗救助对象范围的确定，既要尽量将更多的需要医疗救助的人纳入这个保障范围，又要能保证在此范围以内的受助对象享受到完全的基本医疗服务，还应当能够区分各类人群医疗救助需求程度，保障最需要的人得到救助，使得医疗救助资金达到最佳的救助效果。

1. 医疗救助对象确定的原则

吉尔伯特提出社会福利中目标定位的四大原则：类别化需要、补偿性原则、诊断性原则、家计审查需求。石磊玉和张欢（2007）结合医疗救助分析四种原则的具体释义[①]：

（1）公平公正原则

公平公正原则是指医疗救助对象的纳入和剔除均应该遵循统一标准，所有救助对象的审核都有明确的办法和规定。公平是医疗救助制度设计的重要思想导向，公正则体现在具体的制度设计上。保证医疗救助对象确定的公平性是医疗救助制度公平的首要标准，也是保证资金有效利用的重要前提之一。

---

① 孟庆跃，姚岚. 中国城市医疗救助理论和实践［M］. 北京：中国劳动社会保障出版社，2007.

（2）动态调整原则

动态调整原则是公平性原则的进一步说明。随着经济水平的提高、医疗需求的变化，最初确定的医疗救助对象按照目前的救助标准可能已经排除在救助对象之外，而先前未进入医疗救助对象划定的人群（特别是处于救助标准稍高条件下的边缘人群）则很可能已经达到救助标准。这就需要在确定救助对象的机制中，有明确的动态调整机制，以使每个时期最需要医疗救助的对象都纳入医疗救助的体系中来。

（3）需要导向原则

医疗救助的目的是解决贫困人群的基本医疗服务可得性和可及性的问题，这就必然要求医疗救助制度的设计应该以贫困人群的医疗卫生服务需要为导向。在确定医疗救助对象时所考虑的五种基本特征（社会特征、经济特征、医学特征、人口特征和保险特征）中，应该以经济特征和医学特征为基本条件，其他特征为辅助条件，将医疗需求摆在确定救助对象考虑因素的首要位置[①]。

（4）有效覆盖原则

在医疗救助资金有限的情况下，根据贫困人群的健康状况和相关特征，考虑医疗救助的成本效益，合理划定优先救助的范围，保证最弱势的群体得到最大程度的救助。例如，大病救助时，急性病优于慢性病的救助，年轻劳动力优于年老劳动力的救助，家庭困难程度大的优于有一定经济来源的救助，最后是按照申请救助的时间先后进行救助[②]。当然，在资金充裕或者稳步增长的条件下，也应该把慢性病、低收入老年人和未成年人、孕妇等特殊群体考虑在内。

2. 医疗救助对象界定方法

（1）贫困线外推法

贫困线外推法主要是从救助对象的经济状况来考察，即利用家庭收入或消费指标，划分无法支付基本医疗服务费用的人群。国际上贫困线的划分，通常是根据包括衣、食、住在内的基本生活需求能否满足来确定，医疗、教育等非生存资料的支出并未计算在内。如果在考虑确定医疗救助对象时，仍然把现有的生活贫困线视作救助标准，贫困线以上的临界贫困人群一旦发生医疗费用，将很有可能无法负担，从而极易陷入贫困。因此，医疗救助贫困线的划分水平应该较生活贫困线高。贫困线外推法的难点在于确定上浮比例。依据现有贫困线标准确定医疗救助对象经济水平的方法分为两种：一种是基本医疗服务测算法，即按照某种基本医疗服务的发病率、平均费用、报销系数，得到某种基本医疗服务的个人承担费用，然后将基层卫生服务机构的各种基本医疗服务的费用相加，得到整个基本医疗卫生服务的个人承担费用，最后加上贫困线标准，就是医疗救助标准。另一种是低收入人群估算法，即利用低收入人群的平均医疗支出直接作为基本医疗服务的个人承担费用。

① 李琦. 发达国家弱势人群医疗救助制度对我国的启示 [J]. 卫生经济研究, 2004（10）：30-31.
② 梁鸿, 曲大维, 赵德余. 中国城市贫困医疗救助的理念和制度设计 [J]. 中国卫生资源, 2007（6）：290-292.

（2）医疗需求定位法

医疗需求定位法是从贫困人群的医疗需求出发，考虑个人疾病经济负担，将因基本医疗服务费用的支出造成家庭经济困难的人群确定为医疗救助对象的方法。主要包括以下三类①：

第一，类别定位。根据年龄标准、收入水平、就业状况、家庭类型、子女年龄、健康状况等来定义不同的类别，如老年人、低收入者、失业者、单亲、未成年子女、残疾人等，在此基础上有针对性地分配福利资源。

第二，需要定位。需要定位通常与类别定位结合使用来确定目标人群（例如需要抚养孩子的寡妇、身有残疾的失业者）以及相应的给付标准。

第三，社区提名法。即由社区以当地民众认为是公平公正的方式鉴别出适当的医疗救助受益者。

通常，政府在确定医疗救助对象时，以上方法是结合起来使用的，既考虑目标人群的经济状况，又考虑其医疗服务需求，更要结合当地医疗救助的资金力量，确保医疗救助的效果。

3. 我国医疗救助对象界定实践

我国在医疗救助制度建立之前，已经建立起城市居民最低生活保障制度，因此，城市医疗救助对象的确定以最低生活保障标准为基础，然后进行分类救助。《关于建立城市医疗救助制度试点工作的意见》中指出：城市医疗救助对象主要是城市居民最低生活保障对象中未参加城镇职工基本医疗保险的人员、已参加城镇职工医疗保险但个人负担仍然较重的人员和其他特殊困难群众。由于农村最低生活保障制度是在 2007 年 7 月国务院出台《关于在全国建立农村最低生活保障制度的通知》后才开始逐步建立的，因此农村医疗救助对象的确定与城市医疗救助不同，只是明确规定将农村五保户、贫困户家庭成员列入救助对象，其他有关救助对象的具体条件由地方民政部会同财政、卫生部门制定，报同级人民政府批准。

目前，我国各地在实践中不断探索，不断完善医疗救助对象确定机制，适时扩大医疗救助对象，取得了一定成效。2001 年到 2007 年开展的中英城市社区卫生服务与贫困救助项目（UHPP）在成都、沈阳、西宁、银川四个城市试点，主要将低保对象中的"三无"人员、低保对象或流动人口中的孕产妇、低保对象或流动人口中的 0~7 岁儿童纳入医疗救助对象，其中个别城市将特种病（如精神病、传染病患者）也纳入医疗救助对象。北京市专门出台了针对贫困孕产妇的救助实施办法；重庆市规定，将丧失劳动能力的重残人员、需长期维持院外治疗的重病人员和 80 岁以上的老人列入日常医疗救助的对象；安徽省《城乡特困群众医疗救助实施意见》将艾滋病、晚期血吸虫病、重症精神病等八个病种列入医疗救助范围。经过多年的发展，目前我国医疗救助对象大体包括以下 6 类：特困人员、低保对象、返贫致贫人口、低保边缘家庭人口、农村的易返

① 郑秉文，孙婕. 社会保障制度改革的一个政策性工具："目标定位"［J］. 中央财经大学学报，2004（8）：42-46.

贫致贫人口、因病致贫的重病患者。

4. 国外医疗救助对象界定及对我国的启示

美国医疗援助的对象主要包括五类人：一是未成年儿童家庭计划（aid to families with dependent children, AFDC）和补充保障收入计划（supplemental security income, SSI）的援助对象；二是低收入家庭的小孩和孕妇；三是低收入的医疗照顾（medicare）对象；四是有较大医疗开支的人；五是接受机构护理的人。按照美国联邦法律，前面三类人，各州必须予以援助，后面两类人，各州可以有选择地进行援助。其中，针对不同的救助对象，其考虑的经济标准并不相同。这符合分类救助的原则，也是我国考虑将在贫困线以上一段区间的边缘人群纳入医疗救助体系的一个启示。

大多数国家在制定医疗救助政策时，都将残疾人纳入其中，如美国、德国、泰国、日本等。据第二次全国残疾人抽样调查数据推算，2006 年我国各类残疾人总数约 8 296 万，这是一个巨大的弱势群体。2008 年 5 月 12 日，我国四川省汶川县发生的 8.0 级地震又使数万人致残。由于很多地区工伤、医疗保险还是县（区）级统筹，面对如此重大灾难，有限的基金结余根本无力承担出险损失。因此，国家承担了紧急救治和救助的费用，并且将残疾人纳入国家医疗救助体系也是一个医疗救助发展方向。

三、医疗救助服务提供者

由于医疗服务本身存在特殊性，医疗救助除了救助管理方和救助对象，必然还存在一个重要的主体，即医疗服务的提供方（医疗机构）。如何确定符合条件的医疗机构作为医疗救助的实施主体，如何对医疗机构实施医疗救助产生的费用进行补偿，如何发挥基层医疗机构在医疗救助中的作用，都是在医疗救助服务提供者界定中需要探索的问题。

1. 医疗救助服务机构界定原则

（1）以基层医疗机构为主体

医疗救助机构是医疗救助实施的载体，是医疗救助运作过程的终点。医疗救助的最终目标是提高贫困人口医疗服务的可及性，改善贫困人口的健康状况，医疗机构在实现这个目标的过程中起到了决定性的作用。因此，如何界定提供医疗救助服务的医疗机构成为医疗救助制度设计中一个关键性的问题。

对于医疗机构的选择，应从救助对象的实际情况出发，以基层医疗救助机构为主体，充分发挥基层医疗机构满足基本医疗卫生服务、方便、经济的特点。国内外研究均表明，社区卫生服务是满足居民基本卫生服务需求的最佳方式[①]。我国在救助实践中也在逐步探索社区卫生服务机构作为定点医疗机构的模式。而在农村，三级卫生服务网络的建立也为医疗救助机构的选择提供了大量的基层细胞，将医疗救助工作深入到贫困家庭的日常生活中。

---

① 孟庆跃，姚岚. 中国城市医疗救助理论和实践［M］. 北京：中国劳动社会保障出版社，2007，193.

（2）属地管理，方便可及

定点医疗救助机构实行属地管理，由区县民政部在省市医疗救助工作指导方针下，根据医院医疗技术人员力量、辖区医疗救助对象规模以及分布范围，制定具体的医疗机构准入办法，明确救助方式、补偿机制等，达到救助及时有效的目的。

（3）动态性评定

和医疗救助对象界定的原则一样，医疗救助服务机构也需要动态性管理。政府需要将医疗机构的救助服务效果和税收减免等政策性优惠联系起来，引入竞争机制，并进行动态性监管和调整，使得医疗机构有提升医疗救助服务水平、提高医疗救助资金利用率的动力，从而使得整个医疗救助服务机构整体救助水平上升。

2. 医疗救助服务机构补偿方式

政府利用医疗救助资金实行对医疗救助服务机构的补偿实际上属于间接救助，这样操作在形式上更为简化，也省去了医疗救助对象事后报销的麻烦，从救助时间上看属于事前和事中救助，是目前研究较多的救助方式，也是以后医疗救助发展的一个趋势。

我国医疗保险制度建设中关于定点医疗机构补偿方式的探索为医疗救助制度中医疗救助服务机构的费用补偿提供了一定的借鉴意义。总的来说，可以分为预付制和后付制。

预付制是指费用补偿发生在医疗服务提供之前，医疗救助管理部门将预算的医疗救助支出每年年初划拨到定点医疗救助机构。

（1）总额预付制

总额预付制（global budgets）又称总额预算，是由医疗救助管理机构与定点医疗机构根据机构规模、服务人数、给付水平等因素确定医疗保险机构支付每个定点医疗救助服务机构医疗费用的年度预算总额。

总额预付制可以较好地控制医疗救助费用的总量，有利于控制医疗救助提供机构的成本，而且费用给付简单，管理费用也较低。但是这种刚性的控制可能诱导医方为降低成本而减少服务数量，降低服务质量。另外，总额预付要考虑的因素很多，总额本身也很难确定。

（2）按人头付费

按人头付费（per capital）是指医疗救助资金管理机构在救助时限内，根据定点医疗救助机构服务的对象人数和每个人的定额救助标准，预先支付一笔定额费用。在此期间，医疗机构按照医疗救助基本服务包为救助对象提供基本医疗服务，不再另行收费。

按人头付费有利于定点医疗机构强化内部管理，费用控制效果好，实施范围广，管理成本低，同时也可以促进医疗机构开展预防工作，但是和总额预付制一样，由于是事前给付，也存在医方降低服务质量的风险。

（3）按病种付费

按病种付费（diagnostic related groups，DRG）又称按疾病诊断分类定额预付制，是根据国际疾病分类法将住院病人按年龄、性别、疾病分为若干组，每组又根据疾病的轻重缓急、并发症类型和严重程度分为几级，对每组不同的级别制定相应的给付标准，对某组某级别的疾病治疗向医疗机构提供一次性偿付。

DRG是目前较为理想的医疗费用给付方式。它有利于控制每人每次接受医疗服务的费用，促使医院和医务人员不断提高治疗水平。然而，这种给付方式也可能导致医方夸大病情、诱导住院，或者减少必要服务以降低医疗成本，管理费用也相对较高。

后付制可分以下三种：

（1）按服务项目付费

按服务项目付费（fee for service），即对医疗服务过程中的每一个服务项目制定价格，按医疗机构提供服务的项目和数量支付医疗服务费用的形式。这是我国一直沿用的也是运用最广泛的一种医疗费用结算形式。

按服务项目付费虽然有利于调动医疗服务提供方和医务人员的积极性，操作方法简单，但是供方诱导需求现象严重。因为对每一个病种来说，医院到底该用什么项目，到目前为止尚无统一的规范，所以难以有效控制费用，此外，对于每个医疗服务项目的定价也并无完善的标准。

（2）按服务人次付费

按服务人次付费又称平均定额付费（flat rate），即指定每一门诊人次或每一住院人次的费用支付标准，医疗救助管理机构根据医疗方式及提供的服务人次，按照每一人次的费用支付标准向医方支付费用。

按服务人次付费控制医疗费用的效果比按服务项目付费好，有利于促进医院降低服务成本，减少过度用药和过度利用高新医疗技术的现象，缩短住院时间，其费用结算相对简便。但是由于医疗服务的复杂性，按服务人次付费费用补偿标准难以统一，医院可能会通过分解住院人次以增加收入。

（3）按住院床日数付费

按住院床日数付费是指医疗保险机构和医疗救助管理机构预先确定每一住院床日补偿标准，然后根据医院提供的实际住院总床日数，计算出总偿付金额。这种方法主要适用于住院患者住院天数长短不一、每一住院床日的住院总费用或者每一病种的住院费用离散度比较高，而床日费用比较稳定的项目，例如精神病医院、老年护理院的住院医疗。

3. 医疗救助服务机构的多样化选择

目前，我国医疗救助机构的界定借鉴了医疗保险制度中关于定点医院和定点药品零售店的规定。城市正在着手建立以社区卫生服务机构为医疗服务基本单元的城市医疗卫生服务网络。在农村，也基本建立了县、乡、村三级卫生服务网络。这都是定点医疗救助机构的重点选择。非营利性机构和营利性机构都不排除作为定点医疗救助机构，另外在各地实践中还出现了主要面向贫困人群的慈善医院，成为医疗救助服务机构的有益补充。

4. 国外医疗救助服务机构选择及对我国的启示

印度医疗卫生制度始终坚持"两手抓"：既扶持公立医疗机构的平稳运转，又鼓励私立机构的健康发展。这种办法使得印度的富人和穷人患者各有所依。巴西实行的是全民免费医疗制度，即全体居民到任何一家公立医疗机构就医、体检或申请其他预防性服务都免费，贫困家庭看病和购药全部免费。政府还规定私立医疗机构每年向中低收入者提供一定数量的免费服务。任何医疗机构都不能提供歧视性服务，不能无故拒绝病人就医，否则，会受到医疗理事会等监管部门的处罚。公立医疗机构和私立医疗机构作为医疗救助的载体各有优势。在我国，则需要考虑如何将私立医疗机构纳入医疗救助实施机构，从政策上和资金给付上给予私立医疗机构提供医疗救助的激励，形成制度化的监督和管理方式，发挥其救助效用。

四、医疗救助服务包的设计

医疗救助制度的主要框架，既包括医疗救助的主体（管理机构、救助对象、医疗服务提供者），也包括医疗救助的具体内容，这就是医疗救助服务包的设计。有效的医疗救助服务包能在有限的资金规模下，为尽可能多的贫困人群提供较为全面的基本医疗服务，使卫生资源得到有效利用，增加整个社会的福利水平。

1. 医疗救助服务包的设计原则

（1）提供基本医疗卫生服务

医疗救助不同于社会福利，是处于社会保障体系中最底层的医疗保障，因此，它须负担起经济水平和卫生状况都处于社会低下水平的人群的健康保障，医疗救助对象首先要满足的就是基本医疗服务。从资金的角度考虑，提供基本医疗卫生服务，成本低而效益相对较高，相比高水平的医疗服务需求，同样的资金量可以救助尽可能多的救助对象，更能体现医疗救助的公平性。

（2）与医疗救助可获得的资源总量相适应

① 与救助资金总量相适应。前面已经提到，政府在医疗救助资金的筹集过程中承担主要责任，另外有福利彩票公益金、社会捐助等其他渠道可以获得医疗救助资金。然而，任何一项制度的资金安排都不是无范围的，尤其是医疗救助的保障水平低于医疗保险制度，筹资渠道也较医疗保险制度狭窄，所以其救助资金的总量总是有限的。医疗救助的服务内容设计必须考虑到资金总量的限制，在资金有限的情况下力求救助范围的扩大和救助效果的提升。

② 与救助服务机构资源相适应。医疗机构是医疗救助服务的提供主体，其医疗资源的配置情况对医疗救助的救助程度和实施效果产生重要影响。因此，在设计医疗救助服务包时，需要考虑到当地卫生资源的配置情况，如医疗机构级别、医疗机构总数、卫生技术人员的总数及其构成等因素，力求使医疗救助服务包的内容与医疗机构服务水平相结合。

（3）动态性原则

一方面，医疗救助服务包的内容应该随着经济的增长、政府投入力度的加大、资金规模的扩大、医疗卫生机构资源的丰富而变化；另一方面，随着医疗保障制度和社会救助体系的不断完善，医疗救助制度和其他保障制度逐渐融合，需要在其他制度做出调整的同时，做出相应的变化，如一些新纳入基本医疗保险中的服务项目可以不再作为医疗救助的内容。

2. 医疗救助服务包的主要内容

（1）基本门诊服务

世界银行根据成本效益原则所推荐的基本卫生服务包的内容以公共卫生服务和基本医疗服务为主①。政府提供基本门诊服务可以减少救助对象因难以支付门诊费用而小病大拖的情况发生，花费成本较小，卫生效果评价较好，是救助贫困人群以提高其卫生服务可及性的首要途径。基本卫生服务的救助方式主要有政策减免、定期或不定期发放医疗救助卡等。

（2）重大疾病住院服务

医疗救助的目标是提高贫困人口抵御疾病风险的能力。对于重大疾病的救助是实现这个目标的主要途径。目前由于对重大疾病的界定并无统一标准，大多采用列举法对救助的重大疾病的范围进行规定。医疗救助在选择救助的重大疾病时，应该综合考虑以下几个方面：一是从疾病经济负担上看，费用支出比较多的，可以列为重大疾病，如恶性肿瘤；二是从病程上看，住院时间长，需要长期负担医疗费用的，可以列为重大疾病，如肾衰竭进行长期血透的、白血病等需长期化疗的；三是地方特点，一些重大疾病具有地域性，其发病率可能比其他地方高，对当地人群的危害程度较大，地方医疗救助管理机构可根据实际情况，将这类疾病列入救助范围。

（3）针对特殊人群的救助服务

针对特殊人群的救助服务实际上是在普通医疗救助普惠的基础上，将在医疗需求上有特殊要求的弱势群体纳入医疗救助体系范围内，实行特惠。这些特殊人群包括老人（再生产能力弱，健康状况较一般人低，从医学特征上看具有较高的医疗需求）、贫困孕产妇（生育的特殊医疗需求，我国还存在流动孕产妇这个特殊群体）、贫困家庭的儿童等。

（4）针对特殊病种的救助服务

在各地最初的医疗救助服务包设计中，并未包含一些特殊病种的医疗救助。随着医疗救助制度的不断完善、医疗救助理念的不断发展，很多特殊病种已经逐步纳入医疗救助范围之内。目前的一个发展趋势是将精神疾病，心脏病、糖尿病、高血压等慢性疾病列入医疗救助服务项目中。

3. 我国医疗救助服务包设计实践

我国医疗救助事业才刚刚起步时，救助资金有限促使更多的试点地区选择了以大病救助为主的模式。大病救助病种范围较狭小，多集中在10种疾病范围内，病种多以恶性肿瘤、慢性肾功能衰竭、急性重症肝炎等伤害大、疾病负担重的疾病为主。门诊救助多以定额救助的形式开展，或发卡，或发券，部分地区采取门诊减免。

我国医疗救助制度经过十多年的探索，已经有了很大发展。医疗救助服务包的设计也由单一模式逐步转向多形式、多层次、多角度覆盖。

---

① 孟庆跃，姚岚. 中国城市医疗救助理论和实践［M］. 北京：中国劳动社会保障出版社，2007：132.

4. 国外医疗救助服务包设计及对我国的启示

一个国家医疗救助服务包的设计和本国经济发展状况有着紧密的联系。如英国、德国、日本等发达国家，纵然其医疗保险模式存在差异，但是在医疗救助的内容上，都包括了基本卫生服务，在此基础上，其根据经济实力的不同，分别将健康保健、老年人的长期健康护理纳入救助体系。这进一步提示在我国设计医疗救助服务包时，应优先考虑将基本医疗服务纳入救助范围，然后扩大受助对象的范围，最后再根据国家经济状况，为弱势群体提供进一步的福利。

印度作为发展中国家，其医疗救助开展情况位居前列。它为穷人提供的医疗免费项目包括挂号费、检查费、住院费、治疗费和急诊抢救的一切费用，甚至还有住院病人的伙食费，但不包括药费。针对农村的弱势群体，印度政府实施"全民农村健康计划"，它的医疗救助服务包设计将有限的政府投入公平地补给最需要医疗服务的需方，对我国有很大的借鉴意义。

五、医疗救助的给付

1. 医疗救助的给付原则

（1）以收定支，略有结余

医疗救助制度设计力求使尽可能多的贫困患病人口得到救助。"以收定支"是指在通过各种途径扩大医疗救助资金规模的同时，其给付水平也应该与现有的资金量相适应；而"略有结余"则要求医疗救助资金结存一部分风险准备金，以满足突发公共卫生事件发生时对贫困人口的救助要求。

（2）有效补偿

医疗救助的有效补偿目的在于提高医疗卫生服务对贫困人口的可及性，帮助困难群众达到维持健康状况的基本水平，享受与其他人相同的基本医疗服务，从而改善贫困人口的健康状况。有效性是医疗救助补偿的最基本原则。因此，医疗救助在补偿层次上应该寻求多样化，通过对特别困难、疾病经济负担特别重的群体，一般的困难人群，临时性困难人群分别实施多次高额、一般水平、临时性补偿等不同补偿形式和补偿水平的救助，达到困难人群均能维护基本健康权利的目的，从而实现卫生服务的结果公平性。

（3）动态调整性

动态调整性原则是前两个原则的补充和延伸。医疗救助的给付既要满足有效性，又要与当地经济社会发展水平和财政支出能力相适应，这必然要求医疗救助的资金给付能够随着上述因素的变化而做出调整。这个原则的保证必须同医疗救助对象的确定（判断其是否为最需要救助的困难人群）、医疗救助服务机构的准入制度、医疗救助服务包所涵盖救助内容的动态性调整相结合，以实现医疗救助制度的基本目标。

2. 医疗救助的给付方式

医疗救助补偿方式是救助实现的途径和措施，是政府、社会包括社会慈善组织在医疗救助中履行职责和发挥作用而采取的各种方法①。医疗救助的补偿可以分为对救助人群的直接补偿和对医疗服务提供者的间接补偿。前面我们已经对医疗服务提供机构的补偿作了分析，下面主要考察对医疗救助对象的直接补偿。医疗救助补偿方式主要有以下几种：

（1）减免医疗费用。这是医疗救助的基本形式②。这种形式主要通过政府颁布文件，强制要求国有医疗机构对医疗救助对象的挂号费、治疗费、药费、住院费等费用实行一定比例的减收或全部免收。

（2）资助救助对象参合参保。目前我国新型农村合作医疗和城镇职工医疗保险（城镇居民医疗保险）已经在各地铺开，为实现医疗救助制度与医疗保险制度的融合，使困难群众也纳入医疗保险体系，提高补偿水平，很多地方开始资助救助对象进入医疗保险制度补偿范围。实践证明，这也是今后我国医疗救助制度发展的一个方向。

（3）二次救助。由于医疗保险制度中救助金额的给付要求患者须给付一定数额起付线资金、共付比例、封顶线以上费用，而已经资助参合参保的医疗救助对象可能存在仍然无法承担自付费用的困境，就需要医疗救助基金对其实施二次救助。

（4）建立慈善医院，实行政策性减免。慈善医院的救助不同于公立性医疗机构的费用减免，它主要针对医疗救助对象在惠民医院就诊或住院给予一定的优惠或减免。如湖北省钟祥市创立的慈济医院、湖南省石门县的慈善医院都在探索慈善医院医疗救助模式上取得了经验。

（5）针对特殊人群或特殊病种实施专项救助。社会捐助等途径筹集的医疗救助资金通常针对特殊人群或特殊病种实施临时或长期的专项医疗救助。专项救助通常以发放救助卡的形式，将救助和救助宣传结合起来。这种救助形式有效利用多种渠道的救助资金，形成良好的社会效益，还需要硬性的制度约束以更好地发挥其效用。

3. 医疗救助补偿水平

医疗救助补偿水平是指为医疗救助对象分担医疗服务费用的比例或程度。医疗救助补偿水平的确定是评价医疗救助制度实施效果的一个关键性因素，它既要达到缓解医疗救助对象疾病经济负担的目的，又要合理控制资金的支出，以保证制度实施的持续性和稳定性。为调节和控制医疗救助补偿水平，可以借鉴医疗保险制度费用控制的经验，一般通过划定起付线、共付比例和封顶线来实现。

（1）起付线。起付线的设置一般分为三种类型：年度累计费用起付线、单次就诊费用起付线、单个项目费用起付线。目前各地实践中，前两种方法应用得较多。起付线的设定存在一定难度。合理的起付线可以增强患者的费用控制意识，避免对非必需医疗服务的过度需求造成的医疗卫生资源浪费。起付线过低，不能达到费用控制的效果；起付线过高，则有可能限制患者正常的基本医疗需求，从而影响保障水平。

（2）共付比例。在医疗救助方案设计中，救助报销比例的作用至关重要，起到一

---

① 孟庆跃，姚岚. 中国城市医疗救助理论和实践［M］. 北京：中国劳动社会保障出版社，2007：146.
② 乐章. 社会救助学［M］. 北京：北京大学出版社，2008：146.

个调节阀门的作用。当起付线和封顶线设置得不合理，使报销空间过小时，可以适当调高报销比例，提高救助对象的救助水平；同样，当报销空间过大，救助资金有可能超支时，降低报销比例能够控制资金使用进度。常见的共付比例形式分为固定补偿形式和分段补偿形式。固定补偿形式是在规定的报销范围内，在起付线以上予以固定比例的补偿；分段补偿形式又分为累进分段模式和累退分段模式。累进分段模式有利于更大程度地减轻患者的大额费用负担，但是对相对高收入者有利；累退分段模式虽然对大额费用补偿的能力较弱，但有利于保障更多患者受益。从医疗救助的目标来看，采用累退分段模式能够保障更多贫困人口获得基本卫生服务的权利，因此更能体现医疗救助制度的利贫性[①]。

（3）封顶线。封顶线即最高补偿限额，医疗救助对于费用在封顶线以内的部分按照相关要求给付，超出部分由患者自付。这也是控制医疗费用的办法之一。设置封顶线将针对个人的救助限制在一定范围内，确保有限的资金用到更多需要救助的患者身上，体现救助的公平性。但是如果救助对象发生合理的大额医疗费用超出了封顶线，同时也超出了自身的承担能力，那么，封顶线的设置无疑会造成对救助对象的救助不足，同时也削弱了对救助对象进行的封顶线以下的救助的效果，无法达到减轻救助对象经济负担的目的。因此，封顶线的设置应该因人而异，对特殊的困难群体给予封顶线以上的二次救助。

一般来讲，医疗救助的给付和医疗保险给付实践一样，各地都是将以上三种支付方式结合起来进行补偿。混合支付的好处在于既能合理保障受助群体获得医疗补偿，又能较好地控制医疗救助费用的快速增长。

4. 我国医疗救助补偿实践

近年来我国医疗救助补偿水平有所提高，不过各地待遇参差不齐。大多数地区对普通门诊费用救助水平低，几乎处于不救助状态；门诊救助主要覆盖特困供养人员和低保对象，多数地区未覆盖低收入家庭和因病致贫家庭的门诊费用；特定病种的门诊救助不足。多数地区对住院费用的医疗救助设置了封顶线，有的十几万元，有的不足万元，多数地区封顶线在 1 万元至 2 万元，救助对象的救助金额超过封顶线，住院费用并未得到充分救助；许多地区目录外住院费用未获得救助。特供人员、低保户的报销比例较高，在 70%～100%，而低收入家庭、因病返贫人员仅为 30%～50%[②]。

第四节　医疗救助的效果评价、管理及监督

医疗救助的实施效果如何是这个制度是否达到其预期目标的衡量因子。根据预先设定的目标对医疗救助进行效果评价，既是对前一阶段的客观总结，更可以为后续的医疗

---

① 顾雪非，张振忠，李新伟. 论医疗救助与新型农村合作医疗制度衔接的四个层次［J］. 医学与社会，2008（7）：18-21，38.

② 张小娟. 我国医疗救助兜底保障问题的实证研究［J］. 卫生经济研究，2022，39（4）：1-6.

救助实践提供参考，逐步修正制度设计，以更好地达到预期目标。医疗救助的管理则贯穿整个救助过程，包括效果评价等医疗救助后续阶段。而为了确保一个制度向着既定的目标运行，除了实施者自身的不断改进之外，还需要第三者进行监督，从外部对这个制度加以规范。

一、医疗救助的效果评价

上一节介绍了医疗救助的制度设计。按理想的情况，依照医疗救助制度设计框架实施医疗救助，可以在目前的经济状况下取得最大的救助效果，但是设计制度本身考虑的因素不完全，可能导致医疗救助实施的效果达不到预计的目标甚至出现偏差。因此有必要定期或者不定期地对医疗救助实施的效果进行评价，并根据评价结果调整医疗救助制度设计，力求取得更好的救助效果，这也是医疗救助制度设计中动态性原则的具体体现。

1. 医疗救助效果评价的必要性

（1）效果评价是对医疗救助实施前一阶段的客观总结

医疗救助制度的设计是先试点、后铺开的模式，试点城市和农村的医疗救助实施效果如何直接关系到之后救助工作开展的范围和形式，因此有必要对前一阶段的救助情况进行总结，从救助人数、救助资金的运用、定点医疗机构救助情况、救助水平、救助病种等方面全面反映医疗救助实施效果，对后续医疗救助的实施提供参考。

（2）效果评价为后一阶段医疗救助制度的改进提供事实依据

先试点、后铺开的模式要求我们从前面的医疗救助工作中汲取经验和教训。因此，对前一阶段医疗救助的总结并不仅仅是对其做出好与不好的判断，更需要从中分析好在何处，差在哪里，哪些方面需要进行怎样的改进；由前面的制度设计导致的问题通过调整有关规定是否可以得到解决等。通过阶段性的效果评价将前后的救助工作联系起来，有了承续性，使得医疗救助工作成为一个完整的体系。

2. 医疗救助效果评价的原则

（1）公正公开

医疗救助效果评价实质上是从技术上对医疗救助实施情况进行审核监督。因此，最好是由第三方进行外部评价，即由非医疗救助实施机构独立对其进行评估，而不是由附属于医疗救助管理部门的机构承担。一般来说，由当地高校专家等专业技术人员组成的医疗救助效果评价工作小组进行效果评估是可行的办法之一。另外，还有如我国开展的中英城市社区卫生服务与贫困救助项目（UHPP）这种专门就医疗救助模式进行探索的国家项目也具备效果评价的技术支持，同时保证了公开公正。

（2）全面有效

效果评价对前一阶段的救助实践进行总结，对后一阶段的救助提出改进建议，这是一个承上启下的环节。因此需要评估人员在全面评价的基础上进行分析，并提出有针对性、有价值的建议。

3. 医疗救助效果评价的方法和内容

医疗救助的效果评价是根据现有医疗救助制度，在实施一段时间后，评估人员通过问卷调查、会议记录、统计数据、卫生机构和管理部门的财务工作报表等途径取得救助实施的一系列数据，依照预先设定的指标评价体系，整理分析后得到医疗救助实施的全面概况、实施成效，发现其中存在的问题，对今后的医疗救助提供切实可行的建议。

依据前一节讲述的医疗救助制度设计框架，医疗救助效果评价的内容包括以下几个方面：医疗救助的覆盖情况、救助服务的利用情况、对卫生服务的可及性程度、疾病经济负担情况、救助实施的财务状况、对救助方案和各类服务的社会反映情况等。

4. 医疗救助效果评价的指标体系

要正确实施医疗救助效果评价，指标体系的建立是核心。不同的卫生项目、不同的评价目的，采用的评价指标体系不同。一般而言，评价指标越多，越能全面反映项目问题，但指标越多，收集资料的难度越大，越难满足准确度的要求，一些指标也存在反映的问题相似的情况。因此，需要在众多指标之间进行筛选，取最少的指标，以达到全面准确地反映问题的目的。下面列出常用的医疗救助效果评价指标，如表4-1所示。

表4-1 医疗救助常用的效果评价指标

评价内容	评价指标	评价内容	评价指标
医疗救助覆盖情况	1. 登记在册的门诊/住院救助对象 2. 登记在册的流动人员 3. 覆盖率（享受救助人数/注册人数）	救助人群门诊/住院医疗费用的经济负担	1. 平均每门诊人次/每住院病例自负医疗费用 2. 平均每门诊人次/每住院病例的总医疗费用 3. 平均每门诊人次/每住院病例自负医疗费用占总费用的百分比
卫生服务对救助对象的可及性	1. 有/没有医疗救助项目，看病人次的变化 2. 有无医疗救助项目就诊率的变化	各类相关群体对医疗救助的反映（主观评价指标）	1. 患者自评医疗救助的受益程度 2. 民政部等管理机构自评医疗救助效果
救助对象对卫生服务的利用	1. 救助对象利用住院服务的总人次 2. 利用服务数量的绝对/相对变化趋势 3. 人均卫生服务利用量	财务指标	1. 救助对象自负金额占医疗救助总收入的比例 2. 医疗救助收入占总收入的比例

二、医疗救助管理和监督

1. 医疗救助的管理

医疗救助的管理主要针对以下三个方面：组织管理、资金管理和服务管理。

医疗救助制度本身是一个复杂的系统，涉及多个部门，包括各筹资渠道、组织实施的民政部、实施具体救助的医疗机构等。如何协调各部门在医疗救助过程中扮演的角色；如何建立各类医疗救助实施标准，完善医疗救助制度设计；如何对医疗救助实施方案进行动态调整，并建立长效的动态调整机制，都是组织管理所要解决的问题。

资金管理是医疗救助管理中的一项重要内容。资金管理要回答以下问题：不同的筹集资金来源，资金如何分配；针对不同的救助对象和不同病种，各级财政和社会筹资划分比例如何；如何根据上一年度资金结余情况调整下一年度的给付水平；财务制度如何做到合理有效，建立健全调节机制，并具备一定的防范风险的能力。

我国的资金管理现状是"救助力度不足，资金结余过多"。在结余过多的同时，各地医疗救助又通过设置起付线、共付比例、封顶线、限制救助病种等方式控制医疗救助资金的支出，防止过度利用的同时也制约了部分贫困患者的有效医疗需求。

服务管理是针对医疗救助实施如何公平有效提出的，主要集中在医疗救助实施程序的简化上。通过建立"一站式"结算窗口，由医院垫付，医疗服务完成后再与医疗保险和医疗救助管理机构统一结清的方式是目前医疗救助实施程序改革的一个趋势。其中，建立信息化管理平台是提高医疗救助服务效率的有效措施。目前，医疗保险的实施都已经建立了相应的管理软件系统，对医疗保险对象的管理、资金的发放、对医疗服务机构的给付有了较为规范的管理。医疗救助的服务管理可以借助医疗保险的信息管理平台，快速地提升管理效率。另外，医疗救助服务管理对高素质管理人员的需求也是目前亟待解决的问题之一。管理机构的人才缺乏和各地人才素质差异较大是医疗救助实施效果差异显著的重要原因之一。

以上三种管理类型并不是孤立的，而是相互联系、相互依托的。因为三种管理类型都以提高医疗救助效率为目的，在医疗救助制度大框架下进行某一个方面的集中管理，既有各自的侧重点，又是相互影响的。

2. 医疗救助的监督

医疗救助的监督是医疗救助管理的外延。医疗救助的管理是确保医疗救助的实施有效，而医疗救助的监督则是针对医疗救助管理而言的。广义的医疗救助监督包括了自我监督、专门监督和民主监督三种形式。狭义的医疗救助监督是指通过医疗救助管理机构以外的相对独立组织对医疗救助的组织运作进行评估，主要着眼于预见和发现医疗救助实施过程中可能存在或者已经存在的问题，及时采取补救措施，以免损失进一步扩大。

3. 我国医疗救助监管实践

我国医疗救助监管自医疗救助制度建立以来就有探索。从医疗救助实践来看，城市社区卫生与贫困救助项目（urban health and poverty project，UHPP）是比较系统的项目性医疗救助制度建设探索的典范。下面以 UHPP 项目为例，介绍我国目前医疗救助管理和监督的概况。

（1）医疗救助管理实践

第一，UHPP 项目确定了资金管理的三大原则，并将项目资金分为三级管理（中央项目办、各市项目办和项目区管理办），并建立了详细具体的资金管理制度和财务管理制度。第二，组织管理方面，UHPP 确立了项目协调领导小组、项目高级管理小组、中央项目办公室和核心技术支持小组等管理机构组织医疗救助管理工作。第三，对于医疗救助的服务管理，UHPP 的试点市均开发并完善了自己的医疗救助信息管理系统，包括救助对象建档、救助资金、费用给付、证件管理在内的医疗救助系统信息。

（2）医疗救助监督实践

UHPP 的监管内容主要放在资金监管上。通过加强财政、审计部门的资金监督达到监管目的。它接受审计部门组织的项目审计和每年两次常规的财务督导等多种形式的资金监督，从财务管理和审计专业角度出发，确保项目资金使用的真实性和有效性。

另外，UHPP 项目还创新性地对医疗救助实施过程中实行民主监督进行了探索，如成都实行的民主监督委员会、沈阳的医疗救助听证制度等。当然，相对于一个完全意义上的非政府组织的民主管理、民主参与作用而言，民主监督委员会的作用发挥十分有限。这种监督只能成为专门监督的辅助形式，但也是信息流充分交换的又一渠道。

第五节　医疗救助的发展趋势及前沿问题概览

医疗救助在我国从初步探索到逐步建立，已经经历了 30 多年的时间。通过各种救助项目的设立，国家政策的逐步完善和管理部门、服务部门的积极配合与尝试，获得了很多宝贵的经验，也为我国今后医疗救助的发展方向提供了一些可行的参考。

一、以社区卫生服务中心为依托的医疗救助模式

国内外研究表明，社区卫生服务是满足居民基本卫生服务需求的最佳方式，在提供方便、快捷、综合、价廉的卫生服务方面具有很大优势，在提高卫生服务公平性和服务效率、控制卫生费用增长方面卓有成效。自 UHPP 项目实施以来，很多专家学者也都提出，将社区卫生服务中心作为医疗救助的实施载体是一个切实可行的办法。

时正新（2002）就提出，因为贫困职工和贫困农民以及重点优抚对象大多生活在城市和农村社区，需要"实行医疗卫生中心下移社区的政策"[①]；梁鸿等[②]（2008）结合 UHPP 项目实施的情况，从医疗救助地位和政策理念的变化，考察了上海、重庆、西宁、石门[③]四个地区的医疗救助的异同点，分析我国现行医疗救助模式的制度缺陷和 UHPP 项目实施的优劣及启示，提出了一个完整的贫困医疗救助体系框架，是比较全面的社区医疗救助制度体系探索成果。他们提出医疗救助基金分为专项基金和政府引导资金两大块，另外还要单独划出住院风险共济基金以保证医疗救助的有效性和充分性。

社区卫生服务中心是能提供医疗、预防、保健、康复、健康教育、计划生育指导"六位一体"基本卫生服务的基层综合医疗卫生服务机构，一般设置在有一定人口规模的社区，距离近，就诊方便；社区卫生服务机构药品购进流通环节减少，成本降低，价格低廉，直接减轻了患者的经济负担。这些显著的优势都符合医疗救助成本—效果原

---

① 时正新. 中国的医疗救助发展及其对策 [J]. 国际医药卫生导报，2002（11）：11.

② 梁鸿，曲大维，赵德余. 以社区卫生服务为基础的贫困医疗救助制度设计 [J]. 卫生经济研究，2008（3）：7–11.

③ 湖南省常德市石门县。

则，可达到提高贫困人口医疗服务可得性和可及性、维护救助对象的基本卫生权利的目的。

目前，我国社区卫生服务机构的建设正在逐步推开，如何将医疗救助的设计很好地融入社区卫生服务机构的建设中，是我们需要重点解决的问题。就已有的实践来看，还有几个方面需要作进一步的探索：

（1）社区卫生服务中心的人才问题

由于基本卫生医疗服务是一个全面而系统的工程，基层医疗服务机构对于全科医生的需求量比较大，如果将医疗救助项目加入社区卫生服务建设体系中，全科医生的职责范围就更大，对其业务素质的要求也更高。目前，一方面，全科医生的数量缺乏，现有的全科医生中掌握医疗救助相关知识的人更少；另一方面，社区卫生服务机构的软硬件设施对具有较高专业素质的医务人员来说，又不具备较强的吸引力，因此，发展社区卫生服务机构的医疗救助项目，人才成为一个瓶颈。

（2）社区卫生服务中心实施医疗救助与综合性大医院的差异

在医疗救助实践中，既然社区卫生服务机构有着天然的优势，那么必然有着与综合性大医院中实施医疗救助不同的方式，其中比较突出的是转诊问题。当社区医疗卫生服务机构的条件或者技术不能满足患者治疗需要时，就必然要将其转往上一级综合性医疗机构；而当患者疾病治疗达到某一阶段，又可以转出大医院，回到社区进行后续辅助性治疗。这样就提出了一些问题：转诊的指标是什么？转诊到上级医疗机构的费用如何由医疗救助基金给付？给付结构怎样？给付比例是多少？是预付还是后付？是由社区医疗机构用救助资金给付还是由民政部直接划拨上级医疗机构？如何避免医疗机构趋利行为（如恶意转诊）的产生？另外一个问题是对常见病、慢性病的救助。目前，对贫困人群实行常见病、慢性病的救助，提高医疗救助的效果已经成为一个发展趋向。社区卫生服务中心要充分发挥其基层医疗机构的优势，努力探索对救助病种范围的扩展。社区卫生服务中心的救助重点应是门诊常见病、慢性病而不是住院的重大疾病。如何确定救助的病种、救助的方式、资金给付的方式，都是社区医疗救助努力的方向。

二、医疗救助制度与医疗保险制度的融合

医疗救助制度历来有社会保障制度中"最后一道防线"的称谓。医疗保险则是在这个起着兜底作用的防线之上，惠及大多数人的制度设计。要做到尽可能将所有公民都纳入国家医疗保障体系，并且不重不漏，就必须做好两种制度之间的衔接。我国在探索医疗保障制度的初期，由于地域差异和经济能力的限制，医疗保险制度分别在城市和农村独立进行，医疗救助制度也不是同步开展的，因此当时的医疗救助须分别考虑到与城镇居民医疗保险和新型农村合作医疗保险的衔接。当然，这是以将医疗救助和医疗保险制度最终融合、形成我国完整的医疗保障制度为目标的。

1. 与城镇居民医疗保险的结合

2007 年 7 月 10 日，国务院《关于开展城镇居民基本医疗保险试点的指导意见》中提到，对于困难群众和特殊群体参加城镇居民医疗保险时各级政府给予不同程度的救

助；2007 年 10 月 24 日，民政部、财政部、劳动和社会保障部（现为人力资源和社会保障部）下发《关于做好城镇困难居民参加城镇居民医疗保险有关工作的通知》，正式为医疗救助制度和城镇居民医疗保险制度的结合拉开序幕，其中明确指出：要"采取切实措施，搞好城市医疗救助和城镇居民基本医疗保险的衔接"，提出"各地要结合当地实际，加强城镇居民基本医疗保险和医疗救助的管理服务衔接，探索建立适合困难居民特点的申请审批程序，协同做好困难参保人员身份认定、组织参保和信息采集等服务工作，改进医疗保险和医疗救助资金支付方式和费用结算办法，提高工作效率，增强困难居民医疗卫生服务的可及性"的要求。

2. 与新型农村合作医疗的结合

2002 年 10 月，中共中央、国务院在关于《进一步加强农村卫生工作的决定》中提出在全国建立新型农村合作医疗制度和医疗救助制度。两个制度同于 2003 年在全国试点运行。而将两个制度结合的制度探索则是在试点运行一两年之后。从农业部（现为农业农村部）农业经济研究中心课题组调研的情况来看，至 2006 年，在第一批试点新型农村合作医疗的 225 个试点县中，医疗救助和新型农村合作医疗结合的试点县占84%，医疗救助独立运作的试点县占 9%[①]。各地根据自己的情况积极探索，形成了湖北"钟祥模式"、修路铺桥的"上海模式"、三明治式的"重庆模式"等典型模式。在各试点县实践的基础上，农业部、民政部也通过调研等方式积极探索两种制度之间衔接的具体办法，取得了一定的成果。目前，农村医疗救助和新型农村合作医疗制度衔接的讨论主要集中在以下几个层面：

（1）资助困难农民参加新型农村合作医疗

农村医疗救助覆盖的对象主要是农村困难群众中的五保户、特困户。这些人员是农村中最困难、最弱势的群体，也是属于农村绝对贫困线以下的困难群体，需要政府常年救济。资助这部分人员参加新型农村合作医疗，是中央和三部门（民政部、财政部、卫生部）意见的规定[②]。代救助对象缴纳参合费，虽然只是医疗救助与新型农村合作医疗衔接的最低层次，但它却是两种制度进行衔接以确保五保户、低保户（特困人口）等救助对象从制度中受益的必要条件和最基础条件[③]。但是，资助参合要考虑到救助资金投入的多少。如果资金不足，在资助参合后不能对特困人员在新农合报销后进行有效的二次救助的话，则不资助参合，直接进行救助或许是更好的办法。

（2）降低或取消新农合起付线的问题

为了防止参合农民对医疗服务的过度利用，新农合通常以单次就诊为计算单位，设定了起付线、封顶线。而且，就医疗救助本身而言，也因为相似的原因，存在着救助起付线和救助封顶线。大多数理论研究者认为，对于特困群体而言，即使已经资助参合，

① 农业部农业经济研究中心课题组. 新型农村合作医疗和特困人口医疗救助相结合的制度建设 [J]. 中国人口科学，2007（7）：43-51.
② 柳拯. 全国农村医疗救助现状、问题与对策 [J]. 长沙民政职业技术学院学报，2005（3）：5-9.
③ 顾雪非，张振忠，李新伟. 论医疗救助与新型农村合作医疗制度衔接的四个层次 [J]. 医学与社会，2008（7）：18-21，38.

使其拥有了享受合作医疗待遇的权利，但是起付线和封顶线都很可能限制患者的医疗服务需求，使其并不能真正享受医疗合作待遇。因此，目前提法较多的是降低甚至取消起付线，提高封顶线，提高救助资金的救助效率。从各地的实践来看，湖南省常德市石门县针对不同的救助对象和救助病种，规定了不同的起付线标准，其中对农村五保户、一般救助对象的住院救助及常见病慢性病实施"零起付线"，另外还对五保供养对象取消了封顶线；广西在2008年6月13日城乡医疗救助工作会议上决定从2008年6月底全面建立城乡医疗救助制度，逐步取消救助门槛，提高报销比例。另外，重庆、湖南、浙江、海南、青海等地均出台了取消起付线的具体政策。

（3）新农合补偿后医疗救助的二次补偿

对于农村的困难群体，新农合任何一项控制风险的措施（起付线、共付比例、封顶线）都有可能影响其从医疗救助中受益。因此，在两个制度进行衔接的地区，针对新农合报销后个人自付费用，医疗救助对其进行二次补偿，有的采取了分费用段补偿的方式，有的采取了固定补偿比例的方式。在制订补偿方案的时候，应该考虑到困难群体的不同层次，遵循"分层救助"的原则，针对不同的困难程度和医疗需求划定不同的补偿标准。在各地的实践中，有些省市将新农合结余的资金用于二次救助值得商榷。这种随资金结余情况而定的救助方式存在随意性，且属于"事后救助"，加之资金池较小，其成本—效果未能达到最佳。因此，可以考虑将结余资金的一定比例划入医疗救助专项基金，由民政部统筹协调使用，另一部分则作为风险储备金结转至下一年度。

（4）新农合封顶线以上的临时救助

医疗救助须遵循"分层救助"的原则，因此，针对合作医疗封顶线以上、自付费用过重影响基本生活的非救助对象困难群众，医疗救助可以进行临时救助。这是针对边缘贫困的群体防止其"因病返贫"的主要途径。虽然是临时救助，也要形成制度化的运作模式，积极引导社会慈善资源、定期或定向的慈善捐助，根据当地实际情况合理确定受助的经济标准，确保救助对象和边缘人群的救助效果。

2016年我国城镇居民基本医疗保险和新型农村合作医疗两项制度整合为城乡居民基本医疗保险。2017年1月16日，民政部、财政部、人力资源和社会保障部、国家卫生计生委、保监会、国务院扶贫办联合发布《关于进一步加强医疗救助与城乡居民大病保险有效衔接的通知》。2021年国务院办公厅出台《关于健全重特大疾病医疗保险和救助制度的意见》，强化基本医保、大病保险、医疗救助（三重制度）综合保障，实事求是确定困难群众医疗保障待遇标准，确保困难群众基本医疗有保障，不因罹患重特大疾病影响基本生活，同时避免过度保障，促进三重制度综合保障与慈善救助、商业健康保险等协同发展、有效衔接，构建政府主导、多方参与的多层次医疗保障体系。

三、医疗救助制度与卫生体制的衔接

医疗救助是一个多部门协作的工作，除了和一般的救助部门协作以外，还与医药卫生等部门联系紧密。国家医药卫生体制改革把城乡医疗救助制度列为基本医疗保障制度之一，赋予了城乡医疗救助制度重要的地位和作用。医疗救助制度是医药卫生体制的一个重要组成部分，医药卫生体制改革和医疗救助制度的探索完善是相辅相成的。

1. 加快推进一体化经办

细化完善救助服务事项清单，出台医疗救助经办管理服务规程，做好救助对象信息共享互认、资助参保、待遇给付等经办服务。推动基本医保和医疗救助服务融合，依托全国统一的医疗保障信息平台，依法依规加强数据归口管理。统一协议管理，强化定点医疗机构费用管控主体责任。统一基金监管，做好费用监控、稽查审核，保持打击欺诈骗保高压态势，对开展医疗救助服务的定点医疗机构实行重点监控，确保基金安全高效、合理使用。推动实行"一站式"服务、"一窗口"办理，提高结算服务便利性。

2. 优化救助申请审核程序

简化申请、审核、救助金给付流程，低保对象、特困人员直接纳入"一站式"结算，探索完善其他救助对象费用直接结算方式。加强部门工作协同，全面对接社会救助经办服务，按照职责分工做好困难群众医疗救助申请受理、分办转办及结果反馈。动员基层干部，依托基层医疗卫生机构，做好政策宣传和救助申请委托代办等，及时主动帮助困难群众。

3. 提高综合服务管理水平

加强对救助对象就医行为的引导，推行基层首诊，规范转诊，促进合理就医。完善定点医疗机构医疗救助服务内容，提高服务质量，按规定做好基本医保和医疗救助费用结算。按照安全有效、经济适宜、救助基本的原则，引导医疗救助对象和定点医疗机构优先选择纳入基本医保支付范围的药品、医用耗材和诊疗项目，严控不合理费用支出。经基层首诊转诊的低保对象、特困人员在市域内定点医疗机构住院，实行"先诊疗后付费"，全面免除其住院押金。做好异地安置和异地转诊救助对象登记备案、就医结算，按规定转诊的救助对象，执行户籍地所在统筹地区救助标准。未按规定转诊的救助对象，所发生的医疗费用原则上不纳入医疗救助范围。

四、医疗救助服务包内容的变化

1. 事前救助的制度探索

由事后救助转向更有救助效果的事中、事前救助，是医疗救助制度建设探索过程中提得较多的话题。但是具体到实际操作上，各地的做法又不尽相同。例如，青海省较早探索建立特困人口大病救助资金垫付制度，规定当地住院的重点优抚对象和五保对象以及患有特定疾病的人员，可申请500~1 000元的垫付资金，住院治疗结束后再根据新农合报销情况和医疗救助资金补助情况进行核销。湖南省常德市石门县在民政、卫生、医疗机构三方信息共享前提下，制作了"住院医疗费结算单"，进行"一单式结算"。

2. 救助对象的扩大

目前的医疗救助一方面资金结余过多，另一方面，存在覆盖面不足、救助程度不够的困境。随着经济的发展，国家对医疗救助的投入也在逐年增多。适时地扩大医疗救助对象的范围，把更多有医疗需求的特殊群体逐步纳入医疗保障体系是提高医疗救助资金利用效率的有效途径。除了一般针对五保户、三无人员等救助对象中的特困人员"特事特办"之外，有些试点省份已经将精简退职职工、城乡低保边缘困难人群（浙江、安徽）、城镇重度残疾学生和儿童（含儿童村、福利院等社会福利机构供养对象）以及丧失劳动能力的城镇重度残疾人、城镇低收入家庭中 60 岁以上的老年人（江西、广西、重庆等）纳入救助体系。逐步扩大医疗救助覆盖面，是今后一个时期内医疗救助制度建设的一项重要任务。

3. 救助病种的拓宽

解决资金利用率过低的另一个有效途径是拓宽救助病种。在医疗救助试点初期，由于对资金管理经验的缺乏和风险控制的保守心态，加之没有成形的预算和支出调控机制，在设计医疗救助服务包时，都只选择了几种（一般不高于 10 种）大病作为住院救助的补偿病种。目前，救助病种在各地实施过程中均有所扩大。湖南长沙将精神病患者纳入了救助对象范围；青海省新增了对类风湿关节炎和精神分裂症患者的门诊救助；此外，对艾滋病、血吸虫病和肺结核等传染病的救助办法也在逐步展开。未来政府应根据经济社会发展水平和各方承受能力，探索建立罕见病用药保障机制，整合医疗保障、社会救助、慈善帮扶等资源，实施综合保障。

思考题

1. 调查你所在地区医疗救助的对象、给付和服务包的设计及改进方向。
2. 试述在城乡统筹背景下和新一轮医改后完善医疗救助的思路。
3. 比较医前救助、医中救助及医后救助的利弊。

▶ 自测习题及参考答案

第五章
住房救助

　　住房救助是指政府向最低收入家庭、分散供养的特困人员和其他需要保障的特殊家庭提供租金补贴或以低廉租金配租的具有社会保障性质的制度。其特点是由政府承担住房市场费用与居民支付能力之间的差额，解决部分居民住房支付能力不足的问题。1998年国务院《关于进一步深化城镇住房制度改革加快住房建设的通知》中提出，对不同收入家庭实行不同的住房供应政策，即最低收入家庭租赁由政府或单位提供的廉租住房、中低收入家庭购买经济适用住房，建立居民分支付能力、分层次的住房救助体系。2010年我国公共租赁制度开始建立；2012年后停止了经济适用住房建设。2014年起，廉租住房和公共租赁住房并轨运行，并轨后统称公共租赁住房。在农村，政府通过多渠道筹集资金、多方式实施救助，建立和实施农村困难户住房救助制度，逐步改善农村困难家庭的住房条件。其救助的对象包括：一是不宜实行集中供养的农村"五保"户；二是农村最低生活保障家庭中的无房户和住房困难户，住房困难户是指人均住房建筑面积在12平方米以下或住房残破简、不御寒冷和风雨、不具备基本居住条件的家庭；三是因灾倒房户，即因自然灾害造成房屋倒塌，或严重损坏不能居住，或急需搬迁，且无自救能力的受灾群众；四是县级以上人民政府定的其他困难家庭。

第一节　廉租住房

　　住房难题几乎困扰着当今世界所有国家的人们，即使在发达国家，"居者有其屋"也并非是所有人单靠自己的力量就可以实现的。但这些国家的政府在廉租住房这一领域已经总结出了丰富的经验及政策供我国政府参考借鉴。在房价高热的背景下，廉租住房

被认为是缓解供求矛盾、填补低价房源缺失裂痕的重要举措，更是宏观调控这只大手对高收入者、低收入者之间断层的一次有力"抹平"，尤其体现了中央政府关注民生民情、确保"居者有其屋"的决心。

一、国外的廉租住房概况

以西方国家为例，西方国家一般都实行按高、中、低三种收入分类供应住房的模式。对于低收入者的住房供应，其主要采取供应廉租住房和政府补贴租金或两者结合的形式。

1. 英国的廉租住房

英国政府（或单位）出钱建设适合低收入者居住的公房，然后用低廉的租金租给经审查合格的低收入者居住。这在英国政府转换体制的时候体现得尤其突出。1980—1990年的房改，除了出售公房和提租外，在后期还试图把廉租屋由政府所有转为由住房协会所有。1989年英国政府拨出8亿英镑给住房协会，让它去收购地方政府拥有的公房，准备逐步地由住房协会来代替地方政府管理住房。由于1990年撒切尔夫人辞职，这一转换没有继续完成，英国当时实行的廉租屋较多的还是政府的公房。在英国，政府有责任向无家可归者及其家庭和特别低收入家庭或个人提供公共租赁房（council house）。政府的这项服务针对贫困线之下的社会群体，租赁公共住房的条件十分严格。以曼彻斯特市为例，一个想得到市政府提供的公共租赁房的无家可归者，如果打算住在曼彻斯特市，就首先必须回答他与曼彻斯特市的联系，只有与曼彻斯特市有某种联系的人，才可能得到曼彻斯特市提供的服务。一个人只要满足以下4条中的任意一条，就可以认为他与曼彻斯特市有联系：过去1年中，他至少在曼彻斯特市生活了6个月；过去5年中，他至少在曼彻斯特市生活了3年；他的父母、兄弟姐妹至少要在曼彻斯特市生活5年；他在曼彻斯特市有工作。还有一项条款比较特殊：如果他与英国任何一个市都没有上述关系之一，但因为一个非常特殊的原因，他必须住在曼彻斯特市，同样也可以认定他与曼彻斯特市有联系。

假定曼彻斯特市一对低收入家庭夫妻，年龄在25~40岁，有一个3~5岁的孩子；英国公民，没有犯罪记录；身体健康，没有残疾；没有领取政府任何社会福利补贴，没有获得任何税收减免；两人每周各工作20小时，各收入100英镑，交10英镑税和2英镑养老金，没有其他经济来源；原先租赁私人业主的住宅，没有自己的房地产，也没有来自房地产的收入，政府提供的周租金为46.15英镑，无须再支付任何额外的租金，同时还可以申请退税。当然，这个家庭必须支付他们日常使用的水电煤气费。另外，这个家庭也可以继续租赁私人业主的住宅，但是，他们必须支付超出46.15英镑的租金，他们实际上是获得了政府对低收入家庭的住房补贴。以2005年GDP计算，英国人均收入为17 867英镑，而案例中的低收入三口之家的合计收入约为10 400英镑，人均收入仅为3 466英镑，是英国人均收入的19%，低于中等收入的2/3，为贫困线之下的家庭。2005年，英国生活在贫困线以下的人口约占总人口的17%，约为1 027万人。英国市政府公共租赁房的服务对象正是这个群体。

根据英国的《住宅法》和有关住宅的条令，低收入家庭或无家可归的家庭所租赁的政府公共住宅起码要符合以下 9 个最基本的条件：结构稳定，没有严重的不可维修的问题，对居住者的身体健康不会产生影响，采光、保温和通风没有问题，供水卫生，炊事设备齐全并有洗碗池和冷热水管道，有适当的家庭厕所，有冷热水淋浴设施，有标准的下水系统。

多年来，在经济住房建设上，英国政府投资采取的是合作制，即中央政府与地方政府合作，政府与非政府组织合作。在经济住房建设的政府投资比例上，中央政府占主要部分，地方政府占次要部分。之所以采取这个比例，是因为地方政府可用于这项投资的资金日益不足。除政府投资的 40% 外，剩余的 60% 由私人建筑商、银行、非营利性的住宅社团和私人捐助等配套。采取这种资金比例建成后的住宅大部分进入供租赁的政府住宅系列，收入按比例再分配给投资者。实际上，政府投资主要用于购买和开发土地，而非用于住宅建设本身。

中央政府投资是通过政府拥有的公共住宅公司或建筑协会（如上文提到的英国住房协会）来实施的。这些协会一般按照政府住宅建设指南，把投资按比例用于少于 3 000 人或少于 10 000 人的社区，以保证确实为低收入人口提供基本住宅。对于地方政府和非政府投资来讲，在那些地方投资的回收风险要小得多。

2. 美国的廉租住房

美国 1965 年修订的《住宅法》规定，低收入者租住符合政府规定要求的住房，只支付收入 25% 的租金，超过部分由政府付给出租房主。1968 年修订《住宅法》又补充规定，对退休老人的房租也实行超过 25% 的部分由政府补贴的办法。后来政府将低收入家庭支付的租金占收入的比例提高到 30%。

以纽约市为例，房屋配租包括以下四个环节：第一，该市的个人出租住房者和出租住房的房屋经营公司，都愿意向住房局提供符合该条件的出租住房的资料，便于住房局给他们代理出租而不收手续费。住房出租后，住房局支付大部分房租，出租人收租更顺利，住房局要到提供资料的住房去实地调查，确定住房没有失修失养，价格也合适时才予以接受，并把它编辑成低收入者出租住房一览表。第二，住房局每年公布一次低收入线，属于低收入线以下的居民在提供单位开具的收入证明并经住房局审查合格后，才能住低收入住房。第三，合格的低收入者到住房局查看出租住房一览表，从中选出几套符合自己要求的住房。其选择原则主要是自己上下班方便和社会环境较好，房价并不是第一位的条件。低收入者根据自己选择的几套住房，经与房主预约，直接到出租住房的现场去调查和比较。第四，低收入者选中了某一套住宅，即约定该房主共同到住房局去签订租赁合同。

美国的廉租住房可以集中建设在城市的某一区域内，被称为"共建筑"用房；也可以分散在不同的普通租房户中，为户主所有，但接受政府租房补贴。这两种形式的廉租住房户型多样，可以满足不同大小家庭的需要。其房屋保养程度、居住标准等都与普通出租住宅相同，因此，廉租住房并非是贫民窟的代名词。

美国廉租住房的审查由联邦政府统一审批，程序很严格。美国房屋和城市建设部要求低收入者提出书面申请，提供完整真实的收入情况和家庭成员情况，如年龄（适用于老年人）、健康（适用于残疾人）等。低收入标准以申请人所在地的平均收入为准。政府中的官僚主义，也使得审核过程冗长，很多人在等待名单上排队数月都得不到答复。美国共有130万户住在廉租住房里的家庭，审批工作任务繁重。

3. 法国的廉租住房

法国可谓是廉租住房的天堂。其廉租住房发展早，数量也惊人。全法国大约有1/4的人住在廉租住房里。由于法国购置房屋的贷款难求，利率高、财产税（包括地皮税、住房税、空房税、遗产税等多种税收）也高，因此很多人不买房，拿着政府补助住进廉租住房后，就不再搬出。在法国，廉租住房的基准房租比普通私人住房的房租低一半左右。政府规定，人口超过5万的城镇中，廉租住房占全部住房的比例不能低于20%。与美国不同，法国廉租住房管理和审核下放到地方政府，申请人等待的时间要比在美国的申请人短一些。另一个不同是，法国的廉租住房租金固定，政府提供补贴，很多人出少量的钱，就可以住上市区内的"天价"豪宅，舒适程度极高。廉租住房的资金主要来自中央政府和地方各级政府，房屋建成后交给地方政府下属的廉租住房管理办公室管理。按规定，该办公室一方面严格控制房源，大部分廉租住房只租不卖；另一方面对社会公开廉租住房出租情况，接受大众的监督。除了收入很低的移民家庭或家庭负担很重的多子女家庭外，廉租住房受益群体的上限是那些收入相对较少的低级别公务员。法国政府大力推行廉租住房制度，一定程度上遏制了房价过快上涨。

二、我国廉租住房的性质、历史与管理

1. 廉租住房的性质

廉租住房是指政府以租金补贴、实物配租、租金核减的方式，向符合城镇居民最低生活保障标准承担住房困难的家庭提供社会保障性质的住房。廉租住房是住房制度改革的必然结果，是政府关心民生的实事工程、德政工程。作为与新的住房制度配套出台的新举措，廉租住房部分地缓解了贫富分化所带来的社会矛盾，是实现"居者有其屋"共同理想迈出的重要一步，特别是在社会主义市场经济发展中和住房制度改革不断深化的前提下，实施这一制度有利于社会稳定。

2. 廉租住房的历史

1998年，国务院在《关于进一步深化城镇住房制度改革加快住房建设的通知》中首次正式提出发展廉租住房的目标。建设部于1999年制定了《城镇廉租住房管理办法》，对有关问题作了具体规定。为了加快廉租住房建设的发展，2004年，建设部、财政部、民政部、国土资源部、国家税务总局五部委联合发布，并于同年3月1日起施行了《城镇最低收入家庭廉租住房管理办法》。该办法明确了各级政府在廉租住房制度中的职责，规定地方人民政府应当在国家统一政策指导下，根据当地经济社会发展的实际情况，因地制宜，建立城镇最低收入家庭廉租住房制度。2005年，国家发展改革委、建设部发布了《城镇廉租住房租金管理办法》，该办法对廉租住房租金的确定及管理进行了规定，使租金标准的确定有章可循。同年，建设部、民政部又发布了《城镇最低收

入家庭廉租住房申请、审核及退出管理办法》。2006 年，建设部、国家发展改革委、监察部、财政部、国土资源部等九部门又出台了《关于调整住房供应结构稳定住房价格的意见》，对开始实施的"国六条"制定了一系列的实施细则，明确督促各地要稳步扩大城镇廉租住房制度建设。同年 8 月，财政部、建设部、国土资源部出台的《关于切实落实城镇廉租住房保障资金的通知》明确了廉租住房建设资金的来源。根据该办法，今后，在房价日渐高升、贫困家庭买房难的紧急情况下，财政预算安排要加大对城镇廉租住房保障资金的支持力度，严格按照规定将住房公积金增值收益用于保障廉租住房制度建设，从土地出让净收益中安排一定资金用于城镇廉租住房建设。2007 年 8 月，国务院出台《关于解决城市低收入家庭住房困难的若干意见》正式提出将廉租住房的保障范围由最低收入家庭逐步扩大到低收入家庭，并严格了建设要求。

2008 年，财政部、国家税务总局出台《关于廉租住房经济适用住房和住房租赁有关税收政策的通知》，提出支持廉租住房、经济适用住房建设及住房租赁市场发展的相关税收政策。2008 年 11 月 5 日，时任国务院总理温家宝主持召开国务院常务会议，再次强调"加快建设保障性安居工程"，加大对廉租住房建设支持力度，廉租住房体系建设又一次成为中央及地方政府以及人民群众关注的焦点。2008 年 12 月 17 日，温家宝主持召开国务院常务会议研究部署促进房地产市场健康发展的政策措施中明确提出，加大保障性住房建设力度，争取用 3 年时间，解决近 750 万户城市低收入住房困难家庭和 240 万户林区、垦区、煤矿等棚户区居民的住房问题。中央继续加大廉租住房建设和棚户区改造投资支持力度，适当提高中西部地区补助标准。选择部分有条件的地区试点，将本地区部分住房公积金闲置资金补充用于经济适用住房等建设。

2009 年 4 月 29 日，国务院常务会议讨论并通过的《关于 2009 年深化经济体制改革工作的意见》中提出，加快推进医药卫生、教育、文化、社会保障、住房等民生领域改革，改善居民支出预期和消费意愿。在中央的大力推动下，我国的廉租住房建设进入了一个快速发展的阶段。2010 年，建设部出台《关于加强廉租住房管理有关问题的通知》，提出为了加强廉租住房的管理，确保廉租住房公平配租和有效使用，要严格建设和准入管理，强化租赁管理和服务，切实落实监督责任。各市、县住房保障部门要会同有关部门完善廉租住房申请、审核、公示、轮候、配租程序，确保廉租住房配租过程公开透明，配租结果公平公正。

2011 年，财政部根据城市廉租住房保障工作进展新情况、新要求，重新制定了《中央补助廉租住房保障专项资金管理办法》（以下简称《办法》），加强中央补助廉租住房保障专项资金管理。《办法》规定，专项资金在优先满足发放廉租住房租赁补贴的前提下，可用于购买、改建或租赁廉租住房支出。2012 年，建设部出台《国家智慧城市试点暂行管理办法》和《国家智慧城市（区、镇）试点指标体系（试行）》，提出通过信息技术手段应用，提升廉租住房、公共租赁住房、棚户区改造等方面的服务水平，增强服务的便利性。2013 年，建设部出台《中国建筑技术政策》（2013 版），积极探索既有建筑的整体改造用于公租房、廉租住房的运作方式。2014 年起，各地公共租赁住房和廉租住房实现并轨运行。财政部对外表示，为促进并轨顺利进行，地方政府原用于廉租住房建设的资金来源渠道，需整合用于公共租赁住房以及 2014 年以前的在建廉租住房。

3. 廉租住房的管理

城镇最低收入家庭廉租住房保障方式应当以发放租赁住房补贴为主，实物配租、租金核减为辅。租赁住房补贴，是指市、县人民政府向符合条件的申请对象发放补贴，由其到市场上租赁住房。实物配租，是指市、县人民政府向符合条件的申请对象直接提供住房，并按照廉租住房租金标准收取租金。实物配租的廉租住房来源主要包括：①政府出资收购的住房；②社会捐赠的住房；③腾空的公有住房；④政府出资建设的廉租住房。2007 年 8 月，国务院在《关于解决城市低收入家庭住房困难的若干意见》中提出，多渠道增加廉租住房房源。要采取政府新建、收购、改建以及鼓励社会捐赠等方式增加廉租住房供应。小户型租赁住房短缺和住房租金较高的地方，城市人民政府要加大廉租住房建设力度。新建廉租住房套型建筑面积控制在 50 平方米以内，主要在经济适用住房以及普通商品住房小区中配建，并在用地规划和土地出让条件中明确规定建成后由政府收回或回购；也可以考虑相对集中建设。

租金核减即公房转化，是指产权单位按照当地市、县人民政府的规定，在一定时期内对现已承租公有住房的城镇最低收入家庭给予租金减免。2004 年 3 月 1 日起施行的《城镇最低收入家庭廉租住房管理办法》规定廉租住房保障面积标准原则上不超过当地人均住房面积的 60%。对家庭收入连续一年以上超出规定收入标准的，应当取消其廉租住房保障资格，停发租赁住房补贴，或者在合理期限内收回廉租住房，或者停止租金核减。

廉租住房以发放租赁住房补贴为主的主要原因是便于最低收入家庭。如果某最低收入家庭住在城东，而其子女在城西上学，有了租金补贴的形式，这个家庭就可以在城西租房子了。同时，房价是商品价，而且租房者可以有所选择，符合住房商品化、市场化的要求。政府的补贴是当着住房者的面写入合同的，补在明处，有利于树立政府的良好形象，真正做到政企分开。

廉租住房资金的来源及管理。廉租住房资金的来源实行财政预算安排为主、多种渠道筹措的原则，主要包括：一是地方财政要将廉租住房保障资金纳入年度预算安排。二是住房公积金增值收益在提取贷款风险准备金和管理费用之后全部用于廉租住房建设。三是土地出让净收益用于廉租住房保障资金的比例不得低于 10%，各地还可根据实际情况进一步适当提高比例。四是廉租住房租金收入实行收支两条线管理，专项用于廉租住房的维护和管理。对中西部财政困难地区，通过中央预算内投资补助和中央财政廉租住房保障专项补助资金等方式给予支持。2008 年 1 月 1 日起，中央财政正式设立中西部财政困难地区及新疆生产建设兵团廉租住房保障专项基金。

廉租住房保障标准。廉租住房保障标准由市、县人民政府房地产行政主管部门会同财政、民政、国土资源、税务等有关部门拟定，报本级人民政府批准后公布执行。廉租住房租金标准由维修费、管理费两项因素构成。单位面积租赁住房补贴标准，按照市场平均租金与廉租住房租金标准的差额计算。

廉租住房制度的保障范围。根据 2007 年 8 月国务院《关于解决城市低收入家庭住房困难的若干意见》，城市廉租住房制度是解决低收入家庭住房困难的主要途径。2007 年年底前，所有设区的城市要对符合规定住房困难条件、申请廉租住房租赁补贴的城市低保家庭基本做到应保尽保；2008 年年底前，所有县城要基本做到应保尽保。"十一五"期末，全国廉租住房制度保障范围要由城市最低收入住房困难家庭扩大到低收入住房困难家庭；2008 年年底前，东部地区和其他有条件的地区要将保障范围扩大到低收入住房困难家庭。

廉租住房的管理。国务院建设行政主管部门对全国城镇最低收入家庭廉租住房工作实施指导和监督。省、自治区人民政府建设行政主管部门对本行政区域内城镇最低收入家庭廉租住房工作实施指导和监督。市、县人民政府房地产行政主管部门负责本行政区域内城镇最低收入家庭廉租住房管理工作。各级人民政府财政、民政、国土资源、税务等部门按照本部门职责分工，负责城镇最低收入家庭廉租住房的相关工作。

违反有关规定的处罚。最低收入家庭申请廉租住房时违反本规定，不如实申报家庭收入、家庭人口及住房状况的，由房地产行政主管部门取消其申请资格；已骗取廉租住房保障的，责令其退还已领取的租赁住房补贴，或者退出廉租住房并补交市场平均租金与廉租住房标准租金的差额，或者补交核减的租金，情节恶劣的，并可处以 1 000 元以下的罚款。享受廉租住房保障的承租人有下列行为之一的，由房地产行政主管部门收回其承租的廉租住房，或者停止发放租赁补贴，或者停止租金核减：①将承租的廉租住房转借、转租的；②擅自改变房屋用途的；③连续 6 个月以上未在廉租住房居住的。

以廉租住房政策推广较好的上海为例，2017 年 12 月 29 日，上海市人民政府印发《上海市人民政府关于调整本市廉租住房部分政策标准的通知》（沪府发〔2017〕93 号），表示对本市廉租住房部分政策标准进行了调整，新标准从 2018 年 1 月 1 日起实施。

此次政策标准调整主要包括几个方面：

一是放宽了收入和财产准入标准。其中，3 人及以上家庭廉租住房的收入准入标准从家庭人均月可支配收入 2 500 元以下调整为 3 300 元以下，财产准入标准从家庭人均 9 万元以下调整为 12 万元以下。1 人及 2 人家庭，收入和财产准入标准继续按上浮 10% 执行，即家庭人均月可支配收入从 2 750 元以下调整为 3 630 元以下，家庭人均财产从 9.9 万元以下调整为 13.2 万元以下。收入和财产准入标准调整后，廉租住房与共有产权保障住房的保障范围将进一步有机接轨。

二是调整了租金配租的分档补贴标准。根据梯度保障原则，上海市对廉租租金配租家庭按收入水平分三档进行补贴，收入越低补贴越多。收入准入标准调整后，分档补贴标准也进行了相应调整。其中，3 人及以上家庭按照基本补贴标准实施补贴的范围从家庭人均月可支配收入 1 300 元以下（含 1 300 元），调整为 2 000 元以下（含 2 000 元）；按照基本补贴标准 70% 实施补贴的范围从家庭人均月可支配收入 1 300~2 000 元（含 2 000 元）调整为 2 000~2 800 元（含 2 800 元）；按照基本补贴标准 40% 实施补贴的范围从家庭人均月可支配收入 2 000~2 500 元（含 2 500 元）调整为 2 800~3 300 元（含

3 300）。1 人、2 人家庭及经认定的因病支出型贫困家庭，各分档标准均对应上浮 10%。分档补贴标准的调整，整体上提高了上海市廉租住房的保障水平。

三是对住房困难的因病支出型贫困家庭实施"精准救助"。考虑到住房困难的因病支出型贫困家庭因存在医疗刚性支出，更需要居住方面的救助，新政策标准对该类家庭申请廉租住房保障时的收入和财产准入标准也进行了针对性放宽，在 3 人及以上家庭标准基础上放宽 10%，即放宽至家庭人均月可支配收入 3 630 元以下、人均财产 13.2 万元以下。

再以成都为例说明廉租住房的补贴标准、补贴条件及申请材料。成都市是全国较早实施城镇最低收入居民住房保障的城市之一。成都市从 2000 年起构建以"发放租金补贴为主，实物配租为辅"的廉租住房保障体系。当年通过两次电脑现场摇号活动，由市房产局下属的市住房保障中心向 150 户住房特困户提供实物配租。从 2001 年起，成都市开始试行以租金补贴的方式解决住房特困户问题。根据规定，廉租住房申请家庭配租面积的标准为人均住房建筑面积 24 平方米（包括原有住房面积），租金补贴标准为每人每月每平方米住房建筑面积补贴 4.5 元，即无房户每人每月补贴额 108 元；有房而人均建筑面积不足 16 平方米的，按照差额进行补贴。廉租住房申请家庭到市场上租赁适合自己居住的住房。到 2003 年年底，通过以上方式已解决 2 500 余户最低收入家庭的住房困难问题。2004 年又有 670 户获得廉租住房。

2018 年成都申请廉租住房的家庭须同时具备以下三个条件：①民政部门确定的最低生活保障家庭或家庭年收入在 2.8 万元以下的家庭（该收入标准线为中心城区廉租住房保障对象的收入标准线），收入标准线由市、区（市）县每两年调整一次，并向社会公布；②原有住房人均建筑面积在 16 平方米以下；③家庭人口两人以上（含两人），主申请人必须具有本市五城区（含高新区）正式户口。

申请所需提供的资料：①身份证；②户籍证明（成员卡、登记证）；③婚姻证明；④房产证明（户口所在地房产证明、单位住房情况证明）；⑤城市最低生活保障金领取情况（或家庭收入证明）；⑥家庭成员之间法定的赡养、抚养或扶养关系证明及其他相关证明。

三、各地廉租住房的推行模式与建设规模

1. 廉租住房三种保障方式的特点

租赁住房补贴类似于"补人头"，实物配租类似于"补砖头"，而租金核减介乎两种办法之间。实物配租和租赁住房补贴适用于不同的情况，两者各有利弊。

实物配租不利于鼓励民间房地产公司和其他组织参与低成本或低租金住房的建设或改造的积极性，减少了其投资机会，产生了挤出效应，可能限制市场机制发挥应有的作用。政府出资购买住房不会产生挤出效应，能够发挥市场机制的作用，见效也快。但是无论是政府出资收购住房，还是政府出资建设廉租住房，政府都要建立机构，配备合格的人员，付出足够的精力。不但要征用土地、安排设计和施工，还要在建成之后负责日常维护和管理，例如，收租、检查、维修、换房、租赁合同管理等。另外，政府在制订

公共住房建设计划时容易陷入盲目境地，很难满足低收入家庭各种不同类型的居住要求。20 世纪 50 年代后期，很多发达国家在战后建设的社会住房由于规划、设计和建造方面的原因，很大一部分变成了贫民窟。各国政府不得不对其进行大规模的清除，造成了极大的浪费。

租赁住房补贴模式是由政府向低收入家庭发放租赁住房补贴，由其到市场上租赁住房，可以通过市场机制的作用，充分利用社会上闲散的住房资源。但如果当地住房，特别是适合于低收入者租金支付能力的住房极度缺乏时，私人房主就会趁机哄抬租金，损害低收入租住者的利益甚至在租住者不能按时交纳租金时将其驱逐出去。因此政府应当仿照国外的做法对租金水平实行适当的管制。在实施管制时还应注意不要因此挫伤私人房主的积极性。防止因限制租金水平而抑制私人出租市场的发展，进而造成这个市场的萎缩。

2. 廉租住房租金及定价原则

廉租住房租金划分为三类：一是廉租住房成本租金，包括廉租住房折旧费、维修费、管理费、利息、保险费、土地使用费、税金七项；二是准廉租住房成本租金，包括廉租住房折旧费、维修费、管理费三项；三是最低廉租住房租金，根据国际上的一般经验，即 25%～30% 的家庭收入用于"住"方面的开支，结合我国的实际，按家庭收入的一定比例确定，一般取家庭收入的 10%～25%。廉租住房租金定价应遵循每平方米租金随家庭人口数增加而减少、随住房面积的递增而递增和随家庭收入的增加而增加三项原则。

2005 年 5 月 1 日起正式施行的《城镇廉租住房租金管理办法》规定，廉租住房承租家庭应当交纳的住房租金实行政府定价，租金标准原则上由房屋的维修费和管理费两项因素构成。维修费是指维持廉租住房在预定使用期限内正常使用所必需的修理、养护等费用。管理费是指实施廉租住房管理所需的人员、办公等正常开支费用。因收入等情况变化而不再符合租住廉租住房条件而继续租住的，应当按商品住房的市场租金补交租金差额[①]。以前廉租住房主要保障最低收入家庭，由于最低收入家庭收入差距不大，基本采取统一的住房补贴方式。廉租住房保障对象扩大至低收入家庭后，部分低收入家庭具备一定的住房支付能力，改革的方向是通过"反向递减"方式给予租赁补贴，即家庭收入越高，政府给予的补贴就越低。最低收入家庭基本没有住房支付能力，政府给予全额补贴。

2012 年，财政部重新制定了《中央补助廉租住房保障专项资金管理办法》，规定专项资金在优先满足发放廉租住房租赁补贴的前提下，可用于购买、改建或租赁廉租住房支出。财政部会同住房城乡建设部，于每年 4 月 30 日之前将专项资金分配下达省级财政部门、新疆生产建设兵团财务局。根据相关地区廉租住房保障任务完成情况、专项资金使用管理情况、是否按时向财政监察专员办事处报送审核资料、上报数据是否及时准确等因素，在下一年度分配专项资金时可以采取适当的奖惩措施，适当增加或减少相关

---

① 《城镇廉租住房租金管理办法》（发改价格〔2005〕05 号）。

地区的专项资金。财政困难地区省级财政部门、新疆生产建设兵团财务局应当确保将专项资金及时拨付到市、县财政部门或师、团场。市、县财政部门或师、团场应当确保专项资金按照规定用途使用。对于违反规定，骗取专项资金，不按规定分配使用专项资金的，相应扣减下一年度分配该地区或兵团的专项资金数额，按照《财政违法行为处罚处分条例》（国务院令第 427 号）的规定进行处理，并依法追究有关责任人员的行政责任。如遇发生重大自然灾害等特殊情况，专项资金分配时可以适当向受灾地区倾斜。

3. 各地廉租住房建设模式的探索

当前，全国各个城市结合本地实际，对建立、健全廉租住房政策展开了积极的探索，主要采用的方式有以下四种：长春市在全市范围内对租住公房的职工家庭进行了廉租住房对象认定，确定了职工家庭可负担的廉租住房租金水平，现租金与廉租住房租金的差额由房改办代表政府给予补贴；天津、广州等城市进行的新建廉租住房试点工程，解决了一批最低收入家庭的住房问题；青岛等城市结合搞活住房二级市场，收购了部分旧住房，作为廉租住房的房源；上海、成都对部分最低收入家庭实施房租补贴办法，帮助这些家庭到市场租赁住房。

总体说来，各地区的发展是很不平衡的：沿海发达地区和经济发达城市走在了前列，有的城市已经建立了相对完善的符合本地实际的廉租住房制度；中部地区相对落后，部分城市已经开始了初步的探索；西部部分贫困地区因为各方面的困难则还没有起步。表 5-1 是北京、上海和广州廉租住房制度建设状况对比表。

表 5-1　我国经济发达地区部分城市的廉租住房制度建设状况对比

	北京	上海	广州
政策出台时间	2001 年，出台《北京市城镇廉租住房管理试行办法》	2001 年 12 月，初步建立了廉租住房保障制度	1998 年下半年，制定出台《广州市廉租住房分配方案》；2001 年，制定下发《关于建立广州市新的住房供应体系的通知》；2003 年，起草了《广州市最低收入家庭住房保障办法》
保障对象	2005 年 11 月在全国率先将廉租家庭收入线标准由家庭人均月收入 300 元提高到人均月收入 580 元，扩大了廉租住房政策的覆盖面。根据该办法，北京市城八区内人均住房使用面积 7.5（含）平方米以下、非农业常住户口的最低收入家庭和其他需保障的特殊家庭都可申请，使低保和优抚家庭，均被纳入廉租住房的解困范围	"双困"标准：家庭人均月收入低于民政部门确定的城镇家庭最低生活保障线，并接受民政部门救助连续 6 个月以上；人均居住面积 7 平方米以下。人均居住面积低于 7 平方米，人均月收入低于 570 元的老劳模和重点优抚对象	广州市在 2006 年进一步提高廉租住房保障范围和保障标准，将双特困户保障范围从人均居住面积 7 平方米以下提高到人均建筑面积 16 平方米

表5-1(续)

	北京	上海	广州
方式	针对廉租家庭不同困难需求，租金补贴、租金减免、租金补贴还贷购房和实物配租四种方式并行	租金为主，配租为辅	由政府发放租金净补贴，由廉租对象自行到市场租房解决住房困难；由政府出资兴建廉租住房和利用腾退直管公房和单位自管公房，主要解决的对象是孤寡老人和残疾人家庭以及没有可能改变经济条件的人员
标准	配租标准低保家庭为人均使用面积10平方米，优抚家庭人均面积7.5平方米。租金补贴标准城四区30元/月·人，远郊四区27元/月·人。针对原住房面积小，所得拆迁补偿款少的低保、优抚家庭，按2人户12万元、3人户16万元、4人以上户18万元的标准（含拆迁补偿款）	9个中心城区和浦东新区每月每平方米居住面积补贴租金48元，闵行、宝山、嘉定3个区36元，其余6个区、县24元	租金补贴标准初定按人均建筑面积15平方米、每平方米补贴15元计算
退出方式	廉租对象收入提高后或人口、住房等情况发生变化超过规定标准后，应退出廉租住房	公正规范的复核退出	定期复审，收入超过标准的家庭按规定退出廉租住房
资金来源	以公共财政为主	市、区两级财政共同承担	财政预算安排为主、多种渠道筹措的原则，主要包括：市财政预算安排的资金；住房公积金增值收益中按规定提取的城市廉租住房补充资金；市经济适用住房出租的部分租金收入；社会捐赠的资金；其他渠道筹集的资金

4. 我国廉租住房建设规模的现状

由于相关措施的出台以及中央政府的三令五申，我国廉租住房建设取得了一定的成效。但由于受到廉租住房建设资金和土地供给短缺、廉租住房的管理体系不健全以及我国尚未建立居民收入统计制度等多种不利因素的影响，我国廉租住房建设体系不健全、供应不足、覆盖面太窄，廉租住房的社会保障功能没有得到充分发挥。后来不断攀升的房价使低收入群体只能"望楼兴叹"，廉租住房供求矛盾更加突出。

四、廉租住房制度及执行中的问题

1. 租住房房源问题

廉租住房需要符合标准的有效合理的房源供应，这样才能保持健康有序地向需求者提供适合其需要的住房。廉租住房房源的提供渠道有三种形式：一是政府或单位建设，二是对无配套直管房加以配套改造，三是单位腾退房。由于政府有预算资金约束，其出资收购和兴建廉租住房能力有限。直管房和单位腾退房由于住房改革的深入也在逐步减少。如何根据各地的实际情况选择合适的供房模式是各大城市面临的主要问题。

2. 住户分布太分散

以郑州市为例，为管理以实物配租方式住上廉租住房的家庭的水、电、气、暖，廉租办的工作人员每天不知要把郑州市转多少遍，花多少路费，而且由于不少"双困家庭"多年来养成了爱搜集垃圾的习惯，居民们并不很欢迎这样的新邻居。

为此，市廉租办决定对实物配租方式进行改革，根据实物配租家庭的实际情况，先选择一个区，利用其自有土地集中进行一定规模的廉租住房建设，相对集中安置"双困家庭"，集中进行管理，剩余住房出售后所获利益还可用于弥补该区廉租办工作经费的不足。

3. 生活费用"水涨船高"

以郑州市一户住进廉租住房的"双困家庭"为例，新搬进的那套 60 多平方米的廉租住房确实很棒，但以前一家三口在传达室里凑合住的时候，什么费用都不用交，现在除了每月要交十几元的房租外，还得负担水、电、气、暖和物业管理费用，其居住地点的改变也给孩子入学带来不便。由于以实物配租的廉租户大都不具备脱困前景，这样的问题如果不解决就有违政府推行廉租住房制度的初衷。

4. 分配不公平

一方面，廉租住房数量对众多符合条件的贫困家庭来说简直是杯水车薪，另一方面，分配中又存在诸多的不合理，廉租住房不能堵住那些根本不具备条件的高收入者通过关系获得房源的漏洞。以昆明市为例，原来修建的安居小区就未能幸免"名不副实"的厄运，几乎每一个小区都存在 50%以上的"虚报"住户。更有住户"揭秘"：她曾以没有住房为由从单位顺利开具证明，并向房管局某工作人员行贿 4 000 元，终于拿到 90 多平方米的"超标"安居房一套。原昆明市安居处（廉租处）负责人坦言，安居房审核制度存在难以规避的漏洞："我们只管程序是否合法，却无法一一审核手续齐全者到底是否多处占房或者收入偏高。漏洞必须从源头封杀。"可是这个漏洞由谁来封杀，怎样封杀，一直没有可落实的方案。

5. 动态管理很困难

由于廉租住房的保障对象是特定的住房困难、经济困难的"双困家庭"，经济困难是能够享受到廉租住房福利的必要条件，而房管部门对经济困难家庭的认定必须依据民政部门对其享受社会最低生活保障的认定，一旦脱离这个认定，房管部门很难界定困难家庭的对象。

廉租住房有关政策规定，收入一年后超出标准，必须迁出，但如何迁出？如果届时低收入人群已经超标，总不至于将其硬性赶出。因此科学的退出机制至关重要，这涉及对住户的追踪寻访，掌握经济收入来源，让更多的新兴低收入人群有房可住。退房并非简单的搬迁，更意味着搬出之后仍有房可住，有房可买。可见，廉租住房建设已经牵一发而动全身，它呼唤各地政府在建设过程中条分缕析、统筹全局、未雨绸缪。

6. 政府重视不够，措施不力，资金不足

对完善多层次的城镇住房供应体系和健全社会保障制度具有重要意义的廉租住房政策的实施却并不是一帆风顺的，其原因在于之前的廉租住房制度没有提供稳定的资金渠道，保障方式不完善，而有些地方政府过于关注房地产市场发展对当地经济的贡献，忽视了廉租住房制度建设。在 2007 年国务院《关于解决城市低收入家庭住房困难的若干意见》落实之前，廉租住房建设资金的预算尚无法进入地方财政部门的"法定增长项目"中。住房公积金增值收益中，有 60% 要被提取为风险准备金，有 30% 以内被用于管理费的支出，余下的 10% 中有三成要上缴省财政，七成用于廉租住房建设。我国住房公积金增值普遍收益很少或不稳定。全国绝大多数地区用于廉租住房建设的社会捐赠几乎是空白，其他渠道筹集的资金又具有不确定性。

中央政府和地方政府各自在廉租住房建设中的责任一直未明确。直到 2007 年 8 月国务院《关于解决城市低收入家庭住房困难的若干意见》才提出对中西部财政困难地区，通过中央预算内投资补助和中央财政廉租住房保障专项补助资金等方式给予支持。支持的金额、比例及方式等仍有待具体落实。

五、完善廉租住房制度的对策与建议

1. 立法规定各级政府在廉租住房建设中的责任

首先是中央政府的责任需明确。由于经济结构、自然环境和人口状况等因素影响，地区间经济发展水平相差很大，发展能力存在极大差别。这就要求中央政府制定不同的针对廉租住房建设的转移支付政策，重点加大对西部落后城市的财政支持力度。解决分税制实施以来中央及地方的体制矛盾，实行分层次的转移支付。

目前地方政府很少有廉租住房的建设计划和稳定的资金来源，而无偿划拨的土地又逐年减少，在社会保障性住房的供给结构中几乎没有廉租住房的生产量，大多数城市的廉租住房是靠收购少量的旧房或原有自管公房中的腾退房屋转作廉租住房的。应用立法的方式建立廉租住房的土地、资金供应机制以解决低收入家庭的住房问题。廉租住房的建设比重应大于经济适用住房的比重。

中央和地方政府需要成立专门的、以发展公共住宅为职能的机构。该机构应全权负责公共住宅的土地供应、规划、设计、建造、出售和租赁管理。资金列入国家预算，以确保经济适用住房和廉租住房的建设。政府要加大对廉租住房的财政投入力度，在今后几年将廉租住房投入占当年财政收入的比例由 0.06% 左右提高到 3%~4%。廉租住房建设应成为地方官员政绩考核硬指标。

2. 改革现有廉租住房的融资机制，引入市场机制

廉租住房的开发需要不断创新，可以考虑引入市场的因素。资金来源不稳定、资金缺口巨大成为制约廉租住房体系建设的关键。有学者提出发展房地产信托基金，建设廉租住房体系。一方面，由于信托的直接融资的特性，聚集大量资金并不会增大银行风险或政府负担；另一方面，由于政府每年投入的预算资金或社保资金只要能保障廉租住房租金和资本市场回报率之间的缺口即可，因此有限的政府资金可以带动较大规模的社会资金收购充足的廉租住房房源，满足广大低收入群体的住房需求。同时市场化的资金供给还可以提高廉租住房体系的效率和透明度。2005 年香港特别行政区政府拥有的大型房地产信托投资基金领汇的最终上市，是政府在实践多年的传统公屋管理制度之后的创

新，在于谋求某种意义上的商业化运营来维持廉租住房的正常管理、维护。政府发行有限量的住房建设公债，遵循缺口补给式原则，即总体考虑廉租住房临时性融资缺口来确定数额，为地方政府弥补廉租住房建设资金的缺口。完善并发挥政策性住房金融的作用，包括贴息贷款、建立全国统一的住房担保机构等。适时开征物业税，用于廉租住房建设。打破公积金现有的地域界限，使其流通起来，更好地发挥其增值部分资金用于廉租住房建设的效益。

3. 改革现行廉租住房申请体制，放宽申请条件，扩大廉租对象覆盖面

应该建立一种相对宽松的申请体制，尤其是户籍方面的限制应该放宽。任何城市人口，包括流动的城市人口、进城民工等，只要能提供在该城市居住的证明和住房困难证明均可以申请廉租住房，从制度上保证社会保障制度的公平性。近年来，一些城市如深圳、成都等地已经逐步朝着该方向改革。

4. 逐步建立信用制度，解决收入线划分困难问题

个人信用制度的基本内容主要由自然人的身份证明和个人社会档案、个人社会保障、个人银行账户和收入来源、个人可支配的用于抵押的资产等组成。个人信用制度建立后，全社会每个有经济活动的人都将拥有一个信用记录号码，这个号码可以对应一张或多张信用卡，人们的每一笔收入、纳税、借贷、还款都将通过信用卡记录在案。建立了个人信用系统，个人收入状况就能较为轻松地获得，从而为解决无法如实核查廉租对象的真实收入的问题奠定了基础。

5. 增加廉租住房房源供应渠道

增加廉租住房房源不单纯是建新房，二手房也可成为一个渠道，委托有关机构（公房管理部门）或组建中低收入家庭购租住房中心收购符合廉租住房标准、价格适中、户型较小的"二手房"和普通商品住房，以存量住房配对作为中低价位租售房源。

6. 完善廉租住房制度的制定和实施过程中的公众参与和监督机制

完善廉租住房制度要遵循公开原则，实行公示制度，将法规草案公布于众，并向社会广泛征集意见；举行专家咨询会和各种听证会，实行民主评议和管理；让公众参与廉租住房制度的实施情况的监督，建立多元化的监督机制，畅通多种投诉举报渠道，同时与社区工作者、广大市民、新闻媒体密切配合，形成一个政府与民众互动的合作网。

第二节　经济适用住房

一、国外经济适用住房概况

美国政府只负责解决占其人口 10%～15% 的人的住房问题，其中占总人口 2% 的低收入者住在美国公共住房政策建造的约 130 万套公共住房中。

英国政府一直奉行发展公共住房的政策，从 1919 年至 20 世纪 70 年代末期间，英

国政府的公共住房占住房总数的 1/3。撒切尔夫人推行的"住房私有行动"的目标之一就是使其出租公共住房占住房总数的 20% 左右。

瑞典是一个具有代表性的福利国家,与其他发达资本主义国家相比,其公有住房和住房协作团体所有的合作社会住房的比重较高。20 世纪 80 年代的 370 万套住房中,租用政府公房占 21%,合作住房占 15%。

新加坡是一个人口密度较高的城市型国家。新加坡政府坚持以政府分配为主、市场出售为辅的原则,牢牢掌握了房地产市场的主动权,既解决了大部分国民的住房,也有效平抑了房价。在新加坡,民用住宅主要由政府组屋和商品房两部分组成。政府组屋由政府投资修建,价格也由政府统一规定,以低价出售或出租给中低收入阶层使用。包括共管公寓等高级公寓和私人住宅在内的商品房则是由私人投资修建,并按市场价格发售。而商品房的购买者主要是收入较高的二次置业者、投资者或者外国公民。在组屋分配方面,新加坡建屋发展局会在组屋建成后,按照公平原则进行合理分配。符合配房条件的住户一律排队等候政府分配住房,低收入者可以享受廉价租房待遇,中等收入者可以享受廉价购房待遇。组屋按地段与面积不同,每套价格从 15 万新元(1 美元约合 1.52 新元)到 25 万新元不等。符合条件者,可以向建屋发展局申请优惠按揭贷款。为防止房价剧烈波动,新加坡对房地产市场进行严格监控。例如,建屋发展局的政策定位是"以自住为主",对居民购买组屋的次数有严格的限制。购买组屋后,屋主在一定年限内不得整房出租;在购买组屋后 5 年之内,不得将其转让,也不能用于商业性经营。新加坡政府还规定,一个家庭只能同时拥有一套组屋,如果要购买新房子,旧组屋必须退出来,以防有人投机多占。对于商品房,新加坡政府规定,业主出售购买时间不足 1 年的商品房,需要缴纳高额房产税,从而有效抑制了"炒房"行为和商品房价格暴涨。

日本的"公营住宅"(东京都的"都营住宅")类似于我国的经济适用住房。日本土地大多为私人所有,住房价格基本上由市场决定。但为使大多数人能够"居者有其屋",日本历届政府遵循保低放高的原则,采取了不少政策性调节措施,使不同社会层次的百姓都能住上与自己经济条件相适应的住房。所谓保低放高,是指政府为中低收入者提供廉价住房或优惠住房贷款,保证中低收入者能买得起房或者能租得起房,而高收入者的住房问题则由公开市场解决。日本政府主要通过立法对地方政府兴建廉价住房等提供实物、金融和税收等方面的支持,以实现改善国民居住条件的目的。日本政府在支持兴建廉价住房方面的主要做法是:中央政府出资鼓励地方政府兴建住房和收购住房,然后再以较低价格出售或出租给中低收入者。依照《公营住宅法》,日本中央政府要为地方政府兴建用于出租的住房提供财政补贴。其中,新建住房费用由国家补贴一半,翻修住房费用由国家补贴 1/3。1955 年,日本政府在《公营住宅法》的基础上又出台了《住宅公团法》,为以政府为主体直接出资兴建住房提供了法律依据。按照该法律,日本中央政府出资组建了住宅公团。住宅公团是一个非营利单位,负责在大城市及其周边地区进行城区改造和建设住宅,并出售或出租给一般收入者。为进一步改善国民居住条件、促进城市建设,1960 年日本又制定了《居民区改造法》。根据该法律,各地方政府在进行城区改造时，可得到中央财政的补贴。拆除危房、搭建临时住宅所产生的费用由国家资助一半，新房建设、收购平整土地所产生的费用可得到国家 2/3 的补助。此外，日本政府还通过为购房和建房单位及个人提供低息贷款来解决国民住房问题。1950 年，日本制定了《住宅金融公库法》，由国家出资成立住宅金融公库，实行固定利率制，贷款利率相当于普通银行的 1/3 左右，还贷期限也比较长，一般为 35 年，一些特殊困难人群到期无法还款还能在原贷款期限基础上再延长 10 年，放贷对象主要是购建住房的个人和单位。此后的 1955 年，日本还颁布了《住宅融资保险法》，对金融机构发放住房贷款提供保险服务。另外，日本政府还通过减免所得税、赠与税和房屋登记许可税等政策措施，鼓励国民购房。

二、我国经济适用住房概况

（一）我国经济适用住房的性质

经济适用住房是政府提供政策优惠，限定建设标准、供应对象和销售价格的政策性商品住房。政府用于经济适用住房建设的财政性支出（主要是减免的土地出让收益和税费）转化为投资，政府按投资比例拥有房屋产权和相应权利。共有产权制度下的经济适用住房政策的创新点表现在中低收入家庭在没有能力购买住房全部产权并符合政府提供补贴标准的前提下，尽自己所能出资购买住房的部分产权，获得住房完全的占有权和使用权，政府投资获得住房的另一部分产权，但向受助购房者无偿让渡占用权和使用权，并放弃收益权，不计利息，不收租金。当受助家庭步入中高收入阶段、不符合补贴标准时，政府依照法律和契约行使收益权和处分权，或向对方转让产权收回投资，或按市场价格向对方收取租金，或收购对方产权，收回房屋的全部占用权和使用权，或在市场公开出售，双方按产权比例分配收益。这不仅可以避免土地收益的流失，给地方政府提供了积极贯彻落实经济适用住房政策的动力，又能够实现经济适用住房政策的动态性保障要求，更重要的是体现了"谁投资，谁所有，谁收益"的原则和公共财政的公平公正原则，并且解决了经济适用住房与商品房"同质不同价"的问题，符合社会主义市场经济规律要求，是一个有着重大意义的理论创新。

早在 1991 年 6 月，国务院在《关于继续积极稳妥地进行城镇住房制度改革的通知》中即提出：大力发展经济适用的商品房，优先解决无房户和住房困难户的住房问题。1994 年国务院发布《关于深化城镇住房制度改革的决定》，把经济适用住房建设列为城镇住房制度改革的基本内容之一。1998 年《国务院关于进一步深化城镇住房制度改革加快住房建设的通知》要求采取扶持政策，重点发展经济适用住房为主的多层次城镇住房供应体系。2003 年国务院发布《关于促进房地产市场持续健康发展的通知》（国发〔2003〕18 号）明确提出，经济适用住房是具有保障性质的政策性商品住房，并要求加强经济适用住房建设和管理。为落实《关于促进房地产市场持续健康发展的通知》，才有 2004 年 5 月 13 日开始实施的《经济适用住房管理办法》的出台。《经济适用住房管理办法》改变了 1998 年《国务院关于进一步深化城镇住房制度改革加快住房建设的通知》中要求重点发展经济适用住房，以经济适用住房来解决大多数人住房的政策导向，确保为中低收入群众造福。2005 年，国务院将供应对象调整为城市低收入住房困难家庭，并与廉租住房保障对象衔接。为了给予经济适用住房建设更大的政策支持并减少管理中的问题，2007 年 8 月国务院颁布《关于解决城市低收入家庭住房困难的若干意见》，对经济适用住房进行了进一步规范。同年 11 月建设部等 7 部门联合出台新的《经济适用住房管理办法》。

2008 年，为贯彻落实《国务院关于解决城市低收入家庭住房困难的若干意见》（国发〔2007〕24 号）精神，促进廉租住房、经济适用住房制度建设和住房租赁市场的健康发展，经国务院批准，财政部、国家税务总局发布关于廉租住房经济适用住房和住房租赁有关税收政策的通知，支持廉租住房、经济适用住房建设的税收政策。2010 年，住建部提出，计划为经济适用住房改名以明晰政策。自 2010 年开始陆续上市的"新经济适用住房"，其最大特点是"共有产权"：购房者仅享有 60%~70% 的有限产权，余下产权归政府持有；相比此前因寻租、腐败而饱受诟病的旧式经适房，新经适房不能再被视为私产，随意转手或继承，套现牟利的政策空子被大大压缩。

经济适用住房购房人拥有有限产权。《国务院关于解决城市低收入家庭住房困难的若干意见》首次明确了经济适用住房"有限产权"的性质。经济适用住房产权的"有限"体现在以下四个方面：

（1）经济适用住房产权的主体，也就是物权的主体是有限制的，低收入家庭才能有法律上的资格购买经济适用住房，如果是高收入者就不可以，这是一个限制。

（2）经济适用住房的处分权的限制。如果是完整所有权的话，可以自由交易，但是经济适用住房需要 5 年后才可上市交易，政府可优先回购。

（3）取得经济适用住房的对价也是有一定限制的。政府在将经济适用住房出售给需要的家庭时，有些应当在商业住房项目中收取的土地费，实际上是减免了。所以在购买产权的时候，支付的对价里面就没有包括国有土地使用权的完整的市场价格，因此对应来讲，所取得的权利也应该受到一定限制。

（4）对于大多数低收入者来说，给予有限产权并不会影响到低收入家庭的正常生活。低收入者取得了可以负担得起的房屋的使用价值，为了使这个使用价值得到法律上的确认，政府用了"有限产权"这样的概念。经济适用住房可以有条件地转让，这和使用权并不一样，这种所有权受到了法律上的限制。

（二）我国经济适用住房的主要管理办法

1. 建设、购买经济适用住房的优惠

经济适用住房建设用地实行划拨方式供应；经济适用住房建设项目免收城市基础设施配套费等各种行政事业性收费和政府性基金，项目外基础设施建设费用由政府负担；减半征收建设和经营中的行政事业性收费，项目外基础设施建设费用由政府承担；建设单位可以住建项目作抵押向商业银行申请住房开发贷款；个人贷款利率执行中国人民银行公布的贷款利率，不得上浮；住房公积金贷款优先向购买经济适用住房的个人发放。

2. 经济适用住房的面积和价格

经济适用住房单套的建筑面积控制在 60 平方米左右。市、县人民政府应当根据当地经济发展水平、群众生活水平、住房状况、家庭结构和人口等因素，合理确定经济适用住房建设规模和各种套型的比例，并进行严格管理。

确定经济适用住房的价格应当以保本微利为原则。其销售基准价格及浮动幅度，由有定价权的价格主管部门会同经济适用住房主管部门，依据经济适用住房价格管理的有关规定，在综合考虑建设、管理成本和利润的基础上确定并向社会公布。房地产开发企业实施的经济适用住房项目利润率按不高于3%核定；市、县人民政府直接组织建设的经济适用住房只能按成本价销售，不得有利润。经济适用住房实行收费卡制度，各有关部门收取费用时，必须填写价格主管部门核发的交费登记卡。任何单位不得以押金、保证金等名义，变相向经济适用住房建设单位收取费用。价格主管部门要加强成本监审，全面掌握经济适用住房成本及利润变动情况，确保经济适用住房做到质价相符。

3. 申请购买或承租的条件

购买经济适用住房应同时符合下列条件：

（1）具有当地城镇户口；

（2）家庭收入符合市、县人民政府划定的低收入家庭收入标准；

（3）无房或现住房面积低于市、县人民政府规定的住房困难标准。

经济适用住房供应对象的家庭收入标准和住房困难标准，由市、县人民政府根据当地商品住房价格、居民家庭可支配收入、居住水平和家庭人口结构等因素确定，实行动态管理，每年向社会公布一次。

已经购买经济适用住房的家庭又购买其他住房的，原经济适用住房由政府按规定及合同约定回购。政府回购的经济适用住房，仍应用于解决低收入家庭的住房困难。

已参加福利分房的家庭在退回所分房屋前不得购买经济适用住房，已购买经济适用住房的家庭不得再购买经济适用住房。

4. 申请及审批程序

购买经济适用住房实行申请、审批和公示制度。购买经济适用住房申请人应当持家庭户口本、所在单位或街道办事处出具的收入证明和住房证明以及市、县人民政府规定的其他材料，向市、县人民政府经济适用住房主管部门提出申请。市、县人民政府经济适用住房主管部门应当在规定时间内完成核查。符合条件的，应当公示。公示后有投诉的，由经济适用住房主管部门会同有关部门调查、核实；对无投诉或经调查、核实投诉不实的，在经济适用住房申请上签署核查意见，并注明可以购买的优惠面积或房价总额标准。符合条件的家庭，可以持核准文件选购一套与核准面积相对应的经济适用住房。这三项制度增加了申请、审批程序的透明度，有利于社会监督。

5. 转让及出租条件

严格经济适用住房上市交易管理。经济适用住房属于政策性住房，购房人拥有有限产权。购买经济适用住房不满5年，不得直接上市交易，购房人因特殊原因确需转让经济适用住房的，由政府按照原价格并考虑折旧和物价水平等因素进行回购。购买经济适用住房满5年，购房人上市转让经济适用住房的，应按照届时同地段普通商品住房与经济适用住房差价的一定比例向政府交纳土地收益等相关价款，具体交纳比例由市、县人民政府确定，政府可优先回购；购房人也可以按照政府所定的标准向政府交纳土地收益等相关价款后，取得完全产权。上述规定应在经济适用住房购买合同中予以载明，并明确相关违约责任。政府回购的经济适用住房，仍应用于解决低收入家庭的住房困难。

个人购买的经济适用住房在取得完全产权以前不得用于出租经营。

6. 集资建房和合作建房

距离城区较远的独立工矿企业和住房困难户较多的企业，在符合土地利用总体规划、城市规划、住房建设规划的前提下，经市、县人民政府批准，可以利用单位自用土地进行集资合作建房。参加单位集资合作建房的对象，必须限定在本单位符合市、县人民政府规定的低收入住房困难家庭。

单位集资合作建房是经济适用住房的组成部分，其建设标准、优惠政策、供应对象、产权关系等均按照经济适用住房的有关规定严格执行。单位集资合作建房应当纳入当地经济适用住房建设计划和用地计划管理。

任何单位不得利用新征用或新购买土地组织集资合作建房，各级国家机关一律不得搞单位集资合作建房。单位集资合作建房不得向不符合经济适用住房供应条件的家庭出售。

单位集资合作建房在满足本单位低收入住房困难家庭购买后，房源仍有少量剩余的，由市、县人民政府统一组织向符合经济适用住房购房条件的家庭出售，或由市、县人民政府以成本价收购后用作廉租住房。

向职工收取的单位集资合作建房款项实行专款管理、专项使用，并接受当地财政和经济适用住房主管部门的监督。

已参加福利分房、购买经济适用住房或参加单位集资合作建房的人员，不得再次参加单位集资合作建房。严禁任何单位借集资合作建房名义，变相实施住房实物分配或商品房开发。

单位集资合作建房原则上不收取管理费用，不得有利润。

国务院建设行政主管部门负责全国经济适用住房指导工作。省、自治区建设行政主管部门负责本行政区域范围内经济适用住房指导、监督工作。市、县人民政府建设或房地产行政主管部门（以下简称"经济适用住房主管部门"）负责本行政区域内经济适用住房的实施和管理工作。县级以上人民政府计划（发展和改革）、国土资源、规划、价格行政主管部门和金融机构根据职责分工，负责经济适用住房有关工作。市、县人民政府应当在做好市场需求分析和预测的基础上，编制本地区经济适用住房发展规划。市、县人民政府经济适用住房主管部门应当会同计划、规划、国土资源行政主管部门根据土地利用总体规划、城市总体规划和经济适用住房发展规划，做好项目储备，为逐年滚动开发创造条件。市、县人民政府计划主管部门应当会同建设、规划、国土资源行政主管部门依据经济适用住房发展规划和项目储备情况，编制经济适用住房年度建设投资计划和用地计划。经济适用住房建设用地应当纳入当地年度土地供应计划。中央和国家机关、直属企事业单位及军队的经济适用住房建设，实行属地化管理。其利用自用土地建设经济适用住房，经所属主管部门批准后，纳入当地经济适用住房建设投资计划，统一管理。

各地应在对本地经济适用住房建设、销售情况进行自查的基础上，制定实施细则，确定经济适用住房的户型面积和各种户型的比例、购买（承租）的条件及面积标准、超面积差价款的处理办法、准予上市年限和补缴收益标准，并编制经济适用住房发展规划等；市、县经济适用住房主管部门要和相关管理部门共同做好项目储备，编制年度建设投资计划和土地供应计划，确定销售（租赁）价格，严格监督管理。

（三）我国经济适用住房制度的创新与完善

1. 经济适用住房制度的创新

（1）租赁型经济适用住房

租赁型经济适用住房或称可支付租赁住房制度，是指供应低于市场租金的可支付租赁住房，既能满足无力购买经济适用住房但又不符合廉租住房申请条件的中低收入家庭中"夹心层"的住房需求，同时也能满足流动人口的住房需求。这种方式目前可供操作的重点就是通过经济适用住房制度创新，实行经济适用住房可租可售，即"夹心层"家庭虽然无力购买经济适用住房，但可以租赁经济适用住房。这样，通过面向中低收入家庭的经济适用住房政策的完善以及面向低收入家庭的"可支付租赁住房"政策，实行经济适用住房"租售并举"，打破经济适用住房与廉租住房的界限，实现两者的衔接，较好地解决中低收入家庭中各收入阶层的住房问题。香港"公屋"政策就是香港特区政府把土地出售给开发商，由开发商承建，然后等房屋盖完后再从开发商手里购买回来一部分房屋，租给符合条件的市民居住，居住一段时间后特区政府再折价卖给居住者。2007年1月成都市在全国率先试点，其他许多省市如浙江、山西、湖北、天津等陆续效仿。成都租赁型经济适用住房实行先租后买制度，租住满两年，符合购买经济适用住房条件且经济实力达到购买水平的可以申请购买该套经济适用住房。租赁型经济适用住房的家庭实行年度审核制度。年度审核制是由相关单位对承租家庭的收入、住房和家庭常住人口状况进行定期复核，对不再符合条件的家庭，终止其租赁合同。浙江萧山则将暂时卖不出去的经济适用住房用于出租。

（2）产权共有型经济适用住房

产权共有型经济适用住房是指政府和购房家庭共同拥有经济适用住房的产权，它由政府组织、开发，企业提供房源，购房家庭按照要求先购买一定的面积，其余面积由政府从住房保障资金中出资购买，确认为国有产权，交由购房户租赁使用。一旦购房家庭经济条件允许了，再一次性购买所住房屋的其余产权，可解决外来人口、刚毕业大学生、城市拆迁安置过程中的"夹心层"等群体的住房问题。

（3）专门机构独立运作取代开发企业主导

建立住房保障供应体系，对低收入家庭实施基本的住房保障，是各级政府义不容辞的责任，需要政府主管部门投入大量人力、物力和财力支持保障性住房建设。根据对过去各个城市经济适用住房政策实施效果的分析，可以看出，凡是在政府组织指导下成立的专门机构独立运作的城市，土地供应落实，配套政策到位，准入管理严格，建设标准和管理规范，效果较好，受到当地各界人士，特别是中低收入家庭的肯定和拥护。

成立独立的住房保障管理机构，统筹资金（筹集和使用）、土地、规划、建设、分配、退出、再分配以及上市交易管理等，改变目前主管部门过多、职责不清、配套政策不落实、管理不严等一系列问题。独立机构在建设初期应以政府单独成立管理机构或下属管理机构为主，待发展成熟后，再扩大机构范围，如专门的非营利性社会团体（可考虑将一部分国有房地产公司转为非营利机构）等。特别是随着经济租赁房的逐渐推广，更需要一个专门的机构负责对租赁期间的房屋、人员的综合统筹和全面协调的管理服务。

（4）改善经济适用住房的周转机制

从目前以出售为主过渡到以出租为主还需要一个发展过程，在现行制度下，对于依然以销售方式分配的经济适用住房，建议采取体内循环的周转方式，即购买者如欲出售，只能被政策性住房的持有机构无偿（或给予一定的资金利息补偿）收回，再重新出售或出租给符合条件的新的中低收入家庭。这种有限制的周转方式有利于通过经济手段挤出已不符合条件的购买者，让他们去市场上购买完全产权、有投资获利空间的商品房。

（5）货币直补

经济适用住房货币直补的方式是指将土地出让收益拿出一部分来，以货币的形式直接发放给符合条件的低收入家庭。这样一来，购房者便可以直接拿钱到市场上购买适合自己的商品房。2003年起山东日照率先在全国试点。根据《日照市城市经济适用住房货币补贴实施办法》，日照市的经济适用住房补贴资金直接从政府土地出让收益中列支，补贴总额、计划补贴户数、每户补贴标准根据每年房地产平均价格指数调整。每年增长的资金70%用于增加补贴户数，30%用于提高每户补贴标准。从2003年至2007年，日照市以此方式解决了2 381户城市低收入家庭住房困难。

2. 经济适用住房制度的完善

针对经济适用住房中出现的一些难以控制的违规现象，全国政协委员、西安市政协原主席傅继德在2005年3月全国政协会议上提交了一份《关于停止开发建设经济适用房》的提案。傅继德委员认为经济适用住房走到今天，已经违背了该政策的初衷，因此经济适用住房应该停止开发建设，以期形成统一的房地产开发市场，对于困难户，按规定选定房屋后由政府直接向其提供经济补助。而北京市建委开发办随后表示，停止建设经济适用住房将导致更多问题，北京不会停止经济适用住房的供应。

其实，在房地产业界这两种观点一直存在着。用通俗的话概括，就是对困难户进行"砖头补贴"还是"人头补贴"之争。开发商从政府得到补偿金，盖好房子后，还可以从购买者手里赚到一笔钱，这种经济适用住房的补贴政策，正是"砖头补贴"。而傅继德委员的提议，毫无疑问是一种"人头补贴"，即由政府出面认真核实统计，给真正的低收入者发放补贴，然后通过市场体系来解决住房问题。

经济适用住房作为一种福利措施，旨在通过某种政策倾斜，达到扩大住房供给、调节房地产投资结构和启动市场有效需求的目的，它是基于我国目前特殊的房地产市场和住房市场发展阶段的一种政策选择。然而，经济适用住房能否兼顾效率与公平，还是一个值得探讨的问题。国家对经济适用住房进行政策倾斜，而这种操作又缺乏必要的监督机制，许多房地产开发公司打着经济适用住房的旗号争项目、争计划、争土地、争贷款，很容易诱发政企间的交易和寻租行为，而使经济适用住房游离于主体适用范围之外。此外，即使是以经济适用住房开发为目的，许多开发商也把房子越建越大，把销售目标定位在中等收入家庭，这样的操作不符合经济适用住房的建设目的和财政补贴的支付原则，"砖头补贴"往往在执行过程中补给了不应该受到补贴的人。

从世界各国的住房补贴来看，一般来讲，只有在住房极度短缺的情况下才会实行"砖头补贴"。在市场经济运行过程中，"砖头补贴"有着难以避免的缺陷。为了使政策优惠能按预期的设想转移到中低收入阶层身上，政府需要花费大量精力和成本去监督经济适用住房的流通和分配，而且也给腐败创造了温床。政府的责任应该是宏观调控、经济管理与产业政策的安排，过分介入住房市场，有悖住房商品化、市场化的改革目标。而傅继德委员所提议的"政府直接向困难户提供援助"，这种"人头补贴"虽然还有待进一步思考，但是，它可以避免政府对住房市场的直接干预，节约政府巨额的监督成本，提高政府对市场的调控效率。而且，财政补贴的作用直接到达需要补贴的个人，并全部转化为消费者的福利，这样，就不会在住房建设阶段产生效益流失或被生产者所占有了。从市场角度出发，"人头补贴"应该是比较好的选择。我国应该逐步改变过去重"补砖头"的观念，探索"补砖头"和"补人头"相结合的住房保障新思路。

我国从福利分房走向货币购房的过程中，住房政策会受到一定阶段经济发展水平的制约。住房问题的彻底解决需要长时间的努力，不可能一蹴而就。但是，我们应该明确房地产市场的发展方向是商品化、市场化，并且在这一背景下重新审视经济适用住房的补贴方式，以实现社会利益最大化。从长远发展看，经济适用住房势必逐步与廉租住房制度对接，解决"夹心层"的住房问题，确保在社会平均收入水平以下的弱势群体可以得到基本的住房保障，即低收入家庭租赁经济适用住房，这部分保障群体要控制在一个合适的范围。而中低收入等阶层则通过公积金等金融税收支持在市场上购买中低价位中小户型的住房，逐步与限价商品房并轨，进入市场体系，这部分通过市场改善住房条件的家庭应占社会的绝对多数。

第三节　公共租赁住房

公共租赁住房（简称公租房），是指限定建设标准和租金水平，面向符合规定条件的城镇中等偏下收入住房困难家庭、新就业无房职工和在城镇稳定就业的外来务工人员出租的保障性住房。其本质在于政府针对社会"夹心层"住房问题而主导修建的保障性住房，是我国住房保障体系的重要组成部分。公共租赁住房通过新建、改建、收购、长期租赁等多种方式筹集，可以由政府投资，也可以由政府提供政策支持、社会力量投资。公共租赁住房可以是成套住房，也可以是宿舍型住房。

一、公共租赁住房制度的建立与发展

随着廉租住房、经济适用住房建设和棚户区改造力度的逐步加大，城市低收入家庭的住房条件得到较大改善。但是，由于有的地区住房保障政策覆盖范围比较小，部分大中城市商品住房价格较高、上涨过快、可供出租的小户型住房供应不足等原因，一些中等偏下收入住房困难家庭无力通过市场租赁或购买住房的问题比较突出。同时，随着城镇化快速推进，新职工的阶段性住房支付能力不足矛盾日益显现，外来务工人员居住条件也亟须改善。

2010 年，根据《国务院关于坚决遏制部分城市房价过快上涨的通知》（国发〔2010〕10 号）和《国务院办公厅关于促进房地产市场平稳健康发展的通知》（国办发〔2010〕4 号）精神，国务院发布了住房城乡建设部、国家发展改革委、财政部、国土资源部、中国人民银行、国家税务总局、银监会制定的《关于加快发展公共租赁住房的指导意见》，我国正式将公共租赁住房纳入我国城镇住房保障体系。2011 年，中国人民银行、银监会《关于认真做好公共租赁住房等保障性安居工程金融服务工作的通知》（银发〔2011〕193 号），提出拓宽融资渠道，通过贷款、银行间债务融资工具承销等多种方式，加大对公共租赁住房建设的资金支持。2012 年 7 月 15 日起住房和城乡建设部联合 6 部委发布的《公共租赁住房管理办法》开始施行。2015 年财政部、国土资源部、住房城乡建设部、中国人民银行、国家税务总局、银监会发布《关于运用政府

《公共租赁住房管理办法》

和社会资本合作模式推进公共租赁住房投资建设和运营管理的通知》，提出政府选择社会资本组建公共租赁住房项目公司，规定了合作项目的基本条件、适用范围，构建起政府支持政府和社会资本合作模式公共租赁住房的政策体系。财政部、税务总局发布《关于公共租赁住房税收优惠政策的公告》，提出从 2019 年 1 月 1 日至 2020 年 12 月 31 日，公共租赁住房建设和运营有关的税收优惠政策。2020 年发布的《中共中央关于制定国民经济和社会发展第十四个五年规划和二〇三五年远景目标的建议》提出了要按照规划利用集体建设用地建设租赁住房，以扩大租赁性保障房的供给，进而完善长租房政策。毫无疑问，要想从根本上解决房地产问题，还是要大力发展保障性住房，其中公租房对完善住房保障体系的作用愈加重大。

二、公共租赁住房的特征

公共租赁住房制度管理运行包括供应体系、分配制度以及保障体系，其中供应体系是基础，保障体系是保证，分配制度是核心。公共租赁住房制度作为新时期破解社会住房不公平问题，缓解社会矛盾的重要手段，其主要特征是保障性、公共性、供应群体广泛性、租赁性。

1. 保障性

《城市居民最低生活保障条例》明确政府对于低收入人群基本生活物质帮助权。《世界人权宣言》《经济、社会及文化权利国际公约》《消除一切形式种族歧视国际公

约》等国际公约将住房权一致确认为基本人权。住房权在生活中的实现依赖于政府的支持和推动,政府积极作为直接决定宪法物质帮助权实施效果。2010年住建部联合六部委发布的《关于加快发展公共租赁住房的指导意见》明确指出,大力发展公共租赁住房,对于完善住房供应体系以及发展住房租赁市场具有重要作用,该项举措有助于满足城市中等偏下收入家庭基本住房需求。

2. 公共性

公共租赁住房是市场经济条件下政府基于住房公平目的而提供的准公共产品,不同于完全市场化的住房,更不同于计划经济下的福利公房。此外,公共事务的完善离不开公共参与的力量。公共租赁住房分配制度建设应当注重公民的参与权和知情权,主动公开公共租赁住房从规划到最后分配全过程,自觉主动接受人民群众监督。做到配租过程公开透明、配租结果公平公正。租金收入,应按照政府非税收入管理的规定缴入同级国库,实行"收支两条线"管理。租金收入专项用于偿还公共租赁住房贷款,以及公共租赁住房的维护、管理和投资补助。

3. 供应群体广泛性

就发展历程而言,公共租赁住房保障对象经历从保障最低家庭收入到保障中等偏下收入家庭和新就业群体两个阶段。第一个阶段是1998—2010年廉租住房阶段,旨在解决城镇最低收入家庭和低收入家庭住房困难。商品房的逐步推进使得城市低收入家庭对于保障性住房的需求加大,国家加大财政政策支持,加强廉租住房规划力度。第二个阶段公共租赁住房向非本地户籍的常住人口和新市民覆盖,旨在解决城镇化快速发展背景下的"夹心层"人群的住房困难问题。2010年《关于加快发展公共租赁住房的指导意见》对公租房的供应对象进行规定,进一步完善公共租赁住房的申请、审核、轮候、配租、使用及退出等方面的制度。

4. 租赁性

租赁性是公共租赁住房的核心特征。公共租赁住房需要向住房困难群体提供适当租赁住房,从而保障公民基本住房权。行政机关作为出租人,受保障对象作为承租人,在双方地位悬殊的情况下,如何加强承租人利益保护引起广泛关注。公共租赁住房合同与商业租赁合同共同适用《中华人民共和国民法典》第七百零七条关于不定期租赁的规定,承租人依照不定期租赁的规定享有合法权益,出租人和承租人双方受租赁合同的约束①。

三、公共租赁住房的房源筹集

第一,公共租赁住房房源通过新建、改建、收购、在市场上长期租赁住房等方式多渠道筹集。新建公共租赁住房以配建为主,也可以相对集中建设。要科学规划,合理布局,尽可能安排在交通便利、公共设施较为齐全的区域,同步做好小区内外市政配套设施建设。

---

① 黄思琪. 基于全生命周期的保障性住房项目风险评价 [D]. 南昌:南昌大学,2022.

第二，在外来务工人员集中的开发区和工业园区，市、县人民政府应当按照集约用地的原则，统筹规划，引导各类投资主体建设公共租赁住房，面向用工单位或园区就业人员出租。

第三，新建公共租赁住房主要满足基本居住需求，应符合安全卫生标准和节能环保要求，确保工程质量安全。成套建设的公共租赁住房，单套建筑面积要严格控制在60平方米以下。以集体宿舍形式建设的公共租赁住房，应认真落实宿舍建筑设计规范的有关规定。

四、政策支持

第一，将公共租赁住房建设用地纳入年度土地供应计划，予以重点保障。面向经济适用住房对象供应的公共租赁住房，建设用地实行划拨供应。其他方式投资的公共租赁住房，建设用地可以采用出让、租赁或作价入股等方式有偿使用，并将所建公共租赁住房的租金水平、套型结构、建设标准和设施条件等作为土地供应的前置条件，所建住房只能租赁，不得出售。

第二，市、县人民政府通过直接投资、资本金注入、投资补助、贷款贴息等方式，加大对公共租赁住房建设和运营的投入。省、自治区人民政府要给予资金支持，中央以适当方式给予资金补助。

第三，对公共租赁住房的建设和运营给予税收优惠，具体办法由财政部、税务总局制订。公共租赁住房建设涉及的行政事业性收费和政府性基金，按照经济适用住房的相关政策执行。2019—2020年，财政部和税务总局出台的税收优惠包括：

（1）对公租房建设期间用地及公租房建成后占地，免征城镇土地使用税。在其他住房项目中配套建设公租房，按公租房建筑面积占总建筑面积的比例免征建设、管理公租房涉及的城镇土地使用税。

（2）对公租房经营管理单位免征建设、管理公租房涉及的印花税。在其他住房项目中配套建设公租房，按公租房建筑面积占总建筑面积的比例免征建设、管理公租房涉及的印花税。

（3）对公租房经营管理单位购买住房作为公租房，免征契税、印花税；对公租房租赁双方免征签订租赁协议涉及的印花税。

（4）对企事业单位、社会团体以及其他组织转让旧房作为公租房房源，且增值额未超过扣除项目金额20%的，免征土地增值税。

（5）企事业单位、社会团体以及其他组织捐赠住房作为公租房，符合税收法律法规规定的，对其公益性捐赠支出在年度利润总额12%以内的部分，准予在计算应纳税所得额时扣除，超过年度利润总额12%的部分，准予结转以后三年内在计算应纳税所得额时扣除。

（6）个人捐赠住房作为公租房，符合税收法律法规规定的，对其公益性捐赠支出未超过其申报的应纳税所得额30%的部分，准予从其应纳税所得额中扣除。

（7）对符合地方政府规定条件的城镇住房保障家庭从地方政府领取的住房租赁补

贴，免征个人所得税。

（8）对公租房免征房产税。对经营公租房所取得的租金收入，免征增值税。公租房经营管理单位应单独核算公租房租金收入，未单独核算的，不得享受免征增值税、房产税优惠政策。

第四，鼓励金融机构发放公共租赁住房中长期贷款，具体办法由中国人民银行、银监会制订。2011年中国人民银行、银监会规定政府投资建设的公共租赁住房项目须符合国家关于最低资本金比例的政策规定，贷款利率按中国人民银行利率政策执行，利率下浮时其下限为基准利率的0.9倍，贷款期限原则上不超过15年，具体由借贷双方协商确定。项目建成后，贷款一年两次还本，利随本清。鼓励银行业金融机构以银团贷款形式发放贷款。支持符合条件的企业通过发行中长期债券等方式筹集资金，专项用于公共租赁住房建设和运营。探索运用保险资金、信托资金和房地产信托投资基金拓展公共租赁住房融资渠道。政府投资建设的公共租赁住房，纳入住房公积金贷款支持保障性住房建设试点范围。

第五，公共租赁住房建设实行"谁投资、谁所有"，投资者权益可依法转让。

五、租赁管理

（一）申请与审核

申请公共租赁住房，应当符合以下条件：①在本地无住房或者住房面积低于规定标准；②收入、财产低于规定标准；③申请人为外来务工人员的，在本地稳定就业达到规定年限。已享受廉租住房实物配租和经济适用住房政策的家庭，不得承租公共租赁住房。具体条件由直辖市和市、县级人民政府住房保障主管部门根据本地区实际情况确定，报本级人民政府批准后实施并向社会公布。对在开发区和园区集中建设面向用工单位或者园区就业人员配租的公共租赁住房，用人单位可以代表本单位职工申请。市、县级人民政府住房保障主管部门应当会同有关部门，对申请人提交的申请材料进行审核。经审核，对符合申请条件的申请人，应当予以公示，经公示无异议或者异议不成立的，登记为公共租赁住房轮候对象，并向社会公开；对不符合申请条件的申请人，应当书面通知并说明理由。申请人对审核结果有异议，可以向市、县级人民政府住房保障主管部门申请复核。市、县级人民政府住房保障主管部门应当会同有关部门进行复核，并在15个工作日内将复核结果书面告知申请人。

（二）轮候与配租

对登记为轮候对象的申请人，应当在轮候期内安排公共租赁住房。轮候期一般不超过5年。公共租赁住房房源确定后，市、县级人民政府住房保障主管部门应当制定配租方案并向社会公布。配租方案应当包括房源的位置、数量、户型、面积，租金标准，供应对象范围，意向登记时限等内容。企事业单位投资的公共租赁住房的供应对象范围，可以规定为本单位职工。配租方案公布后，轮候对象可以按照配租方案，到市、县级人民政府住房保障主管部门进行意向登记。对复审通过的轮候对象，市、县级人民政府住房保障主管部门可以采取综合评分、随机摇号等方式，确定配租对象与配租排序。配租对象与配租排序确定后应当予以公示。公示无异议或者异议不成立的，配租对象按照配租排序选择公共租赁住房。复审通过的轮候对象中享受国家定期抚恤补助的优抚对象、孤老病残人员等，可以优先安排公共租赁住房。社会力量投资和用人单位代表本单位职工申请的公共租赁住房，只能向经审核登记为轮候对象的申请人配租。配租对象选择公共租赁住房后，公共租赁住房所有权人或者其委托的运营单位与配租对象应当签订书面租赁合同。公共租赁住房租赁合同一般应当包括以下内容：①合同当事人的名称或姓名；②房屋的位置、用途、面积、结构、室内设施和设备，以及使用要求；③租赁期限、租金数额和支付方式；④房屋维修责任；⑤物业服务、水、电、燃气、供热等相关费用的缴纳责任；⑥退回公共租赁住房的情形；⑦违约责任及争议解决办法；⑧其他应当约定的事项。公共租赁住房租赁期限一般不超过5年。市、县级人民政府住房保障主管部门应当会同有关部门，按照略低于同地段住房市场租金水平的原则，确定本地区的公共租赁住房租金标准。公共租赁住房租金标准应当向社会公布，并定期调整。承租人应当根据合同约定，按时支付租金。承租人收入低于当地规定标准的，可以依照有关规定申请租赁补贴或者减免。政府投资的公共租赁住房的租金收入按照政府非税收入管理的有关规定缴入同级国库，实行收支两条线管理，专项用于偿还公共租赁住房贷款本息及公共租赁住房的维护、管理等。因就业、子女就学等原因需要调换公共租赁住房的，经公共租赁住房所有权人或者其委托的运营单位同意，承租人之间可以互换所承租的公共租赁住房。

（三）使用与退出

公共租赁住房的所有权人及其委托的运营单位应当负责公共租赁住房及其配套设施的维修养护，确保公共租赁住房的正常使用。公共租赁住房的所有权人及其委托的运营单位不得改变公共租赁住房的保障性住房性质、用途及其配套设施的规划用途，承租人不得擅自装修所承租公共租赁住房。确需装修的，应当取得公共租赁住房的所有权人或其委托的运营单位同意。承租人有下列行为之一的，应当退回公共租赁住房：①转借、转租或者擅自调换所承租公共租赁住房的；②改变所承租公共租赁住房用途的；③破坏或者擅自装修所承租公共租赁住房，拒不恢复原状的；④在公共租赁住房内从事违法活动的；⑤无正当理由连续6个月以上闲置公共租赁住房的。逾期不退回的，市、县级人民政府住房保障主管部门可以依法申请人民法院强制执行。承租人有下列情形之一的，应当腾退公共租赁住房：①提出续租申请但经审核不符合续租条件的；②租赁期内，通过购买、受赠、继承等方式获得其他住房并不再符合公共租赁住房配租条件的；③租赁期内，承租或者承购其他保障性住房的。公共租赁住房的所有权人或者其委托的运营单位应当为其安排合理的搬迁期，搬迁期内租金按照合同约定的租金数额缴纳。搬迁期满不腾退公共租赁住房，承租人确无其他住房的，应当按照市场价格缴纳租金；承租人有其他住房的，公共租赁住房的所有权人或其委托的运营单位可以向人民法院提起诉讼，要求腾退公共租赁住房。

第四节 农村危房改造

农村危房的认定是根据住房和城乡建设部《农村危险房屋鉴定技术导则（试行）》鉴定属于整栋危房（D级）或局部危险（C级）的房屋。如果是属整栋危房（D级）的应拆除重建，属局部危险（C级）的应修缮加固。农村的危房改造政策在社会主义建设的新时期有着非常重大的意义。它是党和国家保障民生的一项重要工作，是推进农村社会经济发展的重要举措，也是让广大农民群众分享社会主义改革开放伟大成果的新的举措，有效地改善了农村贫困农户居住条件。我国政府为了打赢脱贫攻坚战，从2009年开始实施了危房改造补助政策。

一、农村危房改造的重点对象

危房改造的重点对象为农村低收入群体，主要包括农村易返贫致贫户、农村低保户、农村分散供养特困人员、因病因灾因意外事故等刚性支出较大或收入大幅缩减导致基本生活出现严重困难家庭等、农村低保边缘家庭、未享受过农村住房保障政策支持且依靠自身力量无法解决住房安全问题的其他脱贫户。

二、政府各级财政对农村危房改造的补助

危房改造的资金由中央、省、市、县财政共同负担，其中中央财政补助资金分配使用遵循以下原则：①科学合理，公正客观。科学合理分配补助资金，确保公平、公正、公开，充分发挥财政资金使用效益。②突出重点，精准帮扶。按照巩固拓展脱贫攻坚成果同乡村振兴有效衔接要求，用于解决农村低收入群体等重点对象的基本住房安全问题。③注重绩效，规范管理。对补助资金实施全过程绩效管理，适时开展绩效评价，健全资金监督管理机制，强化补助对象审核认定等基础管理工作。

补助资金采用因素法分配。财政部、住房城乡建设部参考各地上年度农村危房改造工作完成情况、地方财政投入情况、资金使用情况、财力情况以及其他工作情况等，对各省（含自治区、直辖市、兵团，下同）进行综合评价，并根据综合评价结果分档确定户均测算标准。具体参考的因素及其分值，可根据党中央、国务院的有关决策部署，在年度间进行适当调整。补助资金测算公式为：某省补助资金=该省当年上报计划任务数×该省综合评价档次对应户均测算标准。其中，分档数量、每档次对应户均测算标准结合当年预算规模、计划任务情况等统筹确定，重点对工作绩效好的省给予奖补，体现绩效导向。

为高质量推进农村危房改造工作开展，提高资金测算的科学性和合理性，在具体测算时可根据实际情况适当引入对基础数据的审核调整机制，并可对分配测算结果适当进行增减幅控制。

财政部、住房城乡建设部可适时对各地农村危房改造上报任务进行核查并进行清算；对实际开竣工数明显低于当年上报计划任务数的省，中央财政可根据情况扣减下一年度补助资金；对于存在虚报任务等弄虚作假情形的，除扣回已下达的对应补助资金外，还可采用加倍扣回补助资金、取消下一年度补助资金资格等方式加重处罚。财政部会同住房城乡建设部在全国人民代表大会批准预算后规定时间内下达补助资金，并同步下达区域绩效目标；按规定时间提前下达下一年度补助资金预算。

农村危房改造补助资金按照直达资金管理。省级财政部门收到补助资金预算文件后，应会同同级住房和城乡建设部门制定本省资金分配方案，于规定时限内完成报财政部备案、正式分解下达的流程，并将资金分配结果抄送财政部当地监管局。经备案后的分配方案，在执行过程中有调整的，需按程序重新备案。县级财政部门负责本地区农村危房改造补助资金管理。农村危房改造补助资金的支付，按照国库集中支付制度有关规定执行。属于政府采购管理范围的，应按照政府采购法律制度规定执行。对于支付给农户的资金，应根据实际情况分阶段按比例或竣工验收后一次性足额支付到农户"一卡通"账户，全部资金支付时间不应晚于竣工验收后 30 日。县级住房和城乡建设部门具体负责本地区农村危房改造项目实施，应严格执行申请审核程序，会同有关部门确保补助对象认定规范准确，并做好质量安全和农户档案等管理工作。

各地区在中央和省级补助的基础上，根据农户类别、房屋危险程度、改造方式和家庭人口数量等，合理制定分类、分级补助标准。目前补助水平为几千元至两三万元不等。

三、农村危房改造的审批流程

1. 个人申请。由户主向村民委员会提出书面申请，需要提供整栋照片和危险局部照片。

2. 村级评议。村委会收到农户危房改造申请后，会召开村民大会或村民代表会议进行评议。

3. 镇级审核。镇政府对村委会上报的申报材料，采取入户调查、邻里访问、信函索证等方式，及时对申请人住房和家庭经济等情况进行核实调查。

4. 县级批准。县级政府对镇政府上报的申请材料进行实地复核。

5. 市级备案。将确定的危房改造户名单等信息报市农村危房改造工作领导小组办公室备案。

6. 组织实施。根据省下达的年度农村危房改造任务和补助资金，结合实际，组织实施。

7. 竣工验收。由县级建设部门会同相关部门对翻建新建、修缮加固的住房进行全面检查验收。

8. 补助方式。通过一卡通形式发放到危房改造户所留卡号中。

四、农村危房改造的举措

在脱贫攻坚战当中，全国 2 341.6 万户建档立卡贫困户全部实现了住房安全有保障，历史性解决了农村贫困人口住房安全问题。农村危房改造的举措有：

1. 精准识别。住建部组织制定了适用性强的农村危房鉴定标准，明确了 A、B、C、D 四级农房判定标准。A 级是安全的，B 级是基本安全的，C 级是局部危险的，D 级是整体危险的，判定为 C 和 D 级的全部纳入危房改造。

2. 压实责任。将建档立卡贫困户作为攻坚重点，坚持省负总责、市县乡抓落实，逐村逐户进行安全评定，建立危房改造台账，统筹好项目、资金和人力。以农户自建为主，政府给予资金补助，对深度贫困地区给予政策倾斜。实行销号制度，改造一户，销号一户。

3. 专业帮扶。组织编制操作性强的改造、竣工验收等技术标准和导则，对施工及管理人员开展培训，组织力量对深度贫困地区开展对口技术援助和帮扶，提高危房改造的技术含量，切实提升房屋质量。

4. 精心核验。住建部会同有关部门组织开展全国建档立卡贫困户住房安全有保障的核验工作，充分发挥"五级（省、市、县、乡、村）书记抓扶贫"的制度优势，组织各地依靠村"两委"、驻村第一书记和驻村工作队，对全国建档立卡贫困户的住房安全情况逐户进行核验，确保不漏一户、不落一人。

思考题

1. 试述我国城乡住房救助体系建设的思路。
2. 调查你所在地区各级财政在公共房屋建设中的责任分配。
3. 如何最大限度降低甚至消除公共房屋分配中的道德风险？

▶ **自测习题及参考答案**

第六章
教育救助

　　教育是民族振兴和社会进步的基石，事关国家未来。学校教育水平的不断提高对经济社会的建设和发展日益重要，教育作为解放思想和提升人类自身文化素质的一种手段，推动了社会发展尤其是贫困地区人力资本水平的提高和经济建设活动的进步。中共中央、国务院于 2015 年 11 月 29 日出台《中共中央 国务院关于打赢脱贫攻坚战的决定》，明确提出要加快实施教育扶贫工程，让贫困家庭子女都能接受公平且有质量的教育，阻断贫困的代际传递。教育救助和教育扶贫的实施，是满足不同地区和不同群体之间均衡发展的需要，是社会公平发展目标的体现，同时是实施精准扶贫国家战略的根本保障。

第一节　国外部分国家的教育救助

一、英国的教育救助

（一）英国贫困家庭中小学生的教育福利与救助

　　英国的公立中学全部实行免费教育，学生不必交纳学杂费、教材费、书本费。学生上课使用的各科教材均由学校统一发放。学生具有课本的使用权，但没有所有权。一般来说，英国中学课本只在课上使用，许多科目下课后教师就将课本收回，学生不必带教科书回家；而学生课下可阅读的书目很多，不必去死啃教科书。英国人有勤俭节约的好传统，一套教材常常可供几届学生反复使用。

　　英国的每个中学都有自己的图书馆和网络中心。学生进校后可免费办理一张磁卡借书证，凭此卡学生最多可借阅 4 本图书，期限为 4 周。在学校学生还可随时免费上网，免费设立自己的邮箱。英国的中学一般为上午 9 点上课，下午 3 点放学，每天上 5 节课，图书馆在每天早晚各延长开放一两个小时，为学生的阅读创造了条件。为方便学生上网查阅资料，学校计算机教室的电脑可供学生随时使用。另外，每个教室都安装有数台电脑，可供学生在课余时间上网。对于学生在网上查阅的资料，如果愿意下载，学校可为其免费提供打印纸张。英国中学生上课所用的笔记本、作业本、学习资料及试卷纸张，也是由学校免费提供的。每学期开学，各科教师都发给每位学生一个新本，如果学生用完了可向教师提出再领新本。

为保证每个学生都能受到教育，英国政府对困难家庭实行补助政策。凡处于失业状态靠领取救济金生活，或收入在最低生活线以下的家庭，学校均可免费为其子女提供午餐。当然审批程序是十分正规和严格的，学校对新入本校的学生会及时发放申请困难补助的书面表格与材料①。

（二）英国大学生资助政策

作为世界上第一个高福利国家，英国一直奉行凯恩斯主义，提供"从摇篮到坟墓"的社会福利。英国政府在 20 世纪 50 年代到 80 年代的 30 年中，实施"免费加助学金"的高等教育财政制度，即由政府为所有大学提供财政拨款，为所有全日制大学生支付大学学费，并且为贫困学生提供助学金。

20 世纪 70 年代中期的中东石油战争使英国与其他发达国家一样遭受严重的经济和财政危机。"免费加助学金"的大学生资助政策受到质疑。1990 年英国正式开始实施"缴学费上大学，贫困学生贷款加补助"的资助方式。但由于贷款回收遇到很多困难，国家不得不改进贷款政策。在此期间，伦敦经济学院的 N. 巴尔、I. 克劳福德，伦敦大学教育学院 M. 伍德霍尔和一批著名学者反复呼吁，应该建立"按收入比例还贷"（contingent loan repayment）的助学贷款，使学生在有能力还贷的时候按收入高低还款。与此同时，改用"税收系统或者国民社会保障系统来回收贷款"，以确保贷款的回收。

在过去 20 多年中，英国改变了"免费上大学加助学金"的政策，分三步走，建构起"先上学，后付费"的"学生贷款与助学金混合资助"体系。其内涵是：所有大学生都可以贷款付学费，毕业就业后按收入比例还贷，由税务部门回收贷款。特别困难的学生还可以申请生活费贷款和助学金。政府还对师范生等给予专业津贴，吸引出身贫寒但学业优秀的学生学习社会急需的专业。如果学生毕业后从事"社会回报"高而"个人回报"少的工作，或者离校后一直从事低收入工作，甚至失业，那么政府和社会就应该中止他们还款，甚至应该向他们提供失业救济和专业津贴。

根据"社会回报与个人回报"的原则，英国政府设定了大学毕业生还贷的收入门槛。如果毕业生年收入未达到该门槛，那么学生当年就不必还贷。此外，英国政府还依据这一原则，为学习师范课程和护理课程的学生设立了"教师培训津贴"和"健康护理津贴"以吸引优秀学生学习这些专业，保持英国整个社会的基础教育质量和医疗护理质量。如果一个大学毕业生经常处于失业状态，或者年收入经常低于该门槛，那么当这

---

① 李素菊. 英国的中学教育 [J]. 思想政治课教学，2004（11）：48-50.

名毕业生达到 65 岁时，政府就将为他核销，并支付剩余的债务。

2010 年 10 月，英国政府发布《布朗尼报告》，报告认为高等教育应该免费，从而为学生如何学习以及在什么地方学习提供多样化选择。报告还建议提高学生还款的最低标准，即当年工资达到 25 000 英镑时再开始按比率还款，同时报告的资助建议还包括简化生活贷款制度、提高低收入家庭学生的补助金、用政府补助金取代高校最低助学金等内容。报告针对国家的实际财政能力又提出相关补充建议，比如对于工读学生而言，只有当其学习强度达到全日制学生的三分之一时才能获得学费支持①。

英国现行的"按收入比例还款的助学贷款"包括"学费贷款"（tuition loan）和"生活费贷款"（maintenance loan）两个部分。"学费贷款"的贷款金额取决于大学的收费标准，学生的贷款直接转给学生所在的大学，每个全日制注册学生都有权申请"学费贷款"，从而实现了"先上学，后付费"和"保证不让贫困学生无法入学"的资助政策目标。"生活费贷款"是一项"按家庭贫困程度提供的贷款"（means-tested loan），即学生能够获得的贷款金额，需要按家庭收入、大学所在地生活费标准和住校与否三大指标来评定。

针对助学贷款的回收，目前各国学者和世界银行等国际组织公认的有效机制是，通过税收系统或者养老保险系统来回收助学贷款资金。

除了大学生助学贷款，英国最重要的、涉及学生最多的政府资助就是"助学金"，即为所有全日制本科及部分本科以下程度的大学生提供数量不等的生活费助学金。此外，英国政府还向特殊学生群体提供"特殊助学金"（特殊助学金的最高金额与助学金相同）、"残疾学生助学金"、"学生子女税收减免"、"教师培训津贴"（teacher training bursary）和"健康护理津贴"等资助。

与助学金相比，"教师培训津贴"相当充裕。所有小学教育专业的师范生（教育学士及教师证书课程）都能够获得包括学费和生活费在内的 6 000 英镑，所有中学教育专业的师范生（学士学位加一年本科后教师教育证书课程，或者荣誉学士学位课程）都能获得 9 000 英镑的专业津贴。如果本科学习其他专业，毕业后接受一年制的"本科后教师教育证书课程"，学生则可以免除学费，并获得 1 200 英镑的"教师培训津贴"。

二、欧盟国家中等职业教育学生资助体系

欧盟大部分国家实行低重心的、以高中阶段职业教育为主的教育发展战略。欧盟目前共有 27 个成员国，尽管绝大多数国家高中阶段教育属于非义务教育，但大都实行了免费高中阶段教育，包括免费的中等职业教育。一些国家，如瑞典、奥地利、捷克等为接受职业教育的学生提供各种福利补贴，一般包括免费教科书、免费交通、免费学校伙食、免费住宿、缴纳学生意外伤害事故保险等。一些国家在高中阶段不仅实行免费的教育，而且通过各种财政激励手段刺激学生的职业教育需求。如拉脱维亚规定，接受中等教育的学生家庭享受家庭补助，同时对职业教育学生采取单独的资助政策，公办职业学

---

① 杨洋. 发达国家教育扶贫政策比较研究 [D]. 西安：陕西师范大学，2018.

校全日制学生享受月奖学金和交通补贴，奖学金的资助数额不少于家庭补助；立陶宛向职业教育学生提供助学金；斯洛伐克职业学校、学徒学校和实训学校的所有贫困生可享受政府奖学金。在通过学徒制培训学生的国家，也有相关的保障机制，使学徒获得了经济上的补偿和独立，从而大大提高了职业教育的吸引力。在实行双元制的德国，雇主和雇员组织制定了全国统一的最低学徒工资标准，第一年学徒工资约为技术工人工资的1/3，第三年提高到40%；英国的学徒工资约为成人平均工资的一半。在实行职业教育收费的国家，也都制定和完善了职业教育低收入家庭学生资助政策。葡萄牙规定，免除低收入家庭职业教育学生的学费，发放培训补助金，享受有关学生福利；意大利2000年通过的《教育机会平等法》规定对低收入职业学校学生家庭减免相当于缴纳学校费用数额的个人所得税①。

三、美国形式多样的助学贷款

美国助学贷款形式繁多，主要有以下三种：①向有金融需要的高校学生提供的低利率（5%）长期贷款，本科生和研究生每年贷款最高金额分别为4 000美元和6 000美元，在整个求学阶段最高贷款金额不能超过20 000美元和40 000美元。②私人金融机构向学生或学生父母提供的贷款，前提是父母具有良好的信用记录。③联邦政府直接向学生和学生父母发放的贷款。此外，还有贴息贷款和非贴息贷款等。

美国助学贷款的归还具有期限长、安排灵活和约束力强的特点。从期限来看，一般规定在学生毕业离校或收到最后一笔款项之后开始还款，期限通常为10年。由于还款宽限期、暂缓支付和贷款延期等因素，实际上还款期限都在10年以上。从还款安排来看，一般有四种计划可供选择：①标准还款计划。要求借款人每月支付固定金额的本息，还款期限不超过10年，具体还款时间长短取决于贷款金额和每月支付额。②扩展还款计划。可以将还款期限延长为12~30年，每月还款额低于标准还款计划，但所支付的利息总额则高于标准还款计划。③渐进还款计划。每月支付额每两年递增一次，最低时为标准还款计划每月还款额的50%，最高时则达到标准还款计划每月还款额的150%，还款期限一般在12~30年，支付的利息总额比标准还款计划高。④随收入调整还款计划。根据借款人年收入、家庭规模和贷款金额决定月还款额。随着收入的上升或下降，月还款额也相应上升或下降。从还款约束力来看，一旦借款人违约导致严重的后果，借款机构（包括联邦政府、州政府、学校和商业金融机构）将采取一切措施弥补资金损失，具体措施有：①失去申请延期还款及债务免除的资格；②将借款人的违约情况向国家征信局通报，从而长期影响借款人的信用评级，使得违约人今后要向银行借款购买住房或汽车变得非常困难；③拖欠者账户转给专门的追款机构并由其进行追讨，拖欠者需要缴纳滞纳金、额外的利息、追讨过程所需的费用等；④美国教育部可能要求国家税务局扣留向违约人返还的个人所得税或要求用人单位减少对违约人支付的工资，用于弥补所欠贷款本息；⑤违约人如果重返学校学习，将申请不到任何联邦政府的学生资

---

① 黄辉. 愿助学新政拉动中职前进 [J]. 职业技术教育，2007（36）：65-67.

助；⑥对恶意拖欠人的最严厉的处罚措施是实行法律制裁，并要求由拖欠人负担审判费、律师费等①。

第二节 我国义务教育阶段贫困学生的"两免一补"和农村义务教育学生营养改善计划

一、"两免一补" 的定义及沿革

"两免一补"是指对城乡义务教育阶段学生免除学杂费、免费提供教科书，对家庭经济困难寄宿生补助生活费的一项政策。它经历了从家庭经济困难学生到所有学生、城市和农村统一、公办和民办全覆盖的发展过程。

2001 年，为贯彻落实《中华人民共和国义务教育法》，《国务院关于基础教育改革与发展的决定》（国发〔2001〕1 号）明确提出从当年开始，对贫困地区家庭经济困难的中小学生进行免费提供教科书制度的试点，在农村地区推广使用经济适用型教材。采取减免杂费、书本费、寄宿费等办法减轻家庭经济困难学生的负担。同年决定每年拿出 1 亿元，作为家庭经济困难学生上学的补助。为保证助学金制度的顺利实施，国务院要求各级政府都要建立助学金专款。此外，中央财政每年还另外拨出 1 亿元（2002 年为 2 亿元，2003 年为 4 亿元）用于向未完成"普九"任务的国家扶贫开发工作重点县和中西部农村地区贫困中小学免费提供教科书。2003 年，《国务院关于进一步加强农村教育工作的决定》（国发〔2003〕9 号）提出，要建立健全资助家庭经济困难学生就学制度，争取到 2007 年全国农村义务教育阶段家庭经济困难学生都能享受到"两免一补"，努力做到不让学生因家庭经济困难而失学，力争到 2010 年在全国农村地区全部实行九年义务教育。2005 年国务院发布《关于深化农村义务教育经费保障机制改革的通知》（国发〔2005〕3 号）规定，全部免除农村义务教育阶段学生学杂费，对贫困家庭学生免费提供教科书并补助寄宿生生活费。免学杂费资金由中央和地方按比例分担，西部地区为 8:2，中部地区为 6:4；东部地区除直辖市外，按照财力状况分省确定。免费提供教科书资金，中西部地区由中央全额承担，东部地区由地方自行承担。补助寄宿生生活费资金由地方承担，补助对象、标准及方式由地方人民政府确定。为此，国家从 2004 年秋季新学期开始，再次大幅度增加中央财政专项资金。以 2005 年为例，中央和地方财政对中西部地区共安排"两免一补"资金 72 亿元，其中免费教科书资金 30.4 亿元，免杂费资金 30.6 亿元，寄宿生生活补助资金近 11 亿元。2005 年到 2007 年的 3 年内，中央财政安排 227 亿元专项资金，将免费教科书发放范围扩大到中西部农村义务教育阶段全部的家庭经济困难学生，同时推动地方政府逐步落实免杂费和补助寄宿生生活

---

① 罗道全. 美国高校贫困学生资助政策及其启示 [J]. 北京教育（高校版），2006（3）：63-64.

费的责任，2005 年基本完成对中西部农村 400 万义务教育阶段贫困学生实行免杂费、免书本费、补助寄宿生生活费的"两免一补"目标。各地在实施中因地制宜，不断发展该制度，如重庆的"三免一补"、包头的"四免一补"等。

2007 年《国家教育事业发展"十一五"规划纲要》指出，在农村并逐步在城市免除义务教育阶段学杂费，全面落实对农村家庭经济困难学生免费提供课本和补助寄宿生生活费政策。城市低保家庭义务教育阶段学生也享受免除学杂费、免费提供课本和补助寄宿生生活费政策①。

同年财政部、教育部发布《关于调整完善农村义务教育经费保障机制改革有关政策的通知》（财教〔2007〕37 号）提出以下措施：

（1）进一步落实农村义务教育阶段家庭经济困难寄宿生的生活费补助政策。对中西部地区，参照各地现行政策和生活水平，中央出台农村义务教育阶段家庭经济困难寄宿生的生活费基本补助标准，从 2007 年秋季学期起执行。具体标准为：小学生每生每天补助 2 元，初中生每生每天补助 3 元，学生每年在校天数均按 250 天计算。享受寄宿生生活费补助的家庭经济困难学生的比例，由省级财政、教育部门根据当地实际情况确定。中央财政对中西部地区落实基本标准所需资金按照 50%的比例给予奖励性补助。中西部地区地方财政应承担的 50%部分，由省级财政统筹落实。中西部地区可在中央确定的基本标准的基础上，根据实际情况调高标准。调高标准所需资金，由地方财政负责解决。从 2007 年秋季学期开始，东部地区也应加大落实农村义务教育阶段家庭经济困难寄宿生生活费补助政策的力度，所需资金主要由地方财政自行承担。根据东部地区各省市政策落实情况及其财力状况等因素，中央财政给予适当奖励。

（2）向全国农村义务教育阶段学生免费提供教科书，提高中央财政免费教科书补助标准，推进教科书循环使用工作。从 2007 年秋季学期开始，向全国农村义务教育阶段学生免费提供国家课程的教科书，所需资金由中央财政承担。从 2008 年春季学期开始，免费提供地方课程的教科书，所需资金由地方财政承担。从 2008 年春季学期起，中央财政进一步提高国家课程免费教科书的补助标准，同时建立部分科目免费教科书的循环使用制度。为保证循环使用教科书的质量，中央财政每年按照循环使用教科书书款的一定比例安排资金，用于循环教科书的补充更新。

（3）提高中西部地区部分省份农村义务教育阶段中小学的生均公用经费基本标准，提前落实基准定额。从 2007 年开始，对中西部地区农村义务教育阶段中小学的生均公用经费基本标准，小学低于 150 元或初中低于 250 元的省份，分别提高到 150 元和 250 元（其县镇标准相应达到 180 元和 280 元）。2008 年，中央出台农村义务教育阶段中小学公用经费基准定额，分两年将基准定额落实到位，2008 年和 2009 年，每年落实公用经费基本标准与基准定额差额的 50%。中央与地方的经费分担比例，仍按《国务院关于深化农村义务教育经费保障机制改革的通知》（国发〔2005〕43 号，以下简称《通知》）的规定执行。

---

① 《国家教育事业发展"十一五"规划纲要》（国发〔2007〕14 号）。

（4）适当提高中西部地区农村义务教育阶段中小学校舍维修改造测算单价标准。从 2007 年起，提高中西部地区农村义务教育阶段中小学校舍维修改造的测算单价标准，中部地区每平方米由 300 元提高到 400 元，西部地区每平方米由 400 元提高到 500 元。在此基础上，对校舍维修改造成本较高的高寒等地区，进一步提高测算单价标准。中央与中西部地区的经费分担比例，仍按《通知》的规定执行。对东部地区，根据其财力状况以及校舍维修改造成效等情况，中央财政继续给予适当奖励。

（5）中部地区享受西部大开发政策的 243 个县（市、区）执行西部地区有关政策。从 2007 年起，中部六省享受西部大开发政策的 243 个县（市、区），其免除农村义务教育阶段学生学杂费和提高农村义务教育阶段中小学公用经费保障水平所需资金，中央与地方的分担比例按照 8：2 执行。243 个县（市、区）的具体范围，按照《国务院办公厅关于中部六省比照实施振兴东北地区等老工业基地和西部大开发有关政策范围的通知》（国办函〔2007〕2 号）的规定执行①。

2008 年春季学期起，全国所有农村地区义务教育阶段学校免除学费，城市义务教育免除学杂费。对城市低保家庭学生免费提供教科书，对贫困寄宿学生补助生活费。

2008 年 8 月 12 日，国务院发出《关于做好免除城市义务教育阶段学生学杂费工作的通知》，决定从 2008 年秋季新学期开始，在全国范围内全部免除城市义务教育阶段学生学杂费。随着"两免一补"政策的推进，受益范围不断扩大。至 2008 年秋季学期，我国义务教育阶段已有近 1.78 亿城乡学生享受免学杂费政策，近 1.5 亿农村学生享受国家免费教科书，1 100 万家庭经济困难寄宿生享受生活补助。新《中华人民共和国义务教育法》第二条明确了义务教育是国家必须予以保障的公益性事业。实施义务教育，不收学费杂费。这是"两免一补"政策的法律依据。"两免一补"政策主要体现了补偿原则，通过补偿实现了对教育机会和教育资源的再分配，缩小了社会经济地位差异所导致的教育结果差距。

2009 年国家全部免除农村义务教育阶段学生住宿费。各项政策实施后，除统一收取中考费用、作业本费外，农村义务教育阶段学校已无其他收费项目。免除学杂费后，平均每个小学生年减负 140 元，初中生年减负 180 元，贫困寄宿生可减负 500 元。这些政策和措施的出台，缓解了农民子女上学的经济压力，有利于农村义务教育的普及。

2014 年，农村中小学校生均公用经费基准定额再度提高 40 元，中西部小学达到 600 元、初中达到 800 元，东部小学达到 650 元、初中达到 850 元；在提高基准定额基础上，进一步提高农村寄宿制学校公用经费，单独核定农村义务教育阶段特殊教育学校和随班就读的残疾学生公用经费补助资金预算，并大幅度提高生均公用经费补助标准。这说明"两免一补"的资助力度在不断加大②。

2015 年，国务院印发《关于进一步完善城乡义务教育经费保障机制的通知》，决定

---

① 《财政部 教育部关于调整完善农村义务教育经费保障机制改革有关政策的通知》（财教〔2007〕37 号）。
② 农汉康."两免一补"：背景、历程与影响［J］.广西师范大学学报（哲学社会科学版），2015，51（2）：115-123.

从 2016 年起进一步完善城乡义务教育经费保障机制，整合农村义务教育经费保障机制和城市义务教育奖补政策，中央和地方分项目、按比例分担，建立起城乡统一、重在农村的城乡义务教育经费保障机制。2016 年，我国免除农村贫困家庭学生普通高中学杂费。全年资助各类学校家庭困难学生 8 400 多万人次[①]。从 2017 年春季学期开始，统一城乡义务教育学生"两免一补"政策。

2020 年春季学期起，统一全国义务教育生均公用经费基准定额为小学 650 元、初中 850 元。该政策覆盖所有城乡义务教育民办学校，中央财政对民办学校按照不低于生均公用经费基准定额的标准补助公用经费，并适当提高寄宿制学校、规模较小学校、北方取暖地区学校、特殊教育学校和随班就读残疾学生的公用经费补助水平。民办学校在获取财政、教育部门核拨的生均公用经费补助后，等额减收在校学生学费。民办义务教育学校学生免费提供教科书，"两免一补"政策实现城乡、公民办义务教育学校全覆盖，并对全国上千万名城乡家庭经济困难寄宿生发放生活补助。

综上，"两免一补"政策首先从贫困地区的农村开始实行，经过逐步推进，分年度、分地区、分阶段地扩展到全国农村和城市、公办和民办学校。

近年来，各地高度重视义务教育阶段贫困残疾学生资助工作，在执行义务教育"两免一补"时，普遍将特殊教育单列，扩大补助范围，提高补助标准。例如，北京、福建、湖南、四川、重庆等地在"两免一补"的基础上，新增免补项目（伙食费、住宿费、交通费等），将"两免一补"拓展到"三免两补"或者"三免一补"。目前部分地区（如新疆等地）甚至已将"三免一补"政策扩大到职业教育和困难及特殊家庭普通高中学生，内蒙古、安徽部分地区实行"四免一补"，福建对特殊教育学校、普通学校附设特教班学前至高中阶段残疾学生实施"四免两补"政策（即免学杂费、教科书费、作业本费、住宿费，补助生活费、交通费）。

二、农村义务教育学生营养改善计划

为贯彻落实《国家中长期教育改革和发展规划纲要（2010—2020 年）》，提高农村学生尤其是贫困地区和家庭经济困难学生健康水平，从 2011 年秋季学期起，启动实施农村义务教育学生营养改善计划。

在集中连片特殊困难地区开展试点，中央财政按照每生每天 3 元的标准为试点地区农村义务教育阶段学生提供营养膳食补助。试点范围包括 680 个县（市）、约 2 600 万在校生。鼓励各地以贫困地区、民族和边疆地区、革命老区等为重点，因地制宜开展营养改善试点。中央财政给予奖补。统筹农村中小学校舍改造，将学生食堂列为重点建设内容，切实改善学生就餐条件。将家庭经济困难寄宿学生生活费补助标准每生每天提高 1 元，达到小学生每天 4 元、初中生每天 5 元。中央财政按一定比例奖补。

2014 年 11 月起，中央财政将营养改善计划国家试点地区补助标准从每日补贴 3 元提高到 4 元，达到每生每年 800 元。中央财政对开展地方试点的省份按照不高于国家试

① 陆楚华. "两免一补"政策热点问题分析［J］. 经济研究参考，2017（59）：96-99.

点标准的50%给予奖励性补助。2021年秋季学期起，农村义务教育学生膳食补助标准由每生每天4元提高至5元。

2018年秋季学期开学以来，江西、河南等地连续发生劣质"营养餐"和学生食物中毒事件。针对一些地方存在的食品安全管理不严格、资金使用管理不规范、供餐质量和水平不高等问题，为进一步加强和改进农村义务教育学生营养改善计划工作，持续巩固营养改善计划试点成果，2022年教育部会同国家发展改革委、财政部、农业农村部、国家卫生健康委、国家市场监管总局、国家疾控局，制定并印发了《农村义务教育学生营养改善计划实施办法》，内容包括总则、管理体制、供餐管理、资金使用与管理、采购管理、营养健康监测与教育、应急事件处置、绩效管理与监督检查、附则，共9章45条。主要包括以下内容：

《农村义务教育学生营养改善计划实施办法》及其内容解读

一是明确实施范围。自2022年秋季学期起，将营养改善计划国家试点地区更名为国家计划地区，地方试点地区更名为地方计划地区。总则中对具体实施范围作出明确规定。

二是完善管理体制。强调营养改善计划在国务院统一领导下，实行地方为主，分级负责，各部门、各方面协同推进的管理体制，政府起主导作用。全国农村义务教育学生营养改善计划工作领导小组统一领导和部署营养改善计划的各项工作。

三是强化供餐管理。主要从供餐方式、供餐内容、供餐基本条件、食品安全管理等方面作出规定，并从严格食品贮存、加工、配送管理，加强食堂从业人员管理等方面提出具体要求。

四是严格资金使用管理。主要从资金安排、资金使用和资金监管等三个方面作出明确规定。

五是规范采购管理。主要对采购需求管理、采购意向公开、采购人和采购方式、采购程序、合同管理和履约验收等提出具体要求。

六是加强营养健康监测与教育。明确有关部门的职责，强调注重学生营养健康监测结果的运用，加强膳食指导，并要求各地各校加强营养健康教育，推动开展劳动教育，强化感恩教育。

七是加强应急事件处置。要求各地各校严格执行食品安全事故处置的有关规定，建立应急事件处置协调机制，明确相关部门职责，逐级逐校制订应急预案，定期组织应急事件处置演练。

八是加强绩效管理与监督检查。要求全面实施绩效管理，建立健全公开公示制度，建立健全监督检查机制，开展专项检查，建立学校食堂、供餐企业（单位）信用档案，建立健全食品安全责任追究制度等。

2011—2021年，中央财政累计安排学生营养膳食补助资金达1 967.34亿元。营养改善计划覆盖全国28个省份1 552个县，每年受益学生约3 795万人，其中国家试点地区2 092万人，地方试点地区1 703万人。营养改善计划实施以来，欠发达地区农村学生告别了背干粮上学、当街支火做饭的校园生活，改变了一天只吃两顿饭的窘境，农村学生体质健康合格率从2012年的70.3%提高至2021年的86.7%，受到学生家长及社会各界一致肯定。

第三节　我国高校和中职贫困学生的"奖贷助补减"

据中国扶贫基金会的统计,我国目前高校贫困生比例约为20%,其中特困生比例为8%。近年来,我国政府对普通高等学校、高职学校和中职学校学生的福利体系进行了不断的改革。学生除可以享受寒暑假回家火车票半价、教育存款免缴存款利息税等多种福利外,目前高等院校贫困学生可以享受到国家"奖贷助补减"的福利政策。该制度是资助贫困生的一项重要制度。"奖",是指各种形式的奖学金制度,既包括政府设立的国家奖学金、优秀学生奖学金、专业奖学金、定向奖学金、研究生奖学金,也有学校自行设立的各种奖学金,还有社会企事业单位或个人在学校设立的各种专项奖学金,用以支持家庭经济困难、学习优秀的学生和学习农业、师范、体育、航海、民族等特殊专业的学生。"贷",是指由金融机构针对正在接受非义务教育学习的学生或其直系亲属、法定监护人发放的各种助学贷款,主要包括国家助学贷款、高校利用国家财政资金对学生办理的无息借款和一般性商业助学贷款三种形式。其中,国家助学贷款资助力度和规模最大,是助学贷款的主要内容。"助",是指在学校的教学、科研、管理及校园环境维护等方面,为经济困难的学生设立一些勤工助学的岗位,让他们通过从事一定时间的劳动,获得一定的报酬,贴补其在学习期间的一些开支。"补",是指困难补助,每年中央和地方政府,都拨出一定的专款,对经济困难学生进行补助。国家还规定高校每年都要从所收取的学费中提取10%左右的资金,用于困难学生的补助。"减",是指减收或免收学费。国家已作出规定,对学习农业、师范、体育、航海、民族等特殊专业的学生减免学费。同时,还要学校对家庭经济困难的学生区别情况减收或免收学费①。新的资助政策体系建立后,我国高等教育将形成国家奖学金、国家励志奖学金、国家助学金、国家助学贷款和勤工助学等多种方式并举的资助政策体系。其中,解决家庭经济困难学生学费、住宿费问题,以国家助学贷款为主,以国家励志奖学金等为辅;解决生活费问题,以国家助学金为主,以勤工助学等为辅。中等职业教育将形成以国家助学金为主,以学生工学结合、顶岗实习,学校减免学费等为辅的资助政策体系。

一、国家奖学金、国家励志奖学金、国家助学金

国家奖学金是自2002年9月1日起施行的中央政府对家庭经济困难、品学兼优的全国普通高等学校全日制在校本专科生提供的无偿资助。其目的在于帮助家庭经济困难的普通高等学校学生顺利完成学业,激励家庭经济困难的普通高等学校学生勤奋学习、努力进取,促进学生在德、智、体、美等方面得到全面发展。其资助对象为全国普通高等学校的家庭经济困难、品学兼优的全日制本专科学生,包括当年考入普通高校的全日

---

① 时正新. 中国社会救助体系研究 [M]. 北京:中国社会科学出版社,2002:143.

制本专科生以及在校全日制本专科生。申请的基本条件包括：热爱社会主义祖国，拥护中国共产党的领导；道德品质优良；自觉遵守宪法和法律，执行大学生守则和学校规章制度；生活俭朴；身体健康；在校期间学习成绩优秀或参加全国统一高考成绩优秀；家庭经济困难。高等学校可按照国家奖学金基本申请条件制定相应的综合测评办法，并根据学生家庭经济状况、思想品德、学习成绩、体育锻炼、校规校纪等具体指标对学生进行考核。

国家奖学金分为两个等级，全国每年定额发放给 45 000 名学生，其中 10 000 名特别优秀的学生享受一等奖学金，标准为每人每年 6 000 元；35 000 名学生享受二等奖学金，标准为每人每年 4 000 元。国家奖学金获得者，其所在学校减免当年的全部学费。2007 年起，国家奖学金奖励标准提高至每人 8 000 元，人数增加到 5 万人。

为发展中国特色研究生教育，促进研究生培养机制改革，提高研究生培养质量，从 2012 年 9 月 1 日起，实施研究生国家奖学金制度，每年奖励 4.5 万名在读研究生——博士研究生 1 万名，硕士研究生 3.5 万名，奖励标准定分别为每生每年 3 万元、2 万元。

2007 年，国家对高校中品学兼优的二年级以上（含二年级）的在校贫困学生（含高职、第二学士学位）新设国家励志奖学金，资助面达 3%，每人每年 5 000 元。国家励志奖学金适当向国家最需要的农、林、水、地、矿、油、核等专业的学生倾斜。中央部门所属高校国家励志奖学金所需资金由中央负担。地方所属高校国家励志奖学金所需资金根据各地财力及生源状况由中央与地方按比例分担。其中，西部地区，不分生源，中央与地方分担比例为 8∶2；中部地区，生源为西部地区的，中央与地方分担比例为 8∶2，生源为其他地区的，中央与地方分担比例为 6∶4；东部地区，生源为西部地区和中部地区的，中央与地方分担比例分别为 8∶2 和 6∶4，生源为东部地区的，中央与地方分担比例根据财力及生源状况等因素分省确定。人口较少民族家庭经济困难学生资助资金全部由中央负担。鼓励各地加大资助力度，超出中央核定总额部分的国家励志奖学金所需资金由中央给予适当补助。省（区、市）以下分担比例由各地根据中央确定的原则自行确定①。国家励志奖学金每学年评选一次，实行等额评审。每年 9 月 30 日前，学生根据国家励志奖学金的申请条件，向学校提出申请。报经高校主管部门批准后，高校于每年 11 月 30 日前将国家励志奖学金一次性发放给获奖学生，并记入学生的学籍档案。

从 2007 年开始，中央与地方还共同设立国家助学金，用于资助普通本科高校、高职校全日制本专科在校生（含高职、第二学位）中家庭经济困难学生和中等职业学校所有全日制在校农村学生及城市家庭经济困难学生。

2010 年秋季学期起国家助学金的平均资助标准为由原来的每生每年 2 000 元提升至 3 000 元，具体标准在每生每年 1 500~4 000 元范围内确定，可以分为 2~3 档。中央高校国家助学金分档及具体标准由财政部商有关部门确定，地方高校国家助学金分档及具

---

① 《国务院关于建立健全普通本科高校高等职业学校和中等职业学校家庭经济困难学生资助政策体系的意见》。

体标准由各省（区、市）确定。

国家助学金每学年评定一次。每年 9 月 30 日前，学生根据国家助学金的基本申请条件，向学校提出申请，各高校于当年 11 月 15 日前完成评审。国家助学金按 10 个月发放，高校按月将国家助学金发放到受助学生手中。

中等职业学校国家助学金（简称中职助学金）资助对象是具有中等职业学校全日制正式学籍的在校一、二年级所有农村户籍的学生和县镇非农户口的学生以及城市家庭经济困难学生。资助标准由原来的每生每年 1 000 元提高到 1 500 元。中等职业教育国家助学金覆盖所有实施中等学历教育的公办和民办职业学校，具体包括普通中专、成人中专、职业高中、技工学校、职业技术学院附属的中专部和中等职业学校等。但上述学校必须是政府有关部门根据国家有关规定批准的，并已在省级教育行政部门备案。《中等职业学校国家助学金管理暂行办法》规定，中等职业学校国家助学金资助对象覆盖所有在校一、二年级农村户籍的学生、县镇非农户口的学生和城市家庭经济困难学生，三年级学生将通过工学结合、顶岗实习获得一定报酬，用于支付学习和生活费用。2007年秋季开学，中央财政和地方财政安排的下半年中等职业学校国家助学金约 82 亿元，此后国家每年将拿出 100 多亿元资金资助家庭经济困难学生接受中等职业教育。

中等职业学校助学途径实行一主多辅。中职助学体系的特征是：以国家助学金为主，以公共财政为主体，中央和地方共同分担，社会各界积极参与，多种资助方式并举。一是国家财政是资助的主渠道。二是地方财政也要分担。东部、中部和西部根据财政能力和生源地情况，在比例分配上有所不同，如西部地区不分生源，中央与地方分担比例是 8∶2；中部地区西部生源的配比是 8∶2，其他地区生源为 6∶4；东部地区则视生源状况按 8∶2 或 6∶4 配比，还有可能分省确定比例。三是采取工学结合、顶岗实习的方法，让学生带薪实习。作为对学生的一种补贴，这一点充分体现了职业教育"校企合作"的开放性和实践性特征。四是实行校内奖学金办法，按规定学校应拿出不低于事业费的 5%，作为学生的奖学金。五是鼓励地方政府、行业企业和社会团体，设立中职助学金和奖学金。六是金融机构向中职学生贷款。七是实行职业学校学费减免制度。我国一些发达的省、市或地区提出或尝试职业学校免费，比如重庆市永川区曾宣布在全国率先推行义务职业教育，2008 年秋季起海南省执行中职生学农免费政策。八是携手基金会，学生帮学生，受资助的学生拿出一定的资金再帮助其他的学生。总之，从国家助学金，到带薪顶岗实习，再到未来的免费教育，采取助、补、奖、贷、减等多种方式进行资助，职教助学制度的创新会越来越深入，职教助学制度也会越来越完善。

从 2010 年秋季学期起，扩大中等职业教育免学费范围，440 万名城乡中等职业学校家庭经济困难学生和涉农专业学生享受这一政策，占在校生总数的 22%；自 2012 年秋季学期起，将中等职业教育免学费范围由涉农专业学生和家庭经济困难学生，扩大到所有农村（含县镇）学生、城市涉农专业学生和家庭经济困难学生。同时，将中等职业学校国家助学金资助范围由一、二年级农村（含县镇）学生和城市家庭经济困难学生，分步调整为一、二年级涉农专业学生和非涉农专业家庭经济困难学生。将六盘山区等

11 个连片特困地区、西藏及四省藏区①、新疆南疆三地州中等职业学校农村学生全部纳入享受助学金范围。

从 2010 年秋季学期起，建立普通高中家庭经济困难学生国家资助制度，按年生均 1 500 元的平均资助标准发放国家助学金，惠及 482 万名学生，占在校生总数的 20%。

自 2014 年秋季学期起，研究生普通奖学金调整为研究生国家助学金，用于资助全国普通高等学校纳入全国研究生招生计划的所有全日制研究生（有固定工资收入的除外），补助研究生基本生活支出。研究生国家助学金由中央财政和地方财政共同出资设立。中央部门所属高校研究生国家助学金所需资金，全部由中央财政承担。地方所属高校研究生国家助学金所需资金，由中央财政与地方财政参照普通本专科生国家助学金资金分担办法共同承担。博士研究生资助标准不低于每生每年 10 000 元，硕士研究生资助标准不低于每生每年 6 000 元。中央部门所属高校博士研究生资助标准为每生每年 12 000 元，硕士研究生资助标准为每生每年 6 000 元。各级财政部门会同教育部门建立研究生国家助学金资助标准动态调整机制，根据经济发展水平和物价变动情况，适时调整资助标准。

根据国家奖学金申请条件，高等学校学生个人向所在学校提出申请（可每年连续申请），并提交"国家奖学金申请表"。国家奖学金按年度申请和评审，每年 10 月开始受理申请，当年 12 月底前评审完毕。

国家奖学金的评审程序如下：

（1）财政部根据各中央主管部门和省（自治区、直辖市）所属普通高等学校上一年的全日制在校本专科生人数，于每年 9 月 1 日前确定各中央主管部门和省国家奖学金的推荐名额；各中央主管部门和省财政厅（局）（会同教育主管部门）按照财政部确定的国家奖学金推荐名额，确定各高校国家奖学金的推荐名额，对重点高校和师范、农林、民族、体育、航海、水利、地质、矿产、石油等专业的学生占在校生比例较大的高校适当倾斜。

（2）各高校学生将个人的申请材料于每年 10 月 1 日前提交给所在学校，由学校在限额内等额评审后，于每年 10 月 31 日前将推荐名单及有关材料按照隶属关系分别报送中央主管部门或省教育主管部门审核（省教育主管部门将审核意见报省财政厅复核）；各中央主管部门和省财政厅于每年 11 月 15 日前，将复核后的获国家奖学金的学生名单备案表报财政部备案。

（3）财政部按照国家奖学金推荐名额，确定各中央主管部门和省国家奖学金预算。在接到国家奖学金学生名单备案材料后，1 个月内将国家奖学金预算下达给各中央主管部门和省财政厅。各中央主管部门和省财政厅（通过省教育主管部门）将资金拨给高校，由高校统一发放给获国家奖学金的学生。

国家奖学金实行公示制，各高校应坚持公开、公平、公正的原则，在向中央主管部

---

① 四省藏区是指除西藏自治区以外的青海、四川、云南、甘肃等四省藏族与其他民族共同聚居区、四川藏区、云南藏区、甘肃藏区。

门和省教育主管部门报送评审名单及有关推荐材料之前，应将评审名单向全校师生公示，以防止不正之风，杜绝弄虚作假行为。

各省、自治区、直辖市及计划单列市由本级财政安排专项资金，参照本办法设立本地区的政府奖学金，可称为"××政府奖学金"。具体资助人数及实施细则，由各省自定。地方所属高校国家励志奖学金所需资金根据各地财力及生源状况由中央与地方按比例分担。人口较少民族家庭经济困难学生资助资金全部由中央负担。

二、助学贷款

我国的国家助学贷款制度于 1999 年初步确立，2004 年秋季新的国家助学贷款规定开始在全国普通高校全面实施，2007 年试行生源地贷款工作。2015 年教育部、财政部、中国人民银行、银监会出台《关于完善国家助学贷款政策的若干意见》。2016 年，为进一步落实和规范还款救助工作，全国学生资助管理中心会同国家开发银行扶贫金融事业部区域开发局，制定印发了《国家开发银行助学贷款还款救助操作规程》，要求各地、各中央高校要依据操作规程制定国家助学贷款还款救助的实施细则。经过多年探索和完善，目前我国普通高等学校家庭经济困难学生资助政策体系已基本建立。作为高校学生资助体系的重要组成部分，国家助学贷款逐步形成了符合我国国情和高校特点的发展模式，取得了显著成效，对确保高校家庭经济困难学生顺利完成学业发挥了重要作用。

（一）学生在读期间利息全部由财政补贴

国家助学贷款利率执行中国人民银行同期公布的同档次基准利率，不上浮。借款学生在读期间的贷款利息由财政全额补贴。借款学生毕业后，在还款期内继续攻读学位的，可申请继续贴息，应及时向经办机构（组织办理校园地国家助学贷款的高校或组织办理生源地信用助学贷款的县级教育部门，以下简称经办机构）提供书面证明，经办机构审核后，报经办银行确认，继续攻读学位期间发生的贷款利息，由原贴息财政部门继续全额贴息。借款学生在校期间因患病等原因休学的，应向经办机构提供书面证明，由经办机构向经办银行提出申请，休学期间的贷款利息由财政全额贴息。

（二）贷款最长期限从 14 年延长至 20 年

原校园地国家助学贷款期限为学制加 6 年、最长不超过 10 年，生源地信用助学贷款期限为学制加 10 年、最长不超过 14 年，现统一调整为学制加 13 年、最长不超过 20 年。借款学生毕业或终止学业时，应与经办银行和经办机构确认还款计划，还款期限按双方签署的合同执行。

（三）还本宽限期从 2 年延长至 3 年整

借款学生毕业当年不再继续攻读学位的，与经办机构和经办银行确认还款计划时，可选择使用还本宽限期。还本宽限期内借款学生只需偿还利息，无需偿还贷款本金。还本宽限期由原来的 2 年延长至 3 年整。还本宽限期从还款计划确认开始，计算至借款学生毕业后第 36 个月底。在还款期内继续攻读学位的借款学生再读学位毕业后，仍可享受 36 个月的还本宽限期。

（四）建立国家助学贷款还款救助机制

各省级学生资助管理部门、各高校要合理利用国家助学贷款风险补偿金结余奖励资金、社会捐资助学资金或学生奖助基金，建立国家助学贷款还款救助机制，用于救助特别困难的毕业借款学生。对于因病丧失劳动能力、家庭遭遇重大自然灾害、家庭成员患有重大疾病以及经济收入特别低的毕业借款学生，如确实无法按期偿还贷款，可向经办机构提出救助申请并提供相关书面证明，经办机构核实后，可启动救助机制为其代偿应还本息。救助重点为：原则上，还款救助机制重点救助第一至第四类借款学生。第一、第二类借款学生，原则上必须给予救助。第三、第四类借款学生，原则上优先给予救助。救助标准为：第一、第二类借款学生，可以申请一次性代偿全部应还本息；后三类借款学生，只能申请代偿当年应还本息。

（五）简化学生贷款手续

各经办机构和经办银行要简化贷款手续，不得要求学生提供与贷款申请无关的材料。学生开具家庭经济困难学生认定证明时，严禁收取任何费用。各经办机构和经办银行应改进服务，简化流程，借款学生继续攻读学位的，只需完成申请继续贴息的相关手续，可不再签署贷款展期协议。借款学生根据贷款合同提前还款的，经办银行按贷款实际期限计算利息，不得加收任何费用。

三、勤工助学

勤工助学是指高校组织学生参加校内的助教、助研、助管、实验室、校办产业的生产活动和后勤服务及各项公益劳动，学生从中取得相应报酬的助学活动。这项活动有利于学生德、智、体、美全面发展，而且是对广大学生，特别是贫困家庭学生的有效资助办法，是对他们安心完成在校学业的有力支持。

勤工助学的组织机构。校学生资助工作领导小组全面领导勤工助学工作，负责协调学校的财务、人事、学工、教务、科研、后勤、团委等部门，配合学生资助管理机构开展相关工作。充分发挥学生会等学生社团组织在勤工助学工作中的作用，共同做好勤工助学工作。学校学生资助管理机构下设专门的学生勤工助学管理服务组织，具体负责勤工助学的日常管理工作。学校根据国家有关规定，筹措经费，设立勤工助学专项资金，并制定资金使用与管理办法。

校内勤工助学岗位的设置。设岗原则：以工时定岗位。①以每个家庭经济困难学生月平均上岗工时不低于 20 小时为标准，测算出学期内全校每月需要的勤工助学总工时数（20 工时×家庭经济困难学生总数），统筹安排、设置校内勤工助学岗位。②设置的岗位数量既要满足学生的工时需求，又要保证学生不因参加勤工助学而影响学习。学生参加勤工助学的时间原则上每周不超过 8 小时，每月不超过 40 小时。岗位类型：勤工助学岗位分固定岗位和临时岗位。①固定岗位是指持续一个学期以上的长期性岗位和寒暑假期间的连续性岗位；②临时岗位是指不具有长期性，通过一次或几次勤工助学活动即可完成任务的工作岗位；③校内勤工助学岗位设置应以校内教学助理、科研助理、行政管理助理和后勤服务等为主；④学校后勤部门应大幅度减少雇用临时工，调整出适合学生参与管理和服务的岗位，为学生提供更多的勤工助学机会。

校外勤工助学活动的管理。校外勤工助学活动必须由学校学生勤工助学管理服务组织统一管理，并注重与学生学业的有机结合。校外用人单位聘用学生勤工助学，须向学校学生勤工助学管理服务组织提出申请，提供法人资格证书副本和相关的证明文件。经审核同意，学校学生勤工助学管理服务组织推荐适合用人单位工作要求的学生参加勤工助学活动。

勤工助学酬金标准及支付。校内固定岗位按月计酬。以每月40个工时为计酬基准，酬金原则上不低于当地政府或有关部门制定的最低工资标准或居民最低生活保障标准，可适当上下浮动。校内临时岗位按小时计酬。每小时酬金可参照学校当地政府或有关部门规定的最低小时工资标准合理确定，原则上不低于每小时8元。校外勤工助学酬金标准不应低于学校当地政府或有关部门规定的最低工资标准，由用人单位、学校与学生协商确定，并写入聘用协议。学生参与校内非营利性单位的勤工助学活动，其劳动报酬由学生勤工助学管理服务组织从勤工助学专项资金中支付；学生参与校内营利性单位或有专门经费项目的勤工助学活动，其劳动报酬原则上由用人单位支付或从项目经费中开支；学生参加校外勤工助学，其劳动报酬由校外用人单位按协议支付[①]。

四、学费减免

随着我国普通高等学校招生、收费和毕业生就业制度改革的深入，普通高等学校中部分学生确因经济条件所限，交纳全部学费有困难。为使这部分学生（以下简称困难学生）不因此影响学业，在收取学费的普通高等院校中，对困难学生实行学费减免政策。

减免学费的条件。国家对部分确因经济条件所限，交纳学费有困难的学生，特别是其中的孤残学生、少数民族学生及烈士子女、优抚家庭子女等，实行减免学费政策。其中在校月收入（包括各种奖学金和各种补贴）已低于学校所在地区居民的平均最低生活水准线，学习和生活经济条件特别困难的学生免收全部学费；对其他一般困难的学生可适当减收部分学费。具体减免办法由省级教育、物价、财政部门制定。

各高等学校执行劳动和社会保障部等六部门下发的《关于加强国有企业下岗职工管理和再就业服务中心建设有关问题的通知》（劳社部发〔1998〕8号）精神，对生活特别困难的下岗职工子女就学，经企业、街道出具证明，学校应酌情减免学费。

减免学费的额度由各高等学校根据本地区省级教育行政部门的有关规定及本校的实施办法，结合学生本人表现及经济状况，在认真调查的基础上，逐一审核、研究决定，并可根据实际情况及时进行调整。

减免学费的管理。各高等学校要根据国家及本地区省级教育行政部门的有关规定，结合本校的实际情况，制定本校的实施办法，并报学校的主管部门备案。各高等学校有权对享受减免学费的学生及其家庭的经济情况进行抽查。对弄虚作假者，除须全额补交减免的费用外，还应视情况给以必要的纪律处分。各高等院校要在招生前向社会公布其

---

① 《教育部财政部关于印发<高等学校勤工助学管理办法>的通知》（教财〔2007〕7号）。

包括减免学费在内的各类资助困难学生的有关规定，采取有效措施，向社会进行宣传，解除经济困难考生及其家长的疑虑，保证合格新生按规定入校学习。减免学费是资助经济困难学生接受高等教育的一项重要措施，各高等学校应根据本校实际，与其他有关政策统筹安排。

从 2007 年起，对教育部直属师范大学新招收的师范生，实行免费教育。

第四节　我国教育救助体系的问题及对策

一、我国教育救助体系的问题

（一）普通高中教育救助制度的匮乏

我国普通高中助学仅在个别地区、个别学校通过募集社会慈善捐助，发动企业家、政府公务员进行一对一帮扶等形式来解决，这种零散的助学形式一定程度上缓解了贫困生读高中的困难，但无法从根本上、长远上解决问题，只能解决少数重点中学、成绩优秀的高中生读书困难问题，难以照顾全局。各地高中阶段教育收费水平不低，助学制度还不完善，"高中致贫"现象已经出现，影响了教育公平的实现。

（二）现行全日制研究生资助政策不合理，缺乏对贫困研究生的救助

现行政策没有考虑到贫困研究生的救助办法。随着全面收费制度的建立，贫困家庭研究生上学难的问题势必凸显。一些家庭困难的优秀学生不堪重负，甚至失去继续接受教育的机会。资料显示，当前在读硕士研究生中 50%～60% 来自农村，据新浪网针对研究生收费的调查，在回答"选拔是否受研究生收费影响"这个问题时，有 78.27% 的被调查者选择"肯定会"。如果广大弱势群体在收费制度实施后放弃攻读研究生，无疑会造成优质人力资源的巨大浪费和流失，影响到社会和国家高层次人才的培养。

（三）中职助学政策需加强落实

在实际操作中，中等职业教育资助制度还存在某些不到位、不妥当，甚至不阳光、不和谐的现象。一是少数地方该给的资金不到位、不足额、不及时、被截留、被挪用，使政府的诚信受到影响；对资助名额虚报、瞒报，对资助名单不公示、不透明，把助学金充抵学费、拖欠或少额支付，使学校的诚信受到质疑；不符合实际，见利忘义、隐瞒事实，使家庭和学生的诚信大打折扣。二是国家助学金惠及农村、县镇、城市三类人群，有些学生特别是城市青年，家里明明比较困难，符合资助条件，但却羞于脸面，怕同学看不起，所以不愿意申报。三是情商受到挑战。得到关怀、受到资助，本应心存感激，但一些受助者却不以为意，少有感恩情怀，这不能不说是很大的遗憾。四是学习动力受到挑战。资助上学、免费读书本来是"励志工程"，但却让一部分学生失去学习动力，更缺少志向，原来是自己花钱"我要学"，现在变成别人花钱"要我学"，职业学校中一些"资助生"和"免费生"的学习心态有待调整。

（四）高职贫困生现象未引起足够重视

高职院校大多属地方高校，地区间经济发展不平衡，高职生源大部分来自经济欠发达的偏远山区的贫困家庭，来自城市贫困家庭尤其是下岗职工家庭的学生数量也在日趋增多，导致贫困家庭学生比例大。收费制度调整以后，本科生每年交费金额在3 600元左右，高职学生收费标准在5 000元左右，加上其他费用，贫困家庭比一般家庭更难以承受。加上高职院校培养成本远远高于普通高校，国家拨款基本上还保持在原来升格前的中专时的额度，学校救助能力普遍薄弱。以上三方面原因导致高职院校贫困生人数不断增加。

（五）贫困生信息不畅，评定标准滞后

目前各高校对学生经济情况的了解，还仅限于学生入学时的"家庭经济状况调查表"，或者生源地一些部门的一纸证明，入学后也只能依靠对学生日常生活的观察，信息不对称的情形经常发生，对于什么样的家庭经济状况可以定为贫困，以及如何评定贫困的等级，标准不统一。不少地方和高校没有依据变化了的经济情况来调整这些标准，导致贫困生资助覆盖面变小、变窄。

（六）资助体系分散，资金分配不均

作为国家整个贫困生资助体系的直接执行人，高校大多按照相关规定分散执行奖助学金、助学贷款、勤工助学、学费减免等政策，而缺乏一整套针对学生个体的帮困助学方案，以致各项措施交叉执行，形成重复资助、覆盖面过窄等分配不均衡现象，经常出现大家都关注个别最困难的学生，而使个别困难学生的受助总额大大超过本身资助需求的情形；同时，其他困难学生则得不到应有的资助，最终影响了贫困生资助活动的公平公正。

（七）资金来源狭窄，资助力度有限

从现在高校助困的几个渠道来看，由于近年来招生规模基本稳定，学校学费收入不会有多大波动，因此提取10%的比例增长的可能性不大；社会资助方面，从近几年的数字看，上升的幅度也不是太明显，而且社会团体、个人捐赠具有不可控因素；政府资助和助学贷款应该是助困资金新的增长点，暴露出资金来源狭窄的问题。

（八）救助管理系统不够完善

尽管目前各级教委和许多高校都成立了学生资助管理中心，但不仅其与外部相关机构如银行、生源地民政等部门的衔接未处理好，教育系统内部的对接也未完全解决，导致部分不该享受资助的学生冒占了教育资助资源，而不少贫困生却难以享受到这一优惠政策。

（九）贫困学生的心理问题未引起足够重视

助困和育人相脱节，帮困助学中的一些方式还对贫困生造成了新的心理压力，例如贷款手续烦琐、到位不及时、人为造成的不公，以及对贫困生的关注缺乏人文关怀，伤害了他们的自尊心。

在具体执行过程中，由于缺乏严格和科学的管理，很多问题得不到落实。一些本应得到资助的贫困生没有得到或者得到的额度不足，影响了他们的学习甚至入学。此外，

现行帮困助学体系在对贫困生实施救助的过程中，一些善意的举动由于实施不当反而造成贫困生的心理压力和心理失衡，再加上贫困学生的心理不够成熟，一些学生虽然经济上得到了救助，但心灵上却受到了伤害。

二、我国教育救助体系的完善对策

我国现行的教育救助体系除应尽快出台高中和研究生阶段贫困生制度性的救助政策，填补该领域的空白外，还至少需要做好以下几个方面的工作，化解贫困生助学面临的难题。

（一）加大政府财政助困投入

高校学费收入比较固定，按规定从其中提取10%的助困资金也就相对固定，而自筹资金方面浮动也不会太大，唯一能增长且比较可控的渠道就是政府财政投入了。一方面是增加国家和省级奖助学金额度，另一方面适当增加用于申请助学贷款的风险补偿金的分摊比例。

（二）建立评定机制，设计资助规划

各校助学资金基本能覆盖到每个贫困生头上，但是每人获得的资助有多有少，差别比较悬殊，多的能拿到几千元，而少的只有几百元。应采取对学生进行家访或委托进行家庭情况调查等形式，摸清学生真实家庭经济情况，并按照事前制定好的标准对其贫困程度进行评定、建立档案。经过评定后，为每一位受助学生的具体情况设计一份完整的资助计划，并监测其在校期间的整个受助过程。资助计划中包含学生基本信息及其可能获得的所有资助项目，将包括奖助学金、助学贷款、勤工助学和减免学费等在内的贫困生资助项目全部归入资助计划，并统一实施监测，保证工作更加有效，更具有针对性，避免因管理分散而产生的资助金额不均衡的情况，保证公平、有效的分配，公正、公开地实施助困活动。

（三）建立普惠式社会救助机制

现在的助困体系中有不少政策是有条件的，而不是针对所有贫困生的，比如奖学金针对成绩好的学生，成绩差的贫困生享受不到。这些政策把一些成绩不好的贫困生挡在门外，减少了他们受资助的机会。因此，应设立一个普惠式的社会救助机制，只要是家庭经济困难的学生都可享受。

（四）研究生资助体系的改革

我国现行研究生奖学金制度的改革应遵循系统性、公平性和差异性原则：

（1）系统性原则。研究生的奖学金制度是研究生资助体系的重要部分，与资助体系的其他许多子系统（研究生助学金、研究生贷款制度、研究生的"三助"等）共存而且有交集存在。因此，应合理设计研究生奖学金制度，实现其功效的最大化。

（2）公平公正性原则。一套科学合理的评奖竞争机制还可以起到鼓励先进、督促后进的奖励作用。同时，奖学金的评选与发放也关系到研究生的切身利益。奖学金的评审应严格按照设立宗旨和评奖标准，把奖学金发放给真正德才兼备的人，使这些人起到一个表率和学术导向的作用。

（3）差异性原则。研究生奖学金制度的设计，要充分体现差异性原则。针对不同学位、不同专业、不同地区、不同高校、不同年级的学生情况进行区别对待。首先，应根据学科性质设定奖学金的等级，对报考基础学科的考生在奖学金方面给予特殊照顾；对市场需求高、个人收益高的学科专业，基本不给予奖学金，主要通过市场调节招生规模。其次，应通过拉开奖学金的档次来体现奖学金的"奖励"性质；最后，还应根据研究生在校学习、科研的特点，分课程学习阶段和研究阶段来设定奖学金。

引入动态评审机制。根据研究生每年的综合表现进行评审。第一学年，奖学金等级可按照入学第一志愿的填报情况和考试成绩、面试成绩，由学校具体确定；进入第二、三学年的课程学习阶段，则由导师、学院和学校按学习成绩等综合指标来评定；进入论文阶段，可根据研究生发表创新能力、论文质量、学位论文的完成水平等情况及导师的意见来综合评定。

增设贫困生奖学金。和谐社会的建立，需要充分考虑社会弱势群体的利益。对家庭困难的贫困学生，应给予更多的人文关怀，因此，设立贫困生奖学金来调动他们的学习积极性，帮助解决他们的实际困难成为必然选择。但在评选中应注意维护贫困生的自尊心，这样才能充分调动贫困学生的积极性。

目前我国一些高校研究生资助体系正朝着以上方向进行改革试点。

（五）高职院校要积极推动地方政府、社会参与到高职院校的发展中来，增强其救助能力

高职院校作为我国高等教育的重要组成部分，为国家、社会培养大批在一线生产、管理岗位上工作的实用型、应用型人才，高职院校要让政府领导和有关部门了解高职教育的重要意义及其功能、定位、政策，积极争取领导增加对高职经费的投入，高职院校在教学过程中要加强和社会的联系，并主动服务于社会，利用学院所处的地缘优势和区域经济的发展特点，主动服务于地方的经济发展，围绕地方经济建设中存在的问题进行"项目攻关"，帮助企业解决实际困难，通过自身的贡献求得支持和发展，以拓宽学院办学经费、贫困生救助经费的渠道，增强"造血"功能和救助贫困生的能力。

（六）加大教学改革力度，持续完善和优化学分制和弹性分制

学分制是现阶段我国大部分高校施行的教育模式，从目前我国高校所实行的学分制情况来看，取得的成效不可否认，但仍有进步的空间。高校应进一步优化和完善学分制，使其更加科学化、人性化，加大学习年限的弹性，缩短或延长学习年限，让贫困大学生通过连续或间断性的学习提前毕业或推后完成学业，既可让学有余力的贫困生提前毕业，减少学习费用的支出，又可让贫困生通过休学工作，获取学费，再复学读书，完成学业。

（七）加强教育救助中的管理工作

不仅跨单位、跨部门和跨地区的全国性的教育救助网络信息系统亟待建立，救助评估管理等制度建设亦应跟上。以受助对象的资格认定和动态监管为例，上海前几年的经验值得借鉴。上海将教育救助纳入与生活救助、医疗救助和住房救助四位一体的救助体系，对贫困人群的社会托底有了基本的依据。具体对贫困家庭收入状况的掌握由街道、乡镇救助管理所负责。

（八）做好贫困生心理咨询与指导工作

高校应针对贫困生的心理问题，点面结合，组织心理咨询专家有针对性地对他们的生活、学习和心理发展给予具体指导。例如通过专题讲座、主题班会、小型讨论会等形式进行人生理想教育、心理知识教育、典型案例教育，指导他们学会自我调适，帮助他们树立信心，完善个性，战胜自我，促使贫困生能够面对现实、适应环境，提高自我的心理保健能力，使他们认识到穷是事实，但不是缺点，更不是耻辱，现在贫穷不等于永远贫穷，相信只要不怕困难，认真学习，不懈努力，贫穷现状是会改变的。通过集体咨询、个别面谈咨询、电话咨询、通信咨询等心理咨询形式，对发现有心理危机或心理障碍的贫困生，主动进行咨询、了解、干预，帮助他们克服心理障碍，必要时应与家庭配合，共同做好学生的工作，减轻学生的心理压力。通过开展"受助者助人""爱心传递"等活动，使贫困生认识到自己已经得到了资助，但还有一些和自己一样困难甚至比自己更困难的人需要资助，让他们通过积极参加公益活动，在奉献社会中升华自己。

思考题

1. 如何完善义务教育阶段的教育救助？
2. 如何完善现行中等职业教育、大学生及研究生的教育救助？
3. 分析教育救助与教育福利的关系。

▶ **自测习题及参考答案**

第七章
就业援助

我国处在社会转型的关键时期，社会面貌正发生着深刻的变化，同时社会的各种矛盾也日益突出。城镇弱势群体的问题已经成为社会主义市场经济发展过程中亟需解决的一个突出矛盾。对这部分特殊的人群，党和政府通过"就业援助"使其再就业，以此达到增加家庭劳动收入、摆脱贫困的目的。

"就业援助"与下岗职工基本生活保障、失业保险和最低生活保障制度不同，它是一项从根本上解决就业困难人员家庭困难的措施；它也与计划经济时期安置就业不同，它是通过财政、税收等政策扶持，既促进就业困难人员再就业，又减轻企业负担，降低企业人工成本，增强企业活力。研究和解决弱势群体的就业问题，对于维护社会稳定、加快经济建设具有深远的意义。

第一节　就业援助概述

一、开展城镇弱势群体就业援助的背景

我国正处在一个复杂的、特殊的社会转型时期，这是一个由传统社会向现代社会、由计划经济体制向市场经济体制、由农业社会向工业社会转变的历史时期。在新旧体制的交锋和摩擦中，一部分社会成员由于缺乏竞争能力或不适应社会的变化，在社会利益新的分配格局中被弱势化，变为社会弱势群体。与此同时，伴随着经济社会发展以及城市化进程的不断推进，农用地被征用，导致大量的失地农民产生。按照《全国土地利用总体规划纲要》，2000—2030 年的 30 年间，我国占用的耕地将超过 5 450 万亩，失地或部分失地的农民将超过 7 800 万，这就意味着我国失地农民的规模将会进一步扩大，除

去一部分年龄偏大的，大部分失去土地的农民也必将进入劳动力市场，未来我国就业形势十分严峻。

为应对这一问题，国家大力实施再就业工程，提高再就业培训绩效，并确定中国城市实施再就业工程的总体思路是"政府宏观主导，市场机制就业，社会提供援助，创新就业机制"，基本措施是在就业服务和职业培训等方面向贫困群体倾斜。就业援助的实施，让城市贫困人员获得一份有收入的工作。

由于多种因素的制约，城镇弱势群体就业问题并没有得到很好的解决，而且还进一步加剧，出现了一些新的情况，比如下岗职工的失业问题隐性化。

就业的困难直接导致一部分人承受贫困的困扰。现在，随着转型的深入，弱势群体总量逐渐增大，而且构成状况复杂，存在问题多样化，这已经成为一个十分引人关注的社会问题。基于这个现状而提出的就业援助制度，旨在保证城镇弱势群体在市场经济进一步深化和全球化的大背景下，经济利益与社会权利不至于受到严重的损失，从而尽可能缓解贫困和防止边缘化问题的扩大，促进经济发展和社会稳定。对于究竟如何开展城镇弱势群体就业援助工作，以及其中的规律性、合理性，我们必须给予重视和研究，并相应的建立一套长效机制。《中华人民共和国就业促进法》已经明确提出就业援助就是国家采取措施，对就业困难人员实行优先扶持和重点帮助。这表明这项常规性的工作也已经上升到国家法律层面。

《中华人民共和国就业促进法》

二、城镇弱势群体的界定和构成

弱势群体是社会弱势群体的简称，又称社会脆弱群体。社会弱势群体（vulnerable group）是一个用来分析社会经济利益和社会权利分配不公平，社会结构不协调、不合理的概念。本部分着重分析在我国社会主义市场经济逐步发展与完善的过程中，城镇弱势群体的构成及形成的原因，为开展就业援助工作提供现实依据。

在我国当前的社会条件下，政府和社会用于保护、援助弱势群体的人力、物力还很有限，只有严格界定"城镇弱势群体"的范围，将真正的弱势人群划入其中，而将那些并不"弱"的人群剔除，才会使就业援助工作更具有针对性。给予"弱势群体"这个概念以特定的范围，对于开展就业援助这项实际工作而言，具有十分重要的意义。

（一）区分城镇弱势群体与其他群体的标准

尽管城镇社会弱势群体问题已为众多研究者们所瞩目，但是，由于不同的研究者所处的历史条件不同，所持的研究视角不同，对于弱势群体的理解、界定也就不同，因此，对于究竟什么是社会弱者这一问题，可以说，国内外学术界至今尚未形成统一的认识，仍然是一种众说纷纭的局面。本书综合了其中有代表性的观点，认为在当今社会条件下，我国城镇的弱势群体应具备以下条件：

1. 就业低职化或无职化。指在社会从事的职业处于较低或最低的位置，甚至什么职业都没有。对三大类社会资源——管理（权力）、经济（财富）、文化（知识），弱势群体或者根本没有，或者只有很少。其唯一所有的，就是自己的劳动力，并且主要是体力，脑力和智力也不多。他们基本上是无产者，又是无权者和无智者。

2. 收入来源单一化。弱势群体通常收入来源单一，收入分配不多，处于社会平均线下或分组中的低级、最低级。大多数弱势群体只能依靠工资收入，无其他收入来源，而工资收入一般只能维持生存和生活必需，生活质量不高，生活方式简单，谈不到发展和享受。无论是对吃、穿、住、行或用，高档品都与他们无缘。

3. 抗击风险能力脆弱化。除了生活上有困难和风险，更在政治上、社会上缺乏竞争力，市场竞争力也不强。城镇弱势群体依赖自己的力量无法改变目前的弱势地位。这些人之所以陷入困境，无论是出于个人的还是社会的原因，都是他们依靠自己的力量无法改变的，尽管他们很想改变上述困境。有些困境是个人原因造成的，例如身体和自身素质，有些是社会原因造成的，例如制度变革、技术发展等，有些是个人和社会原因共同造成的，例如我国转型期部分群体的下岗、失业。因此，他们虽然应当也可以靠自己的努力来争取改善其处境，但是机遇不多，并且面临的风险不少，经济社会上一有风吹草动，他们首先受害。如物价上涨，他们首当其冲；产生自然灾害，他们抵抗力差。

4. 社会地位边缘化。这是上述诸因素的综合，使他们作为弱者，经常、长期甚至永远处于社会的边缘。在心理上也被他人看不起，即使舆论为他们打气，提高社会地位的梦想也始终不能成为现实。也因此，他们有自卑感，有依赖心，有时会逆化为对社会和他人的敌对心理。

（二）城镇弱势群体的构成

1. 城镇传统弱势群体

因自身生理、自然灾害、家庭等原因形成的社会弱势群体，主要包括随着年龄增长逐步丧失劳动能力的人、伤残人，以及由意外事故和灾害导致的城镇贫困人口。这类弱势群体在任何国家都存在，在我国，则是在计划体制下就已经存在，结构一直比较稳定。城市中的老年人在退出工作岗位之后，经济收入减少，他们对于市场风险的抵御能力较弱，大部分人生活质量不高。此外，老年人群体的问题还突出地表现在他们从工作岗位上退下来后的失落感、孤独感、寂寞感，即如何能够继续保持身心健康和能否发挥余热的问题。对于他们的扶持政策重点是完善社会保险和老年人社会福利，因此老年人虽说也是弱势群体，但是不在本书的讨论范围内。

2. 城镇新生弱势群体

城镇新生弱势群体特指中国社会转型以来形成的城镇弱势群体，主要包括下岗职工、失地农民、进入城市的农民工，还有城市中生活艰难的"零就业家庭"等人群。他们与传统弱势群体不同，是随着改革的深入和社会的转型而分化、出现的一个群体，不属于传统的弱势群体，是劳动者由于失去发展机遇和客观条件，在收入分配、社会地位、竞争能力等方面处于劣势的劳动者[①]，属于就业弱势群体。对于农民工而言，欠缺的似乎不是岗位，而是公平的就业政策，其重点在于坚决杜绝限制性、歧视性的就业政策，让农民工享有同等的国民待遇，特别是享有与城市人口同样的就业政策，这必须与

---

① 王桂芬. 转型期弱势群体基本特征及其深层影响 [J]. 内蒙古社会科学, 2004 (6): 133-137.

户籍制度改革相配套。这方面的政策已经出台，并在逐步改善，关键是看如何落实。

很显然，就业援助制度，并不是针对上述所有的社会弱者，而是适用于其中处于劳动年龄阶段、具有劳动能力、又有就业愿望，而失去就业资源禀赋（包括岗位、技能、资金、非歧视性的平等就业权利等）的就业困难群体。虽然对弱势群体的简单分类是有交叉的，无法统计出我国城镇弱势群体的准确数字，但是现阶段我国弱势群体的绝对数目庞大，增长趋势明显，却是一个不争的事实。在当前的社会分化过程中，新生弱势群体还在不断地生成，弱势群体问题实际上已经成为我国社会中一项突出的社会问题。

（三）城镇弱势群体形成的原因

我国城镇弱势群体的形成是内因与外因共同作用的结果。它首先与我国经济体制转轨和社会结构转型有关，换言之，社会弱势群体是在我国实行改革开放政策之后，在建立社会主义市场经济的改革中被剥离出来的群体。因此，要全面认识这一群体的现状，并帮助他们摆脱弱势地位，融入主流社会，就需要对弱势群体产生的社会背景进行科学的分析。其次，它还与改革开放后，我国宏观经济的发展政策，以及个人禀赋等因素有关。

1. 宏观上的原因

（1）社会结构转型与经济结构转轨

城镇社会弱势群体作为一个绝对概念的群体存在于人类社会的任何历史时期。在每个历史时期都有它不同的社会环境和背景，探讨当代城镇社会弱势群体问题必须将其置于所处的整个社会大环境之中，才能找出其产生的原因、发展变化的规律，进而去认识问题和解决问题。

社会结构转型主要是指社会从传统结构向现代结构的整体性、根本性转变。社会结构在某种程度上说就是各种社会关系的总和，表现为特定社会形态下人与人之间的相互交往关系，包括经济关系、政治关系及意识形态等。那么社会结构转型就可以理解为社会从一种总体的社会关系转变为另一种总体的社会关系，是一种总体性的转变而不是局部性的转变，是对以前社会各种关系的全面改造，如生产关系、政治关系、民族关系、家庭关系等。生产力的迅速发展导致社会结构的变化，社会结构的变化反映在各种社会关系的变化上。

当代中国的社会转型真正肇始于党中央改革开放决策的做出。经过几十年的探索，党和国家对社会主义发展阶段和社会主义的本质有了全面、深刻的认识，我们的社会主义建设必须以经济建设为中心。以经济建设为中心必然要求去除传统经济体制的弊病，进行经济体制转轨，即实现从束缚生产力发展的计划经济体制向促进生产力发展的社会主义市场经济体制转轨。改革开放 40 多年来，我国的经济建设显示出强大动力，推动了生产力的发展，经济体制的转轨也必然带动其他社会结构要素的转变，当代中国社会正处于这种转变的关键时期。这场转变也是全方位的转变，它包括：从计划经济体制向市场经济体制的转变；从以农业为主导的经济社会向以工业和服务业为主导的经济社会转变；从纯公有制的所有制结构向以公有制为主体、多种所有制并存多元发展的所有制结构转变；从单一的按劳分配制度向按劳动、资本、技术和管理等生产要素贡献参与分配的分配制度转变；从封闭、半封闭型社会向开放型、全球化的社会转变。这些转变必将浓缩在几十年时间内完成。这无异于要把当今发达国家在几百年的变革中所面临的社会问题，压缩在几十年的短时期内加以解决。这种短暂急促的社会转型，引发了社会各个层面、各个领域的连锁反应，这是人类有史以来规模最大的经济和社会结构的变迁，社会结构转型与经济结构转轨成为当代中国社会城镇弱势群体产生的历史大背景。

我国城镇弱势群体的形成正是与我国经济转轨与社会结构转型的特殊时代背景相联系的：其一，从宏观的经济与社会背景看，这种现象是社会结构转型和经济体制转轨的伴生物。市场经济体制的确立，必然会导致"优胜劣汰"效应、追求效率的正负"双重效应"、产业结构的调整效应，所有这些趋势在近期内不可能有根本的转变。一般说来，这些过程对处在社会大众层面的在计划经济时期的基本阶层是弊大于利。其二，与政府主导的利益分配机制的调整有关。在市场化、全球化的过程中，在众多利益的选择中，政府无力保护所有社会成员使其利益免受损失，这样，就使某些社会成员成为弱势群体。

（2）城市化进程推进

城市化是人类文明进步的重要标志，是我国经济和社会发展的客观要求。自20世纪90年代以来，城市绿化面积的不断加大、进城人员对住房需求的不断增加等，客观上造成城市空间不断东扩西展、南伸北延。为保证城市发展对土地的需求，大量农用土地被征用。国家强制性大量征地造成的农民生活水平下降、就业无着落等问题日益严重，因征地问题引发的社会矛盾不断加剧，保障失地农民的权益成为促进城市化稳健发展的重要环节。而我国现行的征地补偿制度存在严重的缺陷，对失地农民的安置方式主要以一次性的货币安置补偿为主，让失地农民自谋职业、自寻出路，但补偿的标准低、数额少，在农民失去维持家庭生计的主要来源时，要切实保障失地农民的基本生活，根本出路在于就业。但是过惯了"面朝黄土背朝天"的生活的失地农民，受教育程度、文化素质和劳动技能普遍很低，缺乏专业技能，和现阶段产业升级、产品更新换代、对劳动力素质要求上升是极其不相符合的，这就使得他们在土地以外的其他岗位的竞争中处于劣势，部分失地农民也逐渐成为城市中的弱势群体。

（3）就业体制与政策转型

城镇弱势群体以失业或下岗人员为主体，从历史根源看，是计划经济条件下实行的就业体制和就业政策在经济转型过程中的必然结果，也是长期以来重复建设、盲目建设所造成问题的必然暴露。在计划经济体制条件下，我国对城镇劳动者实行普遍就业的政策，公民到了就业年龄，就由政府统一安排就业，国家对企业统负盈亏。这种就业政策，表面上看是一种高就业，但实际上它是把显性的过剩劳动力转化为潜在的过剩劳动力，是一种隐蔽性失业。一方面，计划经济条件下的就业体制和就业政策积淀了大批的隐性失业人员；另一方面，长期以来我国各地区的重复建设和盲目建设，造成了严重的地区间产业结构趋同化。

产业结构严重趋同，导致大量传统企业在政策调整中关、停、并、转，出现大批失业或下岗人员。一些国有企业生产经营不善，在竞争中失败。近些年来，传统行业下岗者居多，其中因企业停产、半停产而下岗的，因企业减员增效而下岗的占大多数。目前城镇弱势群体的凸显，就是我国长期以来就业矛盾积累的总爆发。

（4）保障体制改革滞后

社会保障制度不是政府的施舍，而是现代社会中，以低收入阶层为代表的弱势群体对社会公共财富进行合理分享的重要途径①。因此，社会保障制度与城镇弱势群体问题有着密切的联系，它不仅能够支撑弱势群体的基本生活和基本发展，而且有利于缩小城镇居民的收入分配差距。虽然我国政府在1997年正式开始实施城镇最低生活保障制度，并陆续出台了"两个确保""三条保障线"以及职工基本医疗保险制度等重要政策措施，使得城镇弱势群体的基本生活和医疗保障有了一定程度的改善，但从总体上看，中国的社会保障制度仍是相对落后的，国家和地方投入的有效资金不足，制度设计上也存在缺陷，保障的程度偏低。

2. 微观上的原因

（1）人力资本因素

现代西方主流经济学一直强调劳动者的"人力资本"在就业和职业地位获得中的重要作用。舒尔茨指出，劳动者对正规教育、培训、迁移和健康的投资最终形成个人的"人力资本"。人力资本作为一种人格化的知识和技能，将使拥有者在劳动力市场上获得更高的回报②。

目前，在中国城镇中，收入水平与受教育程度已基本上呈正相关的关系，即受教育程度越高，所获得收入就会越高，或者说，城镇弱势群体的低教育程度是导致其陷入低收入困境的重要原因之一。在大批的下岗失业人员中部分属于年龄偏大者，再就业的可能性不大。其余多数都是受教育程度较低、技术等级亦较低的状况，即使就业也多是从事临时性或季节性的工作，收入较低，工作不固定，基本生活和权益都难以得到有效的保障。另外需要注意的问题是，家庭教育投资的差距一旦形成并持续扩大，就很容易造成弱势群体收入的代际循环，即形成"收入水平低→教育投资水平低→下一代就业竞争力低→收入水平低"的恶性循环，使弱势群体具有明显的继承性，并容易造成其向恶性方向发展，从而影响经济增长质量的提高。

（2）落后的就业观念

我国现阶段，传统的落后就业观念仍然影响和制约着人们的就业和择业。城镇弱势群体中的国有企业职工由于受旧体制的影响，长期习惯于国家包揽一切，企业包揽一切，就业观念落后，具体体现为：第一，公有制偏好。由于受几十年计划经济的影响，国有单位职工相比于集体企业的同行来说，无论在数量上还是在质量上，都得到了更多和更广泛的利益。这些利益包括工资待遇、较好的住房、较高的福利和退休金。因此有的人宁可在国有企业拿较少的生活费，也不愿意自谋职业，另寻出路。第二，求职等靠

① 何平. 企业改革中的社会保障制度［M］. 北京：经济科学出版社，2000：3-8.
② SCHULTZ T W. Investing in people：the economics of population quality［M］. California：University of California Press，1981.

要。对于市场经济的新要求，缺乏心理准备和适应能力。一些职工缺乏危机感和竞争意识，甚至在下岗以后依然存在怨天尤人和消极等待的心理，留恋铁饭碗，而不是积极寻找其他多种就业出路。

（3）身体缺陷的影响

这是一种生理性弱势群体，由于其自身的生理缺陷，这一群体在社会竞争中处于不利地位，就业困难，生活贫困。截至 2020 年底，全世界大约有 6 亿 5 千万残疾人，约占世界总人口的 10%。中国残联统计的数据显示，截至 2021 年年底，我国约有残疾人8 500多万。在残疾人群体中，除一部分不具备劳动能力或失去劳动能力，还有很大一部分具有劳动能力或部分劳动能力。残疾人与健全人生活在同一片蓝天下。残疾人有尊严和权利，有参加社会生活的愿望和能力。然而在现实生活中，由于自身条件的限制与部分人的偏见，残疾人往往容易受到冷落和歧视，受到不公正的对待，这被联合国称为一种"默无声息的危机"。他们大多数处于社会的最低阶层，成为名副其实的弱势群体。要搞好残疾人就业援助工作，必须投入大量人力、物力、财力资金，而我国受社会和经济的发展限制，对残疾人的援助工作开展得也不是很顺利，难以满足残疾人生活和工作的基本要求。

三、开展城镇弱势群体就业援助的意义

现阶段，我国正处在一个复杂的、特殊的社会转型时期，弱势群体尤其是城市弱势群体的就业困境成了一个受到普遍关注的问题。随着转型的深入，弱势群体总量逐渐增大，而且构成状况复杂，存在问题多样化，具有社会转型期明显的结构性特征和社会阶层分布特点。现在城市弱势群体已经构成了我国社会中一项突出的社会问题。事实上，无论是发达国家还是发展中国家，都存在着一定规模的社会弱势群体。而我国的社会弱势群体却由于构成情况复杂、存在问题多，规模有不断扩大的趋势，并且已经成为影响社会稳定与社会发展的重要风险因素之一。在此背景下，深入研究新时期我国弱势群体的就业问题，建立多层次、立体化的弱势群体社会支持网络，从政策和制度上解决弱势群体就业的社会支持和社会保护问题，对维护社会稳定、化解政治风险、促进社会和谐发展有着重大的现实意义。其作用具体表现在以下几个方面：

（一）有利于促进社会公平，维护社会稳定和全面进步

以下岗失业人员、失地农民和残疾人等为主体的社会弱势群体，是与特定社会或特定历史发展阶段的运行方式密切关联且处于社会分层结构中最底层的一个特殊群体，相对于其他社会群体而言，社会弱势群体在社会发展中承受着来自经济、社会、心理等方面的更大压力，其经济利益分配的贫困性、生活质量的低层次性和环境承受力的脆弱性特征明显。弱势群体不仅处于社会生活的底层，而且由于就业难，缺乏改变自身生活状况和社会地位的机会和能力，其成为城市较为固定的贫困群体，并可能影响其后代的就业竞争能力。因此，如果弱势群体的就业问题得不到有效解决，长期处于失业状态就会产生不满甚至怨恨情绪，严重时会引发危害社会稳定的行为（如群访事件）和违法犯罪行为。

扶持社会弱势群体是政府义不容辞的社会责任。在社会弱势群体的扶持活动中，政府在官方扶持机构的设立、发展援助政策的制定、财政信贷资金的支持、社会扶持力量的组织整合以及与国际援助机构的合作等领域都具有极为重要的、不可替代的作用。在市场经济条件下，以政府行为为主体构建全新的社会弱势群体的扶持系统应该具有可持续发展、社会公正、以人为本、道德进步等多方面的新思维和新视野。可持续发展所体现的最基本的社会意义就是强调在经济、社会、环境协调发展的基础上满足包括社会弱势群体在内的一切社会成员的基本需要，保证每一个社会成员的基本生存权和发展权，并不断提高全体社会成员的物质文化生活水平。扶持社会弱势群体体现的最高社会意义，是保证每一个社会成员都能够被公平合理地对待，都有机会发挥人的自身潜力和实现人的全面发展，可以以平等的身份参与社会政治活动，参与市场经济竞争，分享资源配置利益，享受资源开发、经济发展和环境改善所带来的好处。

进入21世纪，中国开始了全面建设小康社会、加快推进现代化进程的新的发展阶段，而小康社会建立的一个重要标志就是实现"全体社会成员共享经济发展成果"，确保每个人的生存权、发展权得到充分实现。显然实现这一宏伟目标的关键或困难是：如何让那些因为某种原因而被排斥在现代化进程以外，处于社会边缘的弱势群体亦能参与到分享经济发展成果的队伍中来，其生活状况能随着社会进步而不断改善。

（二）构建符合我国国情的城镇弱势群体就业援助体系能在一定程度上消除贫困

贫困与失业虽然是两个不完全相关的概念，但失业却是导致贫穷的主要原因之一。从理论上说失业与就业状况直接或间接地影响着收入、社会地位和政治资源的传导。从实践上看，失业也就意味着失去收入，使家庭收入下降，陷入贫困状态。

弱势群体因年龄偏大、文化偏低、技能单一、身体较弱、缺乏与时俱进的能力等因素被排斥在市场就业竞争以外，低职或无职，收入不多，处于社会平均线下或分组中的低级、最低级。有关部门对十城市抽样调查资料显示，由下岗工人、失业人员和停产半停产企业职工组成的城市贫困主体的就业状态不容乐观。近半数下岗职工（也包括部分停产半停产企业职工）处于非正规就业，收入水平较低，有些劳动者不能享受最低工资保障。尽管对这些困难国家有一些救助措施，可大多都是应急的，而非长远之计，站在一个比较长的时间来看，解决弱势群体贫困的主要方法就是为他们提供就业机会和岗位，对特别困难的实施就业援助。

（三）减少改革成本代价的要求

市场经济运行时，市场竞争的"马太效应"日益突出，即富者愈富，贫者愈贫。在市场竞争中，具有资金、权力、能力和社会关系等方面的资源优势的，是强者，他们处于优势积累的有利地位，一旦第一步领先，便会步步领先，具有滚雪球似的"放大效应"。相反，缺乏资金、权力、能力和社会关系等方面的资源优势的，是弱者，他们改变自己处境的机会相当少，一步赶不上，往往步步赶不上，处在竞争中的劣势地位。正是这样，社会弱者最先也最强烈地感受到改革的代价。从理论上说，改革的社会代价应当由全体社会成员来共同承担，但是在实际生活中，受到改革带来的社会风险冲击最大的往往是承受力最弱的社会弱势群体成员。所以，从一定意义上说，社会弱者比社会强者为改革付出更多的成本，承受着来自经济、社会和心理等方面的更大压力。研究弱势群体的就业问题就是希望尽可能地减少弱势群体承担的额外的社会代价，使社会和经济均衡协调发展。

（四）完善我国社会保障制度的需要

新中国成立以来，随着国民经济的发展和社会的进步，我国的社会保障制度从无到有，保障范围由小到大，保障项目由少到多，保障水平由低到高，不断发展，已逐步形成有中国特色的社会保障体系。该体系由社会保险、社会救助、社会优抚和社会福利四大项目和若干子项目构成，每个项目既相互独立又相互联系，任何一个项目的残缺都会影响到整个社会保障制度。尽管就业援助有就业促进的作用，但由于救助的对象多为城镇少数极为困难的群众，因此这项工作也兼有社会救助的性质，搞好这项工作对完善整个社会保障制度来讲也是非常必要的。

（五）尊重弱势群体与防止"懒汉思想"出现的需要

从现有已实施的政策看，对国有企业下岗失业困难职工、失地农民、残疾人和城镇零就业家庭等弱势群体的援助主要包括两方面：生活援助、就业援助。提供直接的生活保障如保证最低工资、养老金、基本生活费的发放甚至低保金的救济，固然短期内可起到改善生活状况、抑制贫困继续恶化的作用，但考虑到社会救济的功能、性质——"兜底保障"，且会造成贫困者的自卑心理，过于宽松的救济条件还可能滋生失业者的惰性和依赖性——宁肯拿失业津贴而不去积极寻找工作。因此，当今大多数的市场经济国家都在积极探索怎样把救济保障与促进就业有机结合起来，从简单保护失业者到帮助他们实现再就业。

第二节　发达国家的就业援助及其对我国的启示

保障公民的基本生存权利是政府的责任，这一点西方国家是在20世纪30年代才逐渐认识到的。20世纪30年代以前，受萨伊"供给创造需求"、马歇尔"市场供求决定论"经济观点的影响，政府没有将就业问题纳入管理的范围，而是完全由市场自动调节。1929年到1933年，全球经济出现大萧条，整个资本主义的就业形势恶化。面对大萧条，各国开始实施政府干预。此后，随着自由放任经济到宏观经济调控的转变，世界各国政府对就业问题的认识不断深化，并在促进就业的过程中，扮演着越来越重要的角色。如果说，解决就业问题是一项难度很大的工作，那么解决困难群体的就业问题就更难了。对困难群体就业问题的关注与扶持，已成为各国政府促进就业的基本内容，西方发达国家根据各自的国情，针对本国的弱势群体就业采取了相应的措施，取得了很好的效果。

虽然西方发达国家弱势群体与我国城镇弱势群体在构成上有差异，但总的来说主要指的是缺少就业能力，处于失业或就业不充分状态，并且依靠自身的力量无法保证稳定的收入来源，从而无法满足个人及其家庭成员的生活需要的群体。我国作为社会主义国家，理应比西方发达国家做得更好。然而由于我国社会结构转型与经济结构转轨来得太快，出现城镇弱势群体后，处理这方面的经验还非常不足，因此借鉴西方发达国家的一些促进弱势群体就业的经验，对改善我国城镇弱势群体就业难现象，是很有必要的。西方对弱势群体的就业援助主要是通过对其进行就业扶持来体现的。

一、发达国家弱势群体就业问题及政府对策

1. 美国弱势群体就业问题及政府对策

20 世纪 90 年代初期以来，世界经济面临着全球化知识化浪潮的冲击，美国在不断进行经济结构调整、大力发展经济的同时，失业问题，尤其是大量存在的弱势群体就业难现象成为阻碍其经济发展的不可忽视的问题。总的来说呈现如下特征：第一，美国弱势群体失业规模大。不同于我国金字塔形的社会分层结构，美国属于较合理的橄榄形社会结构，即富裕阶层和贫困阶层人数较少，中间阶层人数较多，但是不可否认，美国贫困失业弱势群体的绝对数字仍然不小。据美国劳工部估计，仅 1995 年上半年，美国失业者就达到了 767 万，而据联合国贸易和发展会议专家估计，20 世纪末，美国失业人数至少有 1 300 万。第二，美国一方面是大规模失业，另一方面是高技术人员的需求增加。大量弱势群体由于不能适应高技术高知识的岗位从而失去工作。美国能够大规模地吸纳就业人员的传统制造业，如冶金、服装、化工、机械、电子汽车制造等，因竞争、环保结构升级等原因而迅速外移，或处于不景气状态，而增长较快的知识密集型产业如高新技术产业等需要的是知识性和技能性专业人才，弱势劳动者一般难以胜任。

20 世纪 90 年代以来，美国政府为了缓解国内就业压力，采取了一系列政策，增加就业岗位，同时增强失业者就业机会，尤其是弱势群体的就业能力与机会，以维护社会稳定和经济发展。

（1）通过优化产业结构，以持续的经济增长创造就业。美国从优化产业结构入手，改造和重组煤炭、纺织、钢铁、建材等传统产业，大力发展电子信息、通信、环保、能源、医药、新材料和生物技术等新兴产业，使之成为新的经济增长点，并带动相关产业发展，从而创造出许多就业机会。同时，还注重企业的竞争和创新能力的提高，扶持中小企业，尤其是大力支持风险型中小企业。随着美国经济的日渐复苏，到 90 年代末期，美国增加了 1 700 万个就业机会，由此，弱势群体就业难问题也得到了很大的缓解。

（2）进行社会失业保障制度改革。美国的失业救济制度，仅是帮助弱势群体解决暂时的燃眉之急，与西欧国家相比，不仅期限短而且金额少。在一些西欧国家，失业救济没有期限，金额也比较可观，这种高福利使政府背上了沉重的财政包袱，成为制约经济发展的一大因素。而美国的社会福利本来就比较低，1996 年还进一步压缩了规模，其目的在于迫使有就业能力的弱势群体重新就业。在这种制度下，美国人的竞争意识自然比较强烈。

（3）联邦政府重视失业人员的技术培训和再就业工作。为了使失业者能够及时适应当今日新月异的高新技术发展的需要，美国政府采取了一系列帮助失业人员再就业的措

施，例如对失业人员实施强化教育、技术培训，以提高失业人员的素质和应变能力，保证失业者在接受再就业培训后能够顺利地重返工作岗位。与此同时，政府还从立法上进一步规范再就业培训措施，例如《就业训练合作法》就明确规定，由美国各州和地方各级政府、私人机构共同合作进行培训项目开发实施和管理。然而，联邦政府并不直接参与就业培训工作，而是向州政府负责的培训计划提供大部分资金。各州和企业也要提供必要的资金。为了保证就业培训计划的顺利实施，各州设有由企业、州有关局、地方政府及失业者代表组成的就业培训协调委员会，就培训内容提供建议。1998年，美国还通过了《工人调整和再就业培训通知法》，要求企业在关闭工厂和大量裁员时要提前发出通知，让有关当局能及时得知裁员信息，及时对失业工人进行培训，帮助他们重新找到工作。

（4）美国政府也提高了就业服务体系的技术含量。随着信息技术的飞速发展，美国政府在向弱势群体提供就业服务方面，不断增加科技含量。联邦、州和地方各级政府都设有热线电话，全美建立起了十分完善的劳动力市场信息网络。全美还有多家大型网站专门提供劳工市场职业培训等方面的信息，有些网站直接就是为弱势群体服务的。服务的便捷以及信息的通畅也部分地解决了弱势群体的就业问题。

2. 日本弱势群体就业问题及政府对策

日本是东亚国家，受中华文化影响比较大，中日两国存有诸多方面的可比性，尤其当时日本曾经历了由统制经济向市场经济转轨以及由不发达市场经济向发达市场经济过渡时期，在进入20世纪90年代以后，由于发生大量不良债权，引发金融危机，给日本经济带来沉重打击，日本经济至今仍处于史无前例的低增长之中。2001年下半年起日本的失业率突破5%。失业率的上升，导致日本国民的生活状况恶化，同时也使日本弱势群体的规模急剧扩大，由此引发了一系列社会危机。为了解决这一日益严重的社会问题，日本政府采取了一系列的就业扶持政策，帮助弱势群体实现就业。故研究日本的促进就业问题，当前对我国也有重要的现实意义。

（1）保障失业弱势群体的生活和尽快促成其再就业。日本政府修改和扩充了1974年颁行的《就业保险法》，是日本就业政策上的一大转折，它标志着就业政策的重心开始由消极性的失业保险向积极性的抑制失业和促进再就业的对策转换。该法规定：凡雇主不论其企业规模和行业都必须加入就业保险。险种分为正式工的普通就业保险、短工和季节工的临时就业保险等。失业保险基金由政府、雇主和劳动者三方共同出资形成。同时，日本政府对企业解雇职工严加限制。企业辞退职工时须经过一定程序，随意使用解雇权在法律上将被判无效。

（2）给弱势群体提供就业指导和职业介绍。关于就业指导和职业介绍，由分布在全国各地的公共职业安定所负责，这是日本政府对劳动力市场进行调节的最基本措施。就业指导包括组织求职者进行职业适应性测试、举办讲座、参观实习等，以促使求职者就业。职业介绍包括向求人、求职双方提供信息，如举办招聘会等。近年来，在失业率不断上升的情况下，日本政府加大了就业指导和职业介绍的力度，允许并积极扩大民间职业介绍所在某些业务领域的活动。

（3）对弱势群体进行职业培训。在这方面的法规依据是《能力开发促进法》。该法的主旨是促进和强化劳动者的职业培训和知识更新，以适应就业岗位变化的需要。其主要内容为：一是政府设置公共培训机构，同时对于各都道府县及企业设置的培训机构提供补助；二是倡导以职业能力开发为主要内容的终身学习体制，即将培训学习纳入职工的职业生活的全过程。培训的对象不仅包括失业者也包括就业者。因此职业培训具有对劳动力的供给结构进行调节的性质。

日本政府的就业政策不仅综合性强、覆盖面广，而且有稳定的资金来源作为支持。在这一过程中，企业承担就业保险费主要部分的制度安排起了重要的作用。可以说，通过企业雇主来抑制失业，是日本政府就业政策的主要特征。政府和企业之间有关就业人事权的均衡是这样实现的，即政府一方面对企业解雇就业者的行为严加限制，另一方面承认企业具有调换岗位、规定加班时间，甚至修改就业规则等有关人事管理的广泛权利。如上所述，有关政策法规曾明确规定对就业培训和就业指导等事业要予以支持，但日本政府在这方面的直接支出却很少，而且有关工作也主要是通过各企业来进行的。

二、发达国家政策给我国的启示

（一）政府高度重视和统筹兼顾各项政策体系

由于一国的就业弱势群体状况与其经济增长、通货膨胀和社会发展等问题紧密联系在一起，并且直接显示和影响政府的能力、政绩和形象，因此各国政府都非常重视失业和就业问题，有的国家把它作为一个重要因素纳入政府的宏观决策之中，有的国家把它作为政府工作的头等要务，有的国家在有关法律条文中，明确政府对于解决就业问题的职责以及就业在整个政府工作中所具有的特殊地位。如美国在1946年通过的《就业法案》和1964年通过的《就业法》中都明确规定了政府对控制就业应承担的责任。作为社会主义国家，我国政府更应该高度重视就业工作，尤其是弱势群体就业工作，因为这些群体都是我们社会主义大厦的基础所在。另外，我们也应该看到就业问题不是孤立的，而是与经济周期、结构调整和体制转轨等诸多因素相关联的。因此，要解决就业矛盾，就要更多地从宏观经济决策的角度上总体把握，要通过产业政策和地区开发政策等克服结构性失业。我们要把解决就业问题作为制定社会经济发展战略的前提条件，进一步提高就业在政府工作中的地位，把就业任务分解落实到政府制定的投资、金融、外贸和教育等各项经济和社会政策中去，形成一个实施充分就业的综合政策体系。

（二）加强政策扶持

首先，实行积极的财政和货币政策。各国解决弱势群体就业问题，通常主要是通过促进经济增长、创造就业机会和建立完善的社会保障政策，为就业提供条件来实现的。其中，提供财政和信贷支持则是就业措施得以落实的基础条件。实行财政投入政策是一种直接投入，主要是通过增加财政预算，将其投入到弱势群体就业支持中来。有的国家在编制政府预算时，还把弱势群体就业投入列为专项投入予以保证。实行财政优惠政策是一种财政间接投入政策。一是减免企业税费，鼓励企业雇用弱势群体。如法国政府把创造就业机会与减免企业缴纳的社会保险金挂钩，规定保证就业岗位的企业可免缴工资中相当于最低工资标准1.1倍的职工家庭补贴保险费；对以实行非全日工作来保证就业岗位的企业，给予免缴半日工30%医疗保险费的奖励；对新办的企业，特别是由失业人员创办的企业，实行减免社会保险费的优惠政策。二是实行信贷优惠。政府对增加就业岗位和招收弱势群体的企业，包括就业机会较多的中小企业提供低息贷款，以减轻企业资金需求上的压力。三是对失业人员多、就业压力大的地区，除常规性地减免企业税费外，还给予经济补贴。对增加就业岗位、雇用失业人员的企业直接给予经济补贴。四是适当放宽最低工资限制。法定最低工资标准定得太高，也会影响到企业收入和雇用人员的积极性，因而一些国家开始允许企业以略低于法定最低工资的标准雇用。

（三）完善社会失业保险体系和培训制度

主要是加强失业保险制度、再就业培训制度、再就业服务制度建设，使失业人员有较为稳定的生活保障，并能提高其知识素质和技能水平，保障其拥有再就业的机会。我国应通过再就业工程的实施，形成有自己特色的就业网络体系。首先，在体系构架上，应包括管理核心、中介服务、职业培训、失业保险等各类组织机构；其次，各类就业机构应被赋予明确的职责分工，并在各自专门化发展中，获得更高的协作效率；最后，就业体系还应包括一个由一系列就业政策和措施工程组成的工具子系统，以满足系统功能发挥的需要。就西方各国经验来看，完善的失业保障体系对于经济发展而言是必不可少的，但高福利制度又可能导致就业政策的低效率、资源配置的低效率以致整个经济的低效率。因此我们在建立健全社会保障制度的具体过程中，一方面要尽快促进失业保险与失业救济的发展，完善失业保障体系；另一方面要吸取西方国家的教训，把失业救济同积极的就业促进结合起来，如成立再就业培训服务公司，对失业者进行信息与咨询服务、职业培训服务等，减少因劳动力供求脱节而造成的摩擦性失业。

我国弱势群体就业援助政策的选择必须借鉴发达国家的成功经验，再综合考虑我国的实际情况，即经济不发达、国家财力有限、城镇弱势群体素质偏低的现实，采取适当的策略，并根据实际情况的变化相应的调整策略。

第三节　我国对城镇弱势群体开展就业援助的理论和政策分析

转型期城镇弱势群体问题对社会生活的负面影响是非常大的，因此要支持城镇弱势群体，使其融入主流社会，首先需要对城镇弱势群体问题所造成的社会影响有清醒而足够的认识。应该正视他们，承认他们也是社会转型以来一支重要的社会力量，重视其相应的价值观念、行为方式与社会心态。为了使他们能够融入社会，彻底摆脱目前的困境，就业援助无疑是一个非常有效的办法和政策。本节主要讨论的是就业援助的经济学分析以及政策分析，希望能够为以后开展对城镇弱势群体的就业援助找到一个长效机制。

一、就业援助的经济学分析

开展对城镇弱势群体的就业援助是以政府为主导的，通过就业援助使得很多原本不能或者很难通过竞争就业的人实现了就业，即政府干预劳动力市场，这么做会对这个市场造成什么影响呢？

（一）新古典经济学派的观点

现代劳动经济学是 20 世纪七八十年代以后新古典经济学中发展最为迅速的重要分支学科之一。它不仅囊括了就业理论、商业周期理论和劳动力供给与需求的微观经济分析，而且随着学科的发展和深入，还逐渐吸收和应用了心理学、社会学、科学哲学、政治学、行为科学、统计学、微观计量经济学等方面的重要研究成果。归根结底，劳动经济学研究的对象是劳动力市场的运行和结果，研究的是雇主和雇员对于工资、价格、利润以及雇佣关系的非货币因素（如工作条件）的行为反应。也就是说，西方劳动经济学研究的是劳资双方即劳动力市场供求双方的相互作用，是以劳资关系作为其研究中心的，并建立了一系列的模型来进行分析。

1. 劳动力市场的均衡

本节采用了劳动力市场静态均衡模型，一是易于理解，二是其他均衡模型例如动态均衡模型也是在静态均衡模型的基础上建立的，其基本内核是一致的，为了直观地说明问题，采用了完全竞争的劳动力市场上的静态均衡模型。

在完全竞争的劳动力市场上，劳动力的供给者和需求者都是现行市场工资率的接受者，而不是制定者。也就是说，劳动力供给和需求的相互作用是决定实际工资水平和劳动就业量的唯一因素。在劳动力供给量与需求量相等时，劳动力市场处于均衡状态。如图 7-1 所示：横轴为就业量 L，纵轴为工资率 W，D 为劳动力需求曲线，S 为劳动力供给曲线。对应于纵轴上的每一个工资水平，沿水平方向做出一条直线，该直线会与劳动力供给曲线 S 和劳动力需求曲线 D 相交，由交点向横轴做垂线就会形成与其相对的劳动力供给量与需求量。劳动力供给曲线与劳动力需求曲线的交点所代表的工资率 W_E 和就业量 L_E 就是均衡工资率和均衡就业量。

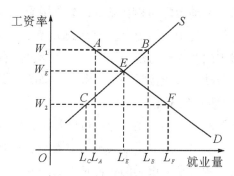

图 7-1　劳动力市场静态均衡的形成

当工资率高于均衡工资率时，如工资率为 W_1，劳动力供给大于劳动力需求，在此情况下为劳动力的买方市场，劳动力的需求者对市场中劳动力的价格具有支配力量。他们会要求降低现有工资率，因为劳动力供给超量，竞争激烈，直至工资率下降到均衡状态下。

当工资率低于均衡工资率时，如工资率为 W_2，劳动力供给小于劳动力需求，在此种情况下劳动力的供给者对于劳动力的价格具有支配力量，他们会要求提高劳动力的价格。劳动力的需求者虽不愿意，但在需求过量、竞争激烈的压力下不得不接受劳动力供给者的价格要求，使得工资率上涨，直至达到均衡时的工资率水平[①]。

2. 劳动力供给的增加对静态均衡的影响

在劳动力市场上，就业均衡水平并不是由劳动力供给或劳动力需求的某一方单独决定的，均衡就业水平是劳动力供给方和劳动力需求方在追求自己利益最大化时，或者政府干预劳动力市场供给时，力量对比达到均衡状态下形成的。不过劳动力这种均衡很容易因为其中任何一方利益变动而被打破，但都能在新的条件下重新实现均衡。图 7-2 就可以说明政府在干预劳动力市场后对劳动力市场均衡的影响。

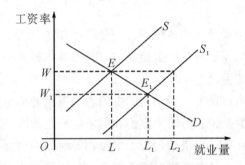

图 7-2　劳动力供给的增加对静态均衡的影响

政府通过就业援助使得原本在劳动力市场无法就业的城镇弱势群体的劳动者进入了整个市场，本质上是增加整个劳动力市场的供给，在工资率不变的情况下，劳动力供给变动表现为劳动力供给曲线 S 位移到 S_1 之后，W 不再是市场均衡的工资率，在该点，由于劳动力的供给大于需求，劳动者之间相互竞争，被迫接受劳动者需求方的要求，降低工资率，劳资双方在博弈的过程中，均衡点就变动到 E_1 点，即劳动力供给方接受了 W_1 的工资率。除非劳动力需求曲线由于劳动力需求量的增加也向右平移，即经济发展创造出更多的就业岗位，不然劳动力只能接受平均工资率下降的现实。

（二）新古典经济学派观点的不足

通过对新古典经济学派的理论和模型的分析可以看出，该学派认为政府干预劳动力市场，扩大了劳动力市场的供给，造成了社会平均工资率下降的可能，降低了效率，因此新古典经济学派对政府干预劳动力市场的行为是不赞同的。其基本观点是：必须尊重市场规律；政府用行政和法律手段介入劳动力市场的唯一条件是劳动力市场失灵；劳动

---

① 胡学勤. 劳动经济学［M］. 北京：高等教育出版社，2004：171-172.

力市场失灵有两大类情况——雇主的短期行为和合同的执行失败。其中，政府的行政行为只应该局限于前者。但市场有其自身的局限性和盲目性，虽然有效率，但对部分劳动者来说却缺失公平，因此这种观点遭到了新制度经济学派的否定。

新古典经济学派和新制度经济学派关于效率与公平孰轻孰重，政府在市场经济中应该扮演什么样的角色，政府是否应该介入、在多大程度上介入、怎样介入劳动力市场的争论在国外由来已久，而随着我国劳动力市场发育出现不健全，这一争论在国内也已盛行开来。

彭鹏（2005）认为在承认必须尊重市场规律的同时，仍有必要对劳动力市场失灵作为政府介入的唯一条件进行深入探讨：

第一，两大流派争论的根源在于对人类社会发展方向、途径以及对经济发展和社会发展孰轻孰重等问题的认识差异。人类的理想应是实现建立在人类总体物质富足基础之上的社会和谐、社会公正和社会大同，因此政府公共政策的价值取向应是以效率为基础，致力于追求和维护社会公平。在处理经济发展和社会发展之间的关系上，我们必须清楚：经济发展是社会发展的前提和基础，也是社会发展的根本保证；社会发展是经济发展的目的，也为经济发展提供精神动力、智力支持和必要条件。我们强调的是经济和社会的协调发展，而就业恰是经济发展和社会发展的最重要的结合点，因此，当牵涉到弱势群体的就业援助问题时政府理应承担更大的责任。

第二，要正确界定当代中国劳动力市场失灵的范畴。根据西方经济学的定义，由于内在功能性缺陷和外部条件缺陷所引起的市场机制在资源配置的某些领域运作不畅就是市场失灵，而仅仅依靠市场自身调节根本无法解决这些问题。对应到城镇弱势群体的就业援助，再结合当前中国具体的经济社会环境，市场失灵主要表现在五个方面：①就业机会不均等，城镇弱势群体常常受到就业市场的歧视，不能顺利地找到相应的工作岗位。②工作岗位间的报酬差异很大以及分配的不公平，造成收入差距的急速扩大。③劳动力与就业岗位之间信息传递的需求，存量就业岗位与劳动力之间优化重组对充分信息服务的要求还远远得不到满足。④劳动力市场不完善，就业扩大存在诸多体制性障碍。目前我国劳动力市场不完善，是再就业难以解决的主要问题之一，主要体现在劳动力市场的信息网络尚未覆盖到每个社区，信息网络的作用尚未发挥，劳动力市场的职业指导功能弱化，未真正发挥就业指导作用。⑤劳动力市场专业化服务人才缺乏，服务水平、服务质量难以达到要求。为了匡正劳动力市场失灵，以免造成城镇弱势群体的边缘化，政府必须通过行政、立法等手段实施宏观调控。

第三，劳工组织资源的缺失是导致弱势群体被边缘化的重要因素。劳资交易规则难以公平制定和执行。处于弱势地位的城镇弱势群体缺乏自身利益的忠实代言人以及与资方在形式上和事实上对等的组织资源，这直接导致了双方市场交易规则难以公平地制定和执行，或者即便是形式上公平，事实上也未必公平。而没有最基本的市场公平，就根本谈不上效率问题。因此，国家必须作为城镇弱势群体的代言人，来保护他们在整个劳动力市场体系中的利益，政府在此应当而且必须有所作为。

综合以上分析可以看到，目前我国劳动力市场还存在诸多不完善的地方，仅靠市场无法解决城镇弱势群体的就业问题，各级政府不能在维护弱势群体就业问题上无动于衷，即便是作为社会总资本的代表，为了保全社会劳动力总资源，促进公平，使社会再生产得以顺利进行，也必然要通过立法、行政等手段对劳动力市场进行干预。

二、构建有中国特色的就业援助体系

就业是我国经济和社会发展的重大民生课题，特别是针对困难群众的就业援助，已成为政府制定就业政策的重要关键词。

近年来，在推进困难群众就业过程中，由于行政管理体制、传统就业制度、社会保障制度以及医疗保障制度等制度上的约束和实践上的限制，对困难群众的就业服务相对滞后，困难群众的就业权益难以得到充分保障。为此，建立促进困难群体就业的政府工作机制、财政资金支持机制、社区扶持机制和公共政策支持系统，具有直接的政策含义和重要的实践意义。

（一）中国城市弱势群体就业扶持工作重心

市场失灵的存在，使得政府提供公共产品成为一种必要。就业困难群众由于主客观等原因，难以通过市场体系自动的调节力量和机制来分享发展成果，需要政府扶助，开展就业援助就是具体内容之一。

1. 明确开展就业援助是政府义不容辞的责任

在对社会弱势群体的就业援助活动中，国家除了应明确就业援助的实施部门外，还必须制定发展援助的政策，财政信贷资金的支持、社会扶持力量的组织整合以及与国际援助机构的合作等领域都离不开政府的大力支持和参与，因此政府在就业援助问题上有极为重要的、不可替代的作用。

2. 确立全新的扶持制度是社会弱势群体扶持研究的关键

制度经济学者认为，人类的生存和繁荣完全依赖于正确的制度和支撑这些制度的基本人类价值。建立中国城镇弱势群体就业援助制度的根本目的就是要建立保证城镇社会弱势人口能够得到持续扶持的经济法律制度，其主要内容是以民政、劳动部门和企业共同承担的社会保障职能转向建立完善的以社会弱势群体为扶持对象的社会保障制度，从法律上明确社会保障在对社会弱势群体扶持中的功能和作用，明确社会保障的对象、内容及标准。政府部门、社会团体的扶持行为必须具有制度的保证，有专门的组织机构和专门的经费，而且有一套相应的法律和政策来指导和约束这些机构的活动和经费的使用，使以政府为主体、就业援助为基础的援助行为在制度和法律的约束下进行。有了思想上的认识，做好这项工作关键还需要就业援助具体措施的制定和落实。

（二）就业援助政策的制定和实施

就业援助不仅仅是简单介绍工作，而是全过程援助，包括工作的选择与匹配、就业培训与工作推广等方面。就业援助不但要全面考虑求职者的利益，同时要兼顾雇主的利益，一方面通过减少税收、落实再就业资金等政策鼓励企业扩大劳动力需求，另一方面也应兼顾雇主对生产效率、雇用质量、社会标准等的要求。这样，鼓励企业吸纳就业的政策才能落到实处，既能把就业者安排到最合适的岗位，又能让雇主满意，提高就业质量和就业稳定性。因此在政策的安排上应该包括以下具体内容：

1. 财政、货币政策的援助

在全国大范围地开展就业援助行为是不大容易的事情，但政府也绝不是无能为力。从经济发展的角度来看，宏观经济政策就是可用的工具。宏观经济政策是指由中央政府制定的用来调整经济增长速度、经济规模、经济结构的经济政策，其主要内容包括财政政策、货币政策等。

第一，运用财政政策支持就业援助有几个好处：一是不增加支出总量而只增加创造就业的支出比重，不会加重企业的负担；二是政府直接运用财政支出增加就业岗位有很强的目的性；三是通过政府的财政转移支付，使社会的公平性得到了体现。

对城镇弱势群体而言，积极的财政政策包括几个方面的内容：一方面，从财政支出的角度来看，可以通过加大公共投资项目，刺激经济需求，带动社会投资从而促进就业，使工作岗位从总量上得到增加；另一方面，从税收的角度来看，减税也是积极财政政策的一种有效形式，通过减少个人所得税，提高职工的消费能力，刺激生产的发展等来扩大就业，就业岗位多了，弱势群体就业的压力就能得到一定程度的缓解。减税还可以体现在直接针对弱势群体的税收减免上，如对部分残疾人开办的小规模个体经济，通过减税使其获益，也是就业援助的一种体现。三是直接针对就业援助而进行的财政转移支付，各级财政部门根据年度就业援助工作计划，合理安排预算，这部分资金可以用在弱势群体的就业培训、指导和服务等工作上。

第二，货币政策。目前，我国货币信贷政策主要通过商业银行的经营行为来传导，因此，商业银行对货币信贷政策的反应及反应程度将直接影响或决定货币信贷政策实施的有效性。通过有关资料可以看出，商业银行通过各项信贷业务对促进就业、增加就业岗位的影响还是很明显的。

此外商业银行还通过小额信贷对城镇弱势群体直接进行援助。小额贷款政策的主要目的是促进再就业，它对城市弱势群体提供的项目服务主要体现在再就业扶持上。因为我国的社会再就业机制功能比较薄弱，而且下岗失业人员自身知识、能力和技能也存在明显的不足，所以想要让现有的劳动力市场解决劳动力的资源配置，实现下岗失业者的就业，困难比较大。通过运用小额贷款来给这些特定的目标主体资金扶持，让他们在力所能及的情况下选择自谋职业，即自主创业，是一条有效可行的办法。根据有关资料显示，我国城镇中自谋职业、从事个体经营的比例占再就业总比例的50%以上，适合市场经济发展的要求。自谋职业应该成为就业援助中的一个主要途径，小额贷款可以使一部分人实现自主创业。在这一方面，小额贷款的目的性很明确，是可行的。

2. 社会保障援助

在现代社会条件下，社会发展的基本宗旨应当是人人共享，普遍受益，一个健康文明的社会，同时也是一个公正的社会。社会公正的内容之一就是维护全体社会成员的基本权利，当然包括弱势群体的基本权利。我国目前开展就业援助，就是社会公平的一个体现，而社会公平又是社会主义的本质要求，是社会主义政治文明的体现。社会主义政治文明要求全社会在物质文明大发展的今天，要保障由于体制转型等原因带来的弱势群体基本生活问题，缩小城乡差距、贫富差距等。这是一项关系到社会长远发展的大事。就业援助工作得以有效实施，完善的社会保障体系是必不可少的，针对目前弱势群体的具体情况，应当做好保险的衔接、医保和救助等方面的工作。

当前对弱势群体中的广大下岗职工来讲，搞好社会保险的衔接是一个很重要的问题。其内容就是要使每一个下岗职工能及时转移和接续社会保险关系，确保他们的社保关系不断档、不流失、不作废，真正做到"不论你在哪里干，社会保险接着算"。解决这一问题，国家有关部门规定得已经很明确，关键是让下岗职工了解掌握社会保险的具体政策和接续办法，提供专门的社保关系转移接续服务；同时，针对下岗职工大多从事灵活就业的情况，制定相应的参保办法。各地要根据援助行动的有关要求，抓紧完善下岗职工社会保险的接续办法，健全各项制度和业务流程。社会保险经办机构在接到用人单位解除劳动关系的通知后，要及时发放缴费接续通知，公示接续保险的具体办法。同时，专门开辟个人缴费服务窗口，对自谋职业和采取各种灵活方式就业的人员开展专项服务。公共职业介绍机构及街道劳动保障机构，也要积极开展劳动保障事务委托代理，代管职工档案并提供相关服务。

对失地农民而言，除了要加强国家财政货币政策的支持外，必须将其纳入城市社保体系。从长远、规范的方向看，为失地农民建立社会保障是保障失地农民权益的根本途径。在保障资金筹集方面，应坚持政府、村集体、个人共同出资的原则。要改变一次性货币安置为主的做法，征地地价一部分发放给失地农民，保障其当前的生活需要，一部分要作为失地农民的社会保障基金。土地非农转用后增值收益巨大，政府从土地出让收益中按一定比例注入失地农民社会保障基金，是建立农民社会保障基金的主要来源。被征地的集体经济组织也应从本集体的积累资金或土地补偿费用中抽调一定的资金注入失地农民社会保障基金。建立失地农民社会安全网，应允许各地因地制宜，制订具体实施方案。对完全失地的农民，应鼓励其加入城镇居民社会养老保险体系。对部分征地的农民，应加快建立包括最低生活保障、养老保障和医疗保障在内的失地农民的社会保障，也可以鼓励失地农民参加商业保险。

"因病致贫"是许多弱势群体家庭陷入贫困陷阱的重要原因。在医疗保险制度改革方面，应重点针对社会弱势群体制定特殊的费用标准和待遇标准，妥善处理好特殊人群的医疗保障。

而对于生活极其困难、人均收入低于"最低收入线"的生活困难群众，还应给予最低生活保障的"兜底"援助。目前许多地方都加大了财政投入力度，并将其纳入财政预算规范化、制度化，不断提高低保线。

3. 文化水平、劳动技能的援助

导致弱势群体被排斥于劳动力市场之外的因素有很多，除了严峻的就业环境、雇主对弱势群体的种种偏见外，弱势群体技能的缺乏、较少的培训机会、工作经验有限等也是重要原因。因此，加强劳动技能的培训十分重要。构建职业指导与培训支持系统，就是将职业指导援助与培训质量、促进就业效果挂钩，提高劳动者参加培训和各类职业教育培训机构提供培训的积极性。对求职者的职业培训可采用"就业—培训"模式，而非传统的"培训—就业"模式，这意味着求职者从开始就获得工作，克服了"培训是为了寻找工作"的被动性，增强人们参加培训的动力。培训内容既包括工作技能的提高，也包括心理咨询等，以帮助求职者克服因失业造成的心理障碍，为此国家必须承担起自己应尽的义务和责任。

以失地农民为例，大多数失地农民都属于没有文化、没有资金、没有技能的弱势群体，在人才市场上的竞争力较弱，他们的生活和生存也许在短期内依赖于征地补偿金不会出现很大的问题，但是，从长远来看，如果政府不能充分重视失地农民的"失业"问题，不能及时解决数量庞大的失地农民的"再就业"问题，那么，我们的小康之路将陷于空谈。加强对失地农民的教育培训是解决其"再就业"的关键。职业教育和培训是提高失地农民劳动技能的重要手段，是改善失地农民总体素质的根本之道。它不仅通过提高劳动者的专业技术、业务知识和操作技能，直接为促进经济发展和提高劳动生产率服务，而且也通过对劳动者的培训，提高劳动者的个人素质，提高劳动生产率，有利于失业人员重新就业，缓解失业问题，最终促进社会的发展和进步。只有加强对失地农民的教育培训，才能从根本上提高失地农民的整体素质，提升失地农民的再就业能力，变输血为造血，从根本上解决失地农民的"再就业"问题。而且，参加教育培训亦是失地农民的一项基本权利。《中华人民共和国宪法》（以下简称《宪法》）第四十二条规定，国家对就业前的公民进行必要的劳动就业训练。《中华人民共和国职业教育法》第五条则明确规定："公民有依法接受职业教育的权利。"所以，政府要把对失地农民再就业教育培训作为体现执政为民理念、促进社会和谐稳定的大事、实事来抓。

4. 岗位援助

（1）政府购买和直接创造就业岗位

在整体缺少就业岗位及其他政策措施对增加就业机会作用有限的情况下，由政府出面直接创造就业机会，可弥补市场就业的不足。政府直接创造就业岗位的成本甚至少于花费在下岗失业人员身上的社保费用，因此直接创造就业岗位不失为一种积极有效的劳动力市场政策，具体建议：由财政或失业保险金中出资购买一些城市公共服务部门的就业岗位，建立一批公益性劳动组织，优先提供社区就业岗位，如城市保洁员、绿化员、社区保安员、交通协管员、政府部门清洁员等。有些大中城市这类就业岗位的数量十分可观。

政府直接创造就业岗位，如创办政府订货企业，举办公共工程，如西部开发的基础设施工程、治河、绿化、环保、城市改造工程等，解决弱势群体的就业问题。

（2）社区服务业岗位援助

就目前我国产业结构看，能切实解决困难群众就业出路的最现实选择就是社区服务业。社区服务对劳动力素质的要求不高，对于这些文化、技术、能力也比较低的困难群众而言是个很好的就业机会。社区创业遭遇最大的瓶颈就是资金短缺，需要国家良好的资金扶植政策，以激活社区创业和就业。特别是各级财政要进一步加大对社区就业的补助费，包括对就业人员的工资补助、对弱势群体培训费的投入、承担部分或大部分社区服务非营利组织的服务成本或支出等。

5. 信息上的援助

信息上的援助主要包括为城镇弱势群体提供最新的人才交流信息、劳务信息、商业信息、政府的最新政策信息、有关法律法规信息等。一方面帮助其及时与用人单位取得联系，尽快走上工作岗位；另一方面指导其根据市场需求，参考别人的成功经验，自谋职业，同时了解政府的最新政策动向和有关法律法规的规定等。主要目的是解决城镇弱势群体信息来源少、视野比较狭窄、不知从事何种工作以及不知如何保护自己的合法权益等问题。

6. 完善劳动力市场退出机制

目前研究劳动力市场退出机制更多偏重从企业人力资源角度出发，认为劳动力退出机制是企业根据业务发展战略的需要，在企业中持续实现人岗匹配、能力与绩效匹配、绩效与薪酬匹配，以定期的绩效考核结果为依据，对那些达不到要求的人员依据程度的不同采取降职、调岗、离职培训、解雇和退休等措施的一种人力资源管理方式。实施人力资源退出机制，是为了保证组织人力资源团队的精干、高效和富有活力，通过自愿离职、再次创业、待命停职、提前退休及末位淘汰等途径，让不再适合于组织战略或流程的员工直接或间接地退出组织及其机构，实现人力资源的优化配置和战略目标。而本书将劳动力市场退出机制的内涵加以扩展，延伸至城镇弱势群体，即退出就业援助，让一部分劳动者退出劳动力市场。做好困难群众再就业工作，并不意味着人人都能重新上岗。对于一部分无人力资源优势、已基本丧失劳动能力的困难群众，可以考虑在"积极劳动力市场政策"提供岗位援助的同时，利用"消极劳动力市场政策"提供保障援助，帮助这部分特殊就业困难群众逐渐退出劳动力市场，实现由下岗失业向"退休"的平稳过渡。认识到这一点非常重要。如果我们将现有的下岗失业者仅仅看成是暂时失去工作，解决这一问题的思路是为其创造再就业机会；如果承认这些人中间有一部分不可能再回到岗位就业，就需要作出制度性安排，重点是做好社会保险衔接工作，以保障其基本生活和社会需求。两种不同的思路，具有完全不同的政策含义。

"退出援助"可能是未来一段时期劳动力市场政策的一项重要内容。对"退出"人员的援助，政策上应以"养"为主，由社会统筹养老金支付其退休后的基本生活开支和享受基本医疗保险待遇。当务之急需要估算两个数字：一是需要国家财政"养"起来的这部分困难人员的具体人数，二是承担"兜底"责任的各级财政需要支付的数额。在此基础上制订具体方案，使"退出援助"政策具有可操作性和可行性，提高政策运作的效率。

思考题

1. 在新的经济环境下尤其是经济危机时应如何实施就业援助？
2. 试述就业援助与经济发展的关系。
3. 列举一典型国家或地区就业援助的措施并分析其效果。

▶ 自测习题及参考答案

第八章
法律援助

　　我国法律援助制度从产生到现在也不过 30 年的时间，虽然获得了较快发展，但和英美等发达国家相比还有相当大的差距，西方发达国家法律援助已有 500 多年的历史，并且已形成在世界范围内影响深远的英国模式、美国模式等，如何缩短与发达国家法律援助的差距，如何借鉴发达国家法律援助的经验、完善我国法律援助制度已成为亟待解决的问题。

第一节　法律援助概述

一、法律援助的概念

　　法律援助一词在我国是舶来品，在西方已有几百年的历史，其英文名称"legal aid"有的译为"法律扶助"，有的译为"法律救助"，"法律援助"是较为普遍的译法。如何给法律援助下定义，理论界一直众说纷纭，许多专家、学者分别从不同的角度给其下了定义，主要有以下一些学说：

　　从法律援助主体这一角度来说，法律援助概念有主体多元说和主体单一说两种。主体多元说是指把法律援助的主体定义为律师、公证员、基层法律工作者等法律服务人员，如《司法部关于开展法律援助工作的通知》称："法律援助，是指在国家设立的法律援助机构的指导和协调下，律师、公证员、基层法律工作者等法律服务人员为经济困难或特殊案件的当事人给予减免收费提供法律帮助的一项法律制度。"[①] 主体单一说把

---

　　① 司法部为法律援助定义 [J]. 中国律师，1997（8）：6.

法律援助仅仅看成是律师提供的法律援助。如在国外,《牛津法律词典》中关于"法律援助规则"的词条规定:"法律援助是指律师从公共基金中提取费用并对无力负担诉讼的民事当事人和刑事被告人提供法律帮助。"① 在国内,河南大学法学院的章武生教授认为法律援助仅仅是律师提供的法律援助,他认为"法律援助,是指在当事人确需律师的法律服务,却又无力支付律师费用时,由国家负责为其提供法律帮助的制度"②。

从法律援助的范围这一角度来说,对法律援助所下的定义有诉讼说和诉讼非诉讼说。所谓诉讼说是指把法律援助的范围仅限于诉讼事务的解释:"法律援助是指法律上对诉讼案件中的伸张正义和维护权利的困难者予以援助的社会制度。"③ 我国台湾地区的学者蒋耀祖也持这种观点,他认为"平民之法律扶助,乃对无力聘请律师之诉讼当事人,予以免费为法律上之扶助,而维护其合法之权益"④。所谓诉讼非诉讼说是指法律援助的范围既包括诉讼事务又包括非诉讼事务,如《美国大百科全书》将法律援助解释为"由政府或行政性的法律组织,免费或者少收费为因经济困难而不能聘请律师的人提供法律咨询、法庭代理等项帮助的一种法律制度"。

从法律援助的责任这一角度来说,可分为绝对国家责任说、相对国家责任说、国家和社会责任结合说。所谓绝对国家责任说,是指把法律援助定义为国家绝对的责任,如周在祥撰文指出:"法律援助是政府为经济有困难的当事人以及无能力为自己辩护的未成年人、残疾人减免费用,提供法律帮助的一项制度。"⑤ 司法部前副部长张耕也持这种观点,在其主编的《法律援助制度比较研究》一书中给法律援助下的定义是:"法律援助制度,是指国家在司法制度运行的各个环节和各个层次上,对因经济困难及其他因素而难以通过通常意义上的法律救济手段保障自身基本社会权利的弱者,减免收费提供法律帮助的一项法律保障制度。"⑥ 所谓相对责任说是指国家虽然对法律援助负有责任,但只负责指导和协调,而不是纯领导式的,如关怀在"论对我国职工的法律援助"一文中认为"法律援助是指在国家设立的法律援助机构的指导和协调下,为经济困难的或特殊案件的当事人给予减、免收费提供法律帮助的一项法律制度。"⑦ 所谓国家和社会责任结合说是指认为法律援助是国家和社会共同的责任,如李颂银、王世杰在《律师世界》撰文指出:"法律援助制度,是国家和社会对某些经济困难和特殊案件的当事人给予减免费用或者义务提供法律帮助的一项法律制度。"⑧

从法律援助的对象这一角度来说,有单一说和复合说,所谓单一说是指把法律援助的对象定为"穷人",这种观点为西方大多数国家所认同⑨。1996 年版的电子出版物

① 伊丽莎白·A. 马丁. 牛津法律词典 [Z]. 蒋一平,等译,上海:上海翻译公司,1991.
② 章武生. 中国律师制度研究 [M]. 北京:中国法制出版社,1999:241.
③ 司法部为法律援助定义 [J]. 中国律师,1997 (8):6.
④ 蒋耀祖. 中美司法制度比较研究 [M]. 台北:台湾商务印书馆,1976:230.
⑤ 周在祥. 法律援助工作需要关注的几个问题 [J]. 中国律师报,1997 (6):1.
⑥ 张耕. 法律援助制度比较研究 [M]. 北京:法律出版社,1997:4.
⑦ 关怀. 论对我国职工的法律援助 [J]. 法学家,2001 (1):5.
⑧ 李颂银,王世杰. 建立我国法律援助制度之意见 [J]. 律师世界,1999 (5):35.
⑨ 陶髦,宋英辉,肖胜喜. 律师制度比较研究 [M]. 北京:中国政法大学出版社,1995:210.

《格洛莱尔百科全书》称："法律援助是为穷人提供法律帮助的一项制度。"所谓复合说是指法律援助的对象不但包括"穷人"，而且还包括"特殊案件当事人"。如郑天姝在《检察日报》上撰文认为"法律援助制度，是为世界各国普遍采用的国家对因经济困难无力支付法律服务费用的当事人或特殊案件的当事人减、免收费提供法律帮助的一项司法救济制度"。司法部在《关于开展法律援助工作的通知》中也持这种观点。

上述各种观点均有一定的道理，从法律援助的主体来看笔者赞同多元说。从法律援助范围来看，笔者赞同诉讼非诉讼说。从法律援助责任来看，笔者赞同国家和社会共同责任说。在国家和社会共同责任里，国家承担主要责任，国家责任主要体现在财政责任、管理责任、立法责任等方面，社会承担法律援助责任的主体包括社会执业律师、公证员、基层法律工作人员和其他社会成员，社会执业律师、公证员、基层法律工作人员承担法律援助责任是基于国家给其执业赋予的义务条件，其他社会成员承担法律援助的责任主要是指道义上的责任。从法律援助对象来看，笔者赞同复合说。

总之，笔者认为：法律援助是指在国家和社会共担责任的前提下，律师、公证员、基层法律工作者等法律服务人员为经济困难或特殊案件当事人给予减免收费提供诉讼非诉讼法律帮助的一项法律救济制度。

这样定义的原因主要有两个：一是比较符合我国国情。我国法律援助建设起步较晚，正式创建始于20世纪90年代，法律援助资源比较缺乏，在法律援助主体上应充分考虑利用一切可以利用的援助资源，除了律师外，公证员、其他法律服务人员也应充分发挥其潜能，以弥补我国法律援助人员的不足，如采用主体单一说的观点，显然难以解决现阶段法律援助人力资源不足的矛盾。我国社会现在仍处于社会主义初级阶段，国力还不够强盛，国家现阶段用于投入法律援助的资金还十分有限，如果采用绝对国家责任说的观点，法律援助的资金问题难以有效地解决，在现阶段或今后相当长的时期内，我们应采用国家和社会共担责任的观点，尽量多筹资金，才能使刚刚起步的法律援助事业得到更快更好的发展。从法律援助的对象来说，单一说遗漏了我国刑事诉讼法中有关法律援助特殊对象的规定，《中华人民共和国刑事诉讼法》（2018年修订）第三十五条规定，犯罪嫌疑人、被告人是盲、聋、哑人，或者是尚未完全丧失辨认或者控制自己行为能力的精神病人，没有委托辩护人的，犯罪嫌疑人、被告人可能被判处无期徒刑、死刑，没有委托辩护人的，人民法院应当指定承担法律援助义务的律师为其提供辩护。为可能判处死刑的和盲、聋、哑或者尚未完全丧失辨认或者控制自己行为能力的精神病人提供法律援助不以经济困难为必要条件，单一说与我国刑事诉讼法的规定不一致。二是这样定义与国际法律援助发展趋势基本吻合。法律援助在西方已有悠久的发展历史，形成了完整的并具有较强操作性的法律制度。随着世界经济的快速发展和法制的日臻完善，法律援助的国际化发展趋势已相当明显，援助范围不断扩大，援助对象进一步放宽，援助形式从法庭代理扩大到预防性服务，法律援助已成为国家和社会共同承担的责任。

二、法律援助的起源和发展过程

1. 法律援助的起源

法律援助制度的确立，是经济发展、社会文明和法制完善的必然产物。法律援助最早产生于工业革命的发源地英国。1495 年英国出现了法律援助的雏形，开始承认穷人具有免付诉讼费用和律师辩护费的权利。"1495 年亨利七世统治时期，英国议会通过一项旨在保证贫穷的民事诉讼当事人获得免费的律师帮助及免除其所有费用的法令。"① 该法令宣布："任何穷人，只要在此区域内现在或此后有诉另外任何人之理由者，可经此区域司法官之批准进行诉讼。根据其所诉理由之特点，所需文书或文书草样及传票等类似之物均无需向陛下付出费用，也无需向此后用于诉讼文书书写者付出费用；所提及之司法官应分派职员书写用于诉讼的文书；另外法庭之律师及类似精通法律者，也不收受任何酬劳。"② 在英格兰，自 1495 年起就承认穷人享有免付诉讼费的权利，根据《最高法院章程》，高等法院和上诉法官对不能支付民事诉讼费用的人给予法律援助。在苏格兰，曾设立了穷人登记册，对登记入册的穷人在提起诉讼时可以免费得到法律顾问和代理人的法律服务。这些法令和制度的出现，掀开了法律援助历史的篇章，是法律援助的起源。

2. 法律援助的发展过程

纵观国外法律援助的发展历史，可分为以下三个阶段：

第一，初创阶段。19 世纪末以前为法律援助的初创阶段，这一阶段的法律援助被定位为一种慈善行为，提供法律援助是律师的自发行为，具有随意性。提供法律援助是出于律师的道德和"良知"，不具有国家强制性，更没有上升到国家责任的高度。提供法律援助的组织机关主要有三种：①宗教组织。宗教组织向"穷人"提供法律援助，基于乐善好施的动机，它们通过这一途径不仅可以赢得社会赞誉，而且还能够吸引更多的信徒。②慈善机构和民间社团组织。在 19 世纪以前，慈善机构和民间社团组织空前活跃，他们成为这一时期提供法律援助的主体。"1876 年，美国纽约市的一群富裕的德国裔美国人成立了一个'德国人法律援助社'，目的是使新一拨德国移民免遭美国司法制度的伤害。几年之后，'德国人法律援助社'易名为纽约法律援助社。"③ 这是世界上最早的法律援助组织，这个组织当时所实施的"只是作为民间自治组织的慈善行为，与政府没有任何的联系"④。在意大利统一之前，存在于某些意大利城邦为穷人服务的公共律师组织，就把为穷人提供法律援助视为一种积德行善的行为。③某些行政机关也偶尔提供一些法律援助，当作积德行善的"善"举，但这些行政机关提供的援助完全是出于道义而非法定义务。在这一阶段提供法律援助的对象主要限于在刑事案件中贫穷的被告人，而没有涉及民事案件和非诉讼领域。

① 张耕. 中国法律援助制度诞生的前前后后 ［M］. 北京：中国方正出版社，1998：84.
② 小厄尔·约翰逊. 各国法律援助理论研究 ［M］. 郑目文，译. 北京：中国方正出版社，1999：187.
③ 马小虎. 美国法律援助的简史及现状 ［J］. 中国律师，1996（6）：24.
④ 道格拉斯. 美国法律援助：你能从中得到什么 ［J］. 中国律师，1998（8）：72.

第二，转型阶段。这一阶段的时间跨度为从 19 世纪末到第二次世界大战前，这一时期完成了法律援助从慈善行为向国家责任的转变。推动法律援助性质转化的思想理论根源在于 19 世纪末 20 世纪初开始的法律社会化思想。"进入 20 世纪，资本主义从自由进入垄断，国家加强了对经济以及其他社会事务的干预，法律也从个人自由本位转为国家社会本位。资产阶级加强了他们的政治统治，不断改进其统治机器，自由放任的政府是最好的政府的时代已经过去，在法律发展方面，出现了社会化的倾向……将个人的权利置于社会利益之内，并对经济的社会的弱者予以保护。"[1] 法律社会化的思想推翻了传统的以"穷人"阶层为施舍对象的法律援助理论基础，随着资产阶级人权观念的确立，维护人权成为资本主义国家所极力标榜的宪法原则，法律援助作为人人都享有的一项政治权利，在各国逐渐得到确认。为包括穷人在内的每一个人提供诉诸法律的机会是国家法律制度的责任。法律援助不再是慈善行为而是国家所应承担的责任。在这一时期，政府开始对法律援助进行有组织的干预，由地方行政机关提供的法律援助开始占据主导地位。1913 年美国的洛杉矶出现了"公设辩护人制度"，"早期的公设辩护人制度的目的是向贫穷的刑事被告人提供有经验的辩护律师，以取代仅从慈善角度为穷人提供服务的私人律师"[2]。在公设辩护人机构里，向贫穷的被告人提供辩护的律师全部领取国家工资，体现了国家对法律援助承担的责任。这一阶段，法律社会化思想虽然在理论上有较大发展且影响了西方许多国家，但一些国家并没有在立法上制定完备的法律体系来保障其实现。

第三，全面发展阶段。自第二次世界大战以来，法律援助进入全面发展阶段，英国大法官丹宁勋爵说："自第二次世界大战以来，法律方面最重要的革命就是法律援助。"[3] 第二次世界大战后，法律社会化思想进一步发展，资本主义的福利国家进一步以社会为本位，强调当事人有取得律师帮助的权利，把法律援助定位于社会全体公民都享有的一项社会福利和社会保障权利。这一阶段的法律援助从以下五个方面体现出了它的发展概况：①从立法上建立和健全了法律援助制度。目前，"世界上已有近 150 个国家和地区建立起了法律援助制度"[4]。许多国家以宪法或法律形式规定了法律援助的基本要求，赋予公民以法律援助的权利。"美国联邦宪法第 6 条规定：每位公民在涉及刑事诉讼的情形下，特别是以犯罪嫌疑人或被告人的身份受到审查时，都有权请求律师帮助。"[5] 意大利 1947 年宪法第 24 条、日本 1946 年宪法第 32 条、联邦德国宪法第 101 条和第 103 条都规定了取得律师帮助的权利。有些国家还制定了法律援助的专门立法，如美国《1964 年经济机会法》，1997 年修订的《美国法律服务公司法》，英国的《1988 年法律援助法》，荷兰的《法律援助法》，韩国的《1986 年法律援助法》（1994 年已修订），法国的《审判援助法》，德国的《诉讼费用援助法》《咨询援助法》等。立法的

① 何勤华. 西方法学史 [M]. 北京：中国政法大学出版社，1996：189-190.
② 道格拉斯. 美国法律援助：你能从中得到什么 [J]. 中国律师，1998（8）：72.
③ 丹宁勋爵. 法律的未来 [M]. 刘庸安，张文镇，译，北京：法律出版社，1999：97.
④ 严军兴. 法律援助制度理论与实务 [M]. 北京：法律出版社，1999：2.
⑤ 道格拉斯. 美国法律援助：你能从中得到什么 [J]. 中国律师，1998（8）：72.

建立和健全，使法律援助制度化、法律化，成为人类文明司法制度的有机构成部分。②法律援助的范围不断扩大。法律援助在这一时期不再局限于向刑事案件的被告人提供，向民事案件的当事人提供法律援助也纳入了法律援助的视野，美国总统约翰逊在1965年提出了"向贫穷宣战"的自救运动，美国政府开始把法律援助的范围扩大到民事领域，到1974年尼克松总统时期通过了《法律服务委员会法案》，从而以法定的形式把民事法律援助确立下来。这一时期除了把法律援助的范围扩大到民事领域外，还逐步把法律咨询纳入到了法律援助新体系之中，如荷兰在20世纪70年代早期，由法律学生组成的"法律商店"。③建立了符合本国国情的法律援助资金供给制度，使法律援助的实施有了一定的经济保障。英国、美国、德国、法国、意大利、西班牙、瑞士、奥地利、希腊、澳大利亚、新西亚、加拿大等国家，大都以高水准的财政支持来保障法律援助的推行。④建立健全了法律援助机构，出现了专门的法律援助学科，有专门的法律援助管理机构和服务人员。在法律援助机构方面，美国设立了"公共辩护人机构""法律服务公司"，瑞典在1973年设立了"公共法律事务所"，芬兰设立了"法律援助局"等。这一时期法律援助作为一门学科逐步形成，在美国研究法律援助的学者专家不断涌现，法律援助作为一门学科已纳入法学院学生的课程。⑤法律援助不但在国内得到充分发展，而且愈来愈受到国际社会的重视，在国际社会所制定的一些国际条约和形成的一些国际习惯中都有关于法律援助的内容。1950年11月4日订于罗马的《欧洲人权公约》第6条第3款规定："凡受刑事罪的控告者具有下列最低限度的权利，由他本人或由他自己选择的律师协助为自己进行辩护，或者如果他无力支付法律援助的费用，则为公平的利益所要求时，可予免费。"

1954年3月1日，海牙国际刑法会议通过的《民事诉讼程序公约》第4章第20条规定："在民事或商事方面，每一个缔约国公民在其他缔约国内，根据该国法律，享有与该国公民相同的无偿法律援助。在对行政案件实行法律援助的国家内，有管辖权的法院受理行政案件时，同样适用前款规定。"1955年8月第一届联合国预防犯罪和罪犯待遇大会通过的《囚犯待遇最低限度标准规则》第93条规定："未经审讯的囚犯为了准备辩护，而社会上又有义务法律援助，应准申请此项援助，以便商讨辩护，写出机密指示，交给律师。……"

1985年11月29日，联合国大会批准的《联合国少年司法最低限度标准规则》（北京规则）规定："在整个诉讼程序中，少年应有权由一名法律顾问代表，或在提供义务法律援助的国家申请这种法律援助。"

1989年11月20日，联合国大会通过的《儿童权利公约》第37条规定："缔约国应确保：所有被剥夺自由的儿童均有权迅速获得法律及其他适当援助。"

1990年9月7日，在古巴哈瓦那由第八届联合国预防犯罪和罪犯待遇大会通过的《关于律师作用的基本原则》第6条规定："任何没有律师的人在有司法需要的情况下均有权获得按犯罪性质指派给他的一名有经验和能力的律师，以便得到有效的法律协助，如果他无足够力量为此种服务支付费用，可不交费。"

以上这些国际条约和规定反映了自二战以来，国际社会对法律援助作用的深刻认识，这些条约的缔结和颁布有力地推动了法律援助在国际上的发展，也是法律援助国际化的一个重要体现。

第二节　世界各国现行的法律援助管理模式

法律援助的管理是设置管理机构对法律援助项目或组织进行管理，确定其优先工作目标，并对服务的提供承担管理和经济上的责任。法律援助管理的核心是解决法律援助事务由谁管理和怎样管理的问题。管理的内容主要包括确立管理目标并监督其实施、制定和指导实施相应的政策、管理多种来源的资金、建立服务质量保障机制等。建立一个什么样的法律援助机构，以何种方式组织、实施法律援助，是关系到法律援助工作能否得以顺利开展的大问题。

在法律援助的管理方面，目前各国主要存在三种基本模式，即由独立的法律援助委员会或协会管理、由律师协会或法律协会管理、由政府直接管理。其中以第一种模式最为普遍。

1. 由独立的法律援助委员会或协会管理

大多数国家中，法律援助是一个根据立法设立的由独立于政府之外的委员会或机构进行管理的。加拿大、英国的英格兰和威尔士、新西兰、澳大利亚和美国等国家中的多数地区均实行这种管理模式。加拿大有 3 个省的法律援助计划由依法设立的独立委员会管理。在英格兰和威尔士也由依法设立的独立机构和大法官办公室分管法律援助。一些国家还在积极探索如何使法律援助独立于私人律师界的问题。

2. 由律师协会或法律协会管理

由律师协会来管理法律援助，是英国首创的制度。它始于个人律师为了公共利益而提供慈善服务，反映了在普通法系中律师界的长期传统。最后，当服务需求超出了依靠个人律师的善意和自愿的慈善模式的能力时，法律协会就介入这一服务并对其实施行政管理。这一点与律师协会在法律援助初始发展阶段所起的历史领导作用有关，也在相当程度上反映了律师界的行业利益。在采用这种管理模式的地方，通常采用司法保障的法律援助服务提供模式，法律援助的开支一般也比较高。在加拿大，安大略、艾伯塔和新布伦瑞克三省的法律援助由其省律协管理。英国的英格兰和威尔士过去曾经由律师协会管理法律援助，但由于长期面临严重的财政危机，不得不对管理模式和服务模式进行改革，在 1987 年设立了独立的法律援助委员会，来管理法律援助。即使是对法律援助有管理权的律师协会一般也设有类似理事会的法律援助委员会。

3. 由政府直接管理

这种做法不常见。美国有几个州中的刑事法律援助由州长任命的公设辩护人管理。在另一些州，公设辩护人经选举产生。在加拿大，只有爱德华王子岛这个人口和面积都很有限的小省，法律援助项目不经立法设立，而由省政府（通过其司法局）直接管理。在英格兰，由高等法院处理的刑事案件中的法律援助由大法官办公室掌管。在中国香港特别行政区，属于政府机构系列的法律援助署直接管理法律援助。

第三节　我国法律援助制度的发展历程及现行管理模式

一、我国法律援助制度的发展历程

我国历史上真正意义的法律援助制度是在中华人民共和国成立后出现的，是我国的市场经济和法治建设发展到一定阶段的必然产物。

1. 法律援助的最初实践

1994 年年初，法律援助对于绝大多数中国老百姓来说，还是一个完全陌生的概念。人们对于法律援助制度的认识不是一蹴而就的，是随着时间的推移和实践的深入而逐步加深的。法律援助制度在我国的出现是在 20 世纪 90 年代中期，它的出现具有深刻的社会基础和法制背景，反映了我国迈向法治社会的必然要求。

中国特色社会主义法律体系的不断健全完善，使越来越多的社会关系纳入法律调整的轨道，人们的政治、经济、文化和社会生活与法律的联系日益紧密。享受平等的法律保障权利，成为改革开放条件下公民和法人平等地从事社会、经济和文化活动，实现法律关系的必然要求。而改革开放的不断深化和社会主义市场经济体制的健全完善，也提出了建立和实施法律援助制度的客观要求。

律师制度的不断深化改革，解决部分人因经济困难"请不起律师、打不起官司"的问题，成为 1994 年年初司法部提出建立和实施法律援助制度的直接契机。

我国的律师制度从 1979 年恢复后，就随着改革开放的逐渐深化和与市场经济相适应的法制的逐步健全而处在不断的渐进改革之中。1993 年 6 月，司法部报经国务院批准，对律师体制进行了一次最重大的改革。其主要内容是，不再使用传统的以生产资料所有制模式和行政管理模式来界定律师和律师事务所的性质，在有条件的地方，允许律师不受国家编制限制、不依赖国家财力，寻找一条外延发展的道路，通过每年一次的公开律师资格考试，扩大律师队伍，改善律师的知识构成，提高律师素质，以满足社会主义市场经济深入发展对律师法律服务日益增长的要求；通过实行自愿组合、自负盈亏、自我约束、自我发展的机制，将律师的个人收入与所提供的服务数量、质量挂起钩来，从内涵上调动律师的积极性，以拓展律师的服务领域，提高法律服务质量。

应该肯定地说，十多年的律师体制改革，对于满足随着市场经济发展而日益增长的法律服务需求发挥了重要作用。与此同时，伴随着改革开放进程中贫富不均现象的出现，逐渐暴露出一些经济困难的公民请不起律师，没有经济能力依法维护自己合法权益的问题。1993 年年底到 1994 年年初，司法部在考虑下一步律师体制改革的不断深化问题时，解决所面临的这一问题就必然地提上了议事日程。

1994 年 1 月，在讨论律师法草案时，时任司法部部长的肖扬提出建立中国法律援助制度的设想，已具备开展法律援助工作基础的北京、广州、武汉等大中城市立即率先行动，拉开了法律援助工作试点的序幕。

此后，试点由几个城市到十几、几十个城市。1995 年 2 月 25 日，司法部印发《关于 1995 年全国司法行政工作要点》，将探索建立法律援助制度的途径和办法，作为继续深化司法行政工作改革的一个重要组成部分。

当时，法律援助到底是什么，是社会保障的一部分还是别的，人们对其的认知都是模糊的。试点的地方，一般是由司法行政部门提出要求，律师协会或律师事务所以自筹设立法律援助基金、制定法律援助办法等方式，鼓励、支持律师开展为贫困当事人提供减免收费的法律服务。

各地探索和实践的结果，形成了几种不同的工作模式。这一阶段的工作特点是，法律援助只是一些大中城市的新鲜事物，在相当程度上还多是律师个人和少数律师事务所的道义行为。试点地方对法律援助工作大多缺乏统一有效的管理，法律援助的对象、标准、范围等方面没有统一的规范。一些律师办理法律援助案件被媒体报道之后，引来众多救助者，常出现无力应付的局面。随着公众对法律援助的了解和需求的增加，无组织的零星的律师个人行为难以完成法律援助的重大责任。

1995 年 11 月 9 日，广州市仓边路 38 号广州市法律援助中心隆重揭幕，这是我国法律援助制度发展史上值得纪念的日子。这一天，我国第一个政府批准设立的法律援助专门机构，首次在社会公开亮相。广州市法律援助中心成立仅 100 天就处理了各类法律援助刑事、民事案件 75 件，产生了很好的社会效果。国务院新闻办公室在《人民日报》和《国务院公报》发表的"中国人权事业的进展"中，专门介绍了广州市法律援助中心的工作。

广州模式的特点是：法律援助中心是政府组建的法律援助的专门机构，拥有自己的专职律师，法律援助中心具有双重职能：既是组织、管理、监督和指导全市法律援助工作的管理机构，又是具体提供法律援助的执业机构。整个法律援助的模式运作体现为四个统一：统一受理申请、统一审查申请、统一指派律师、统一监督法律援助案件办理情况。这种模式体现了法律援助主要是一种政府行为的性质。

这表明，法律援助制度已作为一项国家的法律制度，而不是单纯的个人道义慈善行为，为政府所确认，被老百姓所认识，对我国普遍建立体现政府性质的法律援助制度影响深远，由律师慈善服务到政府法律援助的转变初现端倪。

2. 法律援助工作在全国迅速铺开

1996 年，注定是我国创建法律援助制度史上不同寻常的一年。这一年，司法部明确提出建立具有中国特色的法律援助制度的初步设想。3 月，司法部国家法律援助中心筹备组成立，着手在全国范围内推动建立法律援助制度。4 月下旬，筹备组代司法部草拟了《司法部关于建立法律援助机构迅速开展法律援助工作的通知》。6 月 11 日，以司法部正式文件下发，由此，中国法律援助制度建设进入全面启动阶段。

3. 法律援助制度体系基本形成和进一步完善

2001 年 3 月，九届全国人大四次会议通过的《中华人民共和国国民经济和社会发展第十个五年计划纲要》第一次将法律援助制度写入国家的经济和社会总体发展规划之中，明确提出要"建立法律援助体系"，标志着我国法律援助事业一个新的发展阶段的开始。

2003 年 9 月，国务院颁布实施了《中华人民共和国法律援助条例》，由此，我国法律援助制度从初创时期进入到制度化、规范化发展时期，法律援助制度体系基本形成，由政府承担法律援助责任的原则得以正式确立。2015 年，中共中央办公厅、国务院办公厅印发《关于完善法律援助制度的意见》，提出了扩大法律援助范围、提高法律援助质量和保障能力的具体措施。2022 年 1 月 1 日起正式实施《中华人民共和国法律援助法》。

《中华人民共和国
法律援助法》
及其内容解读

二、我国法律援助的现行管理模式

1994 年年初至 1996 年年初的两年期间，我国先后在广州、武汉、北京、郑州等大城市进行了法律援助的最初试点，其模式主要有三种：一是广州模式。广州市设立专门的法律援助机构——广州市法律援助中心，该中心既有审查、批准法律援助的管理人员，也有专职的办理法律援助案件的律师，同时还指派社会律师参与办理法律援助案件。二是北京、上海浦东模式。其特点是设立专门的法律援助机构，分别为北京市法律援助中心和上海浦东新区法律援助中心，其职能是专门从事法律援助的管理，安排社会律师到中心值班接待咨询，对申请法律援助并且符合条件的公民，由值班律师给予法律援助。三是郑州模式。其特点是设立专门的法律援助机构——郑州市法律援助中心，配备若干具有律师资格或具有法律专长的人员，主要职能是接待公民的咨询，对认为符合法律援助条件的公民直接提供法律援助。三种模式的共同特点是都设立了专门的法律援助机构——法律援助中心（尽管当时多数还未经编制部门正式批准），都或多或少地有专门的工作人员（人员最多的广州市法律援助中心，共有 15 人）。不同之处是有的有专职人员办案，有的无专职人员办案；有的指派社会律师办案，有的不指派社会律师办案。

经过两年的法律援助试点和探索，三种模式的法律援助的利弊逐步呈现。其中，广州模式在实践中被普遍认为利多弊少，逐渐为越来越多的地方在后来建立和实施法律援助制度时所仿效。1996 年 11 月，司法部在广州市召开首届全国法律援助工作会议，司法部领导，全国司法厅、局的主要领导和分管领导，法律援助机构的筹备组负责人以及部分法律援助中心筹备组、有关方面的领导出席了会议。会议对法律援助两年多的试点工作进行了总结，与会人员参观了广州市法律援助中心，对广州模式的优点、缺点进行了研究。司法部法律中心筹备组自 1996 年 3 月由司法部党组决定成立，之后中心筹备组一方面大力推动地方法律援助机构的建立、推进基本工作规范的制度研究和业务的开展，一方面着力抓部级法律援助中心的正式审批和中国法律援助基金会的报批。经过努力，基金会于 1996 年 7 月经当时的国务院总理李鹏特批成立；司法部法律援助中心于 1996 年 12 月 16 日经中央编办批准设立。

与此相适应，地方的法律援助机构逐年快速发展，全国各级法律援助机构至 1997 年年底，发展到近 100 个，到 1998 年年底发展到 422 个；到 2000 年年底，全国法律援助机构发展到 1 600 多个，其中，省级地方除西藏外全部建立机构，副省级和地市级地方占应建数的 74%，县级地方占应建数的 33.6%。

经过这一阶段法律援助机构的大幅度建立和业务范围的不断扩大，人们对于我国法律援助制度的理论研究不断深入，认识也逐步深化，逐步勾画出我国法律援助机构的雏形，即四级组织架构——法律援助的混合型模式。

所谓四级组织架构，是指我国从中央到地方设置的四级法律援助机构。具体形式如下：

1. 中央一级机构设置

在中央一级设立两个机构：① 司法部法律援助中心，这是由司法部直属的事业单位，代表国家行使对法律援助工作的政府管理职能，在司法部的领导下具体行使对全国法律援助工作的指导、管理、协调、监督的职能；② 中国法律援助基金会，为开展法律援助工作筹集资金，运作、管理资金使之增值，以增值部分扶持贫困地区的法律援助事业。

2. 省级地方的机构设置

目前，省级地方除西藏以外，都建立法律援助管理机构，统称法律援助中心，在业务上接受司法部法律援助中心的指导和监督，对所辖区域内的法律援助工作进行指导、管理、协调和监督。省级法律援助中心除了以指导、管理、协调、监督职能为主外，还承担一部分组织实施为公民提供法律援助的职能。省级地方是否建立法律援助基金会，由各地根据实际情况自行决定。

3. 地市级地方的机构设置

地市级地方设立法律援助中心，兼具管理所辖区域内的下级法律援助机构的工作和具体组织实施法律援助工作两方面的职能。

4. 县（区）级地方的机构设置

县（区）级地方设立的法律援助机构，具体组织实施本地的法律援助工作。暂不具备条件设立专门法律援助机构的县（区），由县（区）司法局直接行使法律援助机构的组织管理职能，依托现有的律师事务所、公证处和基层法律服务机构开展工作。

第四节　从比较法的角度看我国法律援助制度

法律援助制度发展至今已成为现代法治国家对本国公民承担的一项基本义务，其在调整社会关系、维护社会秩序以及保障人权方面所具备的共性，以及日益显现的"从单向国际化走向双向国际化，并迅速走向多边国际化"的趋势，迫使我们借鉴国外的先进立法，完善我国刚刚起步的法律援助制度。英国是世界上最早建立法律援助制度的国家，也是目前为止公认的在法律援助立法与操作规则方面最为完善的国家。因此，通过与英国法律援助制度的比较分析将会更清晰地看到我国法律援助制度的优势与不足，从而对我国法律援助制度的完善有所裨益。

一、中英法律援助制度的比较分析

1. 法律援助制度发展历程比较

英国作为法律援助制度起源国之一，其援助制度至今已有 500 多年的历史。早在 1424 年，英格兰的一项法规就创立了穷人登记册，在册者提出诉讼可免费得到法律顾问或代理人的帮助。经过多年的实践，英国的法律援助制度得以不断完善，并形成了自己独特的运行轨迹。其法律援助的理论基础基于政府有义务确保公平的司法程序、保障公民的合法利益的公正原则，通过"个人司法模式"，给予公民实际的法律援助。

我国的法律援助制度起步较晚，从产生到现在也不过 30 年的时间，与英国 500 年的法律援助历史对比，我国的法律援助工作开展的时间较短，法律援助制度还不十分完善，缺乏自身特色，运行轨迹单一，还需要借鉴外国特别是英国的有关经验，来不断发展完善我国的法律援助制度。

2. 法律援助的组织机构和资金比较

在英国，法律援助机构的设置有两类。一是代表各级政府的法律援助管理机构，如英国法律援助委员会，其职能主要是对法律援助工作进行规划、管理和指导。二是地方法律援助实施机构，如各类律师事务所。但并非所有的律师事务所都接受法律援助申请，只有官办律师事务所、慈善性质的事务所和一些地方上的小律师事务所，受理法律援助申请，而私人事务所是不接受法律援助案件的。

根据英国 1988 年《法律援助法》的规定，法律援助委员会建立并维持一笔独立的法律援助基金，由英国财政预算负担，由律师公会管理。法律援助基金还可以通过其他途径筹集，一是社会捐助，作为一项社会公益事业，每一个社会成员都可以向法律援助委员会捐助法律援助基金；二是受助人捐献，如果受助人的收入和可处理资产额在法律要求的限度内，则他在得到法律援助的同时，应依法向法律援助组织捐献法定数额的金钱或者资产，作为接受援助的一个条件。

相比之下，中国的法律援助机构还未形成统一的模式。从深层次分析，最大的难题是对资金来源无明确的规定，一方面，我国法律援助制度尚处于初建阶段，目前中央和地方各级政府尚未将法律援助经费纳入财政预算，律师办理法律援助案件的经费不能像国外一样得到保障，接受法院指定辩护的律师主要是义务承担法律援助，故办案质量在一定程度上受到影响；另一方面，随着社会的发展，人们之间的民事、经济纠纷日益增多，触犯刑律的犯罪现象也时有发生，贫困人口还有一定的数量，需要得到法律援助的人增多，法律援助需求的增加与资金不足间的矛盾日益突出。

3. 受援主体和援助者比较

在英国，法律援助一般包括三种活动：法律咨询、民事诉讼法律援助和刑事诉讼法律援助。法律咨询适用于民事案件和刑事案件的诉讼前程序。提供这种咨询服务是免费的，包括口头或书面建议、起草遗嘱、准备离婚申请、书写信函等。绝大多数民事诉讼案件可以申请法律援助。但民事法律援助对象的条件比刑事法律援助规定得更为严格，民事援助申请者必须经过资历调查和案情调查，不符合以上两个条件者不能申请法律援助。刑事诉讼法律援助分两种情形，一种是必须给予的法律援助，即只要申请人提出法律援助申请，法院就应该给予而不拒绝，这主要是针对重要的刑事案件，如谋杀罪；另一种是根据被告人的经济状况和案情酌情给予的法律援助，这类案件一般罪行较轻，被告人只有因诉讼可能失业或丧失名誉、自由时才会获得。法律援助者是受援助主管机关指派，给法律援助对象提供法律帮助的人，他们必须受过专门的法律训练，熟悉法律业务，还必须得到法律援助委员会和法院的认可。他们实施法律援助，应得到主管机关的指派，并接受其监督。援助者的援助行为不是无偿的，根据收费标准的不同，援助者可以获取相应的报酬。但他们不从援助对象处收取费用，而是从法律援助基金中获得补偿，当然报酬有时可能只是象征性的。

我国法律援助的范围，主要为法律咨询、刑事辩护和代理、民事诉讼代理。此外，还包括行政诉讼代理、非诉讼法律事务代理、公证证明等，比较而言，中国的法律援助偏重公诉案件的被告人，民事援助的范围还相对狭窄。

关于受援主体，《中华人民共和国刑事诉讼法》（2018 年修订）规定了以下几类被告可以获得法律援助：①犯罪嫌疑人、被告人因经济困难或其他原因没有委托辩护人的；②犯罪嫌疑人、被告人是盲、聋、哑或者是尚未完全丧失辨认或者控制自己行为能力的精神病人而没有委托辩护人的；③被告人可能判处死刑而没有委托辩护人的。可见，《中华人民共和国刑事诉讼法》对援助对象的规定，具有不同于英国法的特点：第一，我国没有局限于"胜诉可能"的确定。应该说"胜诉可能"对于保护当事人的合法权益有一定益处，有可能使当事人在诉讼中挽回败局，转败为胜。但如果权益本身根本就不存在，或毫无实现的可能，则法律援助就成了一种司法资源的浪费，而产生不了任何社会效益。因此，我国可借鉴英国的做法，确立"确有胜诉可能"或"权益实现可能"的标准，以有利于司法效益原则在法律援助中的实现。第二，从受援条件的限定上，英国法律规定，除严重刑事案件和其他重大案件必须给予法律援助的情况以外，是否给予法律援助，取决于法院的"经济"审查。而我国对第一类援助对象提供法律援助的原因既有"经济困难"原因，还有"其他原因"，而对第二类援助对象的规定也为我国所特有。法律援助的所有功能最终都来自国家的经济利益的调整过程，而国家调整经济利益的"切入点"就是律师费用的承担——国家为当事人提供法律援助，是因为他们无力支付律师费用；当事人获得法律帮助，其利益也直接体现在免除了本应自己支付的律师费用。因此，"经济困难"应该成为援助对象的条件之一。

至于提供法律援助者，《中华人民共和国刑事诉讼法》第三十五条和《中华人民共和国律师法》第四十二条的规定，确立了我国律师作为法律援助者的身份。他们或受法院的指定，或受法律援助中心的指派。一旦接受指定或指派，律师就负有为援助对象提供法律援助的义务。但律师的这种援助行为并不是无偿的，其费用由国家支付，虽然有时只是象征性的。从这个意义上说，律师只是法律援助义务的实施主体，国家才是法律援助义务的责任主体。法律援助制度正是国家为保障公民权利平等而设置的一项制度保障措施，这一点我国的情况与英国并无多大差异。但由于实施法律援助案件所得的收入，往往不如承办其他案件，故存在个别律师不尽职尽责的情况，从而牺牲了当事人的利益。虽然法律援助机构可以建议有关司法行政机关给予相应处罚，但尚未达到其应受处罚的程度。

4. 法律援助程序比较

在英国，有时虽然法院也会依职权，主动给某些人提供法律援助，但这是一种例外情况。在通常情况下，法律援助开始于当事人的正式申请，可以是书面的，也可以是口头的。

接到申请后，法院将对申请的有效性进行审查，以决定是否为申请人制作法律援助令，审查包括经济状况审查和案情审查，获得法律援助的条件是申请人拥有的可处置的收入和资产少于规定的数额，而且其案件表面上证据确凿。符合条件的当事人即可获得法律援助证书，随后他可以在律师公会提供的律师中选择，被选中的律师即开展工作，为援助对象提供相应的法律服务。

但在某些特殊案件中，如审理某些重大、疑难的刑事案件时，也可为援助对象指定数名律师或法律顾问；而在共同诉讼中，法院也可为数名申请人指定一名援助者，其考虑的核心在于如何维护社会的公平正义与援助对象的利益。如果法院发现申请人的申报不实，则可能撤销法律援助证书，甚至可能对申请人处以罚款或监禁；如果法院认为申请人的状况不符合法律的要求，它将驳回申请人的申请，拒绝制作法律援助证书。

从我国法律援助实践中的做法来看，除刑事案件外，当事人一般应向当地的法律援助机构提出申请。申请时，须提交申请书、申请人身份证明、有关部门出具的当事人经济状况的证明、有关案情材料等。对当事人的申请，由法律援助机构负责审查核实。在审查过程中，申请人应按照要求对有关的材料作出说明或补充，必要时审批机关还可派人实地调查，收集证据。经审查认为符合条件的，发给当事人法律援助通知书，当事人即可在法律援助中心提供的律师名册中指定律师，当事人不愿或不能指定的，由法律援助中心代为指定。如认为当事人条件不符合受援标准，则驳回其申请，驳回申请的，应允许申请人向主管司法行政部门申请复议一次，复议结果为终局裁决。应该说，一方面我国实践中的援助程序基本上是可行的，体现了国家对贫弱者的主动关心；另一方面我国整体法律意识还十分淡薄，人们还不能主动通过法律援助程序来保护自身的合法权益，援助程序还缺乏规范性。

二、我国法律援助制度的不足

通过上述的比较分析，可以看出我国法律援助制度的一些不足，主要有以下几个方面：

1. 法律援助经费短缺成为法律援助事业发展的瓶颈

《中华人民共和国法律援助法》（以下简称《法律援助法》）第四条明确规定："县级以上人民政府应当将法律援助工作纳入国民经济和社会发展规划、基本公共服务体系，保障法律援助事业与经济社会协调发展。县级以上人民政府应当健全法律援助保障体系，将法律援助相关经费列入本级政府预算，建立动态调整机制，保障法律援助工作需要，促进法律援助均衡发展。"第九条规定："国家鼓励和支持企业事业单位、社会组织和个人等社会力量，依法通过捐赠等方式为法律援助事业提供支持；对符合条件的，给予税收优惠。"这些规定不仅明确了法律援助是政府的责任，也明确了我国法律援助经费是以县级以上人民政府财政拨款为主、社会捐助为辅的模式。

但由于目前我国还没有建立法律援助最低资金保障制度，许多地区法律援助经费也没有纳入当地政府财政预算，在全国已成立法律援助机构的 31 个省份中，仅有二十几个省有专项拨款。法律援助经费需要由主管法律援助的司法行政部门向财政部门申请拨款，而政府拨款要受本地经济发展水平和财政收入的影响。因此，经济发达地区的省市政府投入的法律援助经费较高，大多数地方的政府投入很少，而最需要法律援助的经济欠发达地区的政府甚至没有投入。与经济发达国家和地区相比，我国用于法律援助的经费无论是总量上、法律援助经费的财政预算占比和人均法律援助标准以及办案经费所占比例上都存在较大差距，甚至低于发展中国家的平均水平。在扣除法律援助机构工作人员必要的工资、福利、办公费用等后，真正用来办案的费用就更少了。法律援助经费地区差异大；社会捐助渠道不畅通，对法律援助经费支援不足。

法律援助资金严重短缺不仅直接影响到法律援助工作的开展，而且法律援助案件质量也难以保障。

2. 司法资源缺乏与法律援助的需求矛盾突出

我国法律援助制度起步虽然晚，起点却较高，是一项发展很快的公益事业，但是，随着社会法律援助宣传的不断深入和日益广泛，法律援助供需矛盾日益突出，这是阻碍我国法律援助工作的难题，而其中最主要的是人力资源的不足。

法律是一门专业科学，包含众多的部门法，涉及的领域较为广泛。我国公民虽然很多参加过普法学习，但在维护自身权利方面往往是力不从心，不知从何下手，需要各方面给予实际的帮助。现实的情况是，一方面，公民特别是社会弱势群体有越来越多的法律援助需求；另一方面则是能够承担法律援助工作的人员的不足。如此有限的力量难以承担大量的法律援助工作。

3. 法律援助范围还较窄

（1）法律援助的内容存在局限性，没有将减免、缓交法院的诉讼费用纳入法律援助的范围。我国现行法律援助的内容是在诉讼和非诉讼领域中，对经济困难的公民和特殊案件的当事人免费提供法律服务。实践中，民事案件和行政案件一般通过非诉讼方式很难解决问题，主要依靠诉讼手段维护受援人的合法权益。因此，向受援人提供法律援助的主要形式是诉讼法律服务。在大多数国家，法律援助不仅是法律服务费用的减免，而且同时也包括了法院各种诉讼费用的减免。我国现行法律援助内容侧重于法律服务收费上的援助，缺乏对法院诉讼费用援助的规定，具有局限性，不利于受援人权益的全面充分保护和法律援助的全面顺利实施。

（2）法律援助诉讼案件的范围存在局限性。根据《法律援助条例》的规定，现行法律援助案件的范围仅包括民事、行政案件的一小部分和刑事诉讼案件的代理和辩护。虽然《法律援助条例》授权各省、自治区、直辖市人民政府可以对《法律援助条例》规定以外的事项作出补充规定，但是并非所有的民事行政事项都能获得法律援助，能够得到援助的仍然只是其中的一小部分。这就使援助项目之外的经济困难群体得不到法律援助的惠泽，同时也难以真正实现法律援助的立法宗旨。

（3）法律援助对象存在局限性。某些特定的法人或组织还不是法律援助的对象。近年来，理论界对法人或社会组织是否应成为法律援助的对象一直存在争议。一种观点认为，法律援助是国家为保护人权而对公民承担的义务，法人不存在人权问题，将法人列为援助对象不符合市场平等竞争法则，援助的标准和条件也难以掌握。另一种观点认为，法人作为受援对象，有利于解决不少企业，特别是某些经济上有严重困难的国有或集体企业在生产经营中遇到的法律纠纷，以稳定经济秩序，依法调整经济关系，化解社会矛盾，保障社会稳定。笔者认为，根据我国的国情和国外一些国家的经验，一般法人或组织不宜作为法律援助的对象，但某些特定的法人或组织应该作为法律援助的对象。如《最高法院关于对经济确有困难的当事人予以司法援助的规定》列为司法救助的对象的有福利院、孤儿院、敬老院、优抚医院、精神病院、SOS 儿童村、社会福利事业单位和民政部门主管的社会福利企业。在许多国家和地区，已将特定法人或组织作为法律援助的对象，如法国、德国、日本、奥地利、塞浦路斯和中国的台湾、澳门地区等。

第五节　完善我国法律援助制度的措施

一、健全法律援助立法体系

法律援助制度是一项舶来品，要成功实现移植，完成本土化过程，需要在考虑本国国情的前提下借鉴域外经验，以缩短我国自己摸索和积累经验的过程，节省自行积累经验所需要的资金，加快完善我国的法律援助制度。考察法律援助工作开展较好的国家就会发现，它们基本都有完备的法律援助法律体系。完善我国法律援助制度立法，需要从以下三个方面着手：

一是以《中华人民共和国宪法修正案》（以下简称《宪法修正案》）的形式明确规定建立法律援助制度。目前，我国法律援助制度的宪法依据是模糊的，查阅《宪法》条文，只能说与之相关的"公民在法律面前一律平等""国家尊重和保障人权"是其宪法依据。法律援助作为与贫弱百姓联系最密切的司法制度，需要在《宪法》中明确规定。笔者认为，可以在《宪法修正案》中明确规定"国家支持和发展法律援助事业"。

二是完善配套法律制度。本着以人为本、服务于民的宗旨，对《中华人民共和国刑事诉讼法》《中华人民共和国律师法》《中华人民共和国老年人权益保障法》《中华人民共和国残疾人保障法》等法律及时修订，扩大法律援助受援面，缓解法律援助供需之间的矛盾，使法律援助在具体案件的每个程序和环节上具有较强的可操作性。

二、多渠道筹集开展法律援助工作的资金

1. 尽快建立法律援助最低经费保障制度

经费严重短缺是当前法律援助事业发展面临的突出问题。法律援助事业要想取得长期稳定和可持续发展，就必须尽快建立法律援助经费最低保障制度，通过立法和制度，将法律援助经费纳入各级政府财政预算，确保法律援助经费主渠道的稳定性。我国目前的经济实力还不可能采用某些发达国家如英国"上不封顶"的政府拨款方式，但应尽快建立由政府财政拨款的法律援助最低经费保障制度。在我国目前分灶财政的情况下，经济欠发达地区法律援助经费短缺的问题更加突出。当地方财政困难，不能确保最低经费拨款时，上级地方财政和中央财政应按照当地最低经费标准，给予财政经费上的扶持，使贫困地区的受援对象也能得到充分的法律援助的权利和最低财政资金的保障。

在政府财政资金的筹措上，可以通过：①国家设立专项法律援助税费，或从其他税费中提取一定比例的法律援助资金。②建立政府性法律援助基金。依法采用行政手段，通过强制性措施向法人或社会组织征集资金。③发行法律援助专项彩票或从福利彩票的财政收入中提取一定比例的法律援助资金。④从政府财政收取的各种罚没款中提取一定比例的法律援助资金。⑤从律师事务所和公证处的业务经费，以及律师、公证员上缴的年注册费中提取一定比例的法律援助资金。⑥将非受援方败诉后判决承担的必要法律援助费用或受援方胜诉后经济状况明显改善时由其合理承担的援助费用上缴财政，用于政府法律援助资金。

2. 建立和完善多渠道社会筹措法律援助资金机制

建立多渠道社会筹措法律援助资金募集和捐献机制，充分动员社会各方面的力量筹措资金，聚集社会闲散资金，争取社会最广泛的支持是解决当前政府财政拨款不足的重要途径。

一是要加大法律援助事业的宣传力度，使法律援助事业像教育事业的希望工程一样深入民心，铸就牢固的社会基础，求得社会最广泛的关注和支持；动员和鼓励社会各界积极参与到法律援助事业中来，并通过捐助资金、购买彩票等多种形式为法律援助提供资金和物质上的资助。

二是建立法律援助激励机制。通过媒体等多种形式大力宣传表彰对法律援助作出突出贡献的法人、社会组织、律师所、公证处、法律事务所、社会各种法律援助机构和个人，使他们作出的贡献能够被社会所认知，并取得良好的社会效果。

三是加强同各种国际组织、国外法律援助机构、外国企业和域外人士的联系和密切合作，积极争取国际有关组织、机构、企业和个人为我国法律援助事业提供资金和物质上的捐助。

三、加强法律援助队伍建设

一是改善和提高专职法律援助工作者的工资、福利待遇，可以将其编制纳入公务员系列，以吸引更多的人加入专职法律援助队伍。二是切实监督社会律师依法履行法律援助义务，保证每一名律师都能完成规定的年法律援助任务，并将完成法律援助任务的情况作为年终考核和注册的必要条件。三是大力发展具有一定法律专业知识的公民、教育工作者、科研工作者、政法机关离退休人员、法律专业的学生成为法律援助志愿人员，充分发挥他们拥有的专业法律知识的资源优势为受援者提供诉讼与非诉讼法律服务，补充法律援助队伍的不足。还可以考虑将法律援助工作作为法律专业学生社会实践的一项必要内容，这样既可以丰富他们的法律实践活动，积累办案经验，同时也可以培养他们从业后自觉履行法律援助义务的意识。四是加强法律援助工作者的培训，提高他们的政治素质和业务能力，建立健全和完善办案监督责任追究制度，确保法律援助服务质量。

四、扩大受援主体范围并对援助者进行一定的限制

对于民事案件和其他形式法律服务的援助对象，我国现行法未作出规定。对此，我们可借鉴英国的做法，不论申请人为何种身份，只审查他的经济状况，而不考虑其他因素。对提供法律援助的律师应进行一定的限制，如律师职业道德的要求、业务水平能力的要求，并可进行指标量化，如从事律师工作三年以上，或者达到三级以上律师资格等，以切实保护援助对象的利益。

法律援助制度的完善是法律援助事业发展的需要，是我国政治文明、法制健全的体现，更是我国人权保障制度进步的象征。针对目前我国法律援助立法层次较低、经费严重不足的情况，制定单独的《法律援助法》迫在眉睫，该法应对我国法律援助的性质，法律援助机构的设置、职能，法律援助的对象、条件、范围、实施者，法律援助的程序，法律援助经费的筹集，法律援助的监督及管理等作出明确的规定，以确保法律援助制度和机构统一规范、协调有序地健康发展。

总之，法律援助制度的完善是一项系统工程，也是一个长期的过程，不可能毕其功于一役。应结合我国特有的国情，采取适当的措施并本着以人为本、稳步推进、务求实效的原则来进行。

思考题

1. 试述我国法律援助的最新进展及方向。
2. 从比较法的角度论述完善我国法律援助的思路。
3. 调查你所在地区法律援助的现状及发展中遇到的瓶颈。

► 自测习题及参考答案

第九章
农村反贫困

中华人民共和国成立以前，当时的百姓生活极度贫困。据估算，那时有 80% 的人长期处于饥饿、半饥饿状态，温饱问题长期得不到解决。中华人民共和国成立以后，中国政府一边发展生产，一边消除贫困。20 世纪 70 年代末，农村贫困人口高达 2.5 亿人，占当时农村人口总数的 30.7%。改革开放以来，尤其是 20 世纪 80 年代中期以来，我国加大了扶贫攻坚力度，实施的农村反贫困措施取得了举世瞩目的成就，历史性地解决了绝对贫困问题。然而，我国还有相当数量的农村相对贫困人口需要扶持，随着我国构建和谐社会和建设社会主义新农村的提出和发展，解决农村相对贫困问题成为政府的主要工作。

第一节　我国农村扶贫政策的演变

一、改革开放前的救济式扶贫政策阶段（1949—1978 年）

新中国成立伊始，贫困在中国还是一个普遍现象。政府从新中国成立之后，就致力于发展生产，改善人民的生活状况。当时实行计划经济体制，集中人、财、物进行社会主义经济建设。农村经济体制经过社会主义合作化改造后，形成了以人民公社为代表的集体经济体制，实行平均主义收入分配制度。这种分配制度在很大程度上抑制了中国农村贫富的两极分化，贫困虽然普遍但贫富差别并不凸显。计划经济期间，贫困是普遍现象，政府也就没有针对贫困的专项政策。反而在某些政策上，比如通过户籍制度限制农村剩余劳动力的流动，以及为了优先发展工业而实行工农业产品"剪刀差"政策，进一步加深了农村的贫困程度，逐渐加大了城市与农村的收入差距。政府具有扶贫意义的政策主要就是政府针对因灾致贫人口和战争伤残人口进行救济，多采取社会救济、自然灾害救济和优抚救济等方式。这些形式只是暂时性的救济，并不能从根本上提高贫困地区的自我发展能力，这一时期的农村扶贫救济后来被专家称为"输血式"扶贫，救急不救穷。从总体上来说，这一时期的反贫困是在总体经济发展水平较低、社会存在普遍贫困的宏观背景下实施的以平均分配加社会救济为特征的战略，这种在高度计划经济体制时期实施的扶贫战略，一方面保障了普遍贫困状态下大多数人的临界生存需要，另一方面也阻碍了生产力的快速发展，使普遍贫困得以延续，它只能暂时缓解穷人生活上的困难，而难以提高贫困地区的自我发展能力，不能从根本上最终摆脱贫困，然而，这毕竟是历史性的一种迫不得已的选择，在当时特定的历史条件和对贫困认识水平的条件下，这套行之有效的民政救济体系发挥了重要作用。

二、经济体制改革减贫政策阶段（1978—1985年）

20世纪70年代中后期，中国农村贫困问题十分突出。按照当时中国的贫困标准，在8亿农村人口中，超过30%属于贫困人口。这一时期中国农村严重的贫困问题难以有效缓解的重要原因是僵化的计划经济体制制约了生产力的发展。中国也逐步认识到计划经济体制中存在的弊端，并开始着手进行改革。十一届三中全会以后，中国转变农村扶贫思路，第一步，确定贫困人口数量。1978年，按中国当时所确定的贫困标准，中国农村的贫困人口为2.5亿人，占农村总人口的30.7%。第二步，寻找造成农村贫困的根源。通过一系列调查研究发现，导致这一时期农村普遍贫困的原因是多方面的，但最根本的原因是农业经营体制不适应生产力发展的需要，农民生产积极性不高。第三步，中国果断地从体制改革入手，在农村实行土地经营体制变革，推行农村家庭联产承包责任制，用农村家庭承包经营取代了原有的以人民公社为主体的集体经营体制。与此同时，还配套推出了多项改革措施，如逐步提高农产品收购价格、大力发展乡镇企业、初步允许农村人口流动等。这些举措不仅极大地激发了广大农民的生产积极性，加大了农业生产投入，极大地解放了农村生产力，提高了土地产出率和产出水平，增加了农民的农业收入和非农收入，农村贫困问题得到大幅度缓解，促进了国民经济的快速发展，而且还通过乡镇企业的发展调整了农村产业结构，使农村劳动力向非农领域转移成为可能，为解决农村剩余劳动力转移问题提供了思路。

这一阶段得益于农村经济体制改革带来的经济高速增长，中国农村反贫困工作取得了显著成效。统计资料显示，在从1978年到1985年的八年时间内，中国农村居民人均纯收入从133.6元上升到397.6元，年均增长率接近17%；人均粮食、棉花、油料和肉类产量分别增长了14%、74%、176%和87.8%。农村绝对贫困人口也由1978年的2.5亿下降到1985年的1.25亿左右，减少了一半，平均每年减少绝对贫困人口约1 786万人，贫困发生率由30.7%下降到14.8%。城乡差距逐渐缩小，城乡居民人均年纯收入之比由1978年的2.57倍缩小到1985年的1.86倍。中国农村经济从整体上呈现出良好的发展态势，中国农村反贫困方式也由改革开放前分散的生活救济式扶贫逐渐向发展带动式转变。

三、大规模开发式扶贫政策阶段（1986—1993 年）

20 世纪 80 年代中期，在以家庭承包经营为基础、统分结合的双层经营体制为代表的一系列农村改革措施的推动下，中国农村经济整体发展很快。一部分农村地区凭借自身独特的资源优势或区位优势，在改革开放的大潮中开创了一片崭新的大地，走上了致富的道路；而另一部分受到自然资源和环境条件较差、交通不便等因素制约的农村地区则发展相对滞后，难以摆脱贫困。不同农村地区在社会、经济、文化等方面的差距逐步扩大，中国农村区域发展不平衡的问题开始凸显出来，而且贫困人口中有相当一部分已经难以维持其最基本的生存需要。

在这一背景下，为了有针对性地做好扶贫工作，加大扶贫力度，中国政府根据农村发展形势的变化，对扶贫组织和方式进行了及时调整。首先是国务院于 1986 年成立"贫困地区经济开发领导小组"，作为国家专门的反贫困机构，统一规划和指导全国的农村反贫困工作。该机构直接负责制定全国性的扶贫规划，针对贫困农村地区的不同特点制定专项改革发展措施和专门的优惠政策，有组织、有计划的扶贫工作在全国范围内展开，中国农村的反贫困工作也从此进入一个新的阶段。同年，全国人民代表大会六届四次会议又把扶持"老、少、边、穷"地区尽快摆脱经济文化落后状况作为一项重要内容，列入国民经济"七五"（1986—1990 年）发展计划。其次，中国扶贫工作的重点也发生了转移，开始认识到贫困分布的区域性，并提出以重点贫困区域为扶贫对象的反贫困思路，逐步确定了以县为单位的国家扶贫重点地区，为今后的区域反贫困打下了坚实的基础。1986 年，列入"七五"计划期间国家重点扶持的有 331 个贫困县。这些贫困县是依据以下收入标准确定的：1985 年农村人均纯收入低于 150 元的县，少数民族和老革命根据地的县为 200 元，而个别有特大影响的老革命根据地的县是 300 元。与此同时，各省也根据当地情况确定了 368 个县作为省级重点扶持的贫困县，全国共规划 699 个省级贫困县，基本覆盖了中国绝大部分农村贫困地区和绝大多数农村绝对贫困人口。其中，重点关注对象是"革命老区""少数民族地区"以及"边远地区"。上述地区在扶贫开发和经济发展过程中得到了国家的重点支持。最后，提出"对口帮扶"的口号，号召社会各界积极参与到农村贫困地区的发展建设中来。重点发展方向是解决大多数绝对贫困人口的温饱问题，提高农村贫困地区的"造血功能"，即自身积累能力和自我发展能力，逐步实现发展商品经济的能力，从而确立了开发式扶贫的方针。

从 1986 年到 1993 年，经过八年的不懈努力，国家重点贫困县农村居民家庭人均纯收入从 206 元提高到 483.7 元，年增长率在 13% 左右；农村绝对贫困人口继续减少，由 1.25 亿下降到 8 000 万，平均每年减少绝对贫困人口约 640 万人；相应的农村贫困发生率由 14.8% 进一步下降到 8.7%。不过，同体制改革推动扶贫阶段相比，这一时期贫困人口减少的幅度有所放缓，脱贫速度有所降低，主要原因是农村乡镇企业发展放慢、农产品生产出现低层次结构性过剩、中国农村经济整体增长速度放缓以及剩余贫困人口的脱贫难度增大。

四、扶贫攻坚政策阶段（1994—2000年）

在经历了体制改革推动扶贫阶段和大规模开发式扶贫阶段之后，中国农村的绝对贫困人口逐年减少，从1986年至1993年，农村绝对贫困人口从1.25亿人下降到8000万人，年均递减6.2%。这一下降速度比1979年至1985年间我国9.4%的贫困人口下降速度低了3.2个百分点。此时，农村经济的发展虽然仍在持续，但东部和西部经济发展的差距在拉大。到1994年，在592个国定贫困县中，中西部地区贫困县数占82%，贫困人口数占80.3%，贫困发生率向中西部转移。这种情况表明，随着农村改革的深入，随着经济发展的带动，随着贫困人口的逐渐减少，贫困类型和成因也在发生着极大的变化。这种变化主要体现在：农村制度引致的贫困人口逐渐减少了；贫困人口逐渐集中到西南大石山区（缺土）、西北黄土高原区（严重缺水）、秦巴贫困山区（土地落差大、耕地少、交通恶劣、水土流失严重）以及青藏高寒山区（积温严重不足）等几类地区。这些贫困人口体现出越来越明显的地缘性特征，即贫困主要是由于恶劣的自然条件、薄弱的基础设施以及社会发展落后等原因造成的。正因为发生了这种变化，使扶贫逐渐从体制改革带动、经济增长带动和项目开发三种方式并重的局面转变为只能靠项目开发一种方式的局面。因为这些地区的农民在土地分配上不存在不均的制度问题，也不存在农产品市场制度和就业的行政性障碍，而是因为自然条件过于恶劣，常规的投入使他们无法达到温饱或产生剩余，不管怎么改进制度和推动区域经济增长，都无法带动他们超越生存线而进入发展阶段。县域经济增长的辐射带动力不易渗透进去，带动作用弱化，这就从客观上决定了必须实施扶贫到户战略。把攻坚的对象从侧重于一个区域到侧重于一家一户。攻坚的目的从以富县为主到以富民为主。攻坚的手段从靠大项目的带动和重点工程的辐射转向以户为扶贫开发单元，实施一批家家能干、户户受益的具体项目和计划。因此，在地缘性贫困为主的地区中，只能通过具体的、有针对性的项目开发来带动扶贫。也就是说，在没有解决区域性经济不发达的问题以前，当务之急是先解决贫困人口的吃饭、穿衣这一温饱问题，解决贫困人口的基本生存问题。

1994年3月，以《国家八七扶贫攻坚计划》的公布实施为标志，中国农村扶贫开发进入攻坚阶段。以进一步解决农村贫困问题、缩小东西部地区差距、实现共同富裕为目标的《国家八七扶贫攻坚计划》明确提出，要集中人力、物力、财力，动员全社会各界的力量，力争在七年左右的时间内，到2000年年底基本解决农村贫困人口的温饱问题。这是新中国历史上第一个有明确目标、明确对象、明确措施和明确期限的扶贫开发行动纲领。针对中国农村绝对贫困人口区域性集中分布的特点，《国家八七扶贫攻坚计划》在保持以贫困县为扶贫对象不变的前提下，提出：应该重点加强包括人畜饮水、道路、电力、商品、农产品生产基地以及农贸市场等在内的基础设施建设，开展广泛的成人职业技术教育，以及完善医疗卫生服务和控制人口增长，以市场需求为导向，开发特色资源，实现脱贫目标。1996年10月，中共中央、国务院颁布的《关于尽快解决农村贫困人口温饱问题的决定》进一步完善了扶贫战略，提出通过信贷资金扶持微观扶贫产业的思路。从1997年开始，"在现有扶贫信贷资金基础上，每年再增加30亿元扶贫贷款，重点支持效益好、能还贷、能带动千家万户脱贫致富的种植业、养殖业、林果业和农产品加工项目"。至此，中国的扶贫战略框架基本形成。从这一时期开始，更加明确了扶贫到户开发式扶贫战略，除继续增加扶贫投入外，还拓展了多种扶贫方式。其中源于中央政府行为的扶贫政策措施有：以工代赈、科技扶贫、机关定点扶贫、横向联合与对口支援、国际合作等。

到 2000 年年底，《国家八七扶贫攻坚计划》所确定的目标基本实现，农村贫困人口的温饱问题基本得到解决。农村居民家庭人均纯收入从 1 221 元提高到 2 253.4 元，年增长速度在 11% 左右；中国农村绝对贫困人口由 1994 年的 7 000 万人左右下降到 2000 年的 3 000 万人，平均每年减少 667 万；农村贫困发生率由 7.7% 减少到 3.4%。其中国家重点扶持贫困县的贫困人口由 1994 年的 5 858 万人下降到 2000 年的 1 710 万人。

改革开放后，经过以上三个阶段不懈的努力，中国农村反贫困工作取得了巨大成就。国家针对农村贫困地区启动的各种建设项目明显改善了当地的基础设施，中国农村的绝对贫困状况得到了很大缓解。在基本解决温饱问题的基础上，许多贫困地区已经形成区域性支柱产业，并开发出各种特色产品，农村产业结构日趋合理。在农民收入显著提高的同时，也增强了地方财政的自给能力。

当然，我们在看到成效的同时，也应该清醒地注意到在这些扶贫方式中存在的问题。这期间，因为政府反贫困战略追求的是贫困地区整体经济实力的增长，是一种区域经济带动战略，其思路是在区域经济增长中带动区域内贫困人口脱贫和自我发展能力的提高。扶贫工作的对象和主体带有区域特征，一切活动都以县为单位进行，中央和省级政府按照"公平原则"将扶贫资金分配给各个贫困县。然而，在绝大多数情况下，各个贫困县却按照"效益原则"使用和分配这笔资金。地方政府作为扶贫资金的管理者，总是倾向于把资金首先投入到能尽快缓解政府财政困难的项目，例如，县办工业和乡镇企业，往往是锦上添花，而不是雪中送炭，甚至挪用作非生产性政府开支。这样，扶贫资金无法有效地瞄准贫困人群，也就无法最有效地带动贫困人口的减少。这种以区域经济发展为主的扶贫战略，对于贫困地区的整体经济发展，特别是对各级政府财政收入的增长发挥了有力的推动作用，但对于贫困地区特贫人口生活状况的改善却作用较小。在贫困地区区域性贫困缓解的同时，阶层性贫困愈加突出。

五、基本消除贫困政策阶段（2000—2020 年）

2001 年 5 月，国务院制定了《中国农村扶贫开发纲要（2001—2010 年）》，就未来 10 年的农村扶贫开发进行了全面部署。我国 2001—2010 年扶贫开发总的奋斗目标是：尽快解决极少数贫困人口温饱问题，进一步改善贫困地区的基本生产生活条件，巩固温饱成果，提高贫困人口的生活质量和综合素质，加强贫困乡村的基础设施建设，改善生态环境，逐步改变贫困地区社会、经济、文化的落后状况，为达到小康创造条件[①]。根据这个奋斗目标，在新世纪的头十年扶贫攻坚的主要任务，一是尽快解决 3 000

---

① 引自《中国农村扶贫开发纲要（2001—2010 年）》。

万绝对贫困人口的温饱问题;二是帮助已经初步解决温饱问题,但需要进一步巩固脱贫成果的脱贫人口增加收入,改善生产生活条件,不再返贫,进而为全面建成小康社会创造条件。显然,同过去相比,在进入扶贫攻坚阶段后,我国农村扶贫开发的战略重点和战略格局发生了重大变化,即由过去集中全力解决大量贫困人口的脱贫问题转向解决少数绝对贫困人口的温饱问题,解决已脱贫人口的不再返贫问题,为农村小康社会建设创造条件。我国不断加大对中西部地区的支持力度,出台了一批新的政策,支持贫困地区的经济社会发展。"西部大开发"战略通过基础设施建设、产业结构调整、生态环境改造、发展科技教育等措施,提升了贫困地区的整体发展水平。中西部地区"两基"(基本普及九年义务教育、基本扫除青壮年文盲)攻坚计划的实施,普遍提高了贫困地区劳动力的基本素质。对农村贫困人口的医疗救助制度和新型农村合作医疗制度的建设,将从根本上解决贫困人口"看病难""看不起病"的问题。"村村通公路""村村通广播电视"等工程,极大地改善了贫困地区的社区环境。但 2003 年出现的全国贫困人口不减反增现象,不仅印证了扶贫开发的战略重点和战略格局需要变化,而且也对新时期的扶贫攻坚战役提出了新的警示。在此时期更突出了扶贫工作的以下特点:首先,扶贫任务不仅是解决贫困人口的温饱问题,也要帮助初步解决温饱但还不巩固的贫困人口增加经济收入,改善生产生活条件,实现稳定脱贫。其次,强调坚持综合开发、全面发展,不仅要加强基础设施建设,也要重视科技、教育、卫生、文化事业的发展,改善社区环境,提高生活质量,促进贫困地区经济、社会的协调发展和全面进步。再次,强调群众参与,自下而上地制定扶贫规划,实施扶贫项目。最后,继续实行以省为主的扶贫工作负责制,但扶贫资金分散管理的体制仍然没有变化。2000 年后,开始采用县、村两级目标瞄准机制,扶贫资金主要用于扶贫开发工作的重点县和重点村,并且对加强扶贫资金的管理给予了突出强调。

在党中央、国务院的直接领导下,通过各级地方政府和部门的积极努力,经过 20 多年的反贫困实践,通过设置专门的组织机构,制定减缓贫困的政策、计划措施,充分调动各种财政资源、信贷资源和社会资源,形成了具有中国特色的扶贫组织体系。从以上对中国扶贫的回顾和分析中,可以看出,中国扶贫组织制度是比较典型的以政府为主导自上而下的管制型组织结构。它具有权威性、统一性、持久性等优点,但缺陷也十分明显,例如使市场作用弱化和贫困人口参与性不足等。从总体上来看,我国政府扶贫政策遵循了一个由外在机制推动到内在能力提升,由实施重大项目、重点工程到实施家家能干的具体项目与计划,由整体区域增长带动到扶贫到户这样一条轨迹。但从效果上来看,由贫困人口的迅速缩减到稳步减少,甚至到 2003 年左右还有所反弹,可以看出,扶贫政策在缓解贫困方面的确起到了积极作用,但扶贫政策的创新过程还跟不上经济社会发展的要求,扶贫政策是有效的,但也需要不断加以改进。

自党的十八大以来,以习近平同志为核心的党中央把扶贫放到国家治理的重要位置,提升到决胜全面建成小康社会、党和国家实现第一个百年奋斗目标的新高度。2013年 11 月,习近平总书记到湖南湘西考察时首次作出了"实事求是、因地制宜、分类指导、精准扶贫"的重要指示。精准扶贫是粗放扶贫的对称,是指针对不同贫困区域环境、不同贫困农户状况，运用科学有效程序对扶贫对象实施精确识别、精确帮扶、精确管理的治贫方式。从 2014 年开始精准扶贫调查结果，到 2020 年取得了历史性的成就，我国已基本消除绝对贫困现象。

国务院扶贫办精选 12 则精准扶贫典型案例

一是历史性地整体消除绝对贫困。经过 8 年艰苦奋斗，现行标准下 9 899 万农村贫困人口全部脱贫，832 个贫困县全部摘帽，12.8 万个贫困村全部出列，14 个集中连片特困地区区域性贫困问题得到解决。

二是脱贫群众生活水平显著提升。脱贫地区农村居民人均可支配收入，从 2013 年的 6 079 元增长到 2020 年的 12 588 元。"两不愁三保障"全面实现。

三是脱贫地区落后面貌根本改变。生活生产设施明显改善，多年遇到的像行路难、吃水难、用电难、通信难等问题得到历史性解决。

四是脱贫群众精神风貌焕然一新。

六、后扶贫时代（2020 年以后）

2020 年，在完成了消除绝对贫困的任务后，我国进入了农村相对贫困治理的后扶贫时代。后扶贫时代的来临意味着我国进入缩小收入分配差距、推进共同富裕的相对贫困治理阶段。相对贫困意味着社会配置失衡、制度性结构性剥夺、区域相对剥夺、文化及权利缺失等因素被逐步纳入贫困治理的考量之中。

第二节　我国农村相对贫困现状及其特征

同改革开放初期相比，我国农村绝对贫困人口和农村的贫困发生率都大幅下降。然而，我国农村的相对贫困问题依然存在，并呈现出新的特征。主要表现在相对贫困人口分布由集中的区域分布转向零星的分散分布、贫困的重心由绝对贫困转向相对贫困、贫困农村的自我发展能力不强且返贫现象严重、贫困农村的经济结构不合理以及生态贫困问题突出等方面。

一、农村相对贫困人口由集中的区域分布转向零星的乡村分散分布

改革开放初期，我国的农村贫困是一种普遍性的贫困，贫困人口比例超过 30%。20 多年后，农村贫困人口的比例大幅下降，2000 年仅为 3%。从农村贫困人口的分布特点来看，20 世纪 80 年代农村贫困人口呈现出明显的集中区域分布的特征，连片分布 18 个贫困地带。经过改革开放以来 20 多年的扶贫开发，农村贫困人口的分布开始呈现出"大分散、小集中"的特征。具体来讲，"大分散"是从全国范围来看，农村贫困人口总数大幅减少；"小集中"则是指由于不同地区在自然环境和经济社会发展水平上的差异，农村贫困主要发生在自然条件恶劣、交通不便、经济发展水平低的偏远地区，这些地区农村贫困人口的分布相对较为集中。

二、消除绝对贫困，相对贫困问题突出

经过改革开放以来40多年的农村反贫困进程，2020年，我国如期完成新时代脱贫攻坚目标任务，消除了绝对贫困和区域性整体贫困。然而在消除绝对贫困的同时，相对贫困人口却在迅速增加。农村贫困不再简单地表现为缺衣少食，而更多地表现为农民增收放缓和区域经济发展不平衡所带来的相对贫困。一般来说，农村的相对贫困主要表现在两个方面：从外部来看是指城乡收入差距拉大，而从内部来看则是农村内部贫富差距拉大。

我国存在较大的城乡收入差距，并呈现出进一步扩大的趋势。随着经济的发展，城镇家庭居民人均可支配收入从1978年的343.4元上升到2018年的39 251元，增长了114倍；农村家庭居民人均纯收入也由133.6元增加到2012年的8 389.3元，农村居民人均可支配收入在2018年为14 617元，增长了109倍；城乡收入之比也由1978年的2.57倍拉大到2004年的3.21倍，到2018年后，城乡收入比缩小为2.69倍。城镇恩格尔系数从1978年的57.5%下降到2012年的36.2%，而农村家庭恩格尔系数则从1978年的67.7%下降到2012年的39.3%，目前农村家庭恩格尔系数高于城镇恩格尔系数3个百分点。这一比例相对于世界其他国家而言，仍然处于一个相当高的水平。

三、贫困农村的自我发展能力不强，偶有返贫现象

中国的贫困问题依然存在，一个很重要的原因是贫困农户的自我发展能力不强。许多已经摆脱贫困的农户一旦失去政府的救济或支持，将随时面临重新返贫的危险。

目前，我国的贫困标准很低，尽管许多农村贫困人口已经达到或超过这个标准，但由于他们的生产条件和生存环境并没有发生根本性的改变，一旦出现重大自然灾害、疾病或者经济波动，他们就会返贫。实际上，这部分农村贫困人口并没有从根本上摆脱贫困。

农村的扶贫开发要想使贫困农户真正摆脱贫困，只有增强他们自身的自我发展能力，使他们能够有效地抵御各种自然风险和市场风险。自然风险和市场风险是导致农户长期贫困和返贫的重要原因，要有效增强贫困农户抵御自然风险的能力可以从加强基本农田水利建设、小流域综合治理以及增加国家对遭受自然灾害农户的补贴和援助等方面入手。而对于市场风险的预防则相对困难一些，因为在与市场衔接的过程中，资金、信息、技术、基础设施及服务都在很大程度上决定着农户的收益，而这些往往又是贫困农户最缺乏的。政府可以从完善配套基础设施及服务方面加大投入，包括道路、通信、各类专业市场等设备或设施的完善，农产品价格支持体系的建立和完善，以及农业保险制度的确立和运行等。贫困农户之间还可以通过建立各种形式的农民合作经济组织加强联系与合作，提高市场地位、增强谈判能力、降低交易成本、及时获取准确的市场信息，从而有效降低市场风险。

四、贫困农村的经济结构不合理

农村改革的实践证明，农村经济的发展需要合理的经济结构，而制约农村贫困地区脱贫的一个重要原因就在于经济结构不合理。这种经济结构不合理主要体现在三个方面：产业结构单一、生产投资结构不合理以及经济效益差。农村贫困地区的产业结构单一是指贫困农村地区第一产业产值比重过高，有些贫困农村第一产业总值甚至达到总产值的90%。另外，第一产业内部的以粮食种植为代表的传统种植业比例也明显偏大。这种单一的产业结构不仅造成脱贫困难，还使得粮食主产区的脱贫人口重新返贫比例居高不下。

农村贫困地区的经济结构不合理还造成贫困农户在收入构成及比例上同全国平均水平相差甚远。从收入的金额上看，2016年，全国农村居民人均可支配收入12 363元，贫困地区农村居民人均可支配收入8 452元，占当年全国农户人均可支配收入的68%；从收入的构成上看，贫困农户家庭经营收入占人均纯收入的比重为41%，贫困农户来自第一产业的收入占家庭经营收入的比例为78%，相应的，在工资性收入方面，贫困农户的比重为34.1%（见表9-1）。

表9-1　2016年中国不同农户收入来源

项目	全国		贫困农户	
	金额/元	比例/%	金额/元	比例/%
人均可支配收入	12 363	100.0	8 452	100.0
一、工资性收入	5 022	40.0	2 880	34.1
二、经营净收入	4 741	38.3	3 443	40.7
1. 第一产业收入	3 270	26.4	2 696	31.9
2. 非农产业收入	1 472	11.9	747	8.8
三、财产性收入	272	2.2	107	1.3
四、转移性收入	2 328	18.8	2 021	23.9

资料来源：《2017年中国农村贫困监测报告》。

由此可见，农村贫困地区经济结构不合理不仅制约了当地贫困农户人均纯收入水平的上升，还减少了就业渠道和就业机会，进一步加剧了其贫困程度。因此，要彻底改变农村贫困地区的贫困面貌，除了要抓紧提高贫困人口科技素质以外，还应该重视农村贫困地区经济结构的调整，改变原有的单一而脆弱的产业结构，增加长期的生产性资本投资，并提高投资的经济效益。只有这样，才能有效地拓宽贫困农户的就业渠道，增加贫困农户的收入，从根本上转变农村贫困地区的经济增长方式，从而加快农村贫困地区脱贫的步伐。

五、生态贫困问题日益突出

随着生活水平的逐步提高，生态环境问题开始成为人们关注的一个焦点。在农村反贫困进程中，许多农村贫困地区通过不断开发利用当地的各种特色资源逐渐脱离了贫困，但这种开发过程大多是追求短期利益的行为，可以称得上是掠夺性开发。伴随着这种开发，一个不容忽视的问题是许多地区的脱贫过程基本上都伴随着生态环境的恶化。由于农村贫困地区大多分布在高原、山区及荒漠等自然环境十分恶劣的地区，为了得到更多的耕地，生产更多的农产品，毁林开荒、毁草种粮、陡坡种植及围湖造田等行为十分普遍，这使得当地原本就十分脆弱的生态环境进一步遭到严重破坏，自然灾害频发。从结果来看，这种以牺牲生态环境为代价的开发模式不仅没有带来产量和收入上的大幅提升，反而使很多农村贫困地区陷入"越穷越垦、越垦越荒、越荒越穷"的怪圈。生态问题也已经成为制约贫困农村经济进一步发展的重大障碍。

第三节　我国农村反贫困的主要措施

自中华人民共和国成立以来，我国政府采取了多种扶贫政策以解决农村的贫困问题，采用了多种较为有效的措施，详列如下：

一、整村推进

由于我国经济的快速增长和我国政府贫困工作力度的加大，大部分自然条件好或有资源优势的地区相继脱贫。目前，我国农村贫困人口的分布已不再以整体的形式分布在各个贫困县，而是多聚集在贫困村，其分布日益呈现出分散的趋势。因此，以往以贫困县为瞄准目标的扶贫机制不能适合当前的贫困形势，不能够及时准确地将资金、技术和项目落实到贫困户。针对这种情况，只有划小扶贫单元，直接瞄准贫困人口才能取得好的效果。因此，以村为单位的整村推进扶贫开发就成了适合我国当前贫困状况的新的开发模式。

整村推进的基本含义是在政府的引导和支持下，以重点贫困村为对象，依靠当地贫困农民和社会各界的参与，以完善农村基础设施建设、社会化服务体系和改善农民生产生活条件为基础，以增加贫困农民收入为核心，通过对当地农村经济整体发展的统一规划和综合开发，以实现农村贫困地区经济、社会、文化全面发展目标的扶贫方式①。

整村开发的基本特征有以下几点：第一，改变了过去以贫困县为对象的分散扶贫方式，充分发挥整体规划、规范运作的优势。第二，集中优势资源，结合各个贫困村的实际情况，充分挖掘当地的比较优势来选择项目，同时对项目的实施过程进行调控，直接提高贫困户的收入水平。第三，可以集中利用较大规模的资金和其他资源，在较短的时间内使贫困村的基础和社会服务设施、生产和生活条件以及产业发展等方面有较大的改善。第四，各类项目之间能相互配合以发挥更大的综合效益，从而使贫困人口在整体上

①　张万钧. 整村推进：扶贫开发的有效形式［J］. 民政经济与社会发展，2004（10）：19-20.

摆脱贫困，同时提高贫困社区和贫困人口的综合生产能力。整村推进战略是比较适合现阶段我国贫困特点的一种扶贫模式，整村推进中的项目都是在尊重贫困农户意愿的前提下选择的，比较有针对性，能够调动贫困农户参与的积极性，发挥了参与式扶贫模式的优势。在整村推进中，扶贫项目直接与农户挂钩，扶贫资金落实到村，有利于实现贫困村的整体脱贫，也有利于贫困村农民科技文化素质的提高。

二、农业产业化

农业产业化是指以市场为导向，以效益为中心，围绕一个或多个相关农副产品项目，组织众多主体参与，进行生产、加工、销售一体化的活动，并在发展过程中逐渐形成一个新产业体系的过程。产业化扶贫的内容包括确立主导产业，建立生产基地；提供优惠政策，扶持龙头产业，探讨运行机制，实现农户企业双赢等[①]。其核心是通过分工协作，提高劳动生产率，降低生产成本，并通过专业化生产、市场化经营，有效发挥资源的比较优势，实现规模经济。实质上，农业产业化的扶贫方式是将贫困地区的农民与市场有机地联系起来。其产生的背景是农业生产部门之间联系日益紧密，农业技术不断推广，农村生产力水平不断提高。因此，市场要求贫困农户进行有效的合作，与企业、市场形成紧密的经济利益关系。

农业产业化扶贫主要采取的措施有以下几个：一是实施专业化生产，延长产业链，提高农产品的附加值。农业产业化通过专业化生产，改变原有的贫困农户单纯出售初级产品获取微利或自给自足的生产模式。通过农产品的深加工和精加工，提高农产品的科技含量，增加其附加值，进而获得较高的市场收益，以增加农民的收入。二是通过调整农村产业结构，依托农区的特色资源，形成特色产业，提供特色农产品，并通过市场化运营带动贫困地区交通运输业和服务业等相关产业的发展，改变原来贫困农村产业结构单一的局面。三是在推广农业产业化的进程中，促进农业科技的应用和推广。通过农产品的深加工和精加工，从良种培育和引进、田间的科学管理到生产车间的精加工和深加工等各个环节，都运用现代高科技进行改造，将科技优势转化为市场竞争优势。四是培育龙头企业，对这些在贫困区建立的对扶贫作出突出贡献的龙头企业，政府给予扶持，提供税收优惠、信贷优惠以及土地使用政策等。通过龙头企业的培育一方面减少农民单独面对市场的不确定性和风险，另一方面也有利于实现农村剩余劳动力的转移。

我国政府近年来加大了对农业产业化扶贫方式的政策支持力度。同时，扶贫系统还为龙头企业的发展提供了具体的支持计划：一是贴息贷款，使贴息贷款的数量与企业扶贫的农户数量挂钩。二是培训费用，如果龙头企业安排贫困农户的劳动力就业，可以用扶贫资金进行培训。

三、自愿移民扶贫模式

自愿移民扶贫模式主要是指将生活在自然条件极端恶劣，生态环境脆弱，发展投入

---

① 《中国农村扶贫开发纲要（2001—2010年）》中期评估政策报告，第36页。

成本高、难度大的地区的贫困人口，集体搬迁到生产生活环境相对较好的地区，从而实现贫困户脱贫的开发模式。自愿移民扶贫模式主要针对"一方水土不能养一方人"的贫困地区，即那些自然资源匮乏，人均耕地面积少，或生产生活条件极度恶劣，气候、水分、温度、光照条件不能满足农业生产的基本需要，或土壤贫瘠，耕种难度大的地区；偏远山区；海拔较高，水土流失、干旱少雨等自然灾害和地方病频发的地区。这些地区的一个共同特点就是生存环境极其恶劣，基本不适合人类的生产生活，另一点就是恶劣的自然环境，使得就地脱贫的难度大、成本高。这些地区的农户呈现出零散分布的特征，使得这些地区的基础设施建设不仅难度大、费用高，而且平均使用率低，平均成本高。在这些制约因素下，就地扶贫显然是一种高投入、低产出的方式；而采取易地整体搬迁的扶贫模式则既可以改变贫困农户的生存环境和生产条件，又节约了扶贫成本，因此成为一种理想的选择。

这种自愿移民的开发模式始于 20 世纪 80 年代国家对甘肃和宁夏"三西"地区的扶贫工作，逐步形成了三种模式：

（1）"三西"（甘肃的定西、河西和宁夏的西海固）模式，即为了解决自然气候恶劣、干旱缺水、人多地少的矛盾，由中央政府设立专项资金，并配套优惠的税收和安置政策，将贫困农民搬迁到水土资源条件较好的地区安置，既保护了当地的生态环境，又实现了增产和增收的目标。

（2）粤北喀什特地区模式。这种模式是通过相应的资金扶持和移民优惠政策，将生存环境恶劣地区的农民搬迁到有土地、有水源的地方，或者靠近城市、靠近公路的地区，方便农户进行种植业和养殖业，也方便农民进城务工和商业经营。

（3）广西的"公司+农户"模式。即充分发挥市场机制的作用，政府将移民搬迁资金交付专业的扶贫开发公司支配，扶贫开发公司再与贫困农户签订合同，并统一规划、实施移民搬迁。通过这种市场化的运作，提高了扶贫资金的使用效率。

自愿移民可以从根本上解决处于极端恶劣生产和生活条件下贫困人口的温饱问题，对于贫困地区的发展可以产生经济、社会和生态三个方面的效果，移民搬迁成为我国政府有组织扶贫工作的一个重要形式。目前来看，自愿移民搬迁扶贫方式的组织主体依然是政府主导。移民搬迁的去向主要是县内搬迁，集中安置。

移民搬迁改善了贫困农户的生产生活条件，扩大了社会效益，使贫困区农民可以享受到包括道路、电力、通信、教育、医疗、卫生以及农田水利等在内的基础设施建设，增强了农民的市场意识和商品意识，方便了农民工进城务工。

四、劳动力输出培训扶贫模式

农村劳动力转移是解决我国农村贫困地区劳动力生产率低下，人均收入较低的一个重要手段。通过农村剩余劳动力的转移和输出，一方面增加了农民的就业机会，从而提高了贫困地区人口的收入水平；另一方面也提高了农民的技术水平和市场意识，提高了农民素质。我国贫困地区的剩余劳动力大多文化教育水平低，劳动技能不足，不能适应市场对劳动力的需求，难以进入高收入行业，使得劳动力转移中存在着巨大的障碍。针对这种情况，国家乡村振兴局将贫困地区劳动力转移培训作为新世纪扶贫工作的主要途径和工作重点。其组织形式同样是政府主导，由相关政府部门利用当地中等技术学校和其他教学条件，建立劳动力转移培训基地，并从组织、资金等方面加强指导和扶持。劳动力输出培训的对象是国家和省级扶贫开发工作重点县和重点村的年龄在 18~35 岁、小学以上文化程度的青年劳动力；培训内容重点为家政服务、餐饮、保安、酒店、建筑、园林绿化、制造、电子装配等行业；培训时间一般为 1~6 个月。

贫困地区劳动力输出培训提高了贫困剩余农村劳动力的技术水平，使其掌握了一技之长，为获得相对稳定的就业机会、提高收入水平创造了条件。从这一意义上来说，与靠亲戚朋友介绍出外打工的农民工相比，通过技术培训获得就业岗位的贫困劳动力的转移是一种更加稳定和可持续的农村劳动力转移的途径。

除了上述四种扶贫模式以外，我国农村扶贫政策还包括项目带动型扶贫模式、小额贷款、以工代赈和 NGO 模式等。这些模式因地制宜，相互配合，共同组成了我国多层次、复合型的农村扶贫体系。以小额贷款为例，金融扶贫是我国打赢脱贫攻坚战的重要手段之一，创新实现将扶贫方式从"输血"变为"造血"，有效激发贫困户增收致富的主观能动性。贫困户贷款难、贷款贵一直是一个世界性难题。贫困户财产积累较少、没有稳定收入来源、难以提供有效抵质押品或找到贷款担保人、贫困户信用体系缺失等原因，导致金融机构向贫困户贷款的成本和风险都很高，对贫困户的"惜贷"仍是常态，多年来，我国始终致力于解决这一难题。2014 年，国务院扶贫办牵头，会同财政部、央行等部门，积极创新金融扶贫政策，为建档立卡贫困户量身定制了免抵押免担保，且由财政贴息的扶贫小额信贷，是集"银行自主+政府引导""金融政策+财政政策""信贷投放+风险防范""金融支持+发展生产"为一体的特惠型金融产品，这是金融扶贫方式的一个重大突破，也是实现精准脱贫的重要一步。自 2020 年我国实现全面小康后，2021 年 3 月中国银保监会等 4 部委联合印发了《关于深入扎实做好过渡期脱贫人口小额信贷工作的通知》，在保持连续和稳定的基础上适当增加信贷政策弹性，"扶贫小额信贷"正式更名为"脱贫人口小额信贷"继续发光发热。

第四节　新形势下我国农村反贫困

一、我国农村反贫困取得的成就和面临的挑战

1. 我国农村反贫困取得的成就

首先，经过 8 年的持续奋斗，2020 年如期完成了新时代脱贫攻坚目标任务、现行标准下农村贫困人口全部脱贫，贫困县全部摘帽，"两不愁三保障"全面实现。

其次，贫困地区的生产生活条件有了较大改善。贫困地区发展步伐显著加快，经济实力不断增强，基础设施建设突飞猛进，脱贫群众不愁吃、不愁穿，义务教育、基本医

疗、住房安全有保障，行路难、吃水难、用电难、通信难、上学难、就医难等问题得到历史性解决，所有深度贫困地区的最后堡垒被全部攻克，脱贫地区处处呈现巨大变化。

最后，贫困地区的各项社会事业有了长足进步。

全国832个贫困县全部摘帽，近一亿农村贫困人口实现脱贫，960多万贫困人口实现易地搬迁，历史性解决绝对贫困问题以及巩固脱贫成果的成就，为世界减贫事业作出了重大贡献。

我国新阶段扶贫开发取得的成就，不仅解决了大多数贫困群体的温饱问题，更重要的是为国民经济持续健康发展，为缓解区域、城乡差距扩大趋势，为政治稳定、社会和谐、民族团结、边疆巩固发挥了重要作用。脱贫攻坚战的全面胜利，标志着我国走出一条中国特色减贫道路，是我们党在团结带领人民创造美好生活、实现共同富裕的道路上迈出了坚实的一大步，对党和人民事业具有重大现实意义和深远历史意义。

2. 新形势下我国农村反贫困面临的挑战

尽管我国的农村扶贫开发取得了很大成绩，但今后的扶贫任务依然十分艰巨，扶贫工作所面临的挑战主要表现在以下几个方面：

（1）需要扶持的贫困群体数量依然庞大，扶贫任务依然繁重。2020年后我国贫困人口结构发生了转变，这些脱贫户中大多数转为相对贫困户。绝对贫困治理的主要对象为低于贫困线的贫困户即建档立卡的贫困户，而未进入建档立卡的贫困"边缘户"、部分进城农民工、城市低收入者都将纳入相对贫困治理范畴。同时现实中存在的高杠杆率家庭、隐形贫困人口以及能力贫困人群等都将是潜在的相对贫困人群。

（2）贫困人口占有的自然资源和发展资本严重不足，加之自身素质不高，消除贫困的难度加大。一是目前的贫困人口主要分布在生产生活条件更差的地区，自然灾害频繁。二是劳动力素质低，自我发展能力差。三是收入来源单一，增收渠道窄。四是贫困农户家计薄弱。贫困家庭物质资本一般只能维持简单再生产，遇到灾害、市场风险和家庭变故时容易返贫。

（3）贫困群体的弱势地位突出，收入差距不断扩大。

相对贫困实质上仍然体现为个人收入与社会平均收入的差距较大。按照国际通用的衡量标准，相对贫困人口通常是指收入低于社会人均收入（或中位数收入）一定比例（如50%）的人群。目前我国尚未制定全国统一的相对贫困标准，但已有不少省份提前明确了本地区的"相对贫困标准"。如2016年，广东省以本省2014年农村居民人均可支配收入的33%（即人均4 000元）作为新的扶贫标准，同时认定相对贫困人口176.5万。由于中国区域经济发展差异明显，全国统一的相对贫困标准或将难以制定，未来的相对贫困标准将根据各区域具体情况分区制定，并且有一定的弹性区间。

在注重解决相对贫困的同时，"后脱贫时代"的攻坚工作要更为重视多维贫困标准，特别是在农村义务教育、基本医疗、住房安全的"三保障"上要进一步下功夫，提高保障标准，同步减少相对贫困与多维贫困。

二、我国农村反贫困的政策建议

我国农村大多数贫困人口温饱问题的基本解决，标志着我国以解决温饱问题为主要内容的扶贫阶段的基本结束，同时也标志着我国农村反贫困新阶段的开始。从某种意义上讲，我国农村反贫困新阶段的主要内容是克服相对贫困，由求生存到求发展，实现乡村振兴，防止返贫，其核心是更高层次的发展，即以人为本，实现综合、全面的可持续发展，这就需要打破传统的发展格局，实行超越传统的反贫困战略。因此，需要从一个全新的角度，重新审视和选择中国农村反贫困战略，并制定实施反贫困政策措施。

1. 构建以"相对贫困线+致贫原因"的精准识别机制

精准识别相对贫困人口是建立解决相对贫困长效机制的出发点。考虑到相对贫困人口的收入水平相对较低，且致贫因素复杂，我国可建立"相对贫困线+致贫原因"的城乡多维一体化精准识别机制。这一机制要求在识别相对贫困人口时，不仅要以相对贫困的收入线为衡量依据，还要将收入和致贫因素相结合，从多个角度精准定位相对贫困人口。对于相对贫困线的制定，应充分考虑区域和城乡差别，根据经济发展水平、城乡差距、乡村振兴战略实施状况和贫困人口分布特征等，制定差异化的相对贫困线标准。

2. 持续推进城乡公共服务均等化，完善相对贫困区域的社会保障制度

教育、医疗等城乡公共服务差距是制约相对贫困群体减贫的关键，我国应以乡村振兴为契机，建立健全城乡一体化的公共服务体系，尤其是完善相对贫困地区的社会保障制度，逐步提高农村养老、医疗、教育等领域的保障水平，把构建解决相对贫困的长效机制与完善基本公共服务体系紧密衔接起来。

3. 加强人力资本投资

人力资本投资的作用远远大于物质资本投资的作用，这是现代经济发展中的突出特征。加大对人力资本的投资力度，提高贫困人口的人力资本水平，尤其要克服"个人由于外部性、厌恶风险和目光短浅而对自己的教育投资不足"的缺陷。把稀缺的扶贫资源，适当地增加利用在农村基础教育、技能培训和医疗保健等方面，以此来提高相对贫困人口的自身素质和能力，从而带动农村其他资源和项目的开发，是新时期扶贫战略调整的一项重要内容。我国农村贫困地区经济发展的最主要的制约因素之一，就是人口素质较低，文化水平、科学技术经营能力难以适应经济发展的需要。因此，要使农村贫困地区实现致富，就要加大人力资本投资和开发。一是要加强贫困地区和贫困人口的基础教育。要根据当前贫困人口和贫困地区的基础教育现状，增加投入，调整布局，提高师资质量和儿童入学率。二是要提高贫困地区和贫困人口的文化素质，降低贫困地区和贫困人口的成人文盲率。三是开展贫困地区和贫困人口的科技培训和技能培训，力争贫困地区的劳动者都能掌握一两门实用技术。在种植业、养殖业、加工业等方面，只要把实用技术推广开，就可以大幅度增加产量，提高效益，从而有效解决贫困人口的温饱问题。四是改善贫困地区文化、卫生医疗等公共服务设施条件，特别是改善贫困人口的医疗保健水平，积极发展新型合作医疗，建立基本医疗保障制度，提高贫困人口健康资本存量。

4. 构建乡村振兴背景下反贫困长效机制

我国应建立返贫风险动态化检测、帮扶机制，牢牢守住返贫底线；建立动态调整、受监督的相对贫困识别机制；面对相对贫困问题，应动员多元治理力量，整合多方治理资源，建立党建引领下政府主导、社会协同、市场调节和公众参与的协同治理机制。

思考题

1. 试述农村低保与扶贫整合的思路。
2. 试述小额贷款的起源及其在我国的开展情况。
3. 调研你所在地区的一种开发式扶贫模式并跟踪其效果。

▶ 自测习题及参考答案

第十章
特殊人群救助

第一节 残疾人救助

一、残疾人和残疾人救助概述

残疾人是社会中特殊而困难的弱势群体，我国贫困人口中有半数左右是残疾人，残疾人与贫困问题有着天然的联系。残疾人问题是社会转型时期一个不容忽视的社会问题。健全社会保障体系，依法保障和救助残疾人的基本生活需要，是国家和政府的责任，也是公民的一项权利。残疾人是弱势群体中的重要组成部分，所以残疾人社会救助是整个社会保障体系中不可缺少的组成部分。

残疾人是指在心理、生理、人体结构上，某种组织、功能丧失或者不正常，全部或者部分丧失以正常方式从事某种活动能力的人。残疾人包括视力残疾、听力残疾、言语残疾、肢体残疾、智力残疾、精神残疾、多重残疾和其他残疾的人[1]。

欧美国家通常以三个名称界定"残疾人"：①身体或心理方面的缺点或限制，通常以"损害"（impairment）来表示；②这些损害必定会导致身体功能丧失或减少，以"失能"（disability）来表示；③这些失能者倘若遭受到社会的歧视或环境的限制，就会形成障碍，无法发展潜能或独立生活，称为"残障"（handicap）。而依据身体功能障碍的不同，可将残疾人分为智障、肢障、听障或平衡机能障碍、视障、语言障碍以及其他各类残障者。在每一类功能障碍中又可分为轻度、中度、重度三个等级。

---

① 《中华人民共和国残疾人保障法》第一章第二条。

在人类社会早期，由于生产力水平较低，科学知识贫乏，人们的认识受到很大局限，对出现身体缺陷如盲、痴呆、肢残等情况不能正确、科学地对待，通常以迷信的说法来解释这些现象，如将残疾视为因果报应、妖魔缠身等，所以人们对残疾人存在很多偏见，甚至虐杀残疾人，这种情况在国内外都出现过，比如处于奴隶社会前期的欧洲就曾有法律规定要把身体有缺陷的儿童从肉体上消灭掉，剥夺他们的生命权。古希腊作家普鲁塔尔赫就在其作品中提到，当时存在将畸形儿童扔到深渊中的做法。著名哲学家亚里士多德还在他的著名代表作《政治学》一书中倡导关于禁止哺养畸形与残废婴儿的立法。至奴隶制社会后期和中世纪时期，宗教的力量日益强大，宗教信仰和观念使得过去对残疾人的看法产生一定改变，不再主张消灭生理有缺陷、身体有残疾的人，并允许他们拥有一些法律权利。如罗马法中就规定盲人、聋人和哑人可以成为继承人，但盲人、聋人和哑人留遗嘱是有条件的，即遗嘱是在他得病之前，也就是在使他成为盲、聋和哑之前的遗嘱是可以确认有效的。也就是说，在继承前辈的遗产方面，盲人、聋哑人与其他公民具有同等权利，但在订立遗嘱方面是受限制的。这种现象在中世纪十分普遍，既承认残疾人有一定的权利，但在法律上又进行种种限制，不承认他们是完全有权利能力和行为能力的人，处于受歧视的地位。中国早期社会也曾发生抛弃甚至残害残疾人的行为，比如在先秦时期，也曾有一些虐待残疾人的情况，如湖北云梦睡虎地秦简《法律答问》篇中就曾有记载："擅杀子，黥为城旦舂，其子新生而有怪物，其身及不全而杀之，勿罪。"具有戎狄性的秦国为了保证国家的战斗力，曾经规定允许杀死新生的残疾儿童，法律将不予追究。但随着社会的进步，人们逐渐对他们产生了同情、怜悯之情，对他们给予人道的援助。先秦时期社会对残疾人更加优待，国家收养、优抚残疾人，较少出现歧视残疾人的现象，《管子·入国》和《礼记·王制》等文献都记载了国家对残疾人优抚的政策，如齐国实行"养疾"的政策，政府对包括残疾人在内的特殊群体加以收容治疗直到他们老死。汉文帝时"赐天下孤残布帛絮"。南北朝时则出现了专门收容孤疾之人的机构——"六疾馆"和"孤独院"。宋朝时，这种社会救助措施以制度化的形式固定下来，如居养安济院、慈幼局、济民药局、兹济局等，而广惠局是专门收养"鳏寡孤独癃老废疾颠连无告者"。明朝建立后，则要求"鳏寡孤独废疾不能自养者，官为存恤"（《明太祖实录》卷三四）。为保障其实施，在《大明律》中专门规定："鳏寡孤独及笃疾之人贫穷无亲属依倚不能自存，所在官司应收养而不收养者杖六十。"明清两代均极重视残疾人的生存问题，从京城到地方普遍设立养济院。总之，我国封建社会时期对残疾人实施的社会救助，思想上主要源于"仁政"论和慈善、道义观，其救济机构惯以"义""惠"和"济"等命名，救济目的在于缓和阶级矛盾，救济行为表现为随意性、临时性和情绪性。

国外历史上虽然也有一些扶持残疾人的措施，但是残疾人更多地被视为废人、无用之人，被视为社会的负担和累赘。第二次世界大战结束后直到 20 世纪 60 年代，随着美国黑人、妇女及其他少数民族争取人权等运动的开展，伤残的退伍老兵要求重新获得工作岗位，残疾人要求离开康复机构、回归主流社会等努力，也日渐获得社会的支持。1981 年 12 月在新加坡成立了第一个世界性的残疾人组织——残疾人国际（Disabled

People's International），它是在联合国享有咨询地位的，旨在使残疾人以平等的权利和机会参与社会生活，分享社会与经济发展成果的国际残疾人组织①。从此各国残疾人争取自身权利的斗争更加有组织有成效，各国残疾人的境况也逐渐得以改善。

"残疾人社会救助"是指对不能以自己的力量为自己提供生活费或者在特殊生活状况下不能自助，也不能从其他方面获得充分救济的人，有获得与他的特殊需要相适应的人身和经济帮助的资格，使他有能力自助，能够参与社会生活，使他合乎人道的生活得到保障。目前，残疾人社会救助的途径主要有救灾和扶贫等，这也是残疾人生存和发展的最基本的保障。

按照残疾人社会救助的方式，可将其划分为法律政策、经济物质和精神文化等方面的救助。按照救助性质可分为生活救助、教育救助、就业救助、医疗救助、住房救助和扶贫救助等。

残疾人社会救助应遵循机会均等原则和特别扶助原则。其中，机会均等（opportunity equalization）原则是指立法、就业机会、教育及履行义务的平等；特别扶助（special support）原则是指残疾人是有特殊困难的群体，国家和社会要给予残疾人特殊帮助使他们能够实现平等的权利。

残疾人社会救助的意义：首先，在国家给予保障的弱势群体中，残疾人是一个重要的群体，是否建有完善的残疾人社会救助制度标志着现代国家的文明进步程度；其次，残疾人社会救助是整个社会保障体系中不可缺少的组成部分，建立和完善残疾人社会救助制度，既是健全社会保障制度的需要，又是发展社会主义残疾人事业的重要内容；最后，残疾人社会救助制度的建立有利于满足残疾人的物质和精神需要，减少社会问题的发生，维护社会的团结和稳定。

二、残疾人最低生活保障与康复

对残疾人的社会救助主要是通过救灾、扶贫等手段，保证救助对象的基本生活需求。我国政府历来十分重视和关心残疾人扶贫工作，通过批转《中国残疾人事业"八五"计划纲要》《中国残疾人事业"十一五"发展纲要（2006—2010年）》《中国残疾人事业"十二五"发展纲要》《"十三五"时期残疾人事业发展规划》和扶贫配套实施方案，实施《贫困残疾人脱贫攻坚行动计划（2016—2020年）》《农村残疾人扶贫开发纲要（2011—2020年）》，设立康复扶贫专项贷款等一系列有力措施对贫困残疾人予以扶持。10多年的残疾人扶贫开发，已使8 000多万贫困残疾人基本解决了温饱，残疾人扶贫服务体系初步形成，残疾人摆脱贫困的信心得到增强，残疾人的贫困问题得到明显缓解。残疾人作为特殊的弱势群体，大多属于贫困人口，而对其实施社会救助的水平低下，甚至不能满足他们的基本生活需要。目前对相对贫困残疾人救助最直接的办法就

---

①　中国残疾人联合会于1990年正式加入该组织。残疾人国际现有团体会员122个，大部分是发展中国家的全国性残疾人组织。自成立以来，该组织参与了联合国残疾人十年规划的制定和执行工作，并分别在亚、非、拉地区举办了专题座谈会和残疾人组织领导人培训班。残疾人国际的总部设在加拿大，其委员会由亚、非、拉、北美、欧洲五个地区委员会各推选五位代表组成。

是最低生活保障制度。到 2020 年年底，"十三五"时期累计将 1 076.8 万困难残疾人纳入低保范围，残疾人最低生活保障覆盖面进一步提高。

然而，残疾人的生活状况总体上还是低于社会平均水平，不少残疾人的生活只维持在基本线上，最低生活保障标准的设定由于受保障资金的制约，因此我国各地的低保标准都处在一个较低的水平上，很难达到保障残疾贫困家庭最基本生活的目的，残疾人社会救助问题已十分突出地摆在我们面前。残疾人是社会中特殊而困难的弱势群体，我国贫困人口中有半数左右是残疾人，残疾人与贫困问题有着天然的联系。残疾人群体生活在社会最底层，解决好他们的贫困问题，可以有效地提高低收入的水平线。因此，对残疾人的基本生活救助不仅是保证贫困残疾人生活的基本救助，而且是维护残疾人生存权的基本手段。

对残疾人实施最低生活保障，保障他们的最低生活水平，是现阶段残疾人救助工作的重要内容。但是残疾人作为一个特殊群体还需要一些特殊的社会救助措施。残疾人的康复救助就是指对残疾人康复的特殊救助。

残疾人康复概念有广义和狭义之分。广义的康复也就是"全面康复"，包括医学康复、教育康复、职业康复、社会康复；狭义的康复则指医学康复，这里指狭义残疾人康复，即是指综合协调地利用医疗、工程、教育、职业、心理、社会和其他措施，对残疾人进行治疗、辅助、训练、辅导来恢复或者提高残疾人的组织、器官功能，从而改善残疾人参与社会生活的自身条件。在对残疾人进行的一项关于想接受怎样的服务和需求的调查中，残疾人有医疗服务与救助需求的有 72.78%，有康复训练与服务需求的有27.69%。这些数字，充分说明数千万残疾人对医疗康复的需求——肢体残疾的人希望通过治疗、训练和配备假肢等康复手段，提高或恢复肢体功能；听力残疾的人希望通过听力检测、助听器验配和康复训练指导等，补偿听力缺陷，培建听觉能力；视力残疾的人希望通过手术、配镜等方法，恢复视力，重见光明；精神残疾的人希望采取药物治疗、心理疏导、康复训练和社会服务等措施，促进康复；等等。

改革开放以来，随着我国综合国力的不断增强，残疾人康复工作力度不断加大。加强残疾人康复工作成为社会建设的重要内容之一，政府和社会各界共同努力，残疾人康复加速发展。残疾人康复工作历来受到党和政府的重视。

1997 年，中国残联、卫生部与国际狮子会合作，共同开展了每期五年的"视觉第一中国行动"一期（1997 年 7 月至 2002 年 6 月）和二期（2002 年 7 月至 2007 年 6 月）项目，一期项目取得的主要成效是实现了白内障致盲人数的负增长，二期共施行 250 万例白内障复明手术。2007 年达到所有的县级医院都能开展白内障复明手术，有效地控制了白内障致盲。

2002 年，国务院办公厅转发卫生部、民政部、中国残联等六部门《关于进一步加强残疾人康复工作的意见》，提出了残疾人康复工作的总体目标：到 2010 年，在城市和中等以上发达地区的农村，有需求的残疾人普遍得到康复服务；欠发达地区的农村达到70%以上。到 2015 年，实现残疾人"人人享有康复服务"。北京 2008 年残奥会，为实现这一目标注入了新的动力，提供了新的契机。因为残奥会本身，就是从二战伤残老兵为了康复而进行的体育锻炼中逐渐发展而来的。

2006年，中国残联和中国科学院启动实施了"科技助残行动计划（2006—2015年）"，以帮助解决残疾人的迫切需求，特别是以康复需求为目标，通过科技创新和技术集成，组织实施一批重点科技项目，直接服务于残疾人及残疾人服务机构，实现科技成果与残疾人共享。

2016年，中国残联、国家卫生计生委、民政部、教育部、人力资源社会保障部联合制定了《残疾人康复服务"十三五"实施方案》，以构建与经济社会发展相协调、与残疾人康复需求相适应的多元化康复服务体系、多层次康复保障制度，普遍满足城乡残疾人的基本康复服务需求，提升残疾人康复服务专业化水平。

2018年，国务院出台《关于建立残疾儿童康复救助制度的意见》，建立残疾儿童康复救助制度。救助对象为符合条件的0~6岁视力、听力、言语、肢体、智力等残疾儿童和孤独症儿童。包括城乡最低生活保障家庭、建档立卡贫困户家庭的残疾儿童和儿童福利机构收留抚养的残疾儿童；残疾孤儿、纳入特困人员供养范围的残疾儿童；其他经济困难家庭的残疾儿童。有条件的地区，可扩大残疾儿童康复救助年龄范围，也可放宽对救助对象家庭经济条件的限制。残疾儿童康复救助基本服务项目和内容，包括以减轻功能障碍、改善功能状况、增强生活自理和社会参与能力为主要目的的手术、辅助器具配置和康复训练等。县级以上地方人民政府依据本地财力状况、保障对象数量、残疾类别等，分类确定康复救助基本服务项目的经费保障标准，并建立动态调整机制。

《国务院关于建立残疾儿童康复救助制度的意见》及其内容解读

同年，国务院印发《关于加快发展康复辅助器具产业的若干意见》，对今后一个时期我国康复辅助器具产业的发展作出全面部署，提出了五个方面的政策支持措施。一是落实税收价格优惠；二是强化企业金融服务，通过融资试点、引导基金支持、金融产品开发等促进产业创新；三是加强财政资金引导，将康复辅助器具产业纳入众创、众包、众扶、众筹等相关财政和新兴产业投资支持范围，将符合条件的高端康复辅助器具产品纳入首台（套）重大技术装备保险补偿试点范围；四是完善消费支持措施，鼓励有条件的地方将基本的治疗性康复辅助器具逐步纳入医疗保险支付范围，对城乡贫困残疾人、重度残疾人基本型康复辅助器具配置给予补贴；五是加强人才队伍建设，将康复辅助器具知识纳入相关专业教育和继续教育范围，加强人才培养基地建设，完善从业人员职业分类。

《国务院关于加快发展康复辅助器具产业的若干意见》及其内容解读

截至2021年年底，全国有残疾人康复机构11 260个。康复机构在岗人员达31.8万人，其中，管理人员3.3万人，业务人员23.2万人，其他人员5.3万人。相对于巨大的残疾人康复需求，目前的残疾人康复救助远远达不到残疾人对医疗康复救助的需要。康复是残疾人参与社会生活的前提，没有一个好的身体，任何事情都无从谈起。因此，政府要出资进行残疾人康复治疗援助，以社区康复为依托，达到残疾人人人享受康复援助的目标，使残疾人在精神、身体、劳动能力、生活能力及社会活动能力等方面得到最大限度的恢复，使他们有能力参与社会竞争。

三、残疾人的教育与就业

残疾人教育主要是对视力、听力、言语、智力、肢体有残疾的人实施的教育，包括学前教育、义务教育、职业技术教育、普通高级中等以上教育及成人教育。国家保障残疾人受教育的权利。实施残疾人教育，应当贯彻国家的教育方针，并根据残疾人的身心特性和需要，全面提高其素质，为残疾人平等地参与社会生活创造条件。残疾人教育是国家教育事业的组成部分。发展残疾人教育事业，实行普及与提高相结合、以普及为重点的方针，着重发展义务教育和职业教育，积极开展学前教育，逐步发展高级中等以上教育。

《世界人权宣言》规定：人人生而自由，在尊严和权利上一律平等；人人都有受教育的权利。残疾人也应享有受教育的权利，残疾人教育事业也应逐步由慈善型向权益型过渡。为了确保残疾人的受教育权利，我国改革开放后制定了一系列法律法规——《中华人民共和国宪法》（第四十五条）、《中华人民共和国义务教育法》（第九条）、《中华人民共和国残疾人保障法》、《残疾人教育条例》等，残疾人教育纳入国家教育改革和发展的总体规划。

《中华人民共和国残疾人保障法》

从理论上看，残疾人教育在教育理念上提出了"全纳教育"（inclusive education）概念，全纳教育的实质是主张所有特殊儿童都应与普通儿童一起学习和生活，因为他们具有相同的生理基础和大致相同的社会性，遵循着基本相同的发展规律，因此教育首先应平等对待每个教育对象。全纳教育倡导全纳（或称融合），反对排斥，强调合作，反对歧视，主张在全纳（"同而不和"）的同时，尊重个体差异的多样化存在（"和而不同"），并力求通过全纳教育促进人与人、人与社会、人与自

《残疾人教育条例》及2017年修订信息

然之间的和谐共处，并进而建立一种无歧视、无排斥的平等、公正、和睦相处的全纳社会。在特殊教育的理论指导上发展了多元智能（multiple intelligences）理论，多元智能理论认为个体用以解决自己遇到的真正难题或创造出有效产品所需要的能力，其基本性质是多元的——不是一种能力而是一组能力，其基本结构也是多元的——各种能力不是以整合的形式存在而是以相对独立的形式存在。运用这种理论看待残疾人，就会发现残疾人除了其中一种或几种智能出现残障外，他在另一些智能上也许处于正常水平，甚至有可能存在优势智能领域。这就改变了传统的学生观、教学观、课程观，使我们能多纬度、全方位地考察残疾人的教育问题，寻找适合残疾儿童的教育方法。

残疾人的特殊教育是对特殊需求的人实施的教育，在教育的过程中，需要使用特殊的教具、学具和教学方式。目前，在我国，特殊教育主要是指对视力、听力、言语、智力有障碍的残疾人实施的教育。残疾人教育的类型，已由原来的采用盲文、手势语言和身体辅具进行的教育、矫正作业训练扩展到适合残障儿童特点的普通教育、治疗教育和职业教育；教育方式变得更加多样化，包括分离式教育、融合教育、巡回教育、个别化

教育、亲职教育，以及强调分离式教育和部分时间融合教育相结合的生计教育等。教育机构的概念也得到了相应的扩展和重新界定，各类特殊班、特殊学校、变通学校、医院、福利机构和家庭，因为可以使残疾儿童根据其残疾类型和程度，得到从分离式教育到融合教育的多种多样的安置，都被视为教育机构。

就目前来看，我国的残疾人教育还处于初级发展阶段，在法律、政策等方面还有很多有待完善的地方，在经费的投入上依然不能满足所有残疾人的教育需求，我国还有很多残疾儿童和青少年没有接受相应的教育等。我国残疾人的教育还未得到充分发展，残疾人受教育的保障体系也还未完善。"只有残疾的社会，没有残疾的人。"我们有必要深入探讨残疾人教育中面临的种种问题，并以此出发，寻求残疾人教育保障体系的构建与完善，促进残疾人教育事业的发展。

就业是民生之本，和谐之基。就业保障是最好的社会保障。紧紧抓住就业这个"龙头"，让具有劳动能力的残疾人充分就业，才能使其享受养老、医疗、失业等社会保险。残疾人属于我们社会弱势群体中的一个部分，若没有残疾人的小康也就没有中华民族的小康。而残疾人就业援助是残疾人社会保障的重要内容，它是保障残疾人的劳动权利，保证他们全面而平等地参与社会生活、回归社会的前提，是实现残疾人自身权利和价值、提高残疾人社会地位、改善残疾人生活状况，使他们摆脱贫困、走向富裕的基础。

残疾人就业的意义主要体现在：①有利于残疾人经济生活、精神生活条件的改善和社会地位的提高。②有利于残疾人其他问题的解决。③是我国全面建成小康社会的要求。残疾人的就业，体现着社会的文明程度，意味着残疾者本人在经济生活、社会地位和精神世界上的解放和独立，显示出这部分社会力量的积极作用。

2008年1月1日起施行的《中华人民共和国就业促进法》，有力地促进了残疾人的就业。其最核心的精神在于倡导和维护公平就业，消除对妇女、残疾人等的就业歧视。做到公平就业，就要营造公平就业的环境，对就业困难人员给予扶持和援助；经常设置就业条件的用人单位和中介机构是维护就业公平、消除就业歧视的参与者。妇女、残疾人、农民等可能是现实中就业歧视的对象，国家除倡导公平就业理念以外，还应适当给予部分群体就业政策倾斜，以维护其就业权益，达到就业公平。各级残疾人劳动服务机构应当深入贯彻落实并充分利用这些政策，不断完善残疾人就业促进机制，提升残疾人的就业水平和质量，改善残疾人的生活。

《残疾人就业条例》及其内容解读

我国城镇残疾人就业的形式主要有：集中就业，按比例就业，个体就业。集中就业主要是将残疾人集体安排在福利企业之中。这在解决残疾人就业问题上有着不可忽视的作用。残疾人是社会的弱势群体，需要国家的大力扶持才能更好地在竞争激烈的社会中生存。从全局来看，要想大幅度地提高残疾人的就业率，提高他们的生活水平，集中就业仍将是残疾人未来就业的主要形式。按比例就业是企业根据国家的规定，按照一定的比例雇用残疾职工的就业模式。目前我国规定企业按照不低于1.5%的比例安排残疾人就业，对不予以安排或未达到标准的企业征缴残疾人保障金。这种就业形式在一定程度上改善了残疾人在竞争中的不利地位，就业形式也较为多样化，促进了社会融合，激发了残疾人工作的潜力，减少了残疾人的就业压力。个体就业是指残疾人从事独立的生产经营活动。个体就业形式灵活，但多局限于传统经营项目（如报亭、小规模杂货店或修理摊铺等），而且这些经营项目竞争力不强，这可能与残疾人技术水平不高、缺乏资金有关，残疾人个体就业的相关优惠政策较难落实，也是阻碍残疾人实现个体就业的重要原因。政府须加大对残疾人个体就业的指导力度，快速落实税收、信贷等政策，加强残疾人各方面知识与技能训练，并增加资金投入，减少残疾人的参保顾虑，以保障残疾人个体就业的发展及未来的生活质量。

总体来看，残疾人就业需要考虑以下几个方面：①政府应负担起促进残疾人就业的主要职责，加大对残疾人就业的扶持力度。②加强残疾人康复工作，恢复和发展残疾人自身的能力，使其更积极地参与劳动力市场。③加强教育与职业培训，逐步实现残疾人就业由岗位提供向能力提升的转变。④充分利用现代信息技术，不断拓展残疾人就业的新渠道。⑤鼓励残疾人积极创业，促进以创业带动就业。

四、残疾人救助工作的发展与完善

残疾人社会救助工作随着国民经济的逐渐增长和社会文明程度的不断提高，已经有了很大的发展，残疾人受教育水平有了很大提高，社会环境有了明显改变，残疾人生活水准也得到显著改善。但是残疾人作为社会弱势群体其生活状况还是明显低于社会平均水平的，残疾人社会救助问题已经突出摆在我们面前。总体来说，我们应加强这几方面的工作：

（1）完善"最低生活保障"制度，对重病、重残等低保家庭给予重点救助。科学制定最低生活贫困线，将残疾人等贫困者置于社会安全网内。同时，对残疾人的生活救助金也要随经济增长和物价水平的提高不断增加，以抵消物价上涨等因素对残疾人实际生活的影响。残疾人社会救助要同残疾人就业、教育、医疗等结合起来，从根本上消除残疾人群体中的贫困现象。建立经常性社会捐助渠道，并通过立法将其确定为残疾人社会救助的一种公共政策。吸收经常性社会捐助是残疾人社会救助筹资的一大渠道。政府应该建立经常性社会捐助工作站点，健全服务网络，为开展经常性社会捐助活动创造基本条件。同时应健全制度，规范运作，抓好经常性社会捐助款物的管理和发放工作，开展形式多样的宣传活动，激发广大人民群众的捐助热情。

（2）加快残疾人康复工作社会化、市场化进程，充分利用社会闲置的人才、技术、设备、资金创办康复机构，为残疾人提供全方位的康复服务。比如以"社区康复"① 为主，开展社区康复医疗等卫生服务工作。社区应建立残疾人健康档案，发放医疗服务手册，规范社区服务；对贫困残疾人家庭进行康复帮助，开展"一助一"帮困活动；开

---

① 社区康复，是指以社区为基地开展残疾人康复工作。它是一种康复方式和制度，与过去一向实行的"医院康复"完全不同。1994年，联合国教科文组织、世界卫生组织、国际劳工组织联合发表了一份关于社区康复的意见书，对社区康复作了以下的解释："社区康复是属于社区发展范畴内的一项战略性计划，它的目是促进所有残疾人得到康复，享受均等的机会，成为社会平等的一员。社区康复的实施，要依靠残疾人自己和他们的家属、所在社区，以及相应的卫生部门、教育部门、劳动就业部门和社会服务部门等的共同努力。"

展残疾人康复医学知识培训，把保健、预防、医疗和康复紧密结合起来，积极做好残疾预防；发挥助残志愿者的作用，定期到残疾人家庭进行服务。建立和完善网络化的康复组织体系。建立各类康复组织的实质就是为康复建立一个工作平台。康复组织网络化，其目的就是要形成一个全方位的康复服务网络。这个网络应包括残疾人的组织网络、残疾人康复管理网络、康复技术服务网络和康复监督网络。

（3）探索并创建适合我国国情的特殊教育模式。残疾人特殊教育模式的选择要从我国国情出发，主要由国家承办，在发展残疾人义务教育、初中等教育的基础上，发展残疾人高等教育。继续加大对贫困残疾人的教育扶助，保障残疾人受教育的权利。扶残助学不仅可以提高残疾青少年儿童的入学率，而且能够促进高级中等以上特殊教育机构的建立并推动残疾人教育事业的发展。增加对残疾人特殊教育事业的投入。发展特殊教育比普通教育需要更多的资金，残疾人教育需要加大投入才能添置康复设备、建立无障碍设施、支付特教津贴并对家庭经济困难的残疾学生减免杂费、书本费等。

（4）继续推行集中就业、分散就业和个体就业相结合，多渠道、多层次、多种形式发展残疾人就业。重点是依法全面推行按比例安排残疾人就业，充分利用收缴残疾人就业保障金这一经济杠杆，促使各单位接纳残疾人就业；鼓励和扶持残疾人自谋职业和自我创业，落实对残疾人的优惠政策，减轻个体经营残疾人的负担；巩固、调整和改造现有社会福利企业，促进社会福利企业的发展，吸纳更多的残疾人就业。加强残疾人职业技术培训，提高残疾人的就业素质。加大政府对残疾人就业的支持力度。政府在开发公益事业岗位和购买就业岗位时，应把适合残疾人的工作岗位通过残疾人职业中心分配给残疾人；在财政、税收上给予政策支持，鼓励残疾人创业；社区就业是今后一段时间就业新的增长点，要以社区为依托，开发社区就业岗位，鼓励动员残疾人在社区实现就业。

第二节　流动人群救助

一、农民工救助

1. 农民工及农民工救助

农民工是我国从计划经济体制向市场经济体制，从农业社会向工业社会转变过程中出现的特殊群体，特指具有农村户口却在城市务工的劳动者。他们在农村拥有土地，但又不从事农业生产，他们离开农村，进入城市，主要在非农产业就业，依靠工资收入维持生活。

农民工之所以被称为农民工，是由其特殊的社会身份和地位决定的。这种特殊性主要表现在三个方面：一是户籍身份，即农民工虽然进城务工，但其户籍仍在农村，其身份仍是农民；二是职业身份，农民工主要在城市里从事非农产业；三是社会保障身份，当农民工在城镇务工时，没有相应的社会保障体系为其提供援助和保护。由于这三方面的原因，农民工往往成为游离于城镇居民之外的边缘群体和弱势群体。

社会保障制度须贯彻的一个原则就是公平，但是中国从二元户籍制度制定的那一天起也相应地形成了二元的社会保障制度。各种保险、福利以及相应的公共服务都是与户籍捆绑在一起的，只有具备城市户口的人，才能享受到城市所提供的养老、医疗、失业、工伤及住房、教育等相关福利。而农民工，他们的户籍身份是农民，显然享受不到这些福利与服务，另外因农民工自身的原因决定了其社会弱势群体的地位。因此，在目前的状况下，农民工救助工作就显得特别重要。

农民工救助是针对中国特有的农村进城务工人员中的部分弱势群体，在城市务工过程中，因为某种原因导致没有生活或医疗来源；或是有收入来源，但生活水平低于法定最低标准；或有劳动能力、有收入来源，但因意外的自然灾害或社会灾害，而使生活一时无法维持的情况下，社会对这部分人开展的救助工作。农民工救助制度是农民在进城务工期间，因各种原因导致其难以维持最低生活水平，或在其大病的情况下，国家和社会给予款物接济和服务，使其生活得到基本保障的制度。

对农民工的救助可以分为直接救助和间接救助。

直接救助主要有：

（1）发放现金。发放现金是指对于那些生活困难的农民工，采取类似低保政策的方式，直接向这些农民工发放现金。同样这个政策也可以适用于那些由于失业和其他原因造成暂时经济困难的农民工。发放现金的形式是最直接也是最有效解决农民工困难的方式。发放现金也包含了两种形式：一般救助和特定救助。一般救助是指对于那些收入少于一定标准的农民工，进行现金救助，帮助他们维持正常的生活。特定救助是指对那些由于各种原因陷入短时间困难的农民工进行特定的救助。

（2）给付实物。给付实物主要是免费发放生活用品和生活必需品。其中食品和御寒衣物是重要部分，虽然可能只是一袋米、一桶油、一件棉衣，但是对于帮助困难农民工的生活能起到相当重要的作用。

（3）收容救助。收容救助是对于那些有特别困难的、失去了工作而流浪于社会的农民工进行的救助。救助的对象为由于某些原因，丧失了工作而造成没有收入，或不能在短时间内找到工作而生活没有保障的农民工群体。通过对各个社会救助站的布点进行资金资助，利用社会救助站点对这部分人群实行收容，为其提供住处、饮食等方面的安排。

对农民工的间接救助主要有：

（1）医疗救助。医疗救助是指对于那些由于工伤或罹患重大疾病而遭遇困难的农民工进行医疗上的帮助的一种救助形式。医疗救助对于广大农民工来说是非常有意义的，虽然目前我国一些大中型城市正在逐步推行农民工医疗保险制度，但还是有相当大的一部分农民工没有办法享受到医疗保险。建立农民工医疗救助项目的目的在于对农民工社会医疗保险外的医疗费用进行分担，是农民工在遇到工伤、大病或农民工孕妇在分娩期间因医疗费用短缺对其实施的救助。联合国及多数发达国家明文规定，公民在一定情况下有权利获得国家和社会的医疗救助，我国《宪法》也有相关的规定。然而现实中农民工医疗救助尚未形成制度，存在着农民工得不到有效医疗救助的现象。随着观念的改变，经济的发展，生产力水平的提高，我国势必要通过制度改革逐步解决这一问题。

（2）农民工子弟助学救助。农民工在社会的竞争中之所以不具备竞争力，其中一个重要原因就是农民工的文化水平相对较低。也正因为这点，他们大多从事一些体力劳动，收入水平相对较低。如果能够提高这些农民工的技术水平，使得他们有一技之长，那么就会增加他们在社会上的竞争力，同样也会促进社会的进步。2008 年的"两会"期间，农民工子女受教育问题受到教育部的重视，对农民工子弟助学救助也就成了农民工救助的重要内容。

（3）就业救助。新时期开展的针对农民工的社会救助工作，保障方式仅限于简单的物质救济或现金救济，保障的目标不能仅限于保障农民工群体的基本生存，必须更加重视帮助农民工群体增强自我发展能力，使他们从根本上摆脱困境。农民工的就业救助就是救助的一个重要方面。农民工失业之后的保障以及再就业的问题对于农民工也是一个重要的方面。目前各地方对农民工失业后提供再就业工作面临的一个很大的困难就是农民工本身技能的缺乏。通过开展农民工就业培训班等职业培训，可以提高农民工的再就业技能水平。

（4）住房救助。要想完成工业化、城市化的进程，要想解决城市中农民工的种种需求，最根本的做法就是使农民工变成真正的城市人，使他们拥有自己的住房。有了房子后，农民工就有了属于自己的真正的家，一系列的社会保障政策就可以有条不紊地开展起来，才能做到真正消除城乡差别，打破社会保障和城乡户口间的壁垒。目前不少城市已将符合条件的农民工纳入城市公租房的覆盖范围。

此外，针对农民工的特殊需求还有相应的法律救助等救助措施。比如北京市确立的四项关于农民工讨薪工作机制：一是建立农民工欠薪案件的快立快审快执"绿色通道"，要求法院立案部门对于此类案件立即受理，审判部门快速审理，执行部门及时执行。凡是农民工讨薪胜诉的案件，只要是生效判决就要执行。今后涉及农民工工资的执行案件，如果穷尽一切执行措施仍执行不了，各级党委、政府可采取司法救助方式予以解决。二是充分发挥法律援助作用，如果法律援助中心代理的已胜诉农民工讨薪案执行不了，可通过市司法局向党委、政法委汇报，政法委要及时协调各区县法院予以落实。三是建立法院执行与法律援助长效工作机制，对于法院加大执行力度，通过司法救助途径获得的钱款，要及时发还给在京农民工，对已离京返乡的农民工，要将钱及时转入法律援助中心，由法律援助中心派律师赴当地尽快发还。四是充分发挥检察机关法律监督部门的法律监督作用，加大对法院执行工作的监督力度。

2. 农民工救助的发展和完善

由于政府职责缺位，农民工本身素质较低，我国农民工的社会救助制度还处于空白之中。政府在建立农民工社会救助制度时，应从立法保障机制构建、资金保障机制构建和体系设计入手。农民工社会救助制度要立足于最低生活水平保障的常规救助，同时也要注重提高农民工能力素质、促进其发展的各专项救助。

政府在对农民工的社会救助中应考虑以下几点：①中央和地方政府合理分担农民工社会救助的责任。中央政府应该主要负责农民工社会救助立法、组织、管理等工作。制定社会救助的政策和法令，对社会救助实施的范围与对象，享受救助的基本条件，资金来源，待遇支付标准与支付方式，管理办法，社会救助有关方面的责任、义务、权利等作出规定，负责检查和监督这些政策和法令的正确实施，负责社会救助的业务管理，如受助人的登记和审查，基金的征集、计算和支付，基金的使用、调剂和运营。②农民工社会救助制度要法治化。社会救济制度应该先立法，后实施，以法律的力量推动制度的建立与完善。社会救助的法律规范随着社会的发展，不断地修正和完善，以适应经济的发展情况和农民工的需求。③农民工的社会救助应注重建设性。注重向农民工提供服务和培训，提高他们摆脱贫困和弱势地位的能力。

社会救助总的来说是补救式的社会保障，它具有救急救贫的作用。社会保障的发展总会走向机制式的社会保险，具有防贫的作用。我国庞大的农民工群体最终会转化为市民，他们也会被纳入城市社会保障体系中。在发展农民工社会救助的同时，也要促进有能力的农民参加社会保险。社会救助不仅要保障农民工的社会生活，还要注重农民工能力的提高，这也对农民工参加社会保险具有促进作用。

二、流浪乞讨人员救助

1. 流浪乞讨人员组成

流浪乞讨是一个古老而且棘手的问题，即使在发达国家也存在着同样的问题。流浪乞讨人员指的是因自身无力解决食宿，无亲友投靠，又不享受城市最低生活保障或者农村五保供养，正在城市流浪乞讨度日的人员。

根据流浪乞讨者的主观意志将其分为被动行乞群体与主动行乞群体。前者包含丧失基本谋生手段的人群和家乡遭遇灾害的难民人群；后者则是指由幕后人员操纵并组织的被迫行乞群体以及本着经济效益最大化目标而主动行乞的群体。对于被动行乞群体，国家应当制定相应的社会保障制度和救助制度，并在工作中确保其落实实施；这部分被动乞讨群体应当是我国实施《城市生活无着的流浪乞讨人员救助管理办法》的主要针对对象。对于谋求经济效益最大化而行乞的群体，社会对其加以道德谴责的同时，则有必要拷问社会自身的激励机制。该部分群体行为方式在经济学上被称为非生产性寻利行为或者叫作直接分配性活动。当一个社会制度的漏洞比较大的时候，社会成员就会比较生产性行为或者非生产性行为的成本—收益，最后选择有效的行为方式①。倘若在该社会中通过正常的生产行为获得的净收益小于通过非生产性活动（例如乞讨）获得的收益，那么，某些群体自然会选择从事该非生产性活动。在城市化进程中，原本生活在贫困地区且无基本的劳动技能又没有得到社会基本保障的人群来到经济相对发达的城市地区，便极有可能会甘愿放下尊严行乞。此外，被迫参加乞讨的群体，他们往往由一些缺乏独

---

① 刘升平，夏勇. 人权与世界 [M]. 北京：人民法院出版社，1996：1.

立生活能力的儿童以及残疾人组成，行乞得到的利益却又受到幕后人员的层层盘剥。这些群体在求生存的发展过程中往往伴随着集团化、黑社会化的趋势。更有甚者，这些乞讨人群被利用来实施违法犯罪的行为。

针对被动行乞群体以及主动行乞群体，我国在法律上并未加以区分，在1982年国务院颁布的《城市流浪乞讨人员收容遣送办法》中将两类人群一味地予以强制收容、管教、遣返回乡。虽然这种处理方式在短时间内稳定了城市秩序，但并未触及解决问题的关键。2003年国务院颁布的《城市生活无着的流浪乞讨人员救助管理办法》（以下简称《救助管理办法》）将救助对象锁定在城市生活无着的流浪、乞讨人员，从这点上大致可以排除在城市中以经济效益最大化为目标以及组织利用他人行乞的主动行乞群体，该办法以流浪、乞讨人员的自主自愿救助为原则，保障受助者的基本生活权益。

2. 流浪乞讨人员的收容遣送

中华人民共和国成立以来，政府非常重视流浪乞讨人员的生活保障问题，采取了一系列救济措施。1949年11月，中央人民政府把流浪乞讨人员救济与妓女改造统称为生产教养工作，由政务院内务部主管，由内务部指导的中国人民救济总会具体负责。20世纪50年代，内务部在全国各地设置了900多所生产教养院，统一收治了40多万流浪乞讨人员，实行"政治思想教育与组织劳动生产结合，改造与安置结合"的方针，帮助他们改变游民习气，培养劳动观念，学会生产技能。到1961年，旧中国遗留下来的流浪乞讨人员基本改造完成，这对于转变社会风气、安定社会秩序，起到了积极作用，还为社会创造了大量财富。20世纪60年代开始，政府逐渐把设在农村的生产教养院改为生产农场，把设在城市的生产教养院改为收容遣送站所。

三年困难时期人民群众的生活受到严重影响，一些地方出现流浪乞讨现象。改革开放后，大量流浪乞讨人员流入城市，基本生活出现困难，有的甚至扰乱当地社会治安。为此，1982年5月，国务院发布了《城市流浪乞讨人员收容遣送办法》（以下简称《收容遣送办法》），同年10月，民政部、公安部制定了《城市生活无着的流浪乞讨人员救助管理办法实施细则（试行）》。在以后长达20年的时间里，收容遣送制度得以确立、实行。

根据《收容遣送办法》的规定，收容遣送制度的目的在于"救济、教育和安置城市流浪乞讨人员，以维护城市社会秩序和安定团结"。这样的表述，使得"救济、教育和安置城市流浪乞讨人员"成了手段，"维护城市社会秩序和安定团结"才是终极目的。其隐含的前提是，城市流浪乞讨人员对城市社会秩序和安定团结是不利因素，需要予以救济、教育和安置。这不仅反映了对流浪乞讨人员的偏见，而且反映了对收容遣送对象的歧视性对待。制度设计目的的不当，直接影响了工作指导思想的偏差，并最终导致了工作方式与结果的异化。

《收容遣送办法》规定收容遣送对象的范围是"家居农村流入城市乞讨的，城市居民流浪街头乞讨的，以及其他露宿街头生活无着的"。1991年5月国务院出台了《关于收容遣送工作改革问题的意见》，认为收容遣送工作不再是单纯的社会救助工作，而要扩大收容范围，并提出了约束性管理方式。1995年7月中央办公厅、国务院办公厅转发了中央综治委《关于进一步加强流动人口管理工作的通知》，再次明确规定收容遣送的对象"主要是无合法证件、无固定住所、无正当生活来源的流浪乞讨人员"。将收容遣送对象扩大到"三无"人员，极度淡化了收容遣送的救助性质，演变为政府打击违法犯罪、维护社会秩序的治安管理手段。

收容遣送制度的核心手段其实就是强行收容、强制遣送。用限制人身自由的手段，来实现救济、教育和安置的目的。具体管理工作中的乱收费现象，使原本行使救助职能的行为越来越具有谋利的动机。组织强制性劳动现象突出，把收容遣送对象当作廉价劳动力，把组织劳动当作收容遣送站所的创收手段。管理方式简单粗暴，不尊重收容人员的人格尊严，甚至打骂体罚，严重侵犯收容人员的人身权益。

随意扩大收容遣送对象，恶劣的收容遣送环境，执法权力的滥用，损害了弱势群体的合法利益，恶化了城乡关系，丑化了政府形象，积聚了社会不满，造成了极其不良的社会后果。一系列恶性事件及其暴露出来的弊端直接促成了收容遣送制度的终结和救助管理办法的出台。

3. 流浪乞讨人员的社会救助

从《收容遣送办法》到《救助管理办法》，改变的不仅仅是行政法规的名称和"救助站"的提法，更重要的是我国政府在对待城市生活无着的流浪乞讨人员问题上的态度由强制管理到人性化服务的回归。这是我国在社会救助工作机制上的一次重大完善。其进步之处主要体现在以下几个方面：

（1）立法目的发生转变。《救助管理办法》改变了旧办法的立法宗旨，愈加关注个体权益的保障。新办法第一条规定了"为了对在城市生活无着的流浪、乞讨人员实行救助，保障其基本生活权益，完善社会救助制度，制定本办法"。这充分显示了新规定对人的关怀，以人为本的思想。国家开始意识到只有当每个个体权益得到充分保障的时候，我们的社会才能在真正意义上实现安定和团结。新办法更细致地说明了对残疾人、未成年人、老年人以及女性乞讨人员的救助，充分体现了立法中的人文关怀精神。

（2）突出了救助管理以流浪乞讨人员自愿为原则。从之前介绍的《救助管理办法》的内容可看出，新办法是以自愿救助为原则的，只针对有求助意愿的流浪乞讨人员，不能强制收容救济。即使已进入救助站，受助人员在未满救助期限的情况下，仍然"来去自由"，受助人员放弃救助离开救助站的，救助站不得限制。仅仅对于未成年人及其他无民事行为能力人和限制民事行为能力的人离开救助站的情况，需要得到救助站的同意。这是出于后者的自我保护能力较弱的考虑，为了保障他们的权益不受侵害，救助站承担了临时监护人的职责。新办法淡化了行政强制性色彩，以受助人员的自主自愿为前提，使得流浪乞讨人员在接受救助时的心理压力有所减轻，更有利于配合救助工作的进行。

（3）强调无偿救助原则。曾经的《城市流浪乞讨人员收容遣送办法实施细则》规定了收容遣送站可以组织被收容人员进行生产劳动，所得收入主要用于被收容人员的伙食和遣送路费。正是由于该项规定给其后的收容审查部门以被收容人员为劳动力争取经济效益埋下了伏笔，甚至在某些地方的收容遣送站里出现了强迫被收容人员劳动获取收益以及在执法过程中滥用权力的现象。很显然,《救助管理办法》在制定过程中意识到了这一问题。新办法明确提出,救助站不得以任何借口组织受助人员从事生产劳动。这是从根源上断了某些救助站为了经济利益利用受助人员从事生产活动的现象,杜绝了潜在的权力滥用的可能。

(4)明确了救助站的工作职责以及违法违规后的惩处。《救助管理办法》规定了受助人员在受助期间享有的权利,这就需要救助站履行一定的工作职责来予以保障。新办法改变了《收容遣送办法》忽略救助站工作人员职责的做法,在法规的第六、九、十一、十三条等内容中规定了救助站及其工作人员免费救助的义务,告知流浪乞讨人员求助的职责,维护救助站秩序的职责,不得侵犯受助人员人身权、财产权的义务等。在违反规定的情况下,构成犯罪的依法追究刑事责任,不构成犯罪的,依法给予纪律处分。对于受助人员的权利救济,法规规定了求助人员可以向当地民政部门举报,经查证属实的,民政部门应当责令救助站及时救助,并对直接责任人员依法给予纪律处分。

对城市无着流浪乞讨人员的救助变强制收容遣送为关爱性的救助管理,适应了民主法制建设和社会文明进步,发挥了救助管理工作的社会稳定机制的作用。

新型救助的对象为"因自身无力解决食宿,无亲友投靠,又不享受城市最低生活保障或者农村五保供养,正在城市流浪乞讨度日的人员"。此种将城市流浪乞讨人员分类明确的做法,有助于对救助对象进行区分选择,实现规范化救助管理。同时,这个细化规定并未将原先的"三无"人员、"三证不全"人员囊括在内。

救助的原则为自愿、自主原则,也就是说城市流浪乞讨人员可以自主选择去或者不去救助站求助;在救助站受助未达时限的情况下,可自愿选择是否离开救助站;在已经达到救助时限的情况下,求助者可以选择是否回到原住所地。

在救助的内容上,《救助管理办法》制定了更系统的内容,规定救助站应当根据受助人员的需要提供下列救助:①为受助人员提供能够满足基本健康和安全需要的食物;②为受助人员提供符合基本条件的住处;③受助人员在站内突发急病的,应当及时送到医疗机构治疗;④帮助受助人员与其亲友和所在单位联系;⑤对没有交通费返回其住所地或所在单位的,提供乘车凭证。对确实无家可归的残疾人、未成年人、老年人,政府将给予妥善安置。同时,办法规定了"公安机关和其他行政机关的工作人员在执行职务时发现流浪乞讨人员的,应当告知其向救助站求助;对其中的残疾人、未成年人、老年人和行动不便的其他人员,还应当引导、护送到救助站"。这些救助措施在《城市生活无着的流浪乞讨人员救助管理办法实施细则》中得到了进一步的明确细化。这种救助措施的规定有利于保障受助人员的基本权益,并使受助人员对于救助站的工作予以监督。

受助人员的权利表现为五个方面:①获得协助救助的权利。流浪乞讨人员在获得正式的救助站救助之前享有获得公安机关以及其他有关行政机关协助予以救助的权利。②获得救助的权利。它包括的内容有:一是获得基本生活条件的权利;二是获取健康保障的权利;三是免费获取救助的权利;四是获取妥善安置的权利。③人身自由不受限制的权利。对于受助人员,救助站实行的是来去自由的开放式的管理。④受助人员的财产权利不受侵犯。⑤受助人员的人格尊严不受侵犯。受助人员在救助过程中获得一定权利的同时，立法亦赋予了其相应的义务。受助人员的义务一般可以分为救助前义务、救助中义务与救助结束义务。救助前义务最主要的内容是指向救助站求助的流浪乞讨人员，应当如实提供本人的姓名等基本情况并且将随身携带的物品在救助站登记。救助中义务主要是受助人员应当遵守法律法规。受助人员违反法律法规的，应当依法追究责任。救助结束义务的内容主要体现在实施细则中，规定了救助站已经实施救助或者救助期满，受助人员应当离开救助站。对无正当理由不愿离站的受助人员，救助站应当终止救助。

现行的救助制度并不完善，存在着诸如没有区分受助主体的特殊性等问题，对未成年人的救助应有别于成年人，对有劳动能力的人与丧失劳动能力的人也需要区别救助，更广泛的意义上还涉及城市化进程中的农民问题，等等。救助制度并不是一个单一的制度，而是处于一个制度系统之中。完善救助制度应该注意以下几点：

（1）加强政府各部门间的配合。任何一项制度的实施都不可能是封闭的，必然涉及不同的政府部门间的分工与合作。应当建立高效的管理体制和运行机制，推进救助工作的动态化、属地化、信息化、网络化管理。以民政部门管理体系为纵向系列，政府其他主管部门为横向协同配合，形成有主体、有分工、有管理的纵横交叉运行网络。民政部门作为救助制度的执法主体，具体负责流浪乞讨人员的救助工作，并对救助站进行指导、监督；公安、城管部门在执行职务时发现流浪乞讨人员时，有告知其求助的义务，对其中的行动不便人员有引导、护送的义务；城管部门在履行城市环境管理的职责时，有权对流浪乞讨人员进行管理，在有地方政府规章和规定的前提下，对限制乞讨区域的流浪乞讨人员予以劝诫、限制；公安部门对流浪乞讨人员的违法犯罪行为行使治安管理权限和刑事侦查权限；卫生医疗机构对突发急病的受助人员有救治义务；交通、铁道部门应当对返回户口所在地、住所地的受助人员凭救助站发给的车船凭证准予搭乘相应的公共交通工具；财政部门要将救助经费列入每年预算，加大政府救助资金投入和管理力度，建立稳定增长的救助资金筹措机制；审计部门有必要对救助工作进行审计监督，督促救助工作公正透明。

（2）加强救助地与流出地政府的信息交流与合作。信息不对称是两地政府间交流与合作的主要障碍，《救助管理办法》及其实施细则都规定了救助站及流入地政府应当对受助人员查明住址，通知亲属或所在单位接回，或由流出地人民政府民政部门接回。但由于受助人员大多来自偏远和欠发达地区，交通不便，通信不畅，信息沟通十分困难，难以查清受助人员的个人身份信息，无法确认流出地的确切地址，依照法规规定只能由救助地政府予以安置。这样既增加了救助地政府的执法成本，又加重了救助地政府的救助负担，严重阻碍了救助制度的顺利有效实施。因此要加强流入地政府与流出地政府间的信息交流与合作，加强两地民政部门间的联络与沟通，保障救助体系有效运作。

（3）区分不同救助对象实施分类救助。救助管理的主要对象应该是在人口流动（主要是从农村或外地流向城市）的过程中因为遭遇不测事件，在生活无着的情况下，自愿向救助站求助的任何中华人民共和国公民。对于流落街头的精神病人、老年痴呆症患者等无行为能力的公民，以及离家出走的无完全行为能力的儿童，应该用"善意的强制"使他们得到救助。同时，对职业乞讨者和因生活无着的普通流浪乞讨者应区别对待。对职业乞讨者加强管理，尤其是利用老年人、残疾人、少年儿童进行乞讨或者以乞讨为掩护进行违法犯罪活动的要依法严惩；对因生活无着而流浪乞讨的人进行及时、全面的救助。

（4）注重对流浪乞讨人员进行教育，帮助其树立正确的劳动观。向流浪乞讨人员教授普通文化知识，将有劳动能力的青壮年乞讨人员组织起来，参加各种生产技术培训，促使其养成劳动习惯，掌握生产技能，成为自食其力的劳动者。

（5）建立救助资金增长机制，拓宽救助资金来源。救助管理经费是财政支出，应当在国民收入分配中占有一定的比例，并且应建立与国民经济同步增长的机制。此外，应拓展社会资金的来源渠道，用以辅助国家拨款作为救助经费。可以积极鼓励和倡导社会力量募捐，建立培养流浪人员生存技能的培训基金，尽力扩大救助管理的资金来源。也可与慈善机构相联合，例如中华红十字会等非政府组织，使用社会慈善资金和社会闲散资金实施社会援助，减轻政府的财政负担。救助管理工作在有较充裕的资金作保障的情况下，改善救助服务，提高救助管理的水平。

第三节 孤儿和困难老人救助

幼年和老年，是人生的首尾两端，由于年龄和体质原因，婴幼儿与老年人在生活上会遇到很多困难。孤老残幼就成为社会的弱势人群，需要家庭、社区和全社会给予关心和扶助。

一、孤儿救助

1. 孤儿群体及孤儿救助

孤儿是社会上最弱小、最困难的群体，他们失去父母，无人抚养，处于生存、发展的困境，是社会福利事业和社会救助工作的重点对象。到 2022 年 9 月底，全国共有孤儿 54.2 万人，其中集中供养孤儿 9.6 万人，社会散居孤儿 44.6 万人。

20 世纪 90 年代初官方界定的"处于困难条件下的儿童"包括农村独生子女、女童、残疾儿童、离异家庭的儿童、单亲家庭的儿童、流浪儿童、孤残儿童、贫困家庭的儿童和其他儿童。2000 年年初，"问题儿童"范围扩大，贫困儿童、流动儿童、艾滋病致孤儿童、被拐卖儿童、服刑人员子女、社会孤儿、童工和女童问题，成为公共政策与社会政策议程的热点议题。关于孤儿的具体界定，法律上、政策上及行政管理中各有不同。

法律规范中的"孤儿"：1992 年 8 月 11 日发布的《民政部关于在办理收养登记中严格区分孤儿与查找不到生父母的弃婴的通知》中规定："我国《收养法》中所称的孤儿是指其父母死亡或人民法院宣告其父母死亡的不满十四周岁的未成年人。"这种行政解释对孤儿的界定是非常明确的，即孤儿是指 14 周岁以下的父母双亡（包括宣告死亡）的未成年人。

政策意义上的"孤儿"：2006年3月发布的《关于加强孤儿救助工作的意见》不仅将"失去父母"的"未满十八周岁的公民"称为孤儿，而且还将父母俱在或者仅父（母）在但"事实上无人抚养"的"未满十八周岁的公民"也纳入孤儿的范围之内。

行政管理中的"孤儿"：民政部在《全国孤残儿童信息系统用户使用说明》的第二章"术语解释"中专门规定：本系统所称"孤儿"包括：①父母双亡或法院宣告父母死亡的0~18岁儿童；②父母一方死亡，另一方未履行监护照料义务1年以上的0~18岁儿童；③查找不到生父母的0~18岁儿童；④父母双方未履行监护照料义务1年以上的0~18岁儿童。由此可见，这里的"孤儿"已经不再是简单意义上的失去父母的未成年人了。在行政管理中，孤儿实际上包括父母双亡（含被宣告死亡）的未成年人、父母难以查找（包括宣告失踪）的未成年人、未得到父母监护1年以上的未成年人。

一般意义上，孤儿所指的对象不仅仅是法律意义上的父母双亡孤儿，还包括了"事实孤儿"和"所谓的孤儿"。主要有四种情况：父母双亡；父死娘嫁；父母双方失踪或父母一方死亡一方失踪；父母一方死亡或失踪，另一方患有疾病无行为能力。在年龄的界定上，根据联合国儿童权利公约，儿童系指18岁以下的任何人，除非对其适用之法律规定成年年龄低于18岁。

孤儿救助工作是指对孤儿群体的基本生活、教育、医疗等各项权益的全面保障。我国的儿童福利具有补缺型特征，这里的"补缺"是指福利保障对象是补缺的，不是覆盖所有儿童，过去相当长一段时期局限于福利机构内集中养育的孤儿和弃婴，现阶段逐步扩大到社会散居孤儿和事实上无人抚养的孤儿。但儿童福利的标准和内容不应是补缺的，而应当是满足孤儿生存和发展的各方面需要。目前，我国仍有相当一部分孤儿未享受到任何制度性保障，基本生活困难。对"孤儿救助"概念的理解有待厘清，加强孤儿群体救助工作还有待我们做深入思考和推动。

孤儿救助的特征主要有：①属于类别救助。对"孤儿"这一特定群体实施救助，只需确认身份，不用对其家庭收入、劳动能力等其他指标进行核算或评估，凡属孤儿，即给予救助。②与一般社会救助不同，实质为特殊群体的"社会福利"。其表现为：一是功能和标准不同。孤儿救助不同于一般的"社会救助"，本质上应该是高于最低生活保障之上的"儿童福利"，是政府对特定群体的特殊保障，标准除了保证平均生活水平，还应满足孤儿教育、医疗、就业、住房等方面的需要。而社会救助制度的目标是缓解贫困，确保受助对象维持最低生活水平，帮助其度过贫困期。二是保障对象不同。"社会救助"保障低收入人群，他们自身仍具备增加收入、提高生活水平的能力。救助的标准不宜过高，以免导向"养懒汉"的保障制度。而对于孤儿群体，他们不具备劳动能力、无生活来源，不可能像社会救助对象或一般贫困群体那样，具有提高收入、退出受助群体的能力（孤儿成年前）。因此，才需要由政府为其提供生存发展的全面保障。三是进入和退出机制不同。"社会救助"的受助者需提出申请，资格条件以家庭收入的核查情况为基础。补贴也依受助者收入情况区分全额和差额补贴。受助者收入一旦超过最低保障线，就不再具备相应的资格条件，也不应该再享受相应补贴，应退出受助群体。而社会福利的提供，以对象的类型为基础，如孤儿、城乡"三无"老人和"三无"残疾人等，不用作家庭收入调查，也不存在相应的退出机制，除非孤儿成年。③受助群体特征稳定，权利诉求能力差，救助投入收益高。孤儿群体数量和特征在一定时期相对稳定。孤儿群体是最弱小、最困难的群体，他们几乎是"集体失语"的，权利诉求能力也最弱。这个群体在整个社会保障群体中数量少、比例小，对其实行"类别救助"，无须以家庭收入调查为基础，亦无须支付相应成本，鉴别和救助成本低。从长远看，这一群体最具潜力摆脱贫困、创造价值。

对整个孤儿群体进行救助，不但可以使孤儿获得良好的生长环境，还可以无差别、无歧视地保护与艾滋病、服刑人员相关联的孤儿群体，避免甄别给孤儿心理带来的负面影响。同时，孤儿救助还能有效地减少青少年犯罪，维护社会安定和谐。国外经验也表明，当一个群体的贫困率超过一定比例时，对此群体实行类别救助，是效率较高的制度选择。

2. 孤儿救助的具体方式

针对农村孤儿基本生活需要的、正式的救助制度包括下述几个方面：第一，农村五保救助制度；第二，农村特困救助制度。在少数富裕地区，有低保救助制度。

2010年《国务院办公厅关于加强孤儿保障工作的意见》《民政部 财政部关于发放孤儿基本生活费的通知》相继发布后，我国孤儿福利事业取得了长足进步，但孤儿保障水平仍有待提高。在国家救助不足的情况下，农村的家庭和扩展家庭对孤儿提供非正式的生活救助在农村孤儿救助中起了很大作用。而农村土地家庭承包制度部分地成为这一非正式救助的经济基础。

农村孤儿养护以分散供养为主，以家庭和亲属网络为主的非正式支持系统是孤儿养护的主体。绝大多数孤儿在家庭和自己出生的社区中得到了照顾。但是，还存在一定数量的孤儿没有得到适当的照顾。孤儿养护方式也存在明显的区域差别，城市孤儿集中养护和分散供养各占一半，而以亲属家庭供养为主的分散供养占到了农村孤儿的80%以上。

农村孤儿在教育方面的需要主要由国家和家庭网络提供。国家除了提供教育服务之外，国家救助主要表现在教育费用的减免方面，而个体孤儿教育支出费用大部分则由家庭网络承担。

针对城市孤儿基本生活需要的、正式的救助安排包括下述几个方面：城市最低生活保障制度；机构照顾，举办儿童福利机构，集中收养孤儿、弃婴；经济条件不好的地方，分散寄养的孤儿救助形式。

机构照顾又称为机构收养、院舍照顾、福利院照顾或福利院收养，是儿童福利的一种替代性服务，是由政府、社会团体或个人出资创办的收养孤儿、弃婴和残疾儿童的福利性机构，如儿童福利院、育幼院、孤儿院、SOS儿童村等。机构照顾是儿童福利照顾的主流，在世界各国广泛存在。中国的儿童收养机构有儿童福利院、社会福利院中的儿童部、孤儿学校和SOS儿童村等。

由于院舍照顾提供淡化的亲职情感关系，能够缓解儿童的心理压力；有较多的替代亲职角色，儿童可以选择认同对象；对于儿童的不适应行为有较大的容忍力；机构中的各项规章，可以提高儿童的自我控制能力，并且不会引起儿童的反抗；儿童是机构群体中的一员，相近的境遇，可以减少儿童的疏离行为；机构中拥有的专业化队伍和设备，可以满足有特殊需要儿童的需求等特点，将会使院舍照顾这一养育模式长期存在。但是，随着儿童福利事业主流化、社会化的发展趋势，院舍照顾的局限性和弊端日趋凸显，以院舍照顾形式为主体的困境儿童照料服务格局会被改变，代之以家庭或模拟家庭的照顾模式。

院舍照顾模式，使在儿童福利院中长大的孤残儿童缺少家庭生活的体验，缺少母爱，缺少与他人的健康依恋，缺少情感交流和与他人的情感共融，缺少丰富的社会环境的刺激，因而严重影响了他们在与主流社会融合、社会性发展、健康人格形成以及智力潜能发挥等方面的充分发展。而家庭或模拟家庭的照顾模式则能很好地避免这些缺陷。

3. 孤儿救助工作的现状和困境

2006年上半年，民政部会同国家发展和改革委员会、财政部等14个部门联合印发《关于加强孤儿救助工作的意见》，各地相继制定了配套政策，不断推动孤儿救助工作深入开展。将孤儿纳入城乡低保或农村五保，对享受城市低保的孤儿，在低保标准上给予一定资助，确保达到当地平均生活水平。但从全国范围来看，孤儿救助工作推动不平衡、发展不一致，相当一部分地区仍有孤儿未享受到制度性救助。即便在推动较好的地区，省级财政均未有孤儿救助的专项预算列支。城市孤儿勉强能够享受低保，工作做得好或是财政条件好的地（市）县，在全额低保之上，地方财政再补贴一部分生活费。

从2010年开始，国务院要求在全国范围内建立孤儿保障制度，从基本生活、医疗、教育、就业、住房等方面对成年前孤儿进行保障。其中，建立基本生活保障是保障的核心。各省、自治区、直辖市政府要按照不低于当地平均生活水平的原则，合理确定孤儿基本生活最低养育标准，并向全体孤儿发放基本生活费，同时建立孤儿基本生活最低养育标准自然增长机制。地方各级民政部门要根据保障对象的范围认真核定孤儿身份，提出资金需求，经同级财政部门审核后列入预算。中央财政按照一定标准予以补贴。

2019年12月，12部门联合印发《关于进一步加强事实无人抚养儿童保障工作的意见》，决定从2020年1月1日起，全面实施事实无人抚养儿童保障制度。截至2020年年底，全国已有25.3万名事实无人抚养儿童被纳入保障范围，保障标准参照孤儿，平均每人每月1 140元。

《关于进一步加强
事实无人抚养儿童
保障工作的意见》
及其内容解读

然而，目前我国的孤儿救助还存在诸多困境：

（1）孤儿养育的整体水平标准低，孤儿专项救助资金相对缺乏，孤儿丧失双亲或被遗弃的居多等。帮扶救助零碎偶然，没有稳定的资金来源，导致在对孤儿的帮扶救助方面，一直存在着"找上门的，给一点；看到的，给一点；开展活动时，给一点；逢年过节时，给一点"的做法，既不能做到全覆盖，又不能做到全解决。

（2）重生活轻精神心理。目前社会各界对孤困儿童的关爱主要是给予资金上的帮助，少有精神和心理上的关爱。而孤儿尚未成年，又是"亲情缺失、学业缺教、心理失衡"的群体，在物质上资助的同时，更需要关注其情感、心理和学业，使这部分孩子能够健康成长。

（3）密切协同不够广泛。在实际操作过程中，各部门广泛参与保护孤儿的工作氛围尚未形成，要顺畅落实并真正做好做实做出成效还有很长的路要走。

（4）严重缺乏资金支持。困境未成年人保护工作的对象都是社会弱势群体，很多保护措施的落地，需要资金的支持。比如，建立未成年人保护信息平台，对于孤儿以外的监护缺失儿童按照孤儿补助标准的一定比例进行补助都没有固定的资金来源。目前用于孤儿救助保护的资金多为向上争取所得，显得力不从心，其作用也是杯水车薪。

（5）立法保护较少，孤儿补助发放缺乏监管，孤儿认定诉讼风险较大，养育服务无法保证等。

（6）孤儿数量持续大幅下降使儿童福利机构出现资源闲置。大多数县级民政部门设立的儿童福利机构风险防范能力不足。机构专业化水平亟须进一步提升。

（7）宣传力度不够大。孤儿救助保护工作是事关长远、事关未来的大事，我区在宣传方式和手段上还远远不够，希望广大媒体能够积极行动起来，为保护我区困境未成年人做一份贡献。

4. 孤儿救助工作的完善思路

（1）儿童福利应当采取"以孤儿为中心、以家庭为重点"的政策导向。从养护形式上看，亲属家庭养育在我国整个儿童福利体系中居于基础性地位。截至 2005 年，全国约有 45 万名孤儿由亲属家庭养育，占孤儿总数的 78.5%。2014 年年底，约 9.4 万人生活在儿童福利机构中。到 2022 年，全国儿童福利机构养育儿童 5.9 万人，与 2017 年的 8.6 万人相比，下降了 30%。这种替代性养护方式，符合中国乡土社会的亲情传统和现阶段的国情，也使大部分孤儿得到养护，不致无人照料。因此，儿童福利政策应当以孤儿为中心，以关注家庭功能建设和能力建设为导向。

随着经济社会发展，城市家庭小型化、核心化的趋势日益明显。农村劳动力大量输出，家族纽带逐渐松散，亲属家庭对孤儿的监护抚养义务逐渐淡化。如果政府保障不到位，亲属家庭养护能力又不足，大量孤儿的养育责任就自然推向社会，不仅严重影响孤儿成长，而且各级政府将支付巨大救助成本。可见，不管是从儿童最大利益出发，还是考虑到政府"兜底"的成本，都应给予孤儿家庭稳定的经济补贴，保障孤儿基本生活和成长所需，避免亲属因经济问题放弃对孤儿的监护权和抚养义务。政策应尽可能"把孤儿留在亲属家庭"，维系孤儿原有的亲缘环境，巩固亲属家庭监护抚养的基础性地位。

（2）儿童福利事业的责任主体，坚持政府主导与社会参与相结合。增加各级政府专项投入，建立孤儿福利制度。我国多层次、覆盖多群体的社会保障制度中，不同社保群体、不同项目中各级政府的责任是不同的。孤儿群体在整个保障体系中诉求能力最弱，而且农村孤儿、贫困地区孤儿占绝大多数，确定中央地方财政投入时要充分考虑到他们的特殊困境和需要。要建立面向孤儿的保障制度，中央财政必须有专项投入。长期以来，中央财政对孤儿群体保障没有单项列支，儿童福利事业由地方政府负责，发展极不平衡，孤儿基本生活权益得不到有效保障。不少专家呼吁构建"民生财政"，以"熨平"经济波动，促进经济社会可持续发展。从保障效率看，财政最应该投入的就是孤儿群体。当然政府主导并不意味着政府包揽一切。孤儿历来是慈善事业关注的对象，是最能激发社会爱心的困难群体。要以国家支持发展慈善事业为契机，广泛动员社会力量提供儿童福利服务，不断壮大儿童福利事业的资源。要加大对社会参与的政策支持，加强对社会力量提供儿童福利服务的指导，实现政府主导与社会参与的良性互动。

（3）探索建立孤儿养育服务监督制度。政府对孤儿的保障义务尽到了，提供给了孤儿家庭补贴，就能够去评估、监督孤儿家庭对孩子的照料情况。一些地区已经进行了积极探索，如河南省洛宁县财政每年列支孤儿救助专项，同时为全县孤儿家庭登记造册，定期巡访养育情况。四川省宜宾市儿童福利院依托儿童福利机构，探索建立孤儿服务管理指导中心。目前的工作已有很好的基础，各地发放使用了"儿童福利证"，将孤儿情况摸底登记。随着孤儿生活保障的到位，还应进一步完善孤儿成长记录和档案，建立孤儿养育监督和服务指导中心，定期对监护人的养育质量、孤儿身心发展情况进行监督、评估，为孤儿家庭提供各方面的指导、服务和支持。对于伤害孤儿的严重问题，能够及时介入，采取有效替代性养护措施。这不仅有利于促进孤儿健康成长，而且是对建立整个儿童保护体制的有益探索。

（4）提高孤儿救助工作人员的素质。《关于加强孤儿救助工作的意见》的推出，表达了我国政府在救助保护儿童问题上的新理念，而救助保护工作需要各种机构中具体的工作人员去实现，需要相关工作人员进一步更新理念，学习先进方法，做好服务工作，在这方面还有许多工作要做。

（5）健全孤儿认定机制，严格落实司法救助制度，建立当事人身份信息查控体系，加大普法宣传力度。

（6）提高机构养育儿童的服务水平，着力推进儿童养育、医疗、康复、教育、社会工作一体化高质量发展。

二、困难老人救助

1. 困难老人社会救助

中国政府把缓解和消除老年贫困纳入国家反贫困战略和老龄事业发展规划。国家建立城市居民最低生活保障制度，对人均收入低于当地最低生活保障标准的家庭按标准给予补助。2005年，包括贫困老年人在内的2 233万城市贫困人口领取了最低生活保障金，基本实现应保尽保。国家鼓励有条件的地方建立养老基地，发放养老补贴和高龄津贴，积极改善老年人的生活。地方政府积极组织实施开发式扶贫，扶持低龄、健康、有劳动能力的贫困老年人从事种植、养殖和加工等项目，增强贫困老年人的生产自助能力。积极发挥社会力量在老年贫困救助中的作用，推动各地老年基金会等社会团体、企事业单位和个人开展慈善救助和社会互助，创造结对帮扶、认养助养、志愿服务、走访慰问等多种救助形式，普遍为贫困老年人提供多样化扶助。

在困难老人医疗方面，国家也正在加快医疗保险制度改革，努力让老年人不再为看病就医发愁、为难。在老年人生活照料方面，国家出台了《关于加快发展养老服务业的意见》《关于全面推进居家养老服务工作的意见》等一系列政策文件，鼓励开展各种社会养老服务，力争使困难老人在家庭、在社区享受到不同层次的社会服务，不断提高困难老人的生活水平和生活质量，使困难老人的生活更加幸福。

最低生活保障制度。要把贫困老年人优先纳入最低生活保障范围、确保应保尽保。贫困老年人低保金标准应该比一般救助对象高出 10%～20%。对特殊困难老年人，比如空巢贫困家庭中的老年人、子女下岗失业家庭中的老年人、失地贫困农民家庭中的老年人、子女残疾家庭中的老年人以及高龄贫困老年人，适当提高低保救助标准。建议在计算低保对象家庭收入时，老年人低于低保线部分收入应当视为零收入，不予计算；高于低保线收入，应当扣除低保线部分，剩余部分收入计算为家庭成员收入。在完善家计调查的基础上，区分家庭规模进行救助资金的支付，应逐步纳入低保制度的框架。考虑到人民生活水平的逐年提高和物价不断上涨等因素，最低生活保障标准应每年进行调整。此外，应当在源头上采取一些防范措施，避免过多老年人由于制度不健全、不落实或其他人为因素陷入贫困、纳入低保，从而增加保障负担。

医疗救助。对农村五保老人和城镇"三无"孤老（无生活来源、无劳动能力、无法定赡养人），门诊和住院等医疗费用应由政府全包，即由主管医疗救助的民政部门实报实销。在城镇对一般低保家庭中的贫困老年人，其大病门诊和住院发生的费用，个人负担超过一定额度的，应按比例给予救助。在农村，开展新型农村合作医疗的地区，贫困老年人可免缴或只缴纳部分资金，参加当地合作医疗，享受合作医疗待遇，因患大病经合作医疗补助后个人负担医疗费用仍然过高、个人或家庭无力承担的再给予适当的医疗救助。在尚未开展新型农村合作医疗的地区，对因患大病个人负担费用难以承担、影响家庭基本生活的，给予适当医疗救助。同时与其他医疗救助对象相比，贫困老年人应当享受适当的优惠，比如在享受医疗救助时，适当降低个人应负担的额度限制，提高个人应负担限额之外医疗费用的救助比例，提高合作医疗补助额度等。

可采取设立"贫困老年人专项医疗救助资金"、创立专门为贫困人口服务的福利医院或慈善医院、开展老年医疗互助以及社会慈善医疗救助等多种形式，对贫困老年人开展医疗救助。

开发式助老扶贫。应提倡借鉴国内现有成功的助老扶贫经验，对低龄、健康、具有一定劳动能力的贫困老年人，尤其是农村贫困老年人，采取发展式扶贫救助的办法。建立起政府主导和协调的非政府组织、私人机构和社区组织等多方参与的扶贫网络。具备条件的地区，应积极扶持发展老年经济实体，优先吸收贫困老年人就业，并为贫困老年人提供就业介绍和创业辅导等服务。政府应增强对助老扶贫项目的管理，做好扶贫项目的先期立项以及中后期的动态跟踪、评估、反馈和服务工作，选择那些适合贫困老年人的投资少、见效快、效益好的种植、养殖以及加工等项目；加强对贫困老年人的技术培训、指导和市场信息供给；注意物质扶贫与精神扶贫相结合；对项目在用地审批、资金供给、税收、公共设施费用等方面提供优先、优惠或减免。

2."五保"制度和困难老人救助

五保对象是农村困难群体中最缺乏生存能力、最需要帮助照顾的弱势群体，为他们提供五保供养是有中国特色的农村社会保障体系的重要组成部分。农村五保供养制度的建立与发展对于保障五保对象的生活，促进农村经济的发展与社会的稳定发挥了重要的积极作用。

"五保"供养制度始于20世纪50年代农业合作化时期，是在国家优先发展重工业战略背景下，政府没有足够的物质和财力用于农村、农业和农民，而不得不依靠农村集体组织自我解决本社区鳏寡孤独基本生活权益问题的产物。1956年1月，经最高国务会议通过，中央以草案的形式发表了《1956年到1967年全国农业发展纲要》，同年6月30日，一届人大三次会议通过了《高级农业生产合作社示范章程》。这两个文件是最早提出关于农村五保户供养的法规性文件，都明确提出了对生活没有依靠的老、弱、孤、寡、残疾社员，给予保吃、保穿、保烧，给予年幼的保教和年老的死后保葬五个方面的保障，简称"五保"。从此，五保供养制度就作为新中国第一项农村社会保障制度载入了史册，成了党和政府在广大农村地区的一项长期政策。同时为了解决一些老年人无人照料的问题，一些地方开始试办敬老院，对五保对象实行集中供养。1958年12月，中央八届六中全会通过的《关于人民公社若干问题的决议》指出："要办好敬老院，为那些无子女依靠的老年人（五保户）提供一个良好的生活场所。"在党和政府的关怀下，依靠农村集体经济的力量，250多万五保户得到了较好的供养，这在中国历史上是没有过的。1963年，国务院发布《关于做好当前五保户、困难户供给、补助工作的通知》，第一次在中央文件中确立了农村五保供养。

实行家庭联产承包责任制后，农村绝大多数地区的集体经济组织不再集中组织农业生产，农民家庭成了主要的生产经营单位与核算主体，而集体经济组织掌握的公共积累明显较少，甚至有的地区集体经济组织解体，这就导致原来依托集体经济发展起来的各项社会保障与福利事业因为资金问题出现停滞，如五保供养制度。此外，改革开放以后各地经济发展不平衡和五保数量多寡不同以及农民家庭对公益事业的负担苦乐不均等也是引起五保供养制度变革的重要影响因素。1994年《农村五保供养工作条例》（以下简称《条例》）颁布实施，尽管《条例》仍然把集体作为五保供养的责任主体并把五保供养视为农村的集体福利事业，但是，实施的主体和经费来源都发生了重大的变化，即乡镇人民政府成为负责组织五保供养的实施主体，并以村提留和乡统筹为其经费和实物来源，同时五保供养的基本内容和标准也都发生了新变化。为了规范农村敬老院的建设、管理和供养服务，推动五保对象的集中供养，1997年3月，民政部颁布了《农村敬老院管理暂行办法》。

随着工业化进程的深入，我国进入工业开始反哺农业的阶段，随着综合国力的逐步增强，我们已具备了主要依靠财政来解决农村五保供养问题的经济实力。因此，2006年新《农村五保供养工作条例》把供养经费调整为主要从上级财政转移支付和地方各级财政预算中安排。新《条例》的颁布实施标志着与社会主义市场经济相适应的新型农村五保供养制度的基本确立，标志着我国农村五保供养制度实现了完全由国家救助的历史性变革。

为了加大农村五保供养服务设施建设力度，解决各地农村五保供养设施滞后的问题，民政部决定，在"十一五"时期，利用发行福利彩票筹集的彩票公益金，开展"农村五保供养服务设施建设霞光计划"（简称霞光计划）。主要内容为，2006—2010年，从中央到地方，各级民政部门要从本级留用的彩票公益金中，划拨一部分资金资助农村五保供养服务设施建设，同时积极争取地方政府加大投入，总投入力争达到50亿元左右。其中，部本级每年安排资金不少于1亿元。

实施霞光计划以满足农村五保供养对象的实际需要为出发点，以彩票公益金资助为手段，坚持政府主导、社会参与，新建、改建、扩建并举，有重点、有步骤地建设一批农村五保供养服务设施，改善农村五保分散供养对象的居住条件，解决农村五保供养对象的住房问题，提高供养服务水平。基本满足农村五保供养对象的集中供养需求。建设一批农村乡（镇）五保供养服务机构，基本形成布局合理、设施配套、功能完善、管理规范的农村五保供养服务机构网络，保证愿意集中供养的农村五保供养对象能够集中供养。全面改善农村五保分散供养对象的居住条件。建设一批位于村庄、靠近群众、规模可大可小的农村五保分散供养对象集中居住点，保证每户分散供养对象拥有一间达到当地一般居住条件的住房，并由村民委员会提供必要的管理和服务[1]。

2014年，国务院颁布施行《社会救助暂行办法》，将农村五保供养和城市"三无"人员保障制度统一为特困人员供养制度。

第四节　见义勇为人员救助

一、见义勇为人员救助概述

在我国古代，见义勇为一直是人们追求的道德标准和崇高境界。见义勇为一词最早源于《论语·为政》："见义不为，无勇也。"《宋史·欧阳修传》中有这样的表述"天姿刚劲，见义勇为。虽机阱在前，触发之，不顾"。见义勇为的意思是：看到合乎正义的事便勇敢地做。时至今日，见义勇为作为社会主义的道德规范和行为准则，仍具有广泛的思想基础和现实意义，值得大力提倡与弘扬。人们通常所说的见义勇为，更多的是对于别人行为的一种道德上的肯定。法律上的见义勇为指的是：无法定或约定义务的公民，为使国家利益、社会公共利益或他人的人身财产利益免受不法侵害、自然灾害或意外事故造成的损失，积极实施救助的合法行为。其中，事迹突出的人员被称为见义勇为人员。在实施见义勇为的过程中，见义勇为人员存在着人身、财产等受损甚至牺牲生命的巨大风险。

目前，我国31个省（自治区、直辖市）出台了保护见义勇为人员权益的相关法规、条例。2006年以来，北京、上海、辽宁、山西等省市结合本地实际情况和见义勇为人

---

① 《"农村五保供养服务设施建设霞光计划"实施方案》。

员的需求，出台和修正了相关意见和条例，加大了对见义勇为人员的表彰奖励和抚恤力度，奖励抚恤金明显提高，见义勇为牺牲人员奖励金提高到 20 万~25 万元。

按照现行的法律法规规定，补偿见义勇为人员受损的资金来源主要有：

（1）加害人及其监护人。在有加害人的情况下，应由加害人赔偿见义勇为人员所遭受的损失，受益人、政府和社会只有在加害人无力赔偿或者其赔偿不足以补偿见义勇为人员的损失时，由他们按顺序给予物质上和精神上的补偿。

（2）受益人。根据《中华人民共和国民法通则》和最高人民法院《关于贯彻执行〈中华人民共和国民法通则〉若干问题的意见（试行）》的有关规定，受益人应该偿付见义勇为人员支出的必要费用及其因见义勇为行为所遭受的损失。

（3）见义勇为人员所在单位或者保险机构。见义勇为负伤人员医疗期间，属于机关、团体和事业单位职工的，应当视为正常出勤，所在工作单位不得因此扣减工资、奖金和降低其福利待遇；属于企业职工的，依照有关企业劳动者工伤保险的规定享受工伤津贴，无工作单位的，由下级承担者承担，即从保护奖励见义勇为的基金中支付，不够的由当地县级以上人民政府财政解决。

（4）由行为发生地的见义勇为基金组织从见义勇为基金中支付。为了鼓励见义勇为，同时保护见义勇为人员的合法权益，各地政府应该拨专款设立保护奖励见义勇为基金，同时鼓励社会向基金捐助。

（5）当地县级以上人民政府财政解决。见义勇为人员在以上得不到足够补偿的由当地县级以上人民政府财政解决。同时，政府对事迹突出的见义勇为人员，由区、县人民政府决定授予"见义勇为积极分子"；对事迹特别突出的，经区、县人民政府推荐，由市人民政府决定授予"见义勇为好市民"称号。获得区、县以上人民政府见义勇为荣誉称号的人员，在同等条件下，享有就业、入学、入伍等优先待遇。

目前，在各地法规建立健全的情况下，关于见义勇为的全国性法律、法规仍没有出台，在这种情况下，只能希望各地加大地方性法规的执行力度，遇到法律没有明确的问题，本着"善待见义勇为人员"的原则，及时完善、及时解决。但是，由于各地保障见义勇为人员合法权益的法规不一致，个别地方的人民群众自觉地见义勇为后，流血、负伤、致残，甚至献出宝贵的生命，没能得到很好的表彰奖励。有的地方性法规不把与自然灾害和突发性事件作斗争的行为确认为见义勇为，极大地挫伤了群众见义勇为的积极性，造成了负面效应。同时，因为各地法规不一致，以及经济状况的差异，导致个别地方的见义勇为人员负伤、致残的医疗费无法解决，甚至自杀，在社会上造成了极其不良的恶劣影响，直接挫伤了群众见义勇为的积极性。在全国范围内没有统一法律法规，没有见义勇为人员档案信息互通机制，见义勇为人员在外地见义勇为之后，回到原籍，由于合法权益不能及时得到保障，致使其家破人亡的情况也时有发生。

随着社会的发展，人员流动性的增大，群众在异地见义勇为的事情越来越多，见义勇为工作机构在全国范围内开展工作时，遇到很多问题，致使见义勇为群众的权益得不到有效保障，甚至出现见义勇为英雄"流血又流泪"的现象。其主要问题，还在于各地法规标准不一。因此，各地开展见义勇为权益保障工作，需要统一的指导，统一的标准，统一的工作机制。但我国至今没有关于救助见义勇为人员的单独立法，也未明确将见义勇为人员列为社会保障与救助对象。

现实生活中加害人、受益人对见义勇为人员的正当利益的赔偿或补偿，因为法律条文的适用问题，加害人、受益人不良的经济状况等原因，常常难以得到真正的落实。从社会学的角度看，根据见义勇为所带来的社会效益，救助见义勇为者的责任首先应该由国家和政府承担。对于因见义勇为受伤而丧失劳动能力或牺牲而造成家庭生活困难的，政府应该为见义勇为人员及其家人提供完善的社会保障，使其过上正常的生活。但是由于种种原因，见义勇为人员往往并没有得到很好的社会救助。

在我国的社会保障制度中，社会保险、社会救助、社会福利、社会优抚与社会安置等，都没有救助见义勇为人员的条款项目。在实际工作中，对见义勇为人员的救助主要参照保障制度中的相关内容与项目进行，如比照社会保险项目中的《工伤保险条例》，对见义勇为人员的伤残治疗费用等进行报销；或者比照社会优抚中的《革命烈士褒扬条例》，追认见义勇为牺牲人员为烈士。我国没有明确将见义勇为人员列为社会保障与救助对象，社会保障制度缺乏明确针对见义勇为人员的救助服务项目与内容。

二、对见义勇为人员救助工作的实际困境

1. 管理部门不确定

过去，对于见义勇为的界定主要针对同违法犯罪作斗争，在治安事件中实施的合法援救行为，公安部门也就自然成了见义勇为事务的主管单位。见义勇为界定范围逐步扩大，由同违法犯罪作斗争、排除治安灾害扩大到抢险救灾、救死扶伤等，多数省市将该事务的管理归口于综合治理办公室。目前我国见义勇为事务的管理部门主要存在四种情形：一是政府综合治理委员会办公室，二是公安部门，三是民政部门，四是见义勇为基金会，前两种情形占大多数。在实际管理与救助工作中，由于没有明确统一的主管部门，没有明确的责权利规定，以及受管理该事务的相应机构的人员编制、办公经费、工作任务繁重等因素的影响，管理、救助见义勇为常被视为这些部门的附带职能，工作难免懈怠，从而影响工作成效。

2. 存在多元执行主体

在见义勇为人员的行为事迹与性质的认定和奖励等工作中，多个部门、同一部门不同级别的单位参与其中，出现了多元执行主体。而实际工作中不同主体之间职责不明晰、协调性不够、工作随意性大等问题，也使得救助迟迟难以到位。如公安部门对与治安有关的见义勇为事件负有法定责任，可以对当事人行为是否属于见义勇为的性质进行鉴定，但是对于非治安事件的行为事迹及其性质由哪个部门认定就没有统一的规定。又如，事发之时见义勇为人员严重受伤，面临生命危险而被送进医院，但身无分文，医院是否有必须施救的法律责任，认定机构能否在事发后最短时间内掌握充分的材料认定行为的见义勇为性质，并提供救治费用或开通紧急救助通道，民政部门、劳动保障部门、基层政府相关部门等在整个救助过程中如何协调彼此的工作，以及时有效解决当事人的具体困难，等等。

3. 见义勇为后续救助工作不尽如人意

许多地方没有建立见义勇为人员医疗救助的绿色通道，见义勇为人员受伤住院，往往得不到及时救助。而建立了绿色医疗通道的地区，由于医疗救助体系不完善，见义勇为人员的医疗费用无人支付，给医院带来较大的经济负担，绿色通道往往陷入尴尬的境地。全国没有统一的见义勇为人员救助标准，但目前救助水平偏低是基本事实。从见义勇为人员获得救助的方式来看，主要是被授予相应级别的荣誉称号和数量不多的一次性的物质奖励。这样的奖励只能解决一时之痛，对于受伤致残、无生活来源的见义勇为人员及其家人来讲，其生活就得不到应有的保障，继续治疗费用往往也没得到有效的解决。对于见义勇为人员事后长远的善后工作，如致残人员的再就业、子女的入学就业、对见义勇为牺牲人员家属的慰问等问题，普遍关注不够。

4. 见义勇为救助资金无法落实，资金来源无保障，基金管理使用不规范

在国家相关的法律文件中没有见义勇为救助资金保障的规定。而在各省、各地区的有关保护和奖励的法规和规章中，虽然有的对见义勇为基金组织的救助规定了基金的来源和筹措渠道：①政府财政拨款；②社会团体、企业事业组织和个人的捐赠；③社会福利机构和商业保险机构的资助；④其他合法方式筹集的资金。但这些渠道具有很大的伸缩性，救济资金的多寡，因捐赠和资助的情况以及政府的态度而定，随机性、随意性大。至于社会救济、受害人的赔偿、受益人的补偿等更是不确定的因素，救助资金的无保障是见义勇为损害难以救济的主要因素。一些地方的见义勇为基金设在公安厅，这种做法显然不妥，公安机关自己的财政还得靠政府提供，要求他们自己设立见义勇为基金显然是勉为其难，难免会造成资金不足，无法补偿见义勇为人员遭受的损失。

三、建立救助见义勇为人员的社会保障运行机制

为了形成良好的社会风尚，要鼓励更多的人将见义勇为的美德发扬光大，就绝不能让见义勇为的英雄"流血又流泪"。为此，必须将救助见义勇为人员纳入社会保障制度体系，并建立起有效的运行机制。

1. 完善有关见义勇为的立法，将见义勇为人员纳入社会保障制度体系

在目前31个省（区、市）颁布施行的条例基础上，制定全国统一的见义勇为专项社会保障制度及保护奖励见义勇为人员的法律法规，明确见义勇为基金最低保障数额、财政拨款比例、具体发放程序、使用监督机制，明确对见义勇为人员的精神鼓励、物质奖励和社会保障的具体措施，明确对因见义勇为而产生的一切后续事宜如对伤残者长期的医疗救治服务的资金出处、再就业、子女入学就业、生活困难的救助标准，明确定期慰问见义勇为人员及其家庭等救助项目和救助标准。要合理有效地处理好事中、事后、近期与长远的善后与长效保障工作，一定要让见义勇为人员无后顾之忧，使见义勇为者充分感受到社会对其无微不至的关怀。

2. 加大对见义勇为的舆论宣传

目前，政府和社会对见义勇为的社会价值的认识和重视仍然不够，难以形成弘扬社会正气、发扬中华民族传统美德和人人学英雄见行动的风气。要在全社会形成良好的奖

励、保护和鼓励见义勇为的社会风尚，舆论宣传是重要手段。首先，要大力宣扬政府对见义勇为人员奖励、保护、救助的责任，大力宣传政府对于救助见义勇为人员的各种具体的社会保障措施。其次，对于见义勇为事件个案，要大力宣扬见义勇为行为人的感人事迹，要对见义勇为人员及其家庭的奖励、救助和个人发展情况进行跟踪宣传。最后，由各地政府牵头，利用节假日或宣传周、宣传月进行街头专题宣传，在全社会形成弘扬见义勇为精神的舆论氛围。

3. 明确主管部门的责权利，加大政府的协调监督力度

目前不同省市见义勇为事务的主管部门存在多样化现象，国家应通过颁行法规明确见义勇为事务的主管部门，明确其管理职责权限，解决好相应机构及其工作人员的编制、办公经费等问题。政府对见义勇为的认定、表彰、基金管理和发放，虽有专门的管理机构，但对受损者的救济还没有履行相应的协调及监督职责。见义勇为人员所在单位也没有很好地贯彻执行法规及文件精神。如果见义勇为者的单位效益不好或者没有工作单位，他们的权益往往就没有保障，后续医药费也只有自己承担。对此，要建立相应的保障机制，政府要加大协调监督的力度。

4. 建立见义勇为救助联动机制

针对存在多元执行主体的问题，可以建立起救助见义勇为人员的联动机制。由综合治理委员会办公室牵头协调各部门的关系，妥善处理见义勇为人员的救助工作。事发之后，每一部门包括医院、110、民政、人力资源和劳动保障部门等都应该以最短的时间迅速参与救助，形成一条救助见义勇为人员的绿色通道，以保证见义勇为人员的生命财产安全。建立起由公安、民政、财政、人力资源和劳动保障、教育、卫生等部门和社会团体参加的见义勇为者的认定、表彰、评烈评残、抚恤等工作机制。

5. 建立规范、协调一致、稳定充足的各级见义勇为救助基金

虽然 1993 年由公安部、中宣部、中央政法委等部委联合发起，成立了全国性的公益社会团体——中华见义勇为基金会，各省、市（一般是地级市）也纷纷建立了见义勇为基金组织，但是这些组织各自为政，不能对见义勇为损害形成强大的救济网络。须统一规范见义勇为基金组织，实施由地方到中央逐级有效的救济机制。根据我国现行的行政机关设置，建立市、省、国家各级别的见义勇为基金组织。各基金组织分别对自己管辖范围内的见义勇为基金进行管理，依法对各级别的见义勇为予以奖励和损害救济；同时，对下一级基金组织的基金发放和管理的行为进行监督、检查。根据各地法律法规规定，见义勇为救助基金可由财政拨款、社会（包括公民个人）捐助等组成，各级财政应将救助见义勇为资金列入预算，并保证资金划拨到位。为了保证资金的安全、合理使用，还应成立专门的基金管理委员会，负责对基金管理以及对使用情况进行监督。

思考题

1. 试述特殊群体救助的必要性。
2. 列举国外的特殊群体救助并分析完善我国特殊群体救助的思路。
3. 列举并论述除本章所列之外、业已实施的特殊群体救助项目。
4. 预测并分析未来或将纳入救助范围的特殊群体。

▶ **自测习题及参考答案**

第十一章
意外救助

第一节　道路交通事故社会救助

　　根据世界卫生组织（WHO）统计，全球每年有 120 多万人死于道路交通事故，5 000万人受伤，其中不少人留下终身残疾。因交通事故造成的社会负担和损失，不仅成为不可忽视的社会问题，也直接影响 GDP 的增长速度。

　　道路交通事故社会救助基金（以下简称救助基金），是指依法筹集用于垫付机动车道路交通事故中受害人人身伤亡的丧葬费用、部分或者全部抢救费用的社会专项基金。《中华人民共和国道路交通安全法》（以下简称《道路交通安全法》）第十七条规定：国家实行机动车第三者责任强制保险制度，设立道路交通事故社会救助基金。具体办法由国务院规定。在《机动车交通事故责任强制保险条例》中也规定：国家设立道路交通事故社会救助基金。有下列情形之一时，道路交通事故中受害人人身伤亡的丧葬费用、部分或者全部抢救费用，由救助基金先行垫付，救助基金管理机构有权向道路交通事故责任人追偿：①抢救费用超过机动车交通事故责任强制保险责任限额的；②肇事机动车未参加机动车交通事故责任强制保险的；③机动车肇事后逃逸的。救助基金的来源包括：①按照机动车交通事故责任强制保险的保险费的一定比例提取的资金；②对未按照规定投保机动车交通事故责任强制保险的机动车的所有人、管理人的罚款；③救助基金管理机构依法向道路交通事故责任人追偿的资金；④救助基金孳息；⑤其他资金。救助基金的具体管理办法，由国务院财政部门会同保监会、公安部门、卫生主管部门、农业主管部门制定试行。

《道路交通事故社会救助基金管理试行办法》已经财政部、保监会、公安部、卫生部、农业部部务会议或者主席办公会议通过，并已经国务院同意，自 2010 年 1 月 1 日起施行。2022 年 1 月 1 起，《道路交通事故社会救助基金管理办法》已经财政部部务会议审议通过，经银保监会、公安部、国家卫生健康委、农业农村部同意，并报经国务院批准，正式起施行。

《道路交通事故
社会救助基金
管理办法》

一、建立道路交通事故社会救助基金制度的迫切性

1. 机动车交通事故责任强制保险的不足，迫切要求建立社会救助基金制度

责任强制保险制度在保障受害人方面优势明显、意义重大，但是制度本身也存在一些漏洞。如面对一部分机动车所有人投机取巧不投保强制责任保险的情况，以及个别肇事者肇事后不顾受害人生死自行逃逸的情况，责任强制保险都显得无能为力；另外在机动车交通事故责任强制保险的设计中，受其他一些因素的制约，其强制保险责任限额过低，面对部分交通事故发生后巨额的抢救费用，往往不能提供足够的补偿。因此，机动车交通事故责任强制保险制度存在对受害人保障上的遗漏。

实施强制汽车保险的国家大都设有其他机制来保障受害人，从而弥补强制责任保险的不足。如美国的专业保险基金、日本的汽车损失赔偿保障基金、英国的汽车保险人协会、德国的公众赔付基金和韩国的机动车辆损失赔偿保障基金等。我国则在《道路交通安全法》中规定设立道路交通事故社会救助基金，对遭到未投保机动车辆或肇事逃逸机动车伤害的受害人，以及抢救费用超过机动车交通事故责任强制保险限额的受害人，给予基本救助，弥补机动车交通事故责任强制保险条例存在的漏洞，完善对交通事故受害人的保障。

道路交通事故社会救助基金是交强险的一个重要配套制度，在当前我国道路交通事业迅猛发展、车辆剧增的形势下，设立这项救助基金显得越来越必要、越来越迫切。

2. 是保护人民生命安全、解决社会问题、建设和谐社会的迫切需要

在交通发达的当今社会，道路交通事故几乎天天都在发生。设立道路交通事故社会救助基金具有非常重要的现实意义，社会各界对此呼声日渐高涨。对此，有关部门应引起高度重视。

现在很多交通事故发生后，肇事者逃逸而导致受害人被送到医院后没钱救治的事情时有发生，不少人在道路交通事故中因未及时得到救助治疗而致残或失去了宝贵的生命。并且，这种悲剧还在不断重演，导致一系列社会问题的发生，引发了多种社会矛盾，极大地影响了社会的和谐与稳定。因此，交通事故救助基金制度必须尽快建立起来。这样有利于及时快速地处理交通事故，减少事故双方当事人的扯皮与摩擦现象，有利于医疗机构及时抢救伤病人员。

设立这项基金是关注民生、尊重生命和建设社会主义和谐社会的需要。同时，道路交通事故社会救助基金是一种带有社会保障性质的国家基金，具有很强的公益性，真正体现以人为本的立法精神。国家在发展，机制在健全，交通救助基金制度的建设是民心所向。

二、国外道路交通社会救助基金制度经验借鉴

救助基金在我国是一项新制度，相关的立法经验欠缺。发达国家比我们更早地进入工业化社会，也更早地遭遇了机动车交通事故受害人保护问题，在交通事故受害人保护方面有着比较成熟的做法和值得借鉴的经验，因此考察发达国家的相关制度将对我国的救助基金立法有着重要的启示和参考价值。

在驾驶人逃逸而无法追查肇事车辆、肇事车辆为非被保险车辆或肇事车辆的保险人无给付能力等诸多情况下，受害人仍无法获得该保险所提供的保护，为了弥补机动车责任保险的不足，各国纷纷建立起补充性保护交通事故受害人的制度。

美国各州都建有汽车第三者责任保险的保险基金，基金由各保险公司摊付。美国的多数州虽然都规定了人身伤害和财产损失的最低投保金额，但由于法定的最低限额同事故的实际损失金额相差较大，有时车主对超过限额部分无力偿付，受害者有可能得不到实足赔偿。因此，美国各州都规定，在肇事者未曾保险、逃逸、丧失清偿能力或其保险人无力赔偿时，由各州建立的基金予以救济。

日本的《汽车损失赔偿责任保障法》规定，对因逃逸或无保险汽车造成事故的受害人，可以从政府建立的汽车损失赔偿保障基金中获得赔偿。

英国政府为更周全地保障交通事故受害人，于 1946 年由保险业者成立汽车保险人协会（motor insurance bureau，MIB），与交通部协议处理无保险汽车车祸的补偿事宜，至于肇事逃逸事故的受害人，则以优惠赔款方式处理。1969 年，将肇事逃逸事故也纳入 MIB 的赔偿范围。

在德国，为了保障公民的权益，设有公众赔付基金，其资金来源由保险公司定期支付适当款项。遇以下情况之一者，由机动车肇事造成的第三者人员伤害或财产损失，可以向公众赔付基金提出索赔：①肇事车辆逃逸且无法找到；②尽管法律规定，但肇事者没有投保机动车第三者责任保险；③由于肇事者的故意或非法行为，保险公司拒绝赔付；④肇事者的保险公司濒于破产或处于困难而无力支付。

韩国为了保障受害者的利益，交通部设有机动车辆损失赔偿保障基金，基金来源由车主而不是保险公司向交通部有关部门缴纳，缴纳数额以不超过机动车辆强制保险费的5%为限。

可以看出，实施强制汽车保险的国家（地区）大都建立起补充性保护交通事故受害人的制度。我国也应尽快建立具体的道路交通事故社会救助基金制度及实施细则，切实保障人民群众的生命安全。

三、我国道路交通事故社会救助基金筹集

救助基金的来源包括：①按照机动车交通事故责任强制保险（以下简称交强险）的保险费的一定比例提取的资金；②对未按照规定投保交强险的机动车的所有人、管理人的罚款；③依法向机动车道路交通事故责任人追偿的资金；④救助基金孳息；⑤地方政府按照规定安排的财政临时补助；⑥社会捐款；⑦其他资金。

每年 5 月 1 日前，财政部会同国务院保险监督管理机构，根据上一年度救助基金的收支情况，按照收支平衡的原则，合理确定当年从机动车交通事故责任强制保险费中提取救助基金的比例幅度。省级人民政府在幅度范围内确定本地区具体提取比例。以省级为单位，救助基金累计结余达到上一年度支出金额 3 倍以上的，本年度暂停从机动车交通事故责任强制保险费中提取。办理交强险业务的保险公司应当按照确定的比例，从机动车交通事故责任强制保险费中提取资金，并在每季度结束后 10 个工作日内，通过银行转账方式足额转入省级救助基金账户。

四、交通事故社会救助基金管理

救助基金实行统一政策、地方筹集、分级管理、分工负责。各省、自治区、直辖市及计划单列市人民政府应当设立救助基金。省级救助基金主管部门会同有关部门报省级人民政府确定省级以下救助基金的设立以及管理级次，并推进省级以下救助基金整合，逐步实现省级统筹。

财政部门是救助基金的主管部门。财政部负责会同有关部门制定救助基金的相关政策，并对省级救助基金的筹集、使用和管理进行指导。县级以上地方财政部门根据救助基金设立情况，依法监督检查救助基金的筹集、使用和管理，按照规定确定救助基金管理机构，并对其管理情况进行考核。

国务院保险监督管理机构的派出机构负责对保险公司缴纳救助基金情况实施监督检查。县级以上地方公安机关交通管理部门负责通知救助基金管理机构垫付道路交通事故中受害人的抢救费用，并协助救助基金管理机构做好相关救助基金垫付费用的追偿工作。县级以上地方农业机械化主管部门负责协助救助基金管理机构做好相关救助基金垫付费用的追偿工作。县级以上地方卫生健康主管部门负责监督医疗机构按照道路交通事故受伤人员临床诊疗相关指南和规范，及时抢救道路交通事故中的受害人以及依法申请救助基金垫付抢救费用。

救助基金主管部门可以通过政府采购等方式依法确定救助基金管理机构。保险公司或者其他能够独立承担民事责任的专业机构可以作为救助基金管理机构，具体负责救助基金运行管理。

救助基金管理机构履行下列管理职责：①接收救助基金资金；②制作、发放宣传材料，积极宣传救助基金申请使用和管理有关政策；③受理、审核垫付申请，并及时垫付；④追偿垫付款，向人民法院、公安机关等单位通报拒不履行偿还义务的机动车道路交通事故责任人信息；⑤如实报告救助基金业务事项；⑥管理救助基金的其他职责。

五、道路交通事故社会救助基金使用

有下列情形之一时，救助基金垫付道路交通事故中受害人人身伤亡的丧葬费用、部分或者全部抢救费用：①抢救费用超过交强险责任限额的；②肇事机动车未参加交强险的；③机动车肇事后逃逸的。

救助基金一般垫付受害人自接受抢救之时起 7 日内的抢救费用，特殊情况下超过 7

日的抢救费用，由医疗机构书面说明理由。具体费用应当按照规定的收费标准核算。

依法应当由救助基金垫付受害人丧葬费用、部分或者全部抢救费用的，由道路交通事故发生地的救助基金管理机构及时垫付。

需要救助基金垫付部分或者全部抢救费用的，公安机关交通管理部门应当在处理道路交通事故之日起3个工作日内书面通知救助基金管理机构。医疗机构在抢救受害人结束后，对尚未结算的抢救费用，可以向救助基金管理机构提出垫付申请，并提供需要垫付抢救费用的相关材料。受害人或者其亲属对尚未支付的抢救费用，可以向救助基金管理机构提出垫付申请，医疗机构应当予以协助并提供需要垫付抢救费用的相关材料。

救助基金管理机构收到公安机关交通管理部门的抢救费用垫付通知，或者申请人的抢救费用垫付申请及相关材料后，应当在3个工作日内按照本办法有关规定、道路交通事故受伤人员临床诊疗相关指南和规范，以及规定的收费标准，对下列内容进行审核，并将审核结果书面告知处理该道路交通事故的公安机关交通管理部门或者申请人：①是否属于本办法第十四条规定的救助基金垫付情形；②抢救费用是否真实、合理；③救助基金管理机构认为需要审核的其他内容。对符合垫付要求的，救助基金管理机构应当在2个工作日内将相关费用结算划入医疗机构账户。对不符合垫付要求的，不予垫付，并向处理该交通事故的公安机关交通管理部门或者申请人书面说明理由。

第二节 溺水死亡救助

一、溺水事故的严重性

溺水是指沉没或沉浸在液体中导致正常呼吸过程受到损伤。溺水的结果可以是死亡、损伤和未损伤。

据世界卫生组织《全球溺水报告》显示，全球每年有大约37.2万人溺水死亡，而我国每年有5.9万人死于溺水，其中未成年人占据了95%以上。这仅仅是指非故意伤害的淹溺和沉没，不包括故意，可见问题的严重性。

由全球儿童安全网络—中国公布的数据显示，暑期是儿童意外死亡的高发期，平均每年暑期有近3万儿童死于溺水。在每年5万多因意外死亡的0~14岁儿童中，溺水身亡儿童几乎占到六成之多。近几年我国暑期儿童溺水死亡的人数居高不下。

溺水死亡事故，如果发生在合法游泳场所，则会有相应的责任主体进行赔偿，但是对于在公共河道和天然水域戏水、游泳而溺亡的人，则因无责任主体而得不到任何补偿。

二、法律视角观察问题

我国公共水域和天然河道相关法律保障的对象主要是社会公众利益和国家利益，而没有保障公民人身安全的内容和责任。虽然这一问题早在 2005 年由世界卫生组织、联合国儿童基金会联合主办的"溺水预防国际研讨会"上就已经提出，但却一直没有找到很好的办法来解决。

在公共河道戏水、游泳的人，特别是未成年人，完全是一种自发的行为，不存在和河道管理人建立合同关系的事实。根据《中华人民共和国河道管理条例》有关规定，公共河道不是游泳场所，因此相关部门不承担溺水死亡的责任。同时，公民到公共河道游泳不存在任何违法行为。从民事侵权角度看，河道管理部门不应该承担赔偿责任。

由于目前我国相关的立法规定，没有明确究竟谁应对在天然河道溺水身亡者负责，因此遇难者家庭找不到法律救济途径。此外，现有的社会组织机构，有基金会、救助会、红十字会等民间组织，却没有一个对在天然河道溺水死亡者提供救助。在当前的法律缺位的状况下，水务机关作为河道的主管政府部门也无能为力。

三、溺水死亡救助措施

目前，在我国法律体系中没有对公共河道游泳等溺水死亡者承担法律责任的主体，从而使之成为一个法律空白。制定专门的法律规范进行救助是最好的办法。但是法律的制定是一个相对漫长的过程。在法律没有保护机制的情况下，作用更为广泛的社会力量也可以为那些失去孩子的家庭提供救助，体现和谐社会对每个公民生命的关注。要想解决当务之急，最好的办法就是成立一个专门的组织去帮助他们。然而，全国尚没有类似的行政机构或民间机构。

为了能够减少悲剧的发生，为了能够给予痛失孩子的家庭一点安慰和救济，全国首个预防溺水救助基金会在四川省崇州市启动，这不仅在全国尚属首例，而且还以预防、援助的形式填补了公共河道安全存在的法律空白。

为了预防未成年人溺水死亡事件的发生，减轻未成年溺水死亡人员经济困难家庭的负担，在崇州市水务局的积极倡议和社会各界善心人士的支持与关心下，崇州市于 2007 年 8 月成立了"崇州市预防未成年溺水死亡救助会"。该救助会为合法性、救助性、非营利性社会团体，主管单位为崇州市水务局。

根据救助基金会章程的有关规定，社会捐款将全部用于预防溺水事故和安抚溺水死亡的困难家庭。从 2007 年 8 月 15 日起，满足以下三个条件的，均享有救助基金会提供的 4 000 元至 6 000 元救助金：一是在崇州市公共河道戏水、不慎落水、意外坠河造成的溺水死亡；二是死者是未成年人（即未满 18 周岁的中国公民）；三是溺水死亡系意外事故，而无其他应承担赔偿的责任人。

事故发生后，死者家属可以直接向崇州市水务局或临时理事会提出救助申请。经救助基金会临时理事会研究决定，在 5 个工作日内对死者家属进行适当救助。死者家属得到救助后，必须抽调一个具有劳动能力的人，在每年主汛期进行预防溺水宣传 30 天。同时，救助基金会将适当给予其基本生活补贴。

除此之外，救助基金会的主要工作是预防溺水事故：邀请专家对公共河道安全系数进行评估，对一些事故多发地段采取一定的防范措施；邀请志愿者在主汛期对公共河道戏水、游泳者进行安全宣传；邀请医生对公共河道附近学校、社区的学生和市民进行培训，对如何紧急抢救溺水者予以指导等。

四、建立救助基金会的意义

在目前相关法律缺位的情况下，制定专门的法律规范对溺水者家属进行救助是最好的方法。但是法律的制定是一个相对漫长的过程，要想解决当务之急，最好的办法就是成立一个专门的组织去帮助他们。

在法律和政府部门无法触及的死角，救助基金会可以利用社会力量来弥补。作为全国首个预防溺水救助会，崇州市预防未成年溺水死亡救助会得到了水务部门的大力支持，期望逐渐减少溺水悲剧的发生。这项举措不仅立足于救助未成年人在天然河道溺水身亡的困难家庭，还可以预防溺水事故的发生，暂时弥补法律的缺失和空白。

崇州市预防未成年溺水死亡救助会是全国首个对在天然河道或湖泊内戏水、不慎落水、意外坠河等造成的未成年溺水死亡者家属实施救助的社团组织，通过救助，使死亡者家属得到了经济上的帮助和精神上的安慰，体现了全社会对不幸家庭的关爱，维护了社会稳定。

这类社会组织和救助模式，如果给予高度关注，不断完善、规范，并推广到其他社会需要救济但因法律缺位而政府又暂时不能有所作为的领域和范围，建立健全救济补偿渠道，将有助于构建和谐社会，推动法制社会建设。

在目前相关法律缺失的情况下，建立这类社会组织和救助模式是解决此类问题的一种较为可行的办法，应在全国范围内广泛试行，不仅可以暂时填补法律空白，还可以通过对死亡者家属的救助体现社会对困难群体的关爱，维护社会稳定。

思考题

1. 试述本章所列意外救助项目的最新进展。
2. 试述国外意外救助的管理。
3. 列举除本章所介绍的未来或将纳入社会救助的意外事件。

▶ **自测习题及参考答案**

第十二章

社会互助

第一节 社会捐助

一、社会捐助的概念及特征

社会捐助是指个人或各类社会组织（包括单位、社团和社区等）自愿向社会贫弱群体无偿捐助物品或资金的社会互助行为①。

社会捐助是社会互助的一个重要组成部分，其目的是扶贫济困，是政府社会保障制度的必要补充。社会捐助有两个特征：①强调自愿，个人或社会组织在维持自己生存和发展之余，出于对社会弱势群体的爱心，自愿地提供一定的款物来帮助他们。如果违背自愿原则，要求指令性提供，则可能导致捐助者对政府或对弱势群体的逆反心理。②捐助是无偿的，弱势群体接受捐助是他们享有的基本人权的一部分，他们不必为此对任何个人或社会组织承担责任；同时，任何个人或社会组织也不应借捐助之名，牟取私利，或要求受助者予以报偿。

1. 经常性社会捐助

随着社会的发展，捐助活动的主体、内容和对象在不断扩大和丰富。从近年来救灾捐助活动的实践来看，目前在我国，捐助活动的主体，一是政府救灾部门，二是红十字会，三是慈善机构等组织。而救灾捐助活动的主要组织者则是政府的民政救灾部门。其主要内容和对象，是在发生较严重的突发性自然灾害后，由政府部门或社会团体等机构

---

① 时正新. 中国社会救助体系研究［M］. 北京：中国社会科学出版社，2002：188.

有组织地向海内外各界募集资金和物资，帮助解决灾区和灾民因灾造成的困难。捐助主体来自友好国家和地区政府、国际组织、外国民间团体、企业、国内社会各界、机关、团体、企事业单位、武装部队、学校和个人。捐助活动募集到的款物，首先是用于满足灾区灾民紧急需要的生活必需品，包括食品、饮用水、医疗防疫器具和药品、临时住所（如救灾帐篷）、衣被等；其次是用于安置灾民和帮助灾区恢复重建、为修缮因灾倒塌或损毁的基础设施而必需的基本资料；最后是为帮助灾区恢复交通、通信和工农业生产所必需的生产资料（如化肥、农药、种子、水泥、钢材、通信器材、教学设备等）以及基础设备。

传统的社会救助具有临时突击性，即每逢重大灾害，便会针对特定的受灾地区，突击性募集款物，同时还具有行政指令性，通过行政体系，自上而下地派任务，层层下达指标，由各级地方政府分片包干，具体负责实施。正是由于传统的社会捐助具有这样的特点，它并不能满足社会保障的需求，不能成为社会保障制度的有力补充。所以我们要寻求建立新的捐助体制，逐步实现社会捐助由临时性向日常性、指令性向自觉性转变，即必须建立经常性社会捐助体制，逐步实现捐助活动日常化、捐助主体民间化、参与捐助志愿化。

2. 经常性社会捐助的可行性及其意义

（1）经常性社会捐助的可行性

第一，随着经济的发展和人民生活水平的提高、生活方式的转变，经常性捐助工作有了可靠稳定的物质基础。对于收入较高的群体，人们的消费弹性很大，消费品更新速度较快，但在一些贫困地区或受灾地区，由于受到经济条件的束缚，人们往往只能保证最基本的生活需求，对于衣着、耐用品等的消费很少。可见，这些消费品在不同群体之间的分配很不均衡。不少城市居民家庭多余的衣被、物品，却是灾区、贫困地区群众所缺乏且可解燃眉之急的东西。一方有供给，另一方有需求，社会捐助正是在二者之间起到了桥梁作用。正如许多城镇居民所说，这些东西卖了不值几个钱，不卖掉又占地方，而灾区和贫困地区又非常需要，捐出来最合适，也最有意义。

第二，大规模的宣传活动为推行经常性社会捐助创造了良好的社会氛围。开展经常性捐助活动宣传工作的主要形式和方法有：媒体宣传，即通过电视、电台、报纸、杂志等新闻媒体，以消息、调查、评论、访谈、纪实、专题片等新闻形式报道经常性社会捐助工作方面的政策、经验、动态、事例等。街头宣传，主要方法有：① 每年 4 月、10月"扶贫济困宣传周"活动日，大中城市在其主要街道或繁华地区设立宣传站点，展示宣传墙报，散发宣传材料，播放宣传视频，提供捐助咨询服务；组织小型医疗、理发服务及业余文艺宣传队参加活动，增加热烈、活泼的宣传气氛。② 流动宣传。设立流动宣传车，在主要街道或繁华地区开展流动宣传活动。③ 在机场、车站、码头等公共场所设立宣传材料发放点，让公众自取各种免费宣传材料等。广告宣传，制作反映社会捐助活动的公益广告，通过电视、电台、报纸、杂志等新闻媒体在一定时段内反复播放或登载，在主要街区、车站、码头等地点，悬挂各种形式的标语、彩旗、气球等宣传社会捐助工作，制作形式多样、样式新颖的灯箱广告，在捐助站点门前和主要街道悬挂。

另外还可以通过互联网、发放宣传物品等方式进行广泛的宣传活动。这些宣传活动使人民群众充分认识到经常性社会捐助的重要意义，为经常性社会捐助工作的开展奠定了良好的基础。

第三，社会各界的广泛参与为捐助活动创造了良好的社会环境。城市现有的社区服务机构和网络，可以为经常性社会捐助提供宣传活动载体，并在此基础上形成捐助服务网络；社区管理人员和居民代表可以参与捐助款物的管理和监督工作；广大义工和志愿者队伍可以轮流参加捐助宣传活动和捐助物品的收集、装卸和管理等劳动。

（2）经常性社会捐助的重要意义

第一，弥补了我国社会保障制度的不足。我国政府目前正在致力于建立城乡统筹的社会救助制度体系，在建立和完善最低生活保障制度的同时，民间化的社会捐助活动可以更广泛地筹集社会资源，更好地解决城乡贫困问题。通过捐助筹集了大批资金和物资，有效地帮助灾区和贫困地区群众解决了生产和生活中的困难，弥补了单靠国家财政、救灾经费不足的缺陷，成为政府救济的有效补充。

第二，对我国分配体制的一种补充。通过社会捐助，将居民闲置的生活用品和部分企业因产销不对路而积压的产品捐赠给贫困受灾地区，使这些社会资源的使用价值得到最大限度的发挥。这是对我国分配体制的一种补充，可以实现社会资源的有效利用。

第三，增强了社会凝聚力。市场经济的发展必然带来一定程度的收入差距，而就目前看来，这种差距甚至有拉大的趋势，引发了一系列的社会矛盾和社会问题。社会捐助通过群众的互助互济，激发人们的爱心，形成了一种互帮互助的温暖的社会氛围，并可以钝化不同社会阶层之间的矛盾，增强全社会的凝聚力，促进社会文明的发展。

第四，推动社会主义精神文明建设。我国是一个历史悠久的文明古国，和衷共济、扶贫济危是中华民族的优良传统。特别是半个多世纪以来，中国共产党领导全国人民在摆脱贫困和与自然灾害的斗争中，更是弘扬了民族大团结、大协作的优良传统，使民族精神进一步得到了升华。开展经常性社会捐助活动，不仅能解决贫困地区、灾区部分群众的实际困难，而且能够倡导热心于社会公益事业的思想与观念，弘扬中华民族互助友爱、团结协作的优良传统，促进党风和社会风气的进一步好转，推动社会主义精神文明建设。

二、我国社会捐助活动的发展历程与现状

1995年年底，江泽民同志在陕西、甘肃两省考察时指出，要在全国大中城市开展经常性的捐助活动，支援灾区和贫困地区。江泽民同志的指示揭开了捐助活动新的一页，建立以"捐助活动经常化、募捐主体民间化、参与捐助志愿化"为特点的社会化的捐助活动新机制被提到了议事日程上。

根据江泽民同志的指示精神，民政部拟订了自1996年始在全国各大中城市开展以募集衣被为主要内容的"扶贫济困送温暖捐助活动"的实施方案，并将此项工作确定为今后救灾救济的重点。

1996年1月21日，中共中央办公厅、国务院办公厅转发了民政部、国务院扶贫开

发领导小组《关于在大中城市开展经常性捐助活动支援灾区、贫困地区的意见》，要求各地从 1996 年开始，每年都要在大中城市和发达地区开展支援灾区、贫困地区的捐助活动。2 月下旬，民政部会同国务院扶贫开发领导小组等 9 部委及群众团体发出了《关于开展"扶贫济困送温暖捐助活动"的通知》，9 月下旬又会同中宣部等 12 部委、群众团体发出了《关于做好开展"扶贫济困送温暖捐助活动"宣传工作的通知》，对这项工作先后作了具体部署：①经常性捐助活动暂取名为"扶贫济困送温暖捐助活动"。②每年 4 月和 10 月集中时间动员城市群众将多余的衣被和生活用品捐赠给灾区和贫困地区。③ 捐助活动采取跨省对口支援和本省对口支援的办法。④ 动员社会各界积极参与，各部门密切配合。⑤ 各级民政部门逐步建立工作机构、工作网点和仓储设施，随时收取群众的捐助。⑥ 每年 4 月的第一周和 10 月的第三周为"宣传周"，各地加大宣传力度，开展形式多样、扎实有效的宣传活动。

1998 年，长江、松花江、嫩江流域发生严重洪涝灾害，救灾捐赠热潮声势浩大，全国各地都组织了捐款支援灾区的活动。捐物捐款之多，前所未有。据统计，1998 年民政部、中华慈善总会、中国红十字会总会和各地民政部门共接收捐款 35.15 亿元，捐物折款 37.44 亿元，款物共计 72.59 亿元。此外，北京、天津等 13 个省（区、市）组织募集、发运各类衣物近亿件①。

2001 年 8 月 31 日，民政部发布《关于进一步开展经常性社会捐助活动的意见》（以下简称《意见》）。《意见》要求进一步在全国开展经常性社会捐助活动，并提出开展经常性社会捐助必须做好以下工作：① 进一步完善经常性社会捐助工作的管理体制；② 努力建立健全经常性社会捐助活动服务网络；③ 严格规范捐助款物的接收、管理、发放制度；④ 明确经常性社会捐助工作的经费来源与优惠政策；⑤ 切实加强组织领导，形成推动经常性社会捐助活动的整体合力。2001 年 9 月 11 日，中共中央办公厅、国务院办公厅下发了《关于转发〈民政部关于进一步开展经常性社会捐助活动的意见〉的通知》（厅字〔2001〕33 号），决定进一步在全国开展经常性社会捐助活动，要求完善经常性社会捐助工作的管理体制和运行机制，建立健全经常性社会捐助活动服务网络，切实加强经常性社会捐助工作的规范和管理。

2004 年 3 月 25 日，民政部下发《关于加快建立完善经常性社会捐助制度的通知》，要求加快建立经常性社会捐助制度，规范操作，逐步实现由集中性、突击性、全国性捐助向经常性、日常性、区域性捐助转变；要进一步完善经常性社会捐助服务网络，切实解决经常性社会捐助工作所需的机构、人员和经费问题；要不断拓展经常性社会捐助工作领域，创新经常性社会捐助工作机制，探索"民政主导，部门协作，社会参与"的有效实现形式；要求扎实有效地做好捐助月和宣传周工作。同年 4 月，各级民政部门要根据党委、政府的统一部署，扎实有效地开展集中捐助和宣传活动。

2008 年南方雪灾，民政部、中国红十字总会、中华慈善总会及湖南、贵州、江西、安徽、湖北、广西、浙江、四川等重灾省（区）截至 2008 年 2 月 29 日共接收救灾捐赠

① 时正新. 中国社会救助体系研究［M］. 北京：中国社会科学出版社，2002：190.

款物 16.62 亿元，其中民政部直接接收国内外救灾款物 1.256 亿元，中国红十字会总会接收救灾款物 1.171 亿元，地方红十字会募集款物 1.302 亿元，中华慈善总会接收救灾款物 6 500 万元，上述受灾省区直接接收救灾款物 11.91 亿元。

2008 年 5 月 12 日四川省汶川发生 8 级特大地震后，全国上下积极捐款捐物援助灾区，截至 2008 年 11 月 25 日，全国共接收国内外社会各界捐赠款物合计 751.97 亿元，其中"特殊党费"97.3 亿元，其他捐款 549.37 亿元，物资折价 105.3 亿元。

2008 年 9 月 27 日，中宣部、中央直属机关工委、中央国家机关工委、民政部、总政治部联合下发《关于切实做好 2008 年全国"送温暖、献爱心"——向汶川地震灾区捐赠衣被活动的通知》，要求在同年 10 月组织开展全国"送温暖、献爱心"——向汶川地震灾区捐赠衣被活动，切实帮助地震灾区困难群众安全过冬。捐赠衣被活动坚持自愿和量力而行的原则，以捐赠新衣被（新棉被、毛毯，八成新以上棉衣裤、大衣、羽绒服、毛衣、毛裤、绒衣和绒裤等）为主，也可以捐款。捐赠的衣被等物资全部支援四川省地震灾区，捐款重点支援四川、甘肃和陕西地震灾区，用于帮助解决受灾群众过冬御寒困难。2008 年汶川特大地震和 2010 年青海玉树地震等特大自然灾害下组织的救灾捐赠实践使得我国的救灾捐赠在经常化、制度化、激励机制等方面取得了突破性进展。社会组织、公众和政府的伙伴关系、包容关系、信任关系持续增强，社会组织在接受捐赠、集中管理、物资分配等程序上同政府的协同配合提高了灾害社会救助的效率，提升了灾害治理效能。

2011—2018 年是救灾捐赠政策间断期。2011 年"郭美美事件"引发全民关于社会组织参与灾害治理规范问题的讨论。2012 年我国救灾捐赠导向机制的确立，提出要从创制和落实两个层面对救灾捐赠政策进行细化，建立救灾捐赠需求发布制度，重视对可接收救灾捐赠款物的社会机构的评估与监督。习近平总书记提出总体国家安全观，为包括救灾捐赠在内的各项工作设立了新的政策总目标。2018 年我国实行机构改革，成立应急管理部，民政部原有的救灾捐赠相关职能如救灾、备灾、减灾皆由应急管理部承担，这对于我国救灾捐赠工作而言是一个很大的变动。

2019 年至今，我国各类社会组织建设日趋完善。在秉持总体国家安全观的现代化应急管理体系下，社会多元主体已经是不可或缺的一环，其参与形式除捐赠之外还有更多的可能性，同时救灾捐赠的概念在这种政策目标的指引下也得到了极大的拓展，有从自然灾害社会捐赠向包括突发公共卫生事件在内的其他突发事件捐赠的演变趋势。这一时期我国"放管结合"政策图景发展的同时，"共建共治共享"的救灾捐赠政策图景也持续深入，应急管理部、民政部等部门站在国家安全的战略高度，持续调整和修订现行政策，推动我国救灾捐赠政策不断演进①。

---

① 徐媛媛，武晗晗. 我国救灾捐赠的政策变迁及其内在逻辑：基于间断-均衡的框架分析 [J]. 中国矿业大学学报（社会科学版），2022，24（2）：75-89.

三、当前社会捐助存在的问题

1. 观念问题

（1）各级民政部门重视突击性捐助，即出现灾情后，会迅速启动应急式的社会救助，而对经常性的社会捐助依然不够重视。突击性捐助毕竟只能解决暂时的困难，不能长期有效地汇集社会力量，只有经常性的社会捐助才能在更大的范围内，更长期有效地帮助贫困或受灾群体。因此，民政部门应对经常性社会捐助予以高度重视，充分认识其重要意义，逐渐使其实现制度化。

（2）某些社会舆论不能对捐助者给予客观评价，也在一定程度上影响了公众的捐助责任感。在现实中，有些人的捐助活动可能伴随一定的目的性，比如有些人试图通过捐助活动获得社会地位、荣誉、权利等，常常被舆论称为"作秀"，我们不能否认这种现象的存在。但这毕竟是个别现象，社会舆论不应对此大肆炒作，影响社会捐助者在公众心目中的形象，甚至导致公众捐助意识淡薄，极不利于社会捐助的发展。舆论界应当积极宣传倡导正面的事件，激发公众的捐助热情，形成良好的社会氛围。

2. 管理与操作问题

（1）管理体制与管理方法不规范。《中华人民共和国公益事业捐赠法》只有原则性规定，对于具体实施中的一些细节问题，无具体管理办法。在现有的法律框架下，社会捐助活动管理系统复杂，监督系统薄弱，极大地影响了捐助活动社会化的发展。捐助活动的场地设施跟不上，捐助物品管理各个环节都很不规范，在捐助物品运往贫困地区和灾区的过程中，有些地方甚至存在截留、挪用现象，给捐助活动造成了极大的障碍。

（2）存在供需矛盾。实际捐助的物资与贫困地区和灾区的实际需求存在矛盾。仅仅提供粮食、衣被和临时住所，远远不能满足需要。据调查，国际性的救援组织接收储备的救灾物资种类极多，从生活用品到灾后恢复重建所需的基本物料和生产资料，一应俱全，能够极大地满足受灾群众的生活需求，并使他们在很短的时间内恢复生产、重建家园。近年来，我国在捐助接收方面取得了一些进展，但存在的一个显著问题便是供给与需求往往存在一定程度的差异，其主要原因是双方信息不对称及宣传工作不到位。

3. 经费问题

《民政部关于进一步开展经常性社会捐助活动的意见》中规定："各级财政要为开展经常性社会捐助活动提供必要的经费。民政部门设立的经常性社会捐助接收工作站点在物品接收、整理、消毒、储存、运输等工作中所需经费，由地方各级财政负担。经常性社会捐助接收工作站点和仓储设施所需经费由地方政府筹措解决。对捐助物品接收工作量大、任务重的居民委员会，地方财政要提供必要的经费补助。"捐助活动中的几个重要环节，如捐助衣物的接收、整理、清洗、消毒、包装、存储、运输、装卸等，都需投入一定的经费，也需要场地、设施和人力。另外，随着捐助活动的经常化，宣传经费、工作经费和其他费用都会大量增加，并且形成捐助的成绩越大、负担越重的局面，如果仍由地方财政负担，势必影响捐赠接收站的积极性，不利于捐助活动持久地开展。

四、社会捐助的推进对策

1. 从实际需要出发，将集中捐助与社会化捐助统一起来

既要在每年 4 月份和 10 月份，以及在发生特大突发性灾害或事故时采取集中捐助的形式，平时也应该抓紧建立方便群众、随时接收、降低成本的捐助活动新机制。经常性捐助是捐助活动发展的目标和方向，应该成为今后一段时期内捐助方式深化改革的着眼点，要因地制宜，发挥地方和基层的创造力。就总的趋势而言，社会化捐助是主流，集中捐助活动将逐渐减少到非必要不采用。

2. 通过立法为社会捐助事业提供一个良好的发展环境

制定捐助活动管理办法，对捐助活动的机构设置、经费来源、场地和人员配备以及管理程序等作出规定，制定严格的管理程序和操作规程，对捐助活动涉及的接收、消毒、清洗、仓储、包装、运输等环节进行规范，提出合理的技术标准，对捐助物品要进行较细的分类管理，对不适用的物品的处理，应与有关部门协调后制定处置办法。

增加捐助活动的透明度，做到定期公布接收捐助物资账目，交代捐助物资去向。杜绝一切滥用和浪费捐助物资行为。尤其是对受援地区，在发放物品过程中也要严肃认真，严格把关，避免物品出现霉变、污损甚至丢失现象。同时也应避免漏发或重复发放以及贪污挪用、优亲厚友等情况发生。

3. 在活动经费方面，政府应负责提供资金

一方面，沿用现行办法，向财政部门申请捐助活动的专项经费；另一方面，民政部于 2008 年 4 月颁布了《救灾捐赠管理办法》，其中第一章第五条明确规定："救灾捐赠款物的使用范围包括经同级人民政府批准的其他直接用于救灾方面的必要开支。"有了以上的政策依据，我们不妨借鉴《中国红十字会募捐和接受捐赠工作条例》中第十三条所规定的"捐赠物资的转送及其所需费用可从募捐款中提取 3%~5% 的管理费支付"的方法，逐渐由前者向后者过渡，减轻政府的负担。

4. 加大宣传力度

既要宣传贫困群体的困难和需要，让捐赠者了解贫困者和受灾群众的需求，使捐助活动有的放矢，从而解决供需矛盾，也要宣传捐助活动中的感人事迹及受援地区接收、发放、使用捐助款物的情况和效果。通过宣传，相互沟通，争取社会支持，激发捐助热情。将捐助活动的社会化作为社会主义精神文明建设的一个重要内容，通过宣传教育，使捐助活动家喻户晓、深入人心。

第二节 慈善事业

一、慈善及其历史回顾

在我国的传统文化中，"慈"与"善"两个字最初是分开的。早在先秦时期，就有

对"慈"和"善"的阐释，"慈"指长辈对晚辈的爱，"善"指人与人之间的友爱互助。在西方文化中，charity 和 philanthropy 两个词都指慈善，但 charity 更具宗教意义，带有西方较强的宗教色彩；philanthropy 的含义更宽泛，公益色彩也较强。结合中西方对慈善一词的界定，慈善被定义为公众以捐赠款物、志愿服务等形式关爱他人、奉献社会的自愿行为。通过某种途径自愿地向社会及受益人提供无偿的社会救助和社会援助的行为是慈善的核心所在。这些援助包括资金、劳务和实物等方面①。

慈善是人类社会的一种传统美德，无论哪个国家，在其历史上都曾有过这样或那样的慈善行为。每当遇到天灾人祸，总有一些相对富足的人家对穷人或灾民施舍食物、衣服等生活必需品，以帮助其渡过难关。但这种慈善仅限于个人的善行，尚未形成一种事业或制度。真正把慈善作为一种事业并有组织进行的，源于宗教势力较为强大的欧洲。在欧洲，天主教会、基督教会等宗教团体把人们的慈善之心与宗教教义结合起来，有组织地募集善款，对贫困人员进行救助，其主要救助方式是开办医院和育婴堂。因此，慈善事业一开始就与宗教有着密切的联系。

清朝末年，随着外国传教士到中国传教，慈善事业也被引入中国，并在中国的上海、广州等地办起了育婴堂、孤儿院、医院等慈善实体，对贫困人员施行救助，与此同时，中国人也效仿外国人的做法，开始出现专门的慈善组织，并进行慈善活动。但由于受各方面条件的限制，其规模和影响都十分有限。

中华人民共和国成立后，由于思想认识上的偏差，慈善被视为"有钱人的伪善"，甚至将西方宗教团体在中国举办的慈善事业视为帝国主义侵略中国的工具，慈善事业遂被停办、取消②。

中国慈善事业的复兴，大致可以中国儿童少年基金会的成立为起始。1981 年 7 月 28 日，中国儿童少年基金会在北京成立，开启了中华慈善事业发展的新篇章。此后几年，大量出现了一些半官方或官方的公益性社会福利团体，也有少数民间慈善组织，开始从事一些慈善公益活动。1994 年 4 月 22 日，新中国成立以来第一个全国性的民间慈善组织——中华慈善总会在北京成立，拥有创始基金 2 200 万元，它的成立标志着我国的慈善事业进入了一个新的发展时期。此后，民间慈善机构纷纷建立，慈善活动频频开展。

2005 年 11 月，民政部召开了"中华慈善大会"，发布了《中国慈善事业发展指导纲要（2006—2010 年）》，这是我国政府部门发布的第一个关于慈善工作发展的纲领性文件，标志着我国慈善工作正在被作为一项事业发展壮大，慈善事业已经逐步向制度化方向发展。

2008 年 5 月 12 日，汶川大地震发生后，国内涌现了大量的民间参与公共救灾和灾后重建行动。国民参与公共事务的热情被激发，越来越多积极公民开始成立公益组织，活跃在各个社会议题领域，致力于推动社会问题的改善和解决。这使得 2008 年以后，

---

① 徐麟. 中国慈善事业发展研究 [M]. 北京：中国社会出版社，2005：28.
② 余卫明. 社会保障法学 [M]. 北京：中国方正出版社，2002：92.

国内公益步入新的阶段。这一年被学界誉为"民间公益元年"。同年 12 月，民政部召开第二届"中华慈善大会"，大会总结了 2005 年首届中华慈善大会以来我国慈善事业发展的重要经验，探索新形势下中国特色慈善事业发展之路。中国慈善事业在扶老、助残、济困等方面发挥了越来越重要的作用，正在步入良性发展轨道。

2008 年以后，慈善的国际发展理念逐渐式微，政府购买服务和公益参与社区治理成为主流话语，社工机构提供社区服务成为主流方法，我国的慈善事业发展进入全新时期。一系列法律法规陆续出台。多方协作、多元共治、社会组织参与社区治理逐渐成为主流话语。

2012 年，民政部、财政部出台《关于政府购买社会工作服务的指导意见》，政府购买社会工作服务的主体、对象、范围、程序与监督管理作出了明确规定。

2014 年，国务院颁布了第一个有关发展慈善事业的专门文件，即《关于促进慈善事业健康发展的指导意见》，标志着我国慈善事业进入全面发展时期。该文件指出：慈善组织是现代慈善事业的重要主体，要大力发展各类慈善组织，规范慈善组织行为、确保慈善活动公开透明。

2016 年 9 月 1 日，《中华人民共和国慈善法》正式实施。这是我国历史上第一部慈善法，也是我国慈善事业建设进程中首部基础性、综合性法律，为弘扬中华民族乐善好施的传统美德搭建了更加广阔的平台，更把我国公益慈善事业和社会治理推向一个新的时代。同月《慈善组织认定办法》《慈善组织公开募捐管理办法》正式施行，此后民政部又联合有关部门出台了《慈善信托管理办法》《慈善组织互联网公开募捐信息平台基本管理规范》《慈善组织信息公开办法》等一系列行业标准或政策性文件。

《中华人民共和国
慈善法》

2017 年，《中华人民共和国境外非政府组织境内活动管理法》正式施行。境外非政府组织，是指在境外合法成立的基金会、社会团体、智库机构等非营利、非政府的社会组织。依照本法可以在经济、教育、科技、文化、卫生、体育、环保等领域和济困、救灾等方面开展有利于公益事业发展的活动。该法对境外非政府组织境内活动管理的总则、登记和备案、活动规范、便利措施、监督管理、法律责任等进行了明确规定。

2017 年、2018 年全国人大常委会又先后修订了红十字会法、企业所得税法。前者使红十字会系统的慈善活动被正式纳入法定慈善范畴，后者使慈善法规定的企业发生的公益性捐赠支出"超过年度利润总额 12% 的部分，准予结转以后三年内在计算应纳税所得额时扣除"得以落地，有利于企业大额捐赠。

2021 年，《中共中央 国务院关于加强基层治理体系和治理能力现代化建设的意见》提出"完善社会力量参与基层治理激励政策，创新社区与社会组织、社会工作者、社区志愿者、社会慈善资源的联动机制，支持建立乡镇（街道）购买社会工作服务机制和设立社区基金会等协作载体，吸纳社会力量参加基层应急救援"。

针对慈善领域日渐出现监管制度机制不完善、一些慈善创新形式缺乏有效规范等新情况、新问题，2022 年 12 月 27 日，十三届全国人大常委会第三十八次会议对《中华人民共和国慈善法（修订草案）》进行了审议。12 月 30 日，全国人大将《中华人民共和国慈善法（修订草案）》予以公布，公开征求意见。

二、发展慈善事业的意义

慈善事业是社会广泛参与，慈善组织运作，由社会募捐、项目实施等组成的慈善活动体系。它是社会保障体系和社会公益事业的重要组成部分，是通过慈善组织的专业化、制度化运作实现社会第三次分配的方式①。

慈善事业以社会成员的慈爱之心为道德基础，以贫富差别的存在为社会基础，以社会捐献为经济基础，以民营机构为组织基础，以捐献者的意愿为实施基础，以社会成员的普遍参与为发展基础。

在我国现阶段，慈善事业意义重大，其发挥的作用也越来越大。主要表现在以下这些方面：

1. 慈善事业是社会保障体系的重要组成部分，发展慈善事业，有利于解决社会矛盾，维护社会和谐稳定

党的十六届四中全会决议明确指出，要"健全社会保险、社会救助、社会福利和慈善事业相衔接的社会保障体系"。在党的文献中，这是第一次明确将发展慈善事业作为社会保障体系的重要组成部分，也是第一次把发展慈善事业提高到构建和谐社会的高度来认识。党中央和国务院对慈善工作十分重视，都对发展慈善事业提出了明确要求，并已将"发展慈善事业"纳入国家规划。健全的社会保障体系，由社会保险、社会救助、社会福利和慈善事业等方面组成，它们互相衔接、互相配合，各自发挥其作用，缺少任何一方面都是不完整的，都会影响到社会保障体系的稳定性和功能的正常发挥，不利于社会的和谐与发展，阻碍社会主义和谐社会的建设。

我国现在正处于经济社会转型时期，市场经济体制的建立和完善是一个复杂的运作过程，是一场涉及经济基础和上层建筑等许多领域的深刻变革，各种社会要素处于不断的分化组合之中，社会利益关系较为复杂，新情况、新问题层出不穷，各种各样的社会矛盾有时会集中出现甚至激化。在政府的人力、物力、财力难以兼顾的情况下，慈善事业的发展对于社会的稳定具有重要意义。慈善事业对社会困难群体和边缘群体给予慈善援助，无疑会对社会的稳定和经济的发展起到"安全网"和"减震器"的作用。所以慈善事业越是发展，对缓解社会矛盾、促进社会和谐的作用就越大。

2. 慈善事业是调节收入分配、促进社会公平的重要手段

在经济学的视野中，慈善事业是对财富和资源进行的第三次分配。关于社会分配体制，一般学者认为存在"三次"社会分配：第一次分配通过市场，按照自由竞争性原则进行，各尽所能，能者多得，这样不可避免出现贫富差距；第二次分配通过政府，按照法规强制性原则，以税收等方式调节分配，公平公正地阻止贫富差距拉大；第三次分配通过社会慈善行为，进行公益捐赠，募有余，补不足，扶贫济困，原则是自愿捐赠，

---

① 徐麟. 中国慈善事业发展研究 [M]. 北京：中国社会出版社，2005：28.

按需分配。第三次分配理论既是慈善事业赖以立足的基础，也是慈善事业自身所具有的重要功能之一。基于社会责任和爱的法则的慈善事业，在一定程度上弥补了前两种分配方式的不足，促使财富和资源能够在社会各阶层之间进行流动和重新分配。财富和资源分配只有建立在爱的法则与效率法则、公平法则有机结合的基础之上，即当这三次分配都能公正、均衡地发挥社会功能时，社会才能和谐平稳地全面发展进步。

3. 发展慈善事业有利于促进社会主义精神文明建设

慈善事业提倡人道主义，使人人富有同情心，有助于人与人之间形成互帮互助、相互关爱、助人为乐的社会主义道德风尚。通过慈善救助，传递人间的爱心和真情，更大范围弘扬慈善的"利他主义"精神，推动社会关爱互助，营造温馨和谐的人际关系和诚信友爱的社会氛围。你办善事，我行善举，社会风气必然会得到本质的改善，公民的道德素质必然会得到提高。现代慈善，已不仅仅是一种事业或组织结构，更是一种新的社会价值观。这种社会价值观大大丰富了社会主义精神文明建设的内涵，从而推动社会主义精神文明建设的发展。

三、发展慈善事业的工作原则[①]

1. 平等自愿原则

慈善捐助者自主实施捐赠行为，自行决定捐赠的规模、方式和用途。禁止强捐、索捐、变相摊派等行为。充分尊重受赠人的尊严和隐私。

2. 公开透明原则

慈善捐赠程序、善款善物的管理和使用方式、捐助效果评估等信息通过有效形式公开，接受政府部门的监管和社会监督。有关捐赠信息的公开，尊重捐赠人意愿。

3. 鼓励创新原则

我国慈善事业发展的领域和区域差异较大，鼓励各地各领域结合实际，积极探索有效募集慈善资源、加强慈善捐助管理与监督、推动慈善事业持续健康发展的新机制、新方式。

4. 依法推进原则

坚持依照法律法规支持慈善事业发展。政府推动制定并落实促进慈善事业发展的法律、法规和政策，依法培育监管公益慈善组织、规范慈善行为。公益慈善组织依法开展慈善募捐和资源调配等活动，充分发挥运作主体作用。

四、慈善组织的类型

1. 慈善组织的通用分类

从慈善事业的实践环节出发，慈善组织可以分为募捐机构、实施机构与协调机构三种；从所承担的任务或职责出发，慈善组织则又可以分为混合型公益组织、综合型慈善组织、专一型慈善组织、协调型组织、附属型组织等形式；前一种划分被后一种划分所

---

① 《中国慈善事业发展指导纲要（2011—2015 年）》。

包容。这些团体或组织的性质相同，根本目标一致，但又肩负着不尽相同的任务：

（1）混合型公益组织。这类组织在提供有关慈善服务的同时，也从事着其他社会公益事业，或以慈善事业为主，或以其他社会公益事业为主。如香港已有一百多年历史的最大民间慈善组织——东华三院，就是以慈善事业为主的混合型民营公益机构，它在为穷人提供免费医疗的同时，还办有 20 多所中、小学校；澳门著名的慈善组织——镜湖医院亦是典型的以慈善事业为主的混合型公益组织，它同时担负着为穷人提供免费医疗和为一般市民提供收费医疗的任务。美国的福特基金会则是一个以捐助教育事业为主并包括有关慈善事业在内的混合型公益组织。

（2）综合型慈善组织。这类慈善组织是一定区域范围内提供多种慈善服务的综合型慈善组织，尽管其开展的慈善项目在不同地方、不同时期会有不同的侧重点，并要受到财政实力及捐献者意愿的限制，但其慈善服务项目及内容却可以是多方面的，不会受到组织结构及法定职责的局限。综合型慈善组织应当成为财力雄厚、服务广阔、功能齐全、运行规范的慈善事业的代表。在我国，中华慈善总会应当属于综合型的慈善组织。

（3）专一型慈善组织。这类慈善组织是专门为了某一项慈善事业而建立起来的，其特点是肩负的职责和任务较单一、援助对象较单一、目标很明确。如我国的香港医药援助会、台湾盲人重建院，以及旧中国时期的育婴堂等即是；再如红十字会、救灾协会等亦是职责较为单一的慈善组织。中国扶贫基金会亦是专门从事扶贫的慈善机构。这种组织能够在某一特定领域开展有效的慈善活动，从而同样是慈善事业必要且重要的组织形式。

（4）协调型慈善组织。这类组织的职能主要是协调慈善组织与政府的关系、募捐机构与实施机构的关系以及各慈善组织之间的关系，其自身一般不从事具体的慈善工作，其作用是充当慈善事业的代言人或它的自律机构。在慈善事业较为发达的情况下，应当有专门的协调型慈善机构，或者由有权威、有影响力的慈善机构充当协调机构。我国慈善事业难以形成一支有影响的社会力量和成为引起社会普遍关注的事业，其主要原因不仅在于未坚持民营化而只依附于官方机构（其代表的自然是所依附的组织或机构，其产生的影响亦自然是所依附机构的影响），而且还在于缺乏权威的、有影响力的协调机构。因此，建立协调型慈善机构值得引起重视。

（5）附属型慈善组织。尽管多数企业对慈善事业的支持主要通过捐献来体现，但也有少数企业是通过设立附属型慈善或公益组织来直接融入慈善事业并发挥作用的。如香港汇丰银行设置的慈善基金会、《澳门日报》设置的读者公益基金会等均是企业附设的慈善事业机构。在内地，一些大型企业也开始设置有关公益基金会参与社会公益事业，如上海宝钢出资设置的宝钢教育基金会，每年评选和奖励全国优秀人才；一部分企业则通过工会建立了互助基金等公益组织。

2. 我国慈善组织的类型

在我国，慈善事业和慈善组织建设起步比较晚，慈善组织的发展与发达国家相比也要落后一些，但也涌现出了一批有相当规模和重要影响的慈善组织。

我国的慈善组织从不同的角度可以划分为不同的类型。

（1）根据慈善组织的组织形式，我国的慈善组织可以分为三类：社会团体、民办非企业单位、基金会。

①社会团体。根据《社会团体登记管理条例》第二条规定："社会团体，是指中国公民自愿组成，为实现会员共同意愿，按照其章程开展活动的非营利性社会组织。"

②民办非企业单位。根据《中华人民共和国民办非企业单位登记管理暂行条例》第二条规定："民办非企业单位，是指企业事业单位、社会团体和其他社会力量以及公民个人利用非国有资产举办的，从事非营利性社会服务活动的社会组织。"

③基金会。根据《基金会管理条例》第二条规定："基金会，是指利用自然人、法人或者其他组织捐赠的财产，以从事公益事业为目的，按照本条例的规定成立的非营利性法人。"

（2）根据发起人的不同，我国的慈善组织可以分为两类：官办民间组织和草根慈善组织。

① 官办民间组织，即由政府组织的非政府组织（government organized non-governmental organization，GONGO），主要是指与扶贫、教育、儿童、妇女等社会发展密切相关，由政府自上而下发起的社团组织。

② 草根慈善组织，即由民间发起组织的非政府组织，是民间的慈善公益组织。

五、慈善事业的运作环节及慈善组织在其中的作用

从现代慈善事业的运作过程来看，它主要包括组织和接受社会捐赠、资金管理、实施救助以及接受监督环节。

1. 接受捐助环节

在接受捐助环节上，慈善组织的任务包括开展慈善宣传，组织社会捐助，为慈善事业发展奠定物质基础。慈善组织开展慈善宣传以弘扬慈善美德，有组织地进行募捐，动员有帮助他人能力的社会成员向慈善组织捐款，最大限度地募集善款，为实现慈善救济奠定物质基础。慈善组织要经常利用各种形式开展慈善宣传，要积极、主动地与外界联系，要大力宣传好的慈善项目，使社会、企业更了解慈善捐助对社会和自身发展的意义，从而自觉地参与到慈善活动中，以推动我国慈善事业的发展。

2. 资金管理环节

在资金管理环节上，慈善组织的任务是公开透明地管理、使用善款，增强人们对慈善事业的信任和参与，发挥善款最大的功效。慈善组织要确保每一笔资金的安全，并使之用于捐献者指定的救助项目。慈善组织对社会捐献的款项只有看护权，而无所有权和自主使用权，因此慈善组织需要建立健全财务账册，并严格执行财务管理制度，自觉接受捐献者、政府等有关职能部门及社会各界的检查与监督。慈善组织管理使用善款的公开和透明必将有利于慈善机构广开财源，吸引更多关注慈善事业的有识之士踊跃参与捐赠活动，进而增加善款的绝对数量，让更多的人得到资助。

3. 实施救助环节

必须及时、准确地实施慈善救助，实现慈善事业的最终目的。在实施救助环节上，

慈善组织要做到对救助者实施最有效、最快速的救助以达到最佳的救助效果。慈善组织必须充分尊重捐献者的意愿，做好社会调查工作，对救助对象及所需服务进行摸底，然后做好与有关各方的联系工作，最后实施慈善性救助，保证将救助资金用在最适当的地方，使受助者充分感受社会的关爱和温暖，体现社会的公平和正义，从而实现慈善事业的最终目的。

4. 接受监督环节

慈善事业的发展不能倚仗个人的良知和朴素的"好人好事"观念去实践，更不能依赖慈善从业者的良知与热情去支撑起庞杂的慈善事业，必须建立完善的监督体系，保障慈善事业健康有序的发展。对于慈善事业的监督主要有内部监督和外部监督两个体系，其中内部监督主要是由慈善组织理事会实施，而外部监督则是由政府、社会以及第三方独立机构的监督来实现，内外部监督得以有效实施是慈善事业实现其目的的有效保障。一方面，慈善组织和机构要主动完善公开透明的工作机制，定期或不定期公布捐赠活动信息、接收捐赠信息、捐赠款物拨付和使用信息、捐赠活动和项目成本、捐助效果等，让社会大众享有更多质询权、知情权，也让捐赠方亲身感受慈善的力量；另一方面，政府、社会和第三方独立机构也要发挥各自的监督职能，助力慈善事业的公开、公平和公正。特别是要发挥第三方独立机构的监督作用，对慈善事业进行独立、中立、专业的审计和绩效评价。此外，随着网络的普及和信息传播技术的革新，对慈善事业的监督也要与时俱进，不断丰富监督主体，持续增加监督渠道，完善信息公开平台，各方共同努力，共同推动我国慈善事业的健康持续发展，让慈善事业助推共同富裕。

六、我国重要慈善项目简介

1. 善济病困项目

为积极响应习近平总书记在十九大报告中关于"实施健康中国战略"的部署，切实帮助经济困难的大病患者及其家庭巩固脱贫攻坚成果，中华慈善总会发起"善济病困项目"，在中华慈善总会自有媒体和民政部指定公开募捐平台开展公开募捐，并与北京微爱公益基金会等公益机构开展密切合作。项目宗旨是：扶危济贫，救助大病、贫困就医患者、家属及社会弱势群体，资助促进医疗救助事业发展的公益活动。

2. 先心病儿童救助行动

为了救助少数民族地区贫困家庭先心病儿童，中华慈善总会于2011年2月启动了"为了我们的孩子——千名少数民族贫困家庭先心病儿童救助行动"。"救助行动"爱心医疗队数次深入西部边疆地区少数民族聚居区，行程数十万公里，对数十万名少数民族儿童进行了筛查，并成功为三千余名先心病患儿免费实施了手术治疗。

3. 慈善一元捐行动

慈善一元捐行动是中华慈善总会践行社会捐赠经常化而开展的面向全社会的小额募捐行动，目的是呼吁全社会每一个人为慈善事业尽自己的微薄之力。慈善一元捐行动是以人民币一元为起点，在不影响捐赠者生活水准的前提下进行捐赠，多捐不限，其意义在于最大限度地激发每个人的慈善之情，弘扬"不以善小而不为"的慈善理念，使每个人的爱心通过慈善一元捐行动得以实现。

慈善一元捐行动自设立以来，根据募款的情况和捐赠人的要求，主要资助方向为助学、助医和扶贫济困。其中援助辽宁省凌海市多所小学进行校舍翻新、资助湖南省临澧县 800 多名学生完成学业、支援湖南省慈利县路桥改造项目、接受"中国现代"捐款并按照其意愿购买钢琴捐赠给学校等。

4. 微笑列车唇腭裂修复慈善项目

微笑列车唇腭裂修复慈善项目（以下简称微笑列车项目）是由美国微笑列车基金会资助、为我国贫困唇腭裂患者提供免费手术、对实施手术的医生进行技术培训的医疗救治项目。其救治对象是我国因家庭经济困难，不能支付唇腭裂修复手术费的 0~40 岁的贫困患者。凡符合救治条件的贫困患者，均可直接到当地微笑列车项目合作医院申请免费手术。微笑列车项目自 1999 年 3 月由中华慈善总会组织承办以来，通过与各参与方的密切合作，不断完善项目管理方式，广泛开展项目宣传活动，为贫困患者补贴交通食宿费用，为部分合作医院补贴手术款等，救治地域不断扩大，救治人员不断增多，得到了社会各界的广泛赞誉和认可。2007 年起，微笑列车项目迈向了一个新的发展阶段。卫生部和中华口腔医学会接受美国微笑列车基金会的邀请，成为正式的项目合作伙伴。同时，大规模增加了手术合作医院，对项目的组织管理结构进行了调整，进一步明确了各合作方的职责。使微笑列车项目既有来自政府的行政支持，又有来自专业学会的技术指导，还有来自全国慈善会的倾力合作，成为一个集政府机构、医疗单位、慈善团体多部门大协作的最具规模的全国性慈善项目。微笑列车项目开展 20 多年来，取得了令人瞩目的成绩。该项目不但使许许多多对生活失去信心的贫困患者获得了生活的欢乐，同时也提高了项目合作医院的唇腭裂治疗水平，促进了我国慈善事业的蓬勃发展。

5. "幸福家园"村社互助工程

"幸福家园"村社互助工程是由中华慈善总会报民政部备案，联合全国各省市慈善总会，与民政部依法指定的慈善组织互联网公开募捐信息平台"公益宝"合作，利用合法资质，构建的一个慈善赋能全国近 70 万个村、社区，助力脱贫攻坚，促进乡村振兴，探索基层治理的平台型项目。该工程最重要的特点是为村社开展公益慈善事业赋能，有两大核心功能，一方面是通过互联网，利用中华慈善总会的公开募捐资质，为每个村、社区都建立了一个互助基金，其功能相当于"基金会"，可以帮村社规范募集慈善资源，用于实施村社的慈善公益项目；另一方面，建立了一套慈善志愿者注册管理系统，帮助村、社区成立安老、扶幼、助学、济困、拥军各类志愿服务队，并实现志愿服务积分统计和兑换。中华慈善总会计划用三到五年时间，将"幸福家园"工程全国普及，建成全国慈善会系统的数字基建工程。通过这一网络，让慈善服务实现横向到边、纵向到底的全覆盖，为基层社会治理创新和乡村振兴作出贡献。

七、我国慈善事业发展中存在的问题

1. 发展慈善事业的动力不足

发展慈善事业的原动力来自崇高的慈善价值观，但在实际中许多人对慈善事业还存在着认识误区。许多人认为慈善事业属于政府的救济行为，也有一些人虽然参加过捐款捐物活动，但主要是通过单位、学校、居住街道组织的被动捐助，主动捐助的人不是很多，公民对慈善事业认识不足。由于慈善意识普及率低，慈善活动开展不多，慈善事业宣传力度不够，因此慈善理念和慈善活动没有深入人心。慈善事业发展所需要的社会氛围和社会影响很难形成，必然会影响慈善事业的发展。

2. 慈善事业发展水平低，募捐能力不足，慈善组织不健全

我国慈善事业发展水平低主要表现在：我国慈善事业起步较晚。从 1994 年我国成立第一个慈善机构——中华慈善总会至今，只有 30 年的时间，而美国已有近百年的慈善史；我们的慈善家相对较少、慈善公益组织较少；慈善机构获得总捐款仅在 GDP 中占到很小的比例，远不及美国等发达国家；人均捐款少。

我国的慈善事业正处于起步阶段，慈善组织的结构还不完善，组织体系还不完整。慈善公益组织不仅数量少，而且动员社会资源的能力弱，多数还没有得到足够的社会公信力。慈善筹款机构、慈善执行机构职责不清，筹款机构忙着自己做项目，执行机构忙着筹款，右手筹钱左手花，不仅降低了专业性，而且效率低下，并容易导致慈善腐败。不少慈善机构的工作人员年龄结构不合理，专职专业人员偏少，慈善志愿者队伍的规模有限，这些都影响了我国慈善事业的发展。

3. 慈善法规不完善

我国目前慈善法规典型问题包括法律体系不完善，准入制度不科学，运行机制不畅通，促进措施不到位以及监管机制不健全等。以监管机制为例，根据《中华人民共和国慈善法》（以下简称《慈善法》）第九十二条规定，我国政府对慈善组织的监督属于由民政部门负责的单一监管模式，该模式虽然可以防止各部门相互推诿，却难以达到对慈善组织全面、全程的有效监督。但是，现代慈善涉及面广、社会参与程度复杂，其组织登记、资金募集、成本核算、税收减免等都需要进行专业化监督。尤其如今网络募捐发展迅速，各大慈善组织均在网络上设置了相应捐款渠道，要对此进行监管除了专业化的监管力量外，还需要技术支持[①]。

4. 慈善队伍现状不足以满足当今慈善事业发展需求

对于我国的慈善事业来讲，人才问题是一个很重要的问题。因为在过去很长一段时间里，人们普遍认为，做慈善只要有爱心、有热情、有奉献精神就够了，没有把慈善提升到一个专业的领域来认识。

现有慈善工作人员的专业化程度普遍偏低，慈善领域精英人才缺乏，政府和商界精英加入慈善领域还没有形成潮流。慈善志愿者队伍及人员数量少，服务技术水平低，服务项目领域不宽，志愿者的可持续发展能力弱且发展不够规范。可以说，当前我国慈善领域，人才比资金更加缺乏，人才比资金更为重要。

我国慈善队伍与慈善组织的逐步发展壮大不相适应，这是我国慈善事业可持续发展

---

① 谭赛. 论政府在慈善活动中的法律定位及制度完善［J］. 盐城工学院学报（社会科学版），2021，34（4）：33.

的瓶颈之一。怎样吸引更多的人才到慈善队伍中来，这是我们应该着手解决的问题。

5. 税收政策不利于慈善捐赠

《中华人民共和国企业所得税法》第九条规定，企业发生的公益性捐赠支出，在年度利润总额12%以内的部分，准予在计算应纳税所得额时扣除；超过年度利润总额12%的部分，准予结转以后三年内在计算应纳税所得额时扣除。《中华人民共和国个人所得税法》第六条规定，捐赠额未超过纳税义务人申报的应纳税所得额30%的部分，可以从其应纳税所得额中扣除。而且我国的税收制度以流转税为主，所得税不是主要税种，决定了我国的税收制度对捐赠行为的影响力较小。第三次分配的实质意义是指个人之间通过自愿捐赠实现财富共享，修订相关法律宜参照企业捐赠允许结转的做法，也对个人大额捐赠发出税收激励信号。

我国的免税程序烦琐、效率低，公众为之付出的时间成本太高，往往令人望而却步，烦琐和低效率使得免税措施无法真正得到落实。而且我国至今没有开征遗产税、赠与税等特殊税种，这也正是我国富豪不入慈善之门的根源所在，他们更愿意积累财富留给子孙后代。

八、发展慈善事业的策略

1. 推动慈善文化，强化慈善意识

慈善事业是一个社会互助的行为，不完全是政府行为，善款不是来自政府拨款，而是来自企业家、个人，是自愿缴纳，没有一个全社会的慈善意识是难以推进慈善事业向前发展的。如果整个社会的慈善氛围不强，群众不参与、不捐款，再好的优惠政策，再有战斗力的组织，也募不来钱。要运用各种媒体和舆论手段，积极宣传慈善理念，宣传慈善事业的性质、宗旨、地位、作用和运作方式，宣传党和政府以及社会各界对慈善工作的重视、关心和支持，宣传爱心人士的慈心善举和扶危济困、无私奉献的感人事迹，宣传与慈善有关的法律、法规和政策，宣传受助者解除痛苦、摆脱困境的生动事例等。当前特别要加强慈善理论的宣传，对慈善与构建和谐社会的关系、如何推进企业文化建设、增强企业家的社会责任感等理论问题进行积极的研究和探索，培育符合中国特色的慈善文化，提高公众慈善意识，进一步形成济危、助困、安老、扶幼的社会风尚，不断提高公众对现代慈善的认知度和参与度。要强化企业的社会责任意识、慈善公益意识，提高企业参与慈善活动、回报社会的自觉性。在学校普及慈善教育，向孩子们传授慈善理念，教育他们从小就要有一颗乐于助人的爱心。只有全民参与，每一个人都承担献出爱心的责任和义务，使慈善事业成为全民的事业，慈善事业才能有大发展。

2. 培育发展慈善组织，加强慈善组织能力建设

慈善组织是发展慈善事业的重要保证。要按照国家鼓励、社会参与、民间自愿的方针，大力培育城乡各类慈善组织，鼓励社会组织和个人参与慈善活动，促进慈善类民间组织的发展。推动慈善组织建立健全内部管理制度，逐步推行决策、执行和监督分离的运行机制，建立规范、公开的财务管理制度，捐赠款物使用的追踪、反馈机制和公示制度，及时向社会公布捐赠款物的使用情况。推动慈善组织制定行业规则和行业标准，加

强行业监督，形成行业自律机制。推动第三方评估机制建设，制定评估规程和评估指标，适时开展评估工作，及时发布评估结果。推动社会监督的制度建设，加强对慈善组织的法律监督、行政监督、舆论监督、公众监督，逐步形成自律机制和监督管理机制，提高慈善组织公信力。要加强慈善工作队伍建设，促进从业人员职业化，形成一支高素质、专业化的精干队伍。

3. 完善相关法律法规，重视法制建设

慈善法规是发展慈善事业的制度保障。要努力推进有关发展慈善事业基本法的研究制定工作，国家应当尽快完善《慈善法》及相应的法规和政策，在法律上进一步明确慈善组织的法律地位、慈善募捐的主体、慈善募捐的监督机制、慈善事业的主管部门、慈善捐赠活动的程序，明确捐赠人、受赠人和受益人的权利义务，规范慈善事业准入、评估、监管、公益产权界定与转让、投资、退出等行为。从法制上统一规范慈善事业的性质、组织形式和具体的运作程序，明确政府监督部门与社会协调机构，并通过政府与社会的监督确保慈善组织的运作符合法制规范。推动地方制定促进慈善事业发展的法规规章，努力形成促进慈善事业发展的多层次的法律框架体系。同时，要完善执法程序、规范执法行为、加强执法监督、提高执法水平，依法办理社会团体、民办非企业、基金会登记的手续，提高办理登记的效率，为发展慈善事业创造良好的法律环境。

4. 加强慈善队伍建设

为了加强慈善事业的人才队伍建设，要积极采取有力措施。

对于慈善专职工作者，应特别注意从体制、机制、内容等方面不断探索创新用人政策，吸引优秀人才，开拓慈善事业的发展。定期召开慈善大会，表彰长期从事慈善工作的专业人士，号召和动员更多的有识之士进入到慈善领域；要完善这些人员的职业岗位、薪酬待遇、社会保障、社会福利等相关激励措施；有效激励大量的企业家、工商界、社会名流、政界精英等，出来运作慈善，经营慈善，参与和推动慈善。

对于慈善志愿者队伍，要扩大规模，规范管理，逐步建立起相对稳定的有较高素质的专业志愿者队伍。要积极推进志愿者注册制度；加大培训力度，对志愿者进行基本理念、相关知识、专业技能的培训；探索建立激励机制。通过采取注册登记、加强培训、表彰激励实现志愿者服务的法律化、经常化和专业化。

5. 改进和完善税收政策

（1）根据分类指导的原则，科学认定享受税前扣除的领域和组织

各个领域和组织应该根据其属性，进行科学分类，纳税人向同类性质的领域和组织捐赠，享受同等税收待遇；纳税人向不同性质的领域和组织捐赠，享受不同等级的税收待遇。在相关领域和组织的性质认定方面，考虑到民政部门是政府主管社会捐助事务的职能部门，可由民政部门会同财税等相关部门制定公开透明的统一标准，科学认定不同领域和组织的性质，纳税人向其捐赠适用相应的扣除比例。例如，向不以营利为目的的非营利性组织的捐赠，企业所得税纳税人享受12%的扣除比例，个人所得税纳税人享受30%的扣除比例；向具有公益性、非营利性的慈善机构的捐赠，企业所得税纳税人和个人所得税纳税人都享受100%的扣除比例。

（2）拓展可以列入税前扣除的内容，逐步从捐款扩大到捐赠物资和捐赠劳务

目前，准予税前扣除的内容仅仅局限于钱款的捐赠方面，而忽略了大量的物资捐赠和劳务捐赠。为了进一步鼓励社会力量以多种形式参与慈善事业，可以针对纳税人捐赠物资的情况，通过专业的机构来评估物资的实际价值，根据评估价值准予税前扣除；同时，对于公民从事慈善义工活动，也可以根据做义工的时间和工作难度等进行评估，使其享受个人所得税的税前扣除。

（3）开征新税种，引导富裕阶层承担更多的社会责任

遗产税是一个十分古老的税种，高额的遗产税是国外富豪不愿意把钱留给后代的重要原因之一，很多富豪宁愿把自己的财产拿出来用于公益事业。我国也应考虑适时开征遗产税，同时，赠与税作为遗产税的配套税种，也应一并予以考虑。此外，还可以对购置豪华住宅、名牌轿车及名贵消费品，享受高档宴会、高档休闲娱乐等高消费行为征收特别消费税。应用政策和法律调控机制，引导富裕阶层承担更多的社会责任，促使更多的社会资源整合起来，为我国的慈善事业发展贡献力量。

第三节　国际援助

一、国际援助的概念及特点

国际援助是指发达国家或高收入的发展中国家及其所属机构、国际有关组织、社会团体以提供资金、物质、设备、技术或资料等方式，帮助发展中国家发展经济和提高社会福利的具体活动。

从历史上看，国际援助作为一种国际关系现象虽然由来已久，但却是第二次世界大战以后才实现了机制化、体系化、规范化，而且第二次世界大战前后的国际援助有着本质上的不同。一方面，第二次世界大战前的国际援助大多是在盟国之间进行的，大多出于军事和战略上的直接目的；而战后国际援助主要是从发达国家流向发展中国家，是在帮助发展中国家开发经济的名义下进行的。另一方面，第二次世界大战前的国际援助多为双边行为，没有形成国际性的制度体系；而战后的国际援助不仅形成了一个相当完备的国际体系，而且具有制度化、经常性、大规模的特点，不仅有专门的国际机构，各发达国家也都设有专职政府机构。在战后国际关系体系中，没有哪个国家能够完全游离于国际援助的系统网络之外。

二、国际援助的模式及类型

第二次世界大战后，国家之间的援助和被援助已经成为常见的国际现象，国际社会主要存在四种模式的国际援助：

一是以美国为代表的政治战略援助，即以实现称霸全球和控制战略地区为目标，以

社会制度和意识形态的异同为重要考量，依据安全战略的要求，附加严格的政治条件，与军事、安全的长远战略目标直接挂钩的政策行为。

二是以西欧国家为代表的经济开发型援助，即以确保资源供应、扩大出口贸易和拓展资金投放场所为主要目的，维护、实现和扩展本国的经济利益。

三是以北欧国家为代表的人道主义援助，为帮助受援国改善经济基础设施、国民生活和社会环境，基本上不附加政治、经济或价值观念等超越人道主义的条件。

四是以日本为代表的投资、贸易、开发三位一体，但带有政治安全因素，谋求战略利益的综合援助。其主要是为促进本国出口，保障资源供应，为经济势力的外延性、外向型扩张创造良好条件，同时实现安全保障的国家战略目标。

对于国际援助的解读可以有多个角度，不同视角下的国家援助有着不同类别的划分。

1. 按提供途径，分为双边的直接援助和多边的间接援助

双边援助是一国政府向另一国提供的援助；多边援助是由援助国政府将资金或物资提供给国际组织，再由国际组织向发展中国家提供援助。

2. 按援助方式，分为财政、技术、粮食的援助

财政援助是为了帮助受援国开发经济或缓解政府财政困难；技术援助主要是转让技术专利、培养技术人才、传授管理知识、提供咨询服务等；粮食援助既有直接提供粮食的，也有为发展粮食生产提供物资和资金的。

3. 按使用方向，分为项目援助和方案援助

项目援助是把援助资金或物资直接用于单个项目；方案援助是面向一定的经济发展计划提供总体开发援助。

三、发展国际援助的原因及其重要意义

国际援助之所以成为一种重要的国际现象，主要是因为近代国际社会长期以来存在着以下规律性的运行特点和发展趋势：

（1）国与国之间政治经济发展的不平衡，导致不合理的国际分工和发展程度不同的国家类型。国家间经济实力的差距和贫富不均，使富国对穷国实施援助成为可能，也使穷国通过接受外援以发展本国经济成为必要。

（2）国与国之间存在着亲疏远近的非等距离关系，各国为维护自身利益，需要经常通过各种政策行为对国际关系进行调整，在国际社会中占据优势地位的国家，力图借助对外援助的政策行为实现本国的战略目标和利益最大化。

（3）战后以来，发达国家以经济合作为名，向发展中国家提供各种形式的援助，固然有助于发展中国家经济社会的发展，但同时也有利于发达国家自身的发展。

实际上，国际援助对于援助国和受援国双方的经济发展有重要意义，是一种具有互利和双赢效益的国家间经济合作方式和国际关系模式。对受援国来说，如能合理有效地管理和运用外援，可以解决本国经济建设资金不足、技术水平落后、外汇短缺和物资匮乏的问题；有助于基础设施建设和完善投资环境，提升利用外资和出口创汇的能力；有

助于刺激经济的增长和经济结构的改善；有助于引进和学习外国先进的技术和管理经验，加快经济发展和现代化进程。但如果吸收外援过多、债务负担过重或运用不当、管理不善，外援也可能造成受援国经济的畸形发展或对外援的依赖，特别是双边援助中的限制性采购条款，往往导致受援国在国际市场采购物资的非理性行为和不合理选择，或是援助资金的浪费。对援助国来说，向发展中国家提供开发援助可以带动对受援国的出口和投资的增长，有利于扩大海外市场。而援助国和受援国双方经济的发展，又将促进世界经济的整体进步，有利于各国的经济交流。对外援助所体现的经济合作，实际上是发达国家与发展中国家的经济交流，是国际社会共同发展的必要条件。

四、重要的国际援助组织

1. 联合国难民署

（1）简介

联合国难民署于 1950 年 12 月 14 日由联合国大会创建，并于次年的 1 月 1 日开始工作。它的成立是 20 世纪国际社会为保护和援助难民所做的多次努力的结果。联合国的前身国际联盟在 1921 年就曾任命挪威科学家和探险家弗里德约夫·南森为国际联盟欧洲俄国难民问题高级专员。第二次世界大战导致了几个新的难民援助机构的诞生——联合国救济及复原管理办事处、国际难民组织，以及随后的联合国难民署。新成立的难民署工作期限被定为 3 年。它要在这段时间内解决全球冲突所产生的 120 万欧洲难民无家可归的问题。但是随着难民危机在全球蔓延，难民署的工作期限以 5 年为期不断延续下来。

如今，联合国难民署是世界上主要的人道主义机构之一，它遍布全球 130 多个国家，联合国难民署的项目、难民保护和其他政策指导原则由执行委员会批准。执行委员会由 57 个国家组成（包括中国），每年在日内瓦召开一次会议。第二级的"工作组"，也就是常务委员会，每年举行数次会议。难民署高级专员每年通过经济与社会理事会向联合国大会汇报难民署的工作情况。

（2）任务说明

难民署由联合国授权，负责领导和协调国际行动，在全世界保护难民和解决难民问题。

难民署的主要宗旨是保护难民的权利和福祉。

难民署力求确保人人能够在另一国寻求庇护和安全避难，以及自愿返回家园的权利。难民署也针对难民的困苦境况，协助他们返回本国或另一国定居，以寻求持久的解决办法。

难民署的任务得到本组织章程的授权，以 1951 年《联合国关于难民地位的公约》及 1967 年《关于难民地位的议定书》为指导方针。

《国际难民法》为难民署人道主义活动原则规定了基本框架。

难民署执行委员会和联合国大会也授权本组织同其他群体进行联系。这些群体包括无国籍有争议的人，在某些情况下，还包括在国内流离失所的人。

难民署保证遵守参与原则：在需要作出影响难民生活的决定时，听取他们的意见。

难民署也通过为难民和流离失所者进行的活动，促进《联合国宪章》的宗旨和原则：维持国际和平及安全、发展国际友好关系、鼓励尊重人权和基本自由。

难民署以公平方式向难民和其他人员提供保护和协助，这样做是以难民的需求为根据的，而不论其种族、宗教、政治见解或性别为何。难民署的每项活动都特别注意儿童的需要，并且设法促进难民问题的解决，与各国政府、各区域组织、国际组织和非政府组织建立了伙伴式的工作关系。

难民署设法减少强迫迁徙的情况，为此鼓励各国和其他机构创造有利于保护人权和以和平方式解决争端的条件。为了实现同样的目标，难民署积极设法使回到原籍国的难民重新融入社会工作，以免再度出现产生难民的境况①。

（3）联合国难民署的特点

经过半个世纪的探索，联合国难民署在救助难民方面形成了自己的特点：

第一，紧急救助与长远解决相结合。在向难民提供食品、住所、饮用水以解决他们紧急的生活需要之后，联合国难民署通常会先进行小规模的重建，如提供医疗卫生服务，帮助难民儿童，修建学校、诊所，修复道路、桥梁等，为遣返难民作准备。一旦条件具备，就进行人道主义遣返，并帮助返回的难民修建房屋，进行安置。在资金允许的情况下，还向难民提供力所能及的社区服务、教育和职业训练。

第二，难民救助行动与防止灾害相结合。尽管大多数难民问题都是突发性的，但联合国难民署也力图防止全球热点地区因大规模人口移动而发生严重危机。途径之一就是"早期预警系统"，在危机发生之前进行国际监控。

第三，加强国际合作。联合国难民署与各国政府、各区域组织、国际组织和非政府组织建立了伙伴式的工作关系。如在处理非洲难民的问题上，联合国难民署就得到非洲统一组织的大力协助和支持。与联合国巴勒斯坦难民救济与工作委员会合作，救助巴勒斯坦难民。同时，它与世界粮食计划署、联合国儿童基金会、世界卫生组织、联合国开发计划署、世界银行和国际红十字会等国际组织紧密合作，互相协调，为解决国际难民问题做了大量工作。

（4）联合国难民署解决难民问题的一般做法

第一，志愿遣返。因形势和条件发生了变化，原籍国允许难民回去，在这种情况下，基于难民的志愿，把他们遣返回国。比如，津巴布韦独立后，大批津巴布韦难民由邻国遣返。

第二，当地定居。难民逃到庇护国，接受庇护国的要求，定居下来。

第三，他国安置。难民逃到庇护国，不愿在那里定居，或庇护国不让他们定居，只是暂时让他们停留，然后转移到第三国安置。比如，泰国难民营中不少难民转送到美国、法国、加拿大等国进行安置。

---

① 联合国难民署中文网站（http：//www. unhcr. org. cn/aboutshow. asp？id＝3）。

（5）联合国难民署的资金来源与管理

难民署的资金来源完全依靠各国政府、民间组织和志愿机构的捐赠，包括现金、物质和人员服务。每年预算的2%由联合国拨款，余下的98%靠各国认捐。

随着与联合国难民署有关的人员越来越多，它的年度预算在20世纪90年代就增加到了10亿美元，而且至今仍停留在一个近似的水平。难民署的年度项目预算包括支持目前运行的常规项目和用于紧急事件、大范围遣返的特殊项目。

（6）与联合国难民署合作的其他难民保护组织

因为人道主义危机变得更加复杂，联合国难民署增加了与它合作的组织的数量和类型，包括世界粮食计划署（WFP）、联合国儿童基金会（UNICEF）、世界卫生组织（WHO）、联合国开发计划署（UNDP）、联合国人道事务协调办公室（OCHA）和联合国人权事务高级专员办事处（OHCHR）。

其他组织包括红十字国际委员会（ICRC）、红十字会与红新月会国际联合会（IF-RC）、国际移民组织（IOM）和大约650个非政府组织。

（7）联合国难民署的援助活动

联合国难民署成立后，其援助活动的范围不断改变：20世纪50年代是欧洲难民；20世纪60年代及70年代援助重点转移到了非洲；20世纪70年代末，严重的难民问题已遍及亚、非、拉三大洲，难民总数超过1 000万；进入20世纪90年代，即冷战结束后，世界一些地区的民族矛盾、种族矛盾和宗教矛盾日益突出，各种冲突、内战与政局不稳导致大规模的难民潮。联合国的统计资料表明，在20世纪最后10年中世界各种难民的人数增长了700多万，由1990年的1 500万增加到2000年年初的2 200多万。进入21世纪后，尽管联合国难民署由于一些新问题的出现面临着很大的困难和更加严峻的考验，但是，它仍然是解决世界难民问题的中坚力量。

2. 中国国际救援队

（1）简介

中国国际救援队（又名"中国国家地震灾害紧急救援队"）成立于2001年4月27日，主要依托工兵团某部，由国家地震局应急司主管，中国地震应急搜救中心负责提供相关技术、培训和物资保障。由救援队员、地震专家和医护人员组成的这支专业队伍，共分为三个支队和一个直属队，三个支队各有五个分队：搜索分队、营救分队、医疗分队、技术分队、保障分队，直属队则由参谋组、技术组、保障组组成。

其组建原则是"一队多用、专兼结合"；任务定位为"迅速搜索与营救由于地震或其他灾害事故造成城市建、构筑物破坏而被压埋的人员"；对救援队的素质要求是"反应迅速、机动性高、突击力强，能随时执行紧急救援任务"；救援行动由国务院统一协调指挥。这支专业救援队伍可以在指挥、搜索、营救、结构、通信、医疗救助、条件保障、公共教育课程培训等方面发挥作用。

（2）中国国际救援队标志释意

中国国际救援队的标志（如图12-1所示）创意首先要体现"紧急"。代表国家形象的中国国际救援队除了担负中国国内的地震救援，还在世界范围进行地震灾害救援，使得标志在设计上又要体现国际性。

①整个圆形结构切割形成地平线，五星从地平线上冉冉升起。体现中国地震救援队为灾区人民带来无限希望。

②国旗的颜色与简化的五星结构、三角紧急符号的结合强调国籍与地震救援的紧急性。

③五星与三角的结合构成了一个人形，使整个标志突破了呆板的几何形体，突出了"以人为本"的概念，同时，五星形下面两边象征设备的支撑，表示既能保护灾民又能为救援人员提供安全的防护措施。

④外围的蓝色橄榄叶，赋予整个标志以国际意义。

图 12-1　中国国际救援队图标

（3）中国国际救援队建设的基本情况

队伍组建方面，经国务院和中央军委批准，2000 年 12 月，国务院办公厅和中央军委办公厅转发地震局和总参谋部《国家地震灾害紧急救援队组建方案》（国办发〔2000〕5 号），批准组建中国国家地震灾害紧急救援队，对外称中国国际救援队（China international search and rescue，CISAR）。这支"国家队"于 2001 年 4 月 27 日正式成立，在建队初期为一个总队，共 230 人，由解放军某工程部队 159 人、武警总医院急救医生 13 人、部分地震技术专家和熟悉联合国救援事务的专家 58 人组成。总队下设三个支队，每个支队又分为搜索分队、营救分队、医疗分队、技术分队与保障分队。由地震局新成立一个救援办公室（正厅级）负责救援队日常事务，并由总参谋局、地震局、武警部队相关领导为成员组成重大事项联席办公室，对涉及救援队建设的重大决策进行讨论。救援队遵循"一队多用、专兼结合、军民结合、平战结合"的原则组建。

①装备建设。救援队瞄准国际上先进的救援设备进行招标购置，设备达到模块化、信息化、机动化和现代化。目前购置的装备主要是对地震后，建（构）筑物倒塌压埋人员进行救护，后又向财政部申请经费，增补次生灾害救援设备。主要装备包括搜索设备、营救设备、现场通信设备、现场急救医疗设备、救援装备集成车辆。其中搜索设备包括声波振动生命探测仪、库玛特蛇眼生命探测仪、光学探测仪、无线图像传输系统、热成像生命探测仪共 18 台套；营救类设备包括扩张/剪切设备、液压/气动设备、动力照明设备、辅助工具、个人装备器材共 8 845 件；通信类设备包括卫星通信设备、便携式海事卫星通信设备、集群通信系统、现场微波通信系统、井下有线通信系统、移动视频通信系统共 24 套；医疗类设备包括专业急救箱、肢体固定设备、担架类搬运设备、

心肺复苏设备、医疗训练设备、个人急救设备 299 套；救援集成车辆包括 RW3 型救援装备车、救援集装箱车、卫星集群通信车、医疗装备车、运犬车、载人车、指挥车共 21 辆。目前设备总额已达 6 000 多万元，并且在设备的管理上实行"三分四定"，对全部装备登记造册，分类定点存放，做到管用结合。

②技术培训与训练。救援队依托临时训练基地进行技术训练；依托地震局减灾学校进行救援英语培训；赴唐山地震废墟遗址进行地震基础知识学习；分层次进行现场急救医疗培训，其中急救医生在国际 SOS 急救中心进行了培训，并获院前急救资格证书；其他非医务人员均在中国红十字会进行了自救互救培训；部分骨干多次赴国外进行指挥培训；组织全队首先针对各类装备进行好基础训练和专业训练，逐步过渡到全队综合演练、值班分队夜间演练、值班分队空中远距离机动救援演练等，每年 80 个训练日（560 小时，每周 1.5 天），完成 120 余次不同规模的演练。救援队还通过国际交流合作不断增进国际救援知识，先后派出多个救援考察组考察了美国、德国、法国、荷兰、瑞士、瑞典、丹麦、新加坡、新西兰、澳大利亚等国的救援管理机构与救援队，邀请了瑞士、德国、荷兰等国的救援专家来华讲学。

②制度建设。救援队实行重大事项联席会议办公室讨论、日常事务由救援办公室办理的制度，逐步建立健全了各项具体、实用、配套的制度，并在训练工作中抓落实。制定了救援队手册，主要明确了各级人员职责和救援队指挥关系；根据不同规模的灾害，制订了多种组队方案，包括 16 人、27 人、42 人、67 人、230 人等 5 种组队出动方案、空中机动及摩托化出动行进方案；各单位制订了收拢、机动、疏散、展开等基本方案；制订了不同类别灾害的专项行动预案；制定了救援队装备使用与维护规程、救援队手册、救援医疗手册、救援现场管理规定、紧急救援的有关法律约定等。做到了内容全面、针对性强、适应性好，取得了良好的实效。

（4）中国国际救援队主要事迹

2003 年 5 月 21 日，阿尔及利亚北部地区发生里氏 6.2 级地震，2 250 多人死亡，1 万多人受伤。应阿尔及利亚政府的邀请，中国国际救援队于当年 5 月 24 日抵达阿尔及利亚，参加抗震救灾工作。第一次参加国际救援行动的中国国际救援队依靠着先进的科技水平，成功搜救幸存者一名，挖出遇难者四名。在参与救援的三十八支救援队中，总共只搜救出幸存者两名，中国国际救援队是继法国救援队之后震区第二支成功搜索到幸存者的队伍。联合国人道主义协调办公室的官员曾经评价说："中国国际救援队已经成为国际搜索救援舞台上一支宝贵的力量。"

2003 年 12 月 26 日，伊朗克尔曼省发生里氏 6.3 级地震，震中位于古城巴姆附近。地震发生后的第二天，中国国际救援队抵达巴姆，成为首支到达伊朗地震灾区的亚洲救援队。中国国际救援队在巴姆连续工作了 46 个小时，虽然没有找到幸存者，但排查了 22 具遇难者尸体，对大量伤者进行了医疗救护。

2004 年年末的印度洋海啸爆发后，中国国际救援队先后派遣了 4 批救援人员，前往严重受灾国泰国、斯里兰卡、印尼，开展救援。直到 2005 年 2 月，最后一批救援队员才在圆满完成任务后返回中国。在此期间，中国国际救援队接诊灾区患者上万人次。

2005年10月8日，巴基斯坦大地震发生后，中国国际救援队奔赴巴基斯坦地震重灾区巴拉考特，救援队搜救分队成功救出了3名幸存者，是20多支国际救援队中成功救出幸存者的两支队伍之一。医疗分队救治了大量受伤灾民，有病历备案的就达591人。

2006年5月27日，印尼日惹地区发生里氏6.4级地震，至少造成6 000人死亡。当年5月29日，中国国际救援队携带5吨医疗救援物资抵达印尼灾区。在历时18天的抗震救灾期间，救援队救治伤员3 015人，成功实施了300多例手术，同时向印尼政府提交了一份详细的地震灾情报告，对灾区重建提出了许多有针对性的建议。

2008年5月12日，我国四川省汶川县发生里氏8级大地震，当晚八点左右，中国国际救援队和现场工作队一行214人，分乘空军两架伊尔-76运输机从首都南苑机场出发，前往四川汶川地震灾区第一线实施救援行动，执行搜索、营救和医疗救护任务。此次前往地震现场的包括中国地震局专家、现场应急队员、救援队员44人，武警医院医护人员22人，工兵团某部救援队员148人。这支队伍携带12条搜救犬及2台地震救援车、1台应急指挥车。该救援队装备有8大类上百种专业器材，能进行复杂救援条件下的生命探测和顶、垫、切、割、划、搬等破拆作业。中国国际救援队在四川先后转战都江堰、绵竹、汶川、北川4个市（县）48个作业点。在整个救援行动中，队员们连续作战、不畏艰险，在山体滑坡、余震等威胁下展开搜救，成功营救出幸存者49人，发现幸存者12人（交由其他救援队营救），帮助确认定位36人次，清理遇难者遗体1 080具。

其后中国国家救援队还参与了2010年4月青海玉树地震、2011年2月新西兰地震、2011年3月日本9.0级地震、2015年4月尼泊尔8.1级地震、2017年8月四川九寨沟地震、2023年2月土耳其7.8级地震的救援行动。

3. 日本国际救援队

日本政府的国际紧急援助主要有三方面，即人员援助、物资援助和资金援助。国际紧急援助室主要负责日本政府国际人员援助和物资援助活动的组织和协调。日本派遣的国际救援队有四种类型：一是救援队，由警察、消防、海上保安厅、外务省、日本国际协力团（JICA）等方面派出人员组成；二是医疗队，由医疗部门派出的医生、护士、药剂师和外务省、日本国际协力团的人员组成；三是专家队，前往灾区就灾害发生的控制、防止灾害扩大等进行指导和提出建议；四是在特殊需要的场合，由不携带武器的自卫队官兵组成。

日本的国际紧急援助活动，是从1979年向柬埔寨难民营派遣医疗队开始的。1982年日本在国际协力团建立了国际紧急医疗体制。1985年发生墨西哥地震、哥伦比亚火山爆发等灾害，迫切感到组织紧急救援队的必要性。1987年日本开始实施《国际紧急援助队派遣法》，1992年修改《国际紧急援助队派遣法》，自卫队从此可以进行国际救援活动。进入21世纪以来，日本参加的国际紧急救援活动有：2001年印度地震灾害，2002年巴布亚新几内亚火山喷发灾害，2003年阿尔及利亚地震灾害，2004年印尼海啸灾害，2005年巴基斯坦地震灾害，2006年印尼地震灾害，2007年韩国漏油事故，2008

年缅甸水灾等。为中国提供紧急援助活动有：1989 年洪水灾害，2003 年"非典"，2008 年中国南方地区雪灾和汶川大地震。从 1987 年以来的 21 年中，总共向 36 个国家和地区派出了 97 支各种类型的紧急救援队，其中包括由 10 支自卫队官兵组成的救援队。

接到上级派遣紧急救援队的指示后，首先要协调相关系统调集救援队员，组建紧急救援队。在日本的警察、消防和海上保安厅系统中，登记注册国际紧急救援队的约有 1 000 人。然后是协调相关国家的入境签证，筹措救灾器材，查询可利用航班等。根据《国际紧急援助队派遣法》，国际紧急救援队必须在 24 小时以内出发。2008 年前往四川的救援队，从通知到出发仅用 6 小时，在国际紧急救援活动中，日本出发速度是最快的。日本国际救援队其后还参加了 2015 年 4 月尼泊尔 8.1 级地震、2023 年 2 月土耳其 7.8 级地震的救援行动。

4. 美国国际救援队

美国国际救援队（American rescue team international，ARTI）成立于 1985 年，是道格·考普（美国国际救援队灾难总指挥，有 20 多年的救援经验）自己创办的一个完全的非营利性的非政府组织。队员来自几个国家的 15 个救助队。一共有数千个成员，而且还在签订合作协议，不断地扩充队伍，吸引更多来自全球各地的救援人员。曾参加过的救援行动有 1985 年的墨西哥地震，1986 年的希腊地震，1986 年的萨尔瓦多地震，1991 年的哥斯达黎加地震，1995 年的日本东京和大阪地震，2001 年的美国"9·11"袭击等。

自从 1985 年成立以来，ARTI 就开始时刻准备应对全球范围内的灾难，包括地震、爆炸、龙卷风、山崩、飓风、泥石流、矿难、水灾、毒气泄漏、火灾等。

ARTI 是一个非营利、非政治、非政府组织和受到国际公认的人道主义救援组织，目标是抢救生命，减轻痛苦，并且使灾难造成的损失降到最低限度。同时，ARTI 致力于用合适数量的人在最小的代价下救出尽可能多的人。

ARTI 已经与 32 个国家的救援队建立了广泛的合作联盟，有利于在大灾面前整合资源，寻求解决方案。ARTI 队员抢生的关键是培养应变能力，创造一个能够培养不断创新、自立、关心邻居的环境。ARTI 随时准备应对那些对人类和环境有危害的危险状况。救援队的技术能力依靠某些先进设备，包括多普勒雷达卫星技术、卫星通信系统等。ARTI 随时应对任何地点的紧急灾难。

ARTI 协助政府更加有效地应对世界范围内的灾难，并且在救灾的过程中不断扩充与修改他们的知识和方法。ARTI 还为军队、消防队、交通部甚至领导人提供建议。

5. 英国国际救援队

英国国际救援队（international rescue corps，IRC）创立于英国，创办人是航空业大亨理查德·布兰森。IRC 是独立的（非政府组织）灾难救援服务机构，在联合国注册，经费完全来自公众捐款和企业赞助。IRC 成立于 1981 年意大利地震后，1985 年开始正式运行。IRC 在英国和全世界进行过数以万计的救助任务；许多任务是与其他机构共同合作完成的。所有 IRC 的救助服务都是义务性质的，不收取任何费用；目标只有一个，就是拯救生命。

　　目前 IRC 在全英国有 150 多名成员，所有成员都是志愿者，没有领薪雇员。每个成员都有自己的工作，将自己的业余时间奉献给 IRC。为了更好地执行任务，所有的成员都必须完成 IRC 规定的训练项目，并多次参与地方、国家及全球的实战演习。所有成员刚开始以普通成员身份加入 IRC，经过为期半年的适应性阶段后，自己决定是否愿意成为正式成员，如果是则进行登记训练。训练涵盖了有关搜寻、救援等各种技能，包括灾区生存、露营术、导航定位、沟通、队伍纪律、工作流程、绳索救援、狭窄空间救援等技能。IRC 还会征召一些外部专家（如直升机作业和矿井救援等），但大部分由自己的队员承担。IRC 的训练一般在周末举行，队员有空就参加。作为一个自愿性组织，没有人必须参加某项特定的活动——进度都是留给成员自己掌握的。课程提纲都是精心编制的，不过在参与最后的评估前，每个人都必须经过 18 个月的训练；评估本身就是长达几周的过程，最后还有一个 48 小时的灾难模拟。

　　参加过的全球救援有：阿富汗、日本、墨西哥、萨尔瓦多、哥斯达黎加、土耳其、菲律宾、亚美尼亚、印度、伊朗和巴基斯坦的地震，哥伦比亚的泥石流，蒙特塞拉特岛、尼加拉瓜和洪都拉斯的飓风及飓风引发的洪水等，此外还有英国本土的救援。

　　标准操作流程：救援要求先直接递交给 IRC 总部，随后跟进灾难的新闻报道，与相关部门联系。在接到受灾国家入境通行证，以及需要机构协助救援的确认函之后，就开始动员。在执行任务期间，总部将由志愿者坐镇指挥和调配人员，负责通信联络工作；IRC 的网站也会随时更新救援进度。

　　IRC 的目标是，在接到救援任务后，海外 24 小时、英国国内几分钟之内迅速动员，组成一支设备齐全的救援队伍。

　　搜救队伍携带的装备要根据灾难的性质而定。主要的设备包括热成像摄影机、测音器、光纤探测器、便携式发电机、灯、帐篷以及可维持 15 天的食品和水净化装备。一些设备是专门进口的，队员在使用时需懂得一些建筑学和一些易燃易爆品的知识，了解在建筑物坍塌时该怎么做，同时要掌握如何从大火、车辆、飞机、船舶中救人，以及在各种极端气候条件下实施救援的技巧。

思考题

1. 论述近年我国社会互助的发展及其制约因素。
2. 试述完善我国慈善组织管理的思路。
3. 关注并论述我国慈善捐赠有关的立法工作现状。

► 自测习题及参考答案

第十三章

心理救助

第一节　心理障碍及其治疗

一、心理障碍

社会、个体和心理健康工作者对心理健康各自拥有不同的视角（见表 13-1）。社会的视角标准在于行为是否符合现有的社会规范；个体的视角标准在于个人是否产生幸福感；心理健康工作者则以人格特征，如个体不适、生活机能作为评判标准。

表 13-1　社会、个体和心理健康工作者对心理健康的视角表①

	标准/含义	测量基准
社会	世界是有序的，人们承担其社会角色对应的家庭责任，遵从大多数的意见，且符合具体场合的要求	观察行为，考察其是否履行社会的期望及能否达到大多数人的标准
个体	幸福，需要得到满足	主体对自尊、接纳及幸福的感受

① CHARLES G MORRIS, ALBERT A MAISTO. 心理学导论［M］. 12 版. 张继明，王蕾，童永胜，等译. 北京：北京大学出版社，2007：432.

表13-1(续)

	标准/含义	测量基准
心理健康工作者	以成长、发展、自主、环境支配能力、压力应对能力和适应为特征的健全的人格结构以及处理压力和自我调适的能力	临床诊断，辅以行为观察和心理测验，如测量自我概念、身份感、心理的平衡、对生命一致的看法、对压力的耐受力、自律、对现实的应对能力、心理与行为症状的缺失度、在"爱、工作、娱乐"方面的充沛程度、人际关系的丰富性等变量

　　19世纪末20世纪初以来，生物模型、以弗洛伊德及其追随者为代表的精神分析模型和归因于学习所得的认知—行为模型先后对心理障碍进行了解释，但都各有其局限性。20世纪90年代后产生了素质与压力互动模型和系统理论。前者认为，对心理障碍的生物易感性（或素质）必须结合某种压力情景，才表现为行为。系统理论认为，心理障碍的产生是生理的、心理的以及社会风险共同作用的结果。情绪问题是"生活方式疾病"，像心脏病和其他疾病一样，是生理风险、心理压力和社会压力与期待结合造成的。以心境障碍为例，遗传因素在抑郁症的发展中扮演重要角色，抑郁症还与认知扭曲紧密相关，即对早期负面生活事件的不合理逻辑的、适应不良的反应，可能会带来自己没有能力的感觉，一旦出现与早期事件类似的情形，这种感觉就会被再度触发。社会因素如与他人关系混乱亦与心境障碍有关系。精神分裂症的起因研究显示，精神分裂症的生理体质可以遗传，此乃大脑中枢神经系统的多巴胺含量过多或大脑的多种结构病变所致，精神分裂症的发展也会受到环境因素的影响，诸如负面的家庭情感和较低的社会经济阶层（所得到的教育、机遇和报酬都较低）等。

　　根据不同的标准，可对心理障碍进行不同的分类。表13-2是2000年美国心理协会参照世界卫生组织的《国际疾病分类标准》（第10版）所作的划分。

表13-2　心理障碍分类

分类	例子
通常在婴儿期、童年期或青少年期初次诊断出来的心理障碍	智力发育迟缓、学习障碍、注意缺失障碍和多动障碍
谵妄症、痴呆症、遗忘症以及其他认知障碍	谵妄症、阿尔茨海默病、遗忘障碍
某种疾病引发的心理障碍	癫痫引发的精神障碍
物质相关障碍	酒精依赖、可卡因依赖、尼古丁依赖
精神分裂症及其他精神障碍	精神分裂症、分裂情感性障碍、妄想障碍
心境障碍	重度抑郁症、中度心境障碍、双相障碍①
焦虑性心理障碍	广场恐怖症、社交恐怖症、强迫性障碍、创伤后应激障碍、一般性焦虑障碍
躯体性障碍	躯体化障碍、转换性障碍、疑病症

---

① 双向障碍是指躁狂和抑郁两种症状同时存在的心境障碍。

表13-2(续)

分类	例子
虚构障碍	伴随显著身体迹象和症状的虚构障碍
分离性障碍	分离性遗忘、分离性神游症、分离性认同障碍、人格解体障碍
性心理障碍及性别认同障碍	性欲减退障碍、男性勃起障碍、女性性高潮障碍、阴道痉挛
进食障碍	神经性厌食症、狂食症
睡眠障碍	原发性失眠症、嗜眠发作、恐睡症
冲动性障碍	偷窃癖、纵火癖、病态赌博狂
适应性障碍	伴随抑郁情绪的适应障碍、伴随品行障碍的适应障碍
人格障碍	反社会人格障碍、边缘型人格障碍、自恋型人格障碍、依赖型人格障碍

二、心理治疗

心理治疗可分为个体心理疗法和团体心理疗法。个体心理疗法中，从 20 世纪开始最先发展出领悟疗法，20 世纪 60 年代至 70 年代行为疗法出现，最近发展起来的为认知疗法和生物疗法。

1. 领悟疗法

领悟疗法旨在让人们能够更好地意识和理解其感受、动机与行为，同时希望以此促进他们朝着更好的方向调整。领悟疗法可分为精神分析法、求助者中心法和格式塔疗法。

精神分析法的创始人是弗洛伊德。精神分析学派相信，心理问题源自童年的内心冲突。精神分析的目标是领悟或将潜意识的感受带到意识层面，达到该目标的方式之一是自由联想，即求助者没有任何加工和禁忌地表达进入其头脑的想法和幻想。在经典的精神分析中，求助者将其童年时期对权威人物的情感转移到治疗师身上，此过程即为移情。

求助者中心法，或称以人为本的疗法，其创始人为卡尔·罗杰斯。其基本理念是：治疗应基于求助者（而不是治疗师）对世界的看法，求助者应为自己的改变负责。治疗师的最主要任务是向求助者提供无条件的积极关注，无论对方说什么或做什么，均要表示无条件接纳，以便求助者能够学会接纳他们自己。治疗师使用非指导性技术，表现出更多的积极与理解。

格式塔疗法是由福雷德里克·皮尔斯创建的，其目标是帮助人们变得越来越了解自身的感受，且在其日常交往中更加本真。治疗的重点是让求助者更加完整或完形。格式塔疗法使用许多技术，如告知求助者用一种积极而非消极的方式来讲述"以获得自己的感受"（"当他在身边的时候，我感到生气"，而不是"当他在身边的时候，他让我生气"）。格式塔疗法还经常使用空椅子技术，即求助者想象另一部分的自己坐在自己旁边的空椅子上，并向其倾诉，以此领悟到他们冲突的内部情感，达到更加本真。

以上三种疗法共同的缺点在于花费时间太长。现今的领悟疗法比传统的精神分析更加积极，且给予求助者直接的指导和反馈。同时关注求助者当下的问题，而非童年时期的创伤。短期精神动力心理治疗由此产生，该疗法认为大多数人通过有限次数的治疗能够被成功治愈。

2. 行为疗法

行为治疗师认为，所有的行为（包括正常的和变态的行为）都是习得的，治疗的目标是教会求助者更加令人满意的行为方式。行为疗法又可细分为使用经典条件反射技术、操作性条件反射和示范法。

经典条件反射技术试图唤醒对旧刺激而产生新的条件反应。作为最古老的行为治疗手段之一，系统脱敏法是在求助者保持放松的状态下，通过想象或直接面对不断增加的恐惧情境下逐渐降低非理性的恐惧的一种方法。例如，针对一位畏惧在公众场合演讲的求助者，治疗师首先建立一份从引起最低度恐惧的情境（如 50 名听众）到最高度恐惧的情境（如 500 名听众）。然后，治疗师教求助者如何放松：澄清头脑，释放紧张的肌肉，立即产生放松的反应。比系统脱敏法更为极端，满灌疗法是一种严酷却又高效的脱敏方法，它让求助者高强度和长时间地处于恐惧情境中。如某个打心眼里恐惧蜘蛛的人可能被强迫去打一只狼蛛或让狼蛛从其胳膊上爬过去。与系统脱敏法和满灌疗法相反，厌恶条件反射使求助者对某一刺激形成一种消极而非积极的反应，比如将看到或尝到酒精作为刺激，旨在通过使其与痛苦以及不舒服的感觉联系起来，以达到消除不良行为的目的。比如一些治疗机构把酒精的口感和气味与通过药物催生出来的恶心和呕吐进行匹配来治疗酗酒。

操作性条件反射通过强化新的行为，以及忽视并惩罚旧的行为来发生作用。行为合同法就是其中的一项技术，它的方法是：求助者和治疗师之间达成某种一致的行为目标并且一旦求助者达到该目标，他就会得到奖励。如一份合同可以这样写道："如果我每天抽烟少于 20 支，我将获得 30 分钟打保龄球的时间；反之，如果我每天抽烟多于 20 支，将从我积攒的时间里扣除 30 分钟。"代币物奖励法是操作性条件反射的另一项技术，代币物能够交换求助者想要的东西，它被用来正向强化许多不同的适当的行为。如在精神病院，打扮得比以前清洁便可获得积分，这些积分又可以用来交换特定的食品或周末聚会的入场券。

在使用示范法的时候，求助者通过观察其他人的行为而习得新的行为。如为了帮助患有蛇恐惧症的人战胜对蛇的恐惧，治疗师让他们观看一段电影，影片中的示范者直接面对蛇，并一步一步地向蛇走近，后来他们对蛇的恐惧症明显减少。

3. 认知疗法

认知疗法的核心思想是：人们对世界的观念可以改变，同时这些改变将对潜在的行为带来有益的影响，其目标是改变人们对他们自身及世界不良的思维方式。认知疗法中较为流行的方法有压力免疫法、理性治疗法和贝克认知疗法。

压力免疫法利用自语过程来帮助人们处理压力情境，一旦压力情境被识别出来，治疗师就开始教求助者抑制任何负性的、引起焦虑的想法，并且用正向的、积极的想法取而代之。该技术治疗焦虑性心理障碍（如焦虑考试的学生）特别有效。

1973年阿尔伯特·艾里斯（Albert Ellis）创立了理性治疗法。理性治疗法基于以下观点：许多需要治疗的人都持有一套非理性的以及自我挫败的信念，如他们在任何方面都具有竞争力，并且被每一个人都喜欢；生活在任何时候都应该是公平的；应该很快地解决问题；生活应该按照一定的方式进行。当突然遇到现实生活中的困境时，他们心里感到极度的痛苦。理性治疗法则教他们积极面对这类不正常的信念，并以更积极的心态去体验生活，大大降低了出现抑郁的可能性。

1967年阿伦·贝克（Aaron Beck）创立了治疗抑郁症的一种最重要的认知疗法方式，即贝克认知疗法。贝克认知疗法相信抑郁症是强烈的、不恰当的、自我要求严格的消极思维方式的结果，治疗目标是引导并使得人们的思维方式更加现实可行。治疗经常使用一种支持性的但又客观科学的态度来帮助求助者，试图检查每一个不正常的想法。如针对一位因失去重要客户而变得极度抑郁的销售员，治疗师会帮助他思考：你确信再也找不到更好的顾客了吗？你得出这个结论的证据是什么？

4. 团体疗法

团体治疗基于下列理念：心理问题至少部分地是人际的，因而最好的方法是在人际中解决。团体治疗为求助者提供社会支持，并且其花销比个体治疗要少。团体治疗包括家庭治疗、夫妻治疗和自我帮助团体。

家庭治疗基于这样的理念：个体的心理问题在某种程度上是家庭问题，因而心理治疗应该去治疗整个家庭，而不是单独的个体。其目的是增强家庭成员的沟通与共情，并减少家庭内部冲突。为此，所有的家庭成员都须明白，他们将从他们的行为改变中获益。家庭治疗的目标是改变家庭成员满足他们自己需要的方式，而不是试图去改变那些需要或个体成员的人格特征。

一般而言，对夫妻双方进行治疗比仅对一方治疗效果更好。夫妻治疗致力于提高夫妻间的沟通和交互方式，形式包括共情训练和认知婚姻治疗。

自我帮助团体是一个本地人集中形成的小团体，这些人有着相同的问题，且彼此间提供帮助。自我帮助团体的费用很低。他们能提供社会支持以及通过彼此间提供的信息和建议增强团体成员处理问题的能力。美国匿名戒酒协会（alcoholics anonymous，AA）在教会人们应对酗酒问题上赢得了让人羡慕的好名声。

5. 生物疗法

选择生物治疗方法可能出于以下几个方面的原因：第一，有时治疗师发现，他们用任何心理疗法都不能帮助求助者了，因为他们要么非常激动，要么完全失去判断力或完全没有任何反应；第二，常用来治疗那些有很强的生理成因因素的心理障碍；第三，常用于那些对自己或他人存在危险的患者。生物治疗包括药物治疗、电休克疗法和精神外科手术。药物治疗经常同时和心理治疗一起进行。

药物是最常用的生物治疗方法。抗精神病药物在治疗精神分裂方面有效；它们并不能治愈这种心理障碍，但可以减轻症状，不过副作用可能很严重。抗抑郁药物能够缓解抑郁，但往往一些药物副作用严重。抗抑郁药如 1998 年在美国开始上市的百忧解的药效似乎常来自患者自身相信药物会起作用的信念。很多其他类型的药物如锂（用来治疗双相障碍）、抗焦虑药物、镇静剂和精神刺激剂（针对儿童的注意缺失/多动障碍）等也用来治疗心理障碍。

电休克疗法用来治疗那些对其他治疗方法没有反应的严重抑郁症病例。用电流短暂电击患者大脑，产生抽搐和短暂的昏迷。

精神外科手术是为改变患者行为和情绪状态实施的脑外科手术。现在已很少使用该方法，而是仅仅作为针对棘手的精神病患者的铤而走险的措施。

6. 住院治疗及其备选方式

大型精神病医院为那些罹患严重心理障碍的患者提供庇护和一定程度的看护，但住院治疗同样产生了一系列问题。随着 20 世纪 50 年代抗精神病药物的出现，许多患者被从公立医院中解放出来，他们被送到社区环境中进行康复，这就是所谓的去机构化。但是社区精神健康中心和其他支持服务机构提供的服务不够完善，造成许多前患者自行停药，变成无家可归的人，最终因精神病死于街头。

住院治疗的备选方式包括住在家里接受培训，学习如何处理日常生活；由青年旅行社提供治疗和危机干预；日间托护治疗；公共卫生机构的护士带药看护；门诊病人进行集中咨询并进行药物治疗等。大多数的备选方式都有日间与职业工作者进行密切接触的安排，也有家庭或社区的精心准备。研究发现这些备选方式相比住院治疗取得了更加积极的效果。

另外一种针对精神疾病的方法就是防患于未然，即预防它的开始。预防可分为三种形式：一级预防指提高整体环境来遏制心理障碍新病例的出现；二级预防指确定高危人群并且为其制定服务机构；三级预防的目标是帮助曾经住院的患者回到社区。

第二节　心理救助在社会工作领域的运用

美国心理学家 G. 卡普兰（G. Caplan）将日常心理救助分成三级预防系统：一级预防是指心理健康知识大范围内的宣传，主要针对健康的正常人，指导正常人克服生活中常见的危机与困扰，包括在生理、心理、社会等方面维护个人心理健康的一切措施。二级预防针对轻度心理异常者，如问题行为、不良习惯、人际关系问题、学习适应问题、感情问题、生活中的各种危机。二级预防系统常采用常规性的咨询。三级预防的对象是严重的心理异常者。这部分工作大部分由医院及专职心理工作者进行。三级预防系统的根本是第一级，一级预防工作的充分程度直接决定着二级和三级工作的顺畅性。无论是各心理机构，还是整个社会，这个三级预防系统都在实施并逐渐完善。

一、国外心理救助的起源与发展

1. 国外的 EAP 项目

EAP（employee assistance program），可直译为员工援助项目，或意译为员工心理援助项目。它是组织为员工设置的一套系统而长期的福利与支持项目，通过专业的心理工作者对组织的诊断、建议和对员工及其家庭成员提供的专业指导、培训和咨询，旨在帮助解决员工及其家庭成员的各种心理和行为问题，提高员工在组织中的工作绩效以及改善组织气氛和管理。

EAP 能给组织带来巨大的效益。美国的一项研究表明，组织为 EAP 投入 1 美元，可节省运营成本 5 美元到 16 美元。EAP 最早起源于 20 世纪初的美国，自 20 世纪 80 年代以来，EAP 得到了蓬勃的发展。在美国、英国、加拿大等欧美发达国家都有长足的发展和广泛的应用。据统计，美国有四分之一的企业为员工提供常年的 EAP 服务；在日本，一些企业中出现的安抚管理模式就是 EAP 部分内容的翻版之一，一些企业设立了放松室、发泄室、茶室，来缓解员工的紧张情绪，或制订员工健康研修计划和增进健康的方案，帮助员工克服身心方面的疾病。

2. 国外心理危机干预概况

系统的心理援助的理论出现于 20 世纪 40 年代，源于美国 1942 年的波士顿大火，这场发生在夜总会的大火致使近 500 人死亡。在这场大火之后，美国心理学家 Eric Lindezmann 治疗了很多火灾的幸存者，并在他们身上发现一些相似之处，就此整理出关于哀伤的反应模式。差不多同一时间，在哈佛公共健康家庭指导中心工作的 Gerald Caplan 和 Howard Parad 也通过他们和遇难家庭的接触，总结出危机事件中影响心理反应的 5 个因素。

进入 20 世纪六七十年代，美国的一些志愿者组织就是为了帮助越南战争后回国的一些患"创伤后应激障碍"的军人摆脱精神和心理痛苦而逐渐形成的。后来，国家支持成立相关的研究机构，成立专门的灾后疏导团体等。所有的退伍军人都要接受心理诊断，从而确定是否存在需要被干预的心理问题。对于存在心理危机的人群，则提供专门的处理机构进行干预，而且这种干预也是长期的。在美国，为退伍军人的战后心理康复问题，成立了专门的创伤后应激障碍（PTSD）国家研究中心。当灾难发生，它就已经成为社会救助系统的一部分了。

美国官方的灾难心理卫生服务始于 20 世纪 70 年代，1974 年美国联邦应急管理局资助了一项灾难危机干预项目，由美国心理卫生服务中心紧急服务及灾难救援项目组负责。1978 年，美国国家心理卫生署出版了第一本《灾难救援心理辅导手册》。随着人们对灾后心理重建重视程度的提高，各国的心理学家以及政府着手研究灾难的危机干预，并开始了有关受害者的服务。2001 年"9·11"事件发生后，美国的心理危机干预机构立即着手对幸存者、遇难者家属、救护人员和目击者进行心理评估和干预，大大减少了灾后心理障碍的发生率。20 世纪中期开始，美国国家心理卫生署就着手制订灾难受害者服务方案。美国重大灾难及危机的国家心理卫生服务系统由政府组织和非政府组织组成。政府联邦级的心理卫生服务中心下的紧急及灾难救援项目组主要为灾难受害者提供及时、短程的危机咨询以及情绪恢复的伴随支持等服务。另外，美国创伤后应激障碍中心与重新调整咨询署还联合开展灾难心理卫生项目，组织专业培训、反应网络等。非政府组织包括非营利的社会团体、学术组织、宗教组织和高校，如美国红十字会、美国心理学会、美国婚姻与家庭治疗学会、美国精神学会等。它们已形成一套完整的制度。

国外心理危机干预备受重视，许多较大的城市都设有危机干预机构。这些机构通常都与警察、消防部门、医疗救护中心有密切的合作，当枪杀、绑架、火灾、车祸、地震、洪水等突发事件发生时，他们一起出动，为遇难者及其家属提供全方位的帮助。以诞生于20世纪60年代的北美911急救热线电话为例，通过这个电话，可以立即了解每个呼叫者的姓名与位置信息，911系统还直接与警察、消防、医院、药品监督等部门直接相联。当求助者打来电话时，接线员可以立即记录来电者的位置。在交流咨询过程中，如果发现来电者正在采取自杀行为，接线员可以立即接通警察和医院，调动相关救援人员到场解救。如果发现求救者已经服用毒药，则立即进行准确的药效判断，并联络当地的药品监督部门协同警察采取救援。911急救热线对接线员的专业要求非常高，他们有心理学危机干预的技能、清楚各种毒药的药性、可以进行初步的精神诊断、具有资源调动的把握能力。

发达国家的心理干预有些已经形成组织网络，灾难发生后，政府或有关机构会立即组织心理治疗和咨询人员前往出事地点进行心理救援或在事发当地开展心理干预工作。而在欧洲，一些国际组织已经联成网络，当一个地方有灾难性事件发生时，政府马上与本国心理干预组织取得联系，相关组织会尽快组织专业人员赴现场进行危机干预，如果一个国家专业人员力量不足，可以向联网的国际组织申请援助。目前，这些网络已经发挥了重要的干预作用。20世纪80年代以来，联合国世界卫生组织精神卫生与物质依赖署和紧急事件与人道主义行动署联合提供灾难后所需要的心理和社会支持，标志着危机干预开始了国际合作。在日本阪神大地震、美国"9·11"恐怖事件等重大灾难发生后，都有世界卫生组织派出的心理危机干预专家与当地各级危机干预组织携手为灾民提供心理救助。

二、中国灾后心理危机干预发展历程

我国的专业人士从20世纪80年代末开始了灾后心理危机服务。1994年，新疆克拉玛依大火后，我国第一次正式开始灾后心理创伤的干预工作，北大精神卫生研究所应邀派人参加了与烧伤等科共同组成的抢救组，对伤亡者家属的心理危机进行了为期两个月的干预工作。这次干预是在没有任何现成经验可以借鉴的情况下，参考从国外找来的相关资料摸索完成的。之后，在1998年长江流域大洪水，1998年张北地震，2000年洛阳火灾，2002年大连空难，2003年"非典"、重庆井喷事件，2004年包头空难、"云娜"台风、温州乐清泥石流、东南亚海啸、2008年四川汶川特大地震、2020—2022年新型冠状病毒感染疫情（以下简称新冠疫情）等重大事件过后，都开展了心理干预工作。

1992年，中国心理卫生协会危机干预专业委员会成立，北京、杭州、深圳、南京等城市陆续成立了政府财政支持的灾后精神干预中心。2002 年 4 月 11 日，由卫生部、民政部、公安部和中国残疾人联合会联合下发的"中国精神卫生工作规划"中已经将受灾人群列为重点人群，提出要逐步将精神卫生救援工作纳入救灾防病和灾后重建工作中；规划中提出加快制定《灾后精神卫生救援预案》，从人员、组织和措施上提供保证，降低灾后精神疾病发生率。积极开展重大灾难后的受灾人群心理应激救援工作，评估受灾人群的精神卫生需求，确定灾后卫生干预的重点人群，提供电话咨询和门诊医疗等危机干预服务。建立国家重大灾害后精神卫生干预试点，开展受灾人群心理应激救援工作。2002 年 7 月，我国正式启动心理咨询师国家职业资格项目，国家层面的鉴定考试为心理援助行业储备了最早也是最重要的一批人才。到 2005 年，重大灾害后干预试点地区受灾人群获得心理救助服务的比例达 20%，到 2010 年，重大灾害后受灾人群中 50%获得心理救助服务。2003 年"非典"过后，卫生部疾病控制司曾组织一批专家对灾难的心理干预问题进行了讨论，并于同年 10 月提出了干预预案大纲的草案。2004 年 5 月至 7 月，卫生部疾病控制司再次组织专家参照国家对突发公共卫生事件的应急预案，对心理干预工作如何开展进行了讨论，并进一步修改了心理干预预案。2004 年 8 月，卫生部、教育部、公安部、司法部、财政部、中国残联联合下发《关于进一步加强精神卫生工作的指导意见》，对精神卫生服务体系和网络、人才培养和教育工作提出明确的建议。2008 年四川汶川大地震发生后，我国政府和社会各界组织了迄今为止规模最大的心理救助计划。2008 年 5 月 15 日，卫生部发布地震灾区卫生防疫《心理危机干预》要点，17 日，团中央派出第一批心理康复援助专家志愿团前往灾区。同年 5 月 20 日，中国红十字会启动了心灵阳光工程，该工程将在北京、四川等地组织培训一万名心理咨询师，并在各个乡镇建立心理咨询室，为受灾群众无偿提供心理咨询。2008 年 5 月 20 日，教育部宣布：全面启动灾区学生心理危机特别是孤儿和残疾学生的救助工作，编写心理援助手册，在"六一"前免费送到灾区中小学生手中。同时，着手组织专家对灾区中小学教师进行心理援助培训，录制心理健康光盘，供灾区学校开学时使用。

　　2008 年 7 月，卫生部办公厅发布了《关于做好心理援助热线建设工作的通知》（卫办疾控发〔2008〕149 号），要求做好心理援助热线建设工作，2008 年年底前，东部省份和有条件的中西部省份可以确定一到两个地（市、州）建立试点，四川、甘肃、陕西等省要优先考虑在遭受汶川地震灾害影响地区开设热线。通知提出，设立心理援助热线以地（市、州）为单位规划为宜，在地域面积较小、人口较少或者精神卫生资源缺乏的省份也可设在省（自治区、直辖市）级。心理援助热线具有社会公益性，其建设应依托于精神卫生专业机构（精神专科医院、具有精神科的综合医院），以具有临床心理学特长的精神科医师、心理治疗师为骨干力量和技术支撑，同时建立管理机制有效吸纳和整合青年精神科医师、其他心理卫生专业人员参与热线工作。有条件的地方，可以与"110""120"服务热线建立联动机制，应对突发紧急事件。在已经开通和即将开通"12320"公共卫生公益电话的地方，可以在其中增设"心理援助专线"，按要求建立人员队伍和管理制度；在保障公益性质的前提下，也可以确定将当地精神卫生专业机构已经开设的心理咨询等热线作为当地"心理援助热线"，提出管理要求，提供适当运行补助经费，实现在热线覆盖区域内求助者按市话付费或免费，逐步实现 24 小时开通热线①。

2012 年，通过的《中华人民共和国精神卫生法》从立法层面明确了我国心理援助工作的组织领导和实施主体；2012 年 6 月，国家减灾委员会制定《关于加强自然灾害社会心理援助工作的指导意见》规范灾害社会心理援助的行为，明确要求探索适合中国国情的自然灾害社会心理援助工作机制；2015 年，国务院办公厅转发国家卫生和计划生育委员会等 10 部门制定的《全国精神卫生工作规划（2015—2020 年）》中，对开通心理援助热线电话、建立心理危机干预队伍作出了具体目标规定；2016 年，22 个部门联合下发《关于加强心理健康服务的指导意见》，重申要将心理危机干预和心理援助纳入各类突发事件应急预案和技术方案，加强队伍的专业化和系统化建设；2018 年，10 个部门联合制定的《全国社会心理服务体系建设试点工作方案》提出要"建立健全心理援助服务平台"；2019 年出台的《健康中国行动（2019—2030 年）》中，有关心理健康的专项行动进一步明确要求"卫生健康、政法、民政等单位建立和完善心理健康教育、心理热线服务、心理评估、心理咨询、心理治疗、精神科治疗等衔接合作的心理危机干预和心理援助服务模式。"2020 年 1 月国家卫生健康委发布《新型冠状病毒感染的肺炎疫情紧急心理危机干预指导原则》，随后政府和相关学术团体及时组织制定了一系列指导原则、技术方案和指南。

《中华人民共和国精神卫生法》及其立法背景与思路、内容解读

新冠疫情紧急心理危机干预指导原则及干预要点

三、心理救助在社会工作各领域的运用

1. 灾害心理救助

根据灾难发生时人们心理危机反应的不同阶段，灾难心理援助划分为急性期、灾后冲击早期和恢复期三个时期，每个时期有着不同的服务重点。灾难心理援助的主要内容有心理评估、信息给予、问题解决、心理教育以及针对死亡通知、追悼仪式、纪念日等特殊事件的干预和其他拓展服务等。世界卫生组织为各国的灾难心理援助提出的指导意见包括以下八个方面的内容：

（1）灾难之前的准备：① 在相关机构内成立有关的应急小组，并建立有组织的联系；② 设计详细的心理援助计划；③ 培训心理援助专门人才。

（2）评估：评估应进行细致的计划，并适用于广泛人群，建议对环境和个人日常功能进行定性评估。

（3）合作：心理援助应与当地政府组织和其他非政府组织进行合作。

（4）融入基层保健体系：心理援助应归入基层保健体系，充分调动家庭和社区内的资源。

---

① 《卫生部办公厅关于做好心理援助热线建设工作的通知》（卫办疾控发〔2008〕149 号）。

（5）服务的广泛性：尽可能让所有受影响地区的居民都能够接受心理援助。

（6）培训和督导：培训和督导应由精神健康专业人士进行，或在专业人士指导下同时能够保证培训的长期效果。应避免缺乏监督的短期培训。

（7）长期工作：在经历了严重的灾害之后，应向受灾群众提供中长期的社区初级精神卫生服务。短期的紧急援助如果能够持续将会获得更加显著的效果。建议各国加强对长期心理援助的投入。

（8）监督指标：如果可能，各项检查指标应在开始进行活动之前确定，以保证监督和评估的顺利进行。

面对突然爆发的大规模自然灾害，创伤及压力会直接或间接影响到见证灾难的每一个人。无论是灾难的幸存者、现场的救援人员还是通过媒体报道目睹灾难发生的普通民众，大都会产生创伤后的心理反应，因此灾难后心理援助需要大规模、长期和大范围进行。世界卫生组织的调查显示，约 20%~40% 的人在灾难之后会出现轻度的心理失调，这部分人不需要特别的心理援助，他们的症状会在以后几周内得到缓解。30%~50% 的人会出现中度至重度的心理失调，及时的心理救助会使症状得到缓解。而在灾难一年之内，20% 的人可能会出现严重心理疾病。

人在遇到巨大灾害事件时，个体通常会出现混乱、不安、恐惧、紧张、惊慌等情绪反应，产生退缩和逃避等行为，这些反应是生物有机体在生存经历过程中建立起来的生存预警和保护机制，目的在于促使个体采取适当的行为措施来避免并抗击外界对生命健康的威胁。受灾群众往往会感觉无助和无法应对而惶惑不安，产生心理挫折，从而引起一系列的生理、心理反应，如心跳加快、血压升高、难以入睡、正常的食欲和消化变弱、冷漠、感觉迟钝、头痛背痛、胸口痛等，同时往往伴随焦虑、烦躁不安、消沉、抑郁等。这些都是人们应对危机时产生的正常身心反应，一般会在 1~3 个月内逐渐缓解，但是仍有少量人群继续保持症状。还有些人在最初并没有表现出症状，在事件发生几个月之后才会出现不同的心理和生理症状，这是一种延迟性的创后反应。

重大灾难引起的一系列的心理反应如果过于强烈或持续存在，在原有的生物性因素基础上，就可能导致精神疾患，如器质性精神疾患、适应障碍症、病态性哀伤、强迫症、忧郁症或焦虑症甚至精神病。抑郁通常是地震危机中产生的一种情绪反应，极度悲伤的人容易进入抑郁状态，失去爱人亲友的强烈悲痛对生还者来说更是难以忍受。他们觉得继续生活下去是无法想象的，感到失落而无助，个体的想法变得更加消极，甚至产生自杀冲动和自杀行为。灾难可能会对个人心理造成长期的影响。有研究指出，创伤还可能引发人格变异。对 1999 年台湾地区"9·21"大地震的跟踪调查显示，两年之后 6 412 名房屋被毁者中，20.9% 出现创伤后应激障碍（PTSD）症状，39.8% 出现临床心理症状。对于在灾害中失去亲人、致残的群众，特别是儿童，心理援助更加重要。对于孤儿和因灾致残的儿童，他们的心理重建需要更长时间。对于儿童和青少年，灾难的创伤如果长期积累会导致严重的发展困难，形成人格障碍。"9·21"大地震两年后，被调查的 744 名 1~5 岁的幼儿中，在地震之后 3 个月有 7.89% 出现应激障碍的症状，早期出现应激障碍症状的孩子在 3 年之后出现更多情绪和行为问题。

2008年被称为我国心理援助的"元年"。该年5月12日，汶川地震把我国灾后大规模心理援助紧急推到了前台。2020年新冠疫情发生后，国家卫生健康委将精神障碍的干预和一般心理问题的援助都考虑进来，除了精神医学科医生，还组织了不少心理学专家赶赴疫情发生地区。此外，教育、民政、妇联、共青团等部门也动员和引导社会力量，开展了大量社会支持、心理疏导、关爱帮扶等工作。开通多条心理援助热线和互联网心理咨询平台，同时互联网、大数据、智能辅助决策等先进技术成为心理援助的工具，人工智能心理机器人上线。

在灾难面前，受灾者会同时经受双重创伤：个人创伤和集体创伤。个人创伤是突发的、对个体心理防卫造成巨大影响和打击；集体创伤是一种破坏社会正常生活秩序、受害人相互之间维系的影响。灾难使整个地区乃至整个国家受到了巨大的冲击，集体伤痛体验、社会网络的重建、社会生活秩序的调整都会对个体和群体造成影响。因此，心理援助不仅仅是个体的辅导，还是社会层面上的系统行为。从宏观的角度看，

延伸阅读

建立一个有针对性的良性社会生态系统，让灾区群众重新获得"安全感"、重新燃起生活的希望、重新获得生活的保障，对受灾群众的心理修复更为持续和有效。灾后心理服务虽然是专门的服务，但它是整个灾后救援、恢复、重建工作的一个重要部分，因此要配合其他援救工作同步展开，并与其他援救工作有着密切的联系。心理工作者除了要注重受灾群众、救助者由于灾难造成的心理压力，还要关注他们在安置及重建过程中可能产生的心理问题，防止在这个过程中造成二度伤害。此外，心理工作者还有责任向灾难救助单位提供咨询与训练。咨询的目的在于使援救和重建更符合灾难幸存者的需求。这些咨询包括以个体为中心，寻求利于个体发展需求的处理方案；咨询也包括以议题为中心，以寻求利于整体居民利益的政策方案。

2. 学校心理救助

（1）留守儿童心理救助

农村留守儿童普遍存在心理问题，主要表现为：孤独无助、焦虑不安、敏感脆弱、自卑自闭、逆反敌对和早恋倾向等，因此亟需心理援助。农村教师对留守儿童进行心理援助有着得天独厚的优势：有相对多的与留守儿童相处的时空，对留守儿童的家庭状况、学业情况及个性特点比较熟悉，拥有一定的教育理论知识和心理辅导能力等。应充分发挥教师在农村留守儿童心理援助中的作用，强化对农村留守儿童的心理援助。对留守儿童实施心理援助时，应把握的一般程序：悉心洞察心理问题—设法疏通不良情绪—积极引导正面认识—努力推动实际行动。提升教师自身心理素质，增强农村留守儿童心理自助的能力，帮助家长改善留守儿童成长的心理环境。

（2）高校贫困生的心理救助

由于客观上家庭经济条件较差，加上主观上性格内向等原因，部分高校贫困生容易存在自卑、孤僻、焦虑、嫉妒、偏执、依赖等主要心理问题。因此，应加强与贫困生的心理沟通，针对其存在的心理问题，帮助其树立正确的贫困观。开展正确的贫困观教育，使之正视现实，不以贫困为耻，鼓励他们化压力为动力。在贫困生入学时进行心理

健康状况测量，并建立心理档案，此举有助于对贫困生学习期间各方面情况的了解和追踪。设立贫困生专家门诊，聘请有关专家就贫困生中的共性问题开办专题讲座，并允许学生自由选择以书信、电话、门诊的方式寻求帮助，达到缓解心理压力、清除心理隐患的目的。在高校中开展心理健康知识的宣传普及教育，使预防重于治疗的观念深入人心，从而引导心理异常的贫困生学会自我调适，更新观念，主动进行心理咨询和接受心理辅导。完善"奖、贷、助、减、免"的物质资助体系，营造良好的集体氛围。

（3）研究生心理救助

来自学业、就业和经济方面的压力，导致一部分研究生患有严重的强迫症，焦虑情绪增强，抑郁情绪突出，对人际关系敏感。针对他们的心理援助工作应主要包括：引导他们学会自我调适，鼓励同龄人相互帮助，同时应积极寻求专业人员的心理帮助，完善网络援助机制。此外，营造和谐、有序、宽松、多彩的和谐校园文化，潜移默化地感染学生，起到隐性心理辅导与援助的作用。

3. 特殊群体的心理救助

特殊群体如残疾人、艾滋病人的心理具有与一般人较大的差异，针对他们的心理救助往往可以采用较为独特的方式。以残疾人为例，与健全人对残疾人的心理救助相比，残疾人心理互助具有下列优势：残疾人之间的沟通更为有效，残疾人具有健全人没有的品质，残疾人能作为自理能力的引导师，残疾人心理互助对于救助者自身也能起到促进作用。2008年5月四川省汶川大地震后，湖南省娄底市20名残疾人志愿者自发赶赴地震灾区进行心理援助。他们用永不放弃的拼搏精神，向世人讲述了一个个身残志坚的真实故事，也为残疾人心理互助模式提供了一个可资参考的样本。这一心理援助的开创性案例，引起了国际心理学界的高度兴趣，众多心理学家认为，这既是对残疾人心理援助的新措施，也是研究伤残心理学的新起点①。

4. 交通事故受害者的心理救助

德国交通部公路科学研究院和多特蒙德大学心理学专业的专家教授们进行了长期大量分析研究，提出了交通事故的心理学急救四项措施：

（1）要使事故受伤者知道，他们在这里不是孤立无援的。为稳定伤者急剧波动的情绪，应对惊恐的伤者讲："我一直待在您这儿，直到救护车来。"这样可减轻伤者心理负担，使其产生绝处仍可逢生的希望。另外受伤者也在急切欲知，是否采取了什么具体措施，例如救护车是否已在途中等，因此要做好相关的配套工作。

（2）呵护好受伤者，不让其被围观。陌生好奇的眼光对受伤者会产生不良刺激，观众的喁喁私语会对受伤者的惶悚心态产生负面效应，对围观者应劝其散去。

（3）寻找合适的体位使伤者稍感舒适而不致疼痛，并与伤者保持适当的身体接触。救护者对伤者身体无疼痛的轻微接触，能使伤者得到温暖和抚慰，例如轻握一下手、拍拍肩膀等友好抚慰动作。同时不要站立，以缩短和伤者的感情距离，通常是跪蹲或俯身于伤者身边。如伤者衣服过紧而不舒服，应小心翼翼予以放松；如衣服撕烂、身体裸露

---

① 张凌晨. 特殊的心理救助：残疾人心理互助组织初探［J］. 法制与社会，2008（31）：2.

或天寒，应盖上被单。

（4）讲与听。讲话能使伤者感到一吐为快，特别是经历了生死浩劫的惊吓之后。如果伤者讲话，要耐心地倾听。现场救护人员应以亲切柔和的语调讲话，即使对失去知觉者也应这样，绝对不许有斥责之声。还可以问伤者是否需告知家人和亲朋，同时就此可与伤者聊一下，但不能显露出对伤者伤势的胆怯和畏缩，以免伤者阴郁的心情再次雪上加霜①。

四、我国现阶段心理救助工作中存在的问题

从政策和立法角度看，《中华人民共和国精神卫生法》虽对心理援助作出了明确规定，但该法缺乏后续配套的规范文件，与前述相关法律法规之间没能有效衔接补充。《国家突发公共卫生事件应急预案》中，未明确如何纳入心理援助的分级响应，导致新冠疫情抗击战中，虽然各级政府指挥机制纳入并组织了这项工作，但与其他有法可依、有预案可循的领域相比，心理援助总体上仍显得有些仓促和单薄。此外，心理援助工作也面临要四处"化缘"的窘境。

自汶川地震发生以来，大量心理工作者积极热情地深入到灾区的学校进行灾后心理援助。爱心和热情无疑是宝贵的，但光有爱心和热情远远不够，对灾区学生的心理援助应当在科学、有序、规范的基础上开展，才能确保心理援助的质量，切实达到抚慰灾区学生的心灵、使他们能够在战胜困难的过程中健康成长的预期目标。要重视专业水平，要理解鼓励而不是同情，要认识到灾后心理援助是一个长期的过程，要建立社会支持系统（如帮助灾民结成"互助组织"，学校应当有意识地增加一些心理辅导课程）。

未建立专门的组织系统。目前的心理援助工作，基本上由医院的精神科、心理科医生，高校、研究所的心理咨询与研究人员，以及社会上的心理咨询机构与个人组成。人员构成复杂，缺乏统一的组织与管理。

相关研究较少。目前国内的研究数量很少，大部分集中在对灾难后心理影响的调查研究，关于心理援助的研究很少。

没有本科、硕士层次的大规模学历人才培养，靠业余的短期培训来提高重大危机干预志愿者队伍的素质是不可能的，效果有限，培养成才率很低。

五、完善我国心理救助工作的对策

第一，建立我国企业的 EAP 制度。我国 EAP 的引进较晚，许多组织还没有意识到 EAP 的作用以及它会给企业带来什么收益，受根深蒂固的物质情绪影响，部分企业认为在所有的资源中，人是无关紧要的，因此对员工心理的关注意识还相当薄弱。近年来我国抑郁症患者的发病率相当高，而在一些高焦虑、高压力的工作环境中尤其如此，一些与压力和心理问题相关的身心疾病（如高血压、冠心病）发病率更日渐攀升。为此，在一些有条件的单位（如高校）可首先开展 EAP。高校有相对优秀的专业心理教师，

---

① 邓金荣. 交通事故受害者的心理救助［J］. 科学大观园，2002（11）：56.

有开展 EAP 的良好基础，可以充分发挥这些专业心理教师或兼职心理咨询教师的特长，同时教师有良好的个人素质，对心理问题能够充分客观地认识，容易接受培训教育，预后效果也较好。在高校试行成功后再推进到中小学和教育之外的其他行业。

加强人才培育并建立职业标准。未来的危机事件中能够迅速组织专业的队伍，必须切实加强心理健康服务专业人才的学历化教育。同时，人社部的心理咨询师考试取消后，心理咨询人员的职业资格认证仅剩下中国心理学会临床与咨询专业人员注册系统。这个注册系统里登记人员不到 2 000 人，亟须以职业胜任率来建立职业标准。

第二，借助现代技术，创新心理救助形式。如建立学生心理援助微信平台。作为一种时尚流行的沟通交往方式，微信因其方便、快捷、成本低等因素，成为高校学生交往的一个重要渠道。国内一些相关研究表明高校学生偏重短信交往与内心孤独感和自我接纳感存在着一定的关系，同时在某种程度上反映了一种交往恐怖的自卑心理。在学校短信平台试运行中，也发现了学生借助短信交往来缓解内心压力的现象。因此如何建立学生心理援助短信平台，给予学生及时的心理疏导，将成为学生心理援助的一种创新性探索。

第三，互联网具有的优势使其成为高校研究生喜欢并接受的一种心理援助工具。它具有的方便、匿名、安全等优势使得这种心理援助方式成为消除心理压力、解除心理困惑的重要方式。可以通过在校园网上开设心理咨询、心理辅导、在线咨询等栏目，帮助研究生缓解产生心理压力时寻求帮助的内心焦虑，鼓励研究生迈出心理咨询的第一步。

第四，加强心理救助的管理。应建立心理援助的有效组织领导机构。中国特色的灾后心理干预就是要适应中国集体主义的人文经济政治环境，以政府为主导，以媒体为渠道，以集体干预为主要形式，以各种社会支持（信息、物质、情感）为主要内容，而绝不能只是人—人的片面援助。建议成立全国性的心理救助指导组织，组织培训心理危机援助方面的人才，建立心理危机援助人才库，以便有需求的时候可以迅速组织一支心理援助的队伍，在国家心理危机援助中心的领导下从事心理援助工作。

思考题

1. 试述心理障碍的几种表现及其治疗方式。
2. 结合切身感受列举心理救助在社会工作中的具体方法。
3. 从身边做起思考你能为心理救助所做的工作（如帮助有自杀倾向人士度过心理危机期等）。
4. 阐述完善我国心理救助的具体思路。

► 自测习题及参考答案

参考文献

[1] 胡芳肖. 社会救助概论 [M]. 西安：西安交通大学出版社，2022.

[2] 胡务. 残疾人职业康复体系研究 [M]. 成都：西南财经大学出版社，2017.

[3] 胡务. 社会保险接续研究 [M]. 成都：西南财经大学出版社，2015.

[4] 胡务. 社会福利概论 [M]. 3 版. 成都：西南财经大学出版社，2022.

[5] 胡务. 社会福利概论 [M]. 成都：西南财经大学出版社，2008.

[6] 胡务. 专项医疗救助制度研究 [M]. 成都：西南财经大学出版社，2019.

[7] 乐章. 社会救助学 [M]. 北京：北京大学出版社，2008.

[8] 李建波. 中国法律援助制度 [M]. 北京：中国检察出版社，2004.

[9] 李兴江. 中国农村扶贫开发的伟大实践与创新 [M]. 北京：中国社会科学出版社，2005.

[10] 林义. 社会保险 [M]. 北京：中国金融出版社，2003.

[11] 刘升平，夏勇. 人权与世界 [M]. 北京：人民法院出版社，1996.

[12] 孟庆跃，姚岚. 中国城市医疗救助理论和实践 [M]. 北京：中国劳动社会保障出版社，2007.

[13] 时正新. 中国社会救助体系研究 [M]. 北京：中国社会科学出版社，2002.

[14] 司法部法律援助中心. 各国法律援助法规选编 [M]. 北京：中国方正出版社，1999.

[15] 孙光德，董克勇. 社会保障概论 [M]. 北京：中国人民大学出版社，2004.

[16] 孙绍骋. 中国救灾制度研究 [M]. 北京：商务印书馆，2004.

[17] 田东海. 住房政策：国际经验借鉴和中国现实选择 [M]. 北京：清华大学出版社，1998.

[18] 魏新武. 社会保障世纪回眸 [M]. 北京：中国社会科学出版社，2003.

［19］徐麟. 中国慈善事业发展研究［M］. 北京：中国社会出版社，2005.

［20］严军兴. 法律援助制度理论与实务［M］. 北京：法律出版社，1999.

［21］余卫明. 社会保障法学［M］. 北京：中国方正出版社，2002.

［22］张耕. 法律援助制度比较研究［M］. 北京：法律出版社，1997.

［23］张耕. 中国法律援助制度诞生的前前后后［M］. 北京：中国方正出版社，1998.

［24］张浩淼. 发展型社会救助研究［M］. 北京：商务印书馆，2017.

［25］章武生. 中国律师制度研究［M］. 北京：中国法制出版社，1999.